管理案例研究

Management Case Research

主　编　邵剑兵

副主编　王　季　袁少锋

第一辑

经济管理出版社

ECONOMY & MANAGEMENT PUBLISHING HOUSE

图书在版编目（CIP）数据

管理案例研究（第一辑）/ 邵剑兵主编. —北京：经济管理出版社，2015.11
ISBN 978-7-5096-4116-3

Ⅰ.①管… Ⅱ.①邵… Ⅲ.①企业管理—案例—中国 Ⅳ.①F279.23

中国版本图书馆 CIP 数据核字（2015）第 299605 号

组稿编辑：张永美
责任编辑：高　娅
责任印制：黄章平
责任校对：张　青

出版发行：经济管理出版社
　　　　　（北京市海淀区北蜂窝 8 号中雅大厦 A 座 11 层　100038）
网　　址：www. E-mp. com. cn
电　　话：（010）51915602
印　　刷：三河市延风印装有限公司
经　　销：新华书店
开　　本：787mm×1092mm/16
印　　张：22.5
字　　数：478 千字
版　　次：2016 年 3 月第 1 版　2016 年 3 月第 1 次印刷
书　　号：ISBN 978-7-5096-4116-3
定　　价：79.00 元

管理案例研究 (第一辑)

主　编　邵剑兵

副主编　王　季　袁少锋

编委会

前　言

Preface

　　中国的市场经济体制日趋完善，企业难以从不完善的体制中获得增长机会。为了获得竞争优势与超额利润，未来的企业经营管理决策会越来越依靠管理理论的指导。然而，在过去的理论指导实践过程中，企业实践者经常抱怨管理学理论"太学术化"、"与实践脱节"等，从而导致他们对管理理论敬而远之。造成这一现实窘境的重要原因之一，是高校众多管理学专业课程的讲授，主要以经典管理理论、思想、分析范式或工具为主。管理学是一门综合性的交叉学科，管理实践的复杂性决定了管理教育必须将理论与实践有机结合才能达到较好的教学效果，而案例教学正好可以完美地实现这个目标。案例教学通过学生对真实管理案例的解读，在教师的引导下由学生自己通过相关信息的总结来归纳相关管理理论，使学生在学习过程中对管理理论与管理实践都能获得深刻的理解。案例教学不但能提升学生对管理学的兴趣、加深对管理学知识理论的认识，还能锻炼学生的逻辑思维能力、归纳总结能力、沟通分享能力，因此受到教师与学生的广泛欢迎。在1995年辽宁大学商学院建院之初，以刘力钢教授为代表的管理学科的教师们就深谙案例教学对于管理教育的重要性，在此后的20年中，他们始终在潜心摸索并努力践行着管理学案例教学法。

　　由于中西方文化的巨大差异，使得许多西方管理案例带来的管理理念并不适用于中国情境下的管理实践，因此开发具有中国本土特色的管理教学案例非常具有现实性和迫切性。这不但会帮助案例开发者和案例使用者更加深入地了解中国管理实践，还会促进本土管理教学质量、引导学生将课堂所学更加有效地应用于中国管理实践中去。近年来，越来越多管理学界的专家学者们积极开展中国本土管理案例的开发，而辽宁大学商学院的许多教师也早已默默融入中国本土管理案例开发的巨大时代潮流中。

　　在中国本土管理案例开发的过程中，学者们从中国管理实践中不断发现用西方经典管理理论无法解释的独特管理现象，于是开始尝试从中国本土管理案例的研究中发展适合中国情境的本土管理理论，而这些理论的发现又能更加有效地指导中国企业去解决其所面临的独特的管理挑战与问题，启发中国企业的管理实践创新。正如世界著名的案例研究专家凯瑟琳·艾森哈特所说，由于案例研究方法既严谨又具有学术意义，特别适合创建新颖且具有洞察力的独特理论，可以帮助研究者从全新的视角重新审视广为流传的西方理论，其研究结果更贴近现实、更具有实用价值，因此越来越多的中国学者意识到案例研究方法与中国管理思想的一脉相承，并开始积极使用案例研究方法探讨具有中国特色的管理问题。近年来，辽宁大学商学院中越来越多的教师也开始尝试采用案例研究的方法代替以往的调查、实验、定量分析和定性研究，来探究宽泛而复杂的中国管理问题。

案例教学与研究在辽宁大学商学院经过近20年的积淀与发展，终于在2014年3月迎来了合适的契机，商学院案例研究中心正式挂牌成立。商学院案例研究中心将秉承"立足本土管理实践现状，开发本土管理特色案例，促进教师管理教学实践，提高本土管理教学质量，提升教师管理科研水平，引导本土管理理论发展，启发本土管理实践创新"的使命与愿景，不断促进商学院案例教学与案例研究向更高水平发展。

本书正是商学院案例研究中心在成立之后，首次通过对学院教师的教学型案例和研究型案例的精心收集、编纂成册的作品。全书共分为两部分，共21篇案例。"教学型案例"涵盖了公司治理、战略管理、财务管理、人力资源管理、营销管理、运营管理、管理科学与工程领域的16篇案例。并且每篇教学型案例都按照加拿大毅伟案例库的体例来整理，包含案例正文和案例使用说明两个部分，希望更加便利教师读者对本书案例的使用。"研究型案例"5篇，探讨了战略管理、品牌管理、创新管理等领域的议题，希望这些案例能够在相应的领域对我国本土管理理论的发展提供有益的借鉴。

编者

2015 年 10 月

目　录

Contents

第一部分　教学型案例

第二部分　研究型案例

教学型案例

● 案例一

新希望六和：探索混合制家业传承

案例正文：

新希望六和：探索混合制家业传承①

摘　要： 本案例描述了 2013 年 5 月 22 日新希望六和股份有限公司（以下简称新希望六和）混合制家业传承的过程。年度股东大会上，董事长刘永好宣布在第五届董事会届满后将不再担任董事长。同时，刘畅被选为公司第六届董事会董事长，陈春花为联席董事长兼首席执行官，陶煦续任公司总裁。新希望六和在家业传承的道路上正在探索混合制家业传承这一中国企业独有方式。这种家族企业继承人和职业经理人搭配的模式，能否继续乘风破浪，引人关注。

关键词： 新希望六和；混合制家业传承；董事会换届；联席董事长

一、引言

这一天是 2013 年 5 月 22 日，在新希望六和年度股东大会上，董事长刘永好做出了一个重要决定。阳光透过玻璃，刘永好出现在众人眼前，黑西装、白衬衫和保持得

---

① 本案例由辽宁大学商学院的韩亮亮、李晓妹、王玉、赵萌、王宁等撰写，作者拥有著作权中的署名权、修改权、改编权。未经允许，本案例的所有部分都不能以任何方式与手段擅自复制或传播。

当的身材让人无法相信他已经 63 岁了。他缓缓站起身，意味深长地望着各位董事，最后说出了他的决定："在第五届董事会届满后，我将不再担任董事长。"此言一出，各位董事你看看我，我看看你，有人点头，有人摇头。刘永好接着说："同时，我推选刘畅为公司第六届董事会董事长，陈春花为联席董事长兼首席执行官。"话音刚落，董事们不免有些诧异，因为在中国这还是第一次有人把企业交给自己女儿和外人共同打理的，董事们也似乎都明白了刘永好的用意，接着开始频频点头。

刘永好接着说："我将担任公司董事，继续为公司出一份力。"刘永好看了看大家接着说："我们的企业已经成立 32 年了，和我一起创业的人年龄也已经大了，公司的主要管理者普遍已经五六十岁，精力和体力都不行了。我们这些老同志们对企业忠诚、有经验、人品好，是企业的基本力量，我们稍微调整一下，有的在监事会，有的在董事会，有的在监察部门，有的做专员，有的做巡视员，有的做顾问。脚踏实地地做事是我们的传统，也是我们取得成功的基本点，但当今世界已经发生了根本变化，未来是这些年轻人的。"这时大家都知道董事长是为了让创业元老人物满意地退出一线才自己先带头退居二线的。刘永好这么做真是用心良苦啊！

"咱们这些老同志呀，虽然退出了主要战场，但是咱们到后方是可以继续发挥作用的啊！这个时候公司还要你们来指导、指引，由你们来带领冲锋陷阵。而且我想到了关键的时候咱们这些老同志是随时都能冲到一线的啊！哈哈哈哈！"刘永好这爽朗的笑声让在座的各位董事也一起微笑点头，表示同意。

接下来，刘畅表明了态度："作为第六届董事会董事长，首先我表示我一定会尽我最大努力将公司带向更光明的未来。"身着橘黄色连衣裙、披着微卷长发的刘畅望向父亲，父亲也向她微笑点头。看见父亲的眼神，她知道父亲是既激动又期盼，激动自己的女儿终于能接手自己用心经营了一辈子的事业，期盼女儿能比自己更加优秀，将公司治理得更好。"这次改选，公司从内部选了一批年富力强、有活力的、在公司工作了三年到十年的有大学文化的专业人员充实到各级管理岗位去，我相信这会是公司的未来和方向。"说完大家一片掌声，这掌声不仅是对年轻的刘畅的鼓励，更是对刘畅有能力、有想法的肯定与支持。

最后陈春花说道："真的是感谢大家对我的支持和信任，可以说我对咱们公司也是有一定了解的。相信这次我与董事长能很好地配合，我会尽全力帮助公司走向更加光明的未来！"说完大家都一起点头鼓掌，股东们看到了公司更大的希望，他们都觉得刘永好这次大胆的尝试不仅意味着他是中国第一个采用混合制家业传承的人，更意味着公司的未来将会一片光明！

二、行业背景

改革开放以来，我国农牧业得到了快速发展，取得了举世瞩目的成就。随着中国经济发展进入到了一个新的阶段，国民饮食消费结构也将发生重大改变，人们对健康、安全、绿色的要求越来越高。我国城镇居民恩格尔系数已经从 1978 年的 57.5% 下降为 2008 年的 37.3%，我国百姓已经基本摆脱温饱生活水平，消费结构正在向发展型、享受型升级，对食品的蛋白质、脂肪、胆固醇含量的要求，对抗生素、有害农药残留的抵制，对食品营养口感的要求，都会对农牧行业产生重大影响。尽管我国农牧业近年发展较快，但人均产量、产值，仍低于世界平均水平，尤其是长期以来以散养为主的传统养殖模式，已制约了整个产业的进一步发展，限制了农牧业向现代化、规模化、集约化、标准化的产业模式转变。与此同时，传统产业模式下存在的，产品质量不可控、抵御自然灾害能力不足、养殖生态环境恶化等问题日益凸显，特别是近年来频繁发生的产品质量事件，使得整个农牧行业面临信任危机。因此解决行业发展及食品安全问题的根本途径，在于延伸、打造和完善产业链。打造现代农牧产业链条是转变农牧业发展方式、提升产业发展效率和质量的需要；是确保农产品质量安全和农民持续增收的需要；是实现农业资源可持续利用和农牧经济健康发展的需要；也是建设社会主义新农村、构建和谐社会的需要。这一系列需要加剧了我国农牧行业的竞争态势。

三、新希望六和简介

（一）公司发展现状

新希望六和创立于 1998 年，并于 1998 年 3 月 11 日在深圳证券交易所发行上市。公司立足农牧产业、注重稳健发展，业务涉及饲料、养殖、肉制品及金融投资等，公司业务遍及全国并在越南、菲律宾、孟加拉国、印度尼西亚、柬埔寨、斯里兰卡、新加坡、埃及等国家建成或在建 20 余家分、子公司。截至 2011 年底，其控股的分、子公司近 500 余家，总资产逾 200 多亿元。公司员工 7 万余人。公司自上市以来，坚持规范运作、推进科学管理、不断完善法人治理结构，创建了独具特色的企业文化，锻造了优秀的员工队伍，为持续发展奠定了良好的基础。

2011 年 11 月新希望农牧与山东六和集团资产重组上市获中国证监会批准，公司饲料年生产能力达 2000 万吨，年家禽屠宰能力达 7 亿只。2013 年，实现销售收入约 700 亿元，控股的分、子公司 500 余家，员工达 5.6 万人。在 2012 年《财富》杂志评选的中国企业 500 强中列第 65 位。

公司曾先后获得农业产业化国家重点龙头企业、全国食品放心企业等多项荣誉称号，拥有 8 个中国名牌、4 个中国驰名商标。肉食品类的"美好"牌火腿肠被评为中国名牌，"千喜鹤"冷鲜猪肉也是中国名牌，并成为 2008 年北京奥运会独家供应商，"六和"美食是 2008 年上海世博会专供产品。饲料类的"六和"牌禽饲料，"六和"牌猪饲料，"国雄"牌猪饲料、水产饲料，"嘉好"牌猪饲料、水产饲料均是中国名牌。"新希望"、"六和"均为中国驰名商标。

企业技术中心获得"国家认定企业技术中心"称号，检测中心通过国家实验室 CNAS 认可。30 多项技术成果获得省级以上奖励，其中"肉鸡健康养殖与饲料高效利用技术"获国家科学技术进步二等奖。目前公司通过了"ISO9001 质量管理认证"、"ISO22000 食品安全认证"、"ISO14001 环境认证"、"GAP 良好农业规范认证"、"18001 职业健康安全认证"和"标准化良好行为企业认证"。

公司将以"打造世界级农牧企业和美好公司"为愿景，以"为耕者谋利、为食者造福"为使命，以"新、和、实、谦"为核心价值观，着重发挥农业产业化重点龙头企业的辐射与带动效应，为帮助农民增收致富，为满足消费者对安全肉食品的需求，为促进社会文明进步，不断做出更大贡献。

（二）公司实际控制人及股权结构

表 1　第五届、第六届董事会董事、监事及高级管理人员对比

	第五届	第六届
董事长	刘永好	刘畅、陈春花（联席董事长兼 CEO）
董事	张效成、黄炳亮、黄代云、刘畅、王航、陶煦	刘永好、黄代云、王航、陶煦
独立董事	黄友、章群、周友苏	温铁军、黄耀文、胡智、王璞
总裁	陶煦	陶煦

刘永好：四川省成都市人，祖籍重庆市沙坪坝区童家乡。毕业于四川工程职业技术学院，大学文化，高级工程师，四川首富。现任新希望集团有限公司董事长、新希望投资有限公司董事长、希望集团有限公司总裁、四川新希望农业股份公司董事长、山东六和集团有限公司董事长、民生人寿保险股份有限公司监事长，全国政协委员、全国政协经济委员会副主任。曾任全国政协常委、中华全国工商联联合会副主席、中国光彩事业促进会副会长等。1995 年 12 月至 2006 年 7 月，担任中国民生银行股份有限公司副董事长。

刘永好先后荣获中国十佳民营企业家、中国改革风云人物、中国十大扶贫状元、中国企业管理杰出贡献奖以及美国《商业周刊》评选的"2000 年亚洲之星"、"2004 亚太最具创造力华商领袖"、"2006 年 CCTV 年度经济人物"、"三农人物"。2007 年刘永好被美国著名的安永会计师事务所评为"安永企业家奖"，荣获 2007 年中国管理 100 "持续创价值"奖，荣登 2007 年度"光彩人物榜"。2008 年获称"中国改革开放 30 年影响中国经济 30 人"。另外，他还是最受中国 MBA 尊敬的企业家、中国企业家年度最具影响企业领袖、中国证券最具影响力上市公司领袖，中国民生银行副董事长。

刘畅：女，1980 年生，现任新希望集团董事长，原新希望集团董事长刘永好之女。1996 年，16 岁的刘畅远赴美国求学，1997 年担任新希望集团有限公司董事，2002 年，获得 MBA 学位后归国，在北京广泛接触企业界名流，拜师学艺。

2002 年获得 MBA 学位后归国，持有希望集团 36.93%的股份，间接持股新希望和民生银行两家上市公司，还担任新希望集团旗下四川南方希望董事长。据胡润排行榜统计，她个人资产达 92 亿元。

2010~2013 年，刘畅的工作就一直稳定在了新希望六和股份有限公司全资子公司新加坡（私人）有限公司董事长的位置上。

2011 年 11 月至 2013 年，她一直都是新希望六和股份有限公司董事。

陈春花：1964 年出生，籍贯广东湛江，中国著名企业文化与战略专家，先后任华南理工大学工商管理学院副院长，经济与贸易学院执行院长，教授、博士生导师，南京大学博士后。现任闽江学院新华都商学院副院长及创业 MBA 项目主任。同时担任南京大学外聘教授、厦门大学客座教授、北京大学客座研究员、新加坡国立大学现代企业管理课程客座教授、澳洲国立大学国际管理硕士课程客座教授。为中国企业形象战略评审专家、《中国大百科全书》经济卷主编、《北大商业评论》副主编、广东省政府经济研究中心特约研究员、广东省企业管理协会常务理事、广东省企业文化协会副会长、广东省精神文明协会常务理事、广东省伦理学会理事。10 多年来，致力于中外企业的组织与文化研究，更为关注的是中国本土企业的成长模式，不断地把理论、教学和企业管理的实践相结合，致力于为管理教育界、企业界和咨询界寻找结合点。自 1986 年起一直任教于华南理工大学，曾任该校管理学院副院长，她还是新加坡国立大学、北京大学等商学院的客座教授，并先后出任康佳集团、科龙集团、TCL 集团、美的电器、南方航空等公司咨询顾问。2004 年，陈春花出版了总结中国领先企业成长规律的专著《领先之道》。目前正致力于如何让中国企业获得持续竞争优势的研究。2010 年起任闽江学院新华都商学院副院长及创业 MBA 项目主任。2003 年 3 月至 2004 年 12 月担任山东六和集团总裁，任职期间六和集团年销售额由 28 亿元增长到 74 亿元。2013 年 5 月 22 日，出任新希望六和联席董事长，兼任 CEO。

陶煦：男，1968 年生，管理学博士学位。现任新希望六和股份有限公司总裁。自 2000 年以来，陶煦总裁积极推动公司人才发展战略，引进了一大批素质高、能力强的高级技术人才，形成了国内同行企业所普遍称慕的人才团队优势。

新希望六和主要股东结构如图 1 所示。

四、焦点事件

（一）混合制家业传承

家族企业传承以往有两种模式：多数人像娃哈哈集团宗庆后传位给女儿宗馥莉一样，由自己的家族二代接班，少数人才有美的集团何享健那样的魄力，干脆请职业经理人掌舵。还从未出现过这种"混合制家业传承模式"——家族企业继承人和职业经理人搭配的模式。

但刘永好很清楚，如今的商业发展机会和模式已经和过去有很大差别。为此，他从商品角度研究，提出了一个经典的两段论。改革开放第一阶段，是短缺经济时代，商品供不应求，这时只要敢为天下先，一定能取得成功。第二阶段，商品基本平衡阶段，规模优势，以及为人踏实、认真做事成为胜出的砝码。"我感觉从 2010 年开始出

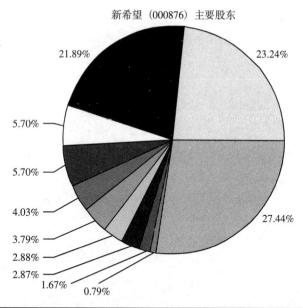

新希望（000876）主要股东

股东名次	股东名称	持有数量（股）	持有比例（%）
1	南方希望实业有限公司	403916262	23.24
2	新希望集团有限公司	380354832	21.89
3	西藏善诚投资咨询有限公司	99059312	5.70
4	西藏思壮投资咨询有限公司	99059312	5.70
5	西藏高智实业投资发展有限公司	70038381	4.03
6	拉萨开发区和之望实业有限公司	65820141	3.79
7	新疆惠德股权投资有限公司	50027415	2.88
8	潍坊众慧投资管理有限公司	49785916	2.87
9	成都美好房屋开发有限公司	29087827	1.67
10	成都新望投资有限公司	13755873	0.79

图1 股权结构

现了新的变化，好多产业过剩了。"刘永好意识到，这时候，仅仅靠企业家的"情商"，靠继续扩大规模已经不能获得市场先机了，市场竞争越是充分，对于模式和技术创新的要求也越高。

对于新希望而言，农业是最古老而传统的行业，而新希望又是在中国西南成长起来的。刘永好认为，在历史变革的关键时期，创新是对其全方位的要求。在制度、管理、技术、产业方向上都需要新的突破。所以这时混合制家业传承就是一种创新的企业管理模式。

（二）传承前的准备

1. 两请陈春花

2010年，新希望与六和重组后，刘永好找到了陈春花。在董事长办公室里，刘永好会见了陈春花。她穿着灰白格子上衣，搭配了一件紫色高领打底衫，这是一个衣着极尽朴素的女人，她为了节省时间通常只在换季的时候才置备衣物。

那一天天气极好，风吹动树叶发出"飒飒"的声音，刘永好先生一本正经地说："希望您可以参与新希望公司的治理工作，让新希望集团焕发出更加耀眼的光辉，我相信改革开放后第一批民营企业的不断发展也是您所希望看到的。"

陈春花听了刘永好一席话确实颇为所动，但还是摇了摇头，略带歉意地说："谢谢刘董对我一介教书匠的无上赏识，我也很欣赏您以及新希望集团的文化背景和治理理念。但是近来学校的研究工作实在颇为繁重，所以当下恐怕不行，希望我们以后会有合作的机会。"阳光透过董事长办公室的落地玻璃斜斜洒下，在实木地板上勾勒出一道淡淡的阴影。

刘永好虽然心中不愿，但也无法再说什么。起身与对面的陈春花轻轻握了握手，点头以示友好，并表示以后还会有合作意向。

三年后……

新希望再一次找到了陈春花。还是一样的阳光明媚伴有微风拂动树叶的轻快响声。但是陈春花明确表示，她还是要做教师，教师这一职业使她上瘾。刘永好爽朗地笑了。最后两人签订了为期三年的合约。这三年陈春花将会辅佐刘畅完成公司大大小小事务的决策。

2. 带领元老退位

刘永好为了解决创业元老占据高位的问题，自己带头退出新希望股份公司的管理层，让出位置。

狂风席卷着树叶在空寂的街道上翻滚发出呼啸的声音，好像召唤着什么的到来，又好像暗示着什么。刘永好坐在办公室的沙发一侧，整个人深深地陷在房间的阴影中，思考着……筹划着……。

三个小时后，刘永好将张效成、黄炳亮这两位企业第一代创业元老叫到办公室。刘永好伸出手臂，示意两位元老在对面的长沙发上就座，并向他们点头微笑。秘书为两位元老送上了沏好的茶水。刘永好示意秘书回避后，浅浅地笑了一下，向着两位元老微微颔首说道："两位都是新希望的老员工了，为新希望的业绩做出了不可估量的贡献，所以我做今天这个决定也是十分艰难。不管最后我的决定如何，我想说的是我代表整个新希望感谢你们的辛勤工作。"伴随着话音落地，刘永好缓缓起身向着对面俯身鞠了一个90度的躬，略显花白头发的张效成、黄炳亮相视以后愣住了，赶忙起身说："董事长您这是为何啊？不管您有什么决定我们都会支持的。"

"我决定卸去六和的董事长职务，只作为集团的董事参与公司的日常事务了。"

刘永好呷了一口茶之后继续说："因为我觉得现在是集团跨入一个全新阶段的时候了，是该交棒年轻人了……"

两位元老沉默了一会儿还是表示会支持董事长的决定，刘永好在表示感谢后亲自将这两位年近 60 岁的老人送出门。

这时候，风停了。

原本飘浮的树叶缓缓落地。

刘永好走到落地窗前，长舒了一口气。

这是第六届股东大会前的一年。

3. 陶煦续任总裁

在任命陈春花的同时，他又任命陶煦出任公司总裁，稳住老团队，确保继任者可以顺利过渡。陶煦在 2011 年开始出任六和股份有限公司的总裁，而且有 20 多年的农牧业从业经验。刘永好再三考虑，由于多位元老下任，如果仅靠陈春花和女儿刘畅两人，工作会进行得很艰难。而且公司目前发展面临众多困难，更加禁受不住打击，最后决定让陶煦继续任总裁，帮助两位董事长管理公司。

（三）传承时机的选择

董事会换届选举前的 2012 年度股东大会上，有投资者直接发问刘永好何时退休。刘永好表示："我身体状况好，吃饭睡觉都好，心态也好，看起来比前几年还年轻了些。"随后，他话锋一转，"我今年 62 岁了，已经到了退休的年龄，是该让年轻人接任的时候了。我将卸任上市公司董事长，在新一届董事会当中只出任董事。而我最初的想法是连董事也不当了，后来在管理层建议下才决定继续留任董事。""新一届董事会将更加年轻，更加专业，更加具有国际视野。"刘永好说，新希望每年要招收 2000 名大学生，目前已经有近万名大学生为公司服务了 3~5 年。"新希望靠我一个人是不行的，应该依靠年轻的团队取得更大的成就，现在是该我退居二线的时候了。"随后，刘永好向在场的股东介绍了陈春花。"期望陈春花将她的研究、实战经验与公司的发展结合起来。"

在 2013 年 5 月的一次股东大会上，刘永好称："我们是最倒霉的上市公司。"发生于 2012 年末的"白羽肉鸡"事件，使得新希望股票价格在两个交易日内最大跌幅超过 8%，市值蒸发超过 9 亿元。

随后，行业内又发生了一系列天灾人祸，导致猪肉和鸡鸭销售价格一再下跌。受此影响，新希望 2013 年上半年收入和利润同比双降，实现营业收入 309.1 亿元，同比下降 13.82%；实现净利润 8.49 亿元，比上年同期减少 14.86%。数据显示，2013 年上半年，新希望销售各类鸭苗、鸡苗、商品鸡共计 20651 万只，同比减少 29 万只，降幅为 0.14%；销售种猪、仔猪、肥猪 31.95 万头，同比增加 13.53 万头，增幅为 73.40%。上述业务实现毛利润 -1683.75 万元，同比减少 10621.93 万元，降幅高达 118.84%。业绩承压的关键时刻，刘永好却突然急流勇退，让位于女儿刘畅。

（四）传承后的新希望六和

新希望在整个 2013 年下半年，除了 7 月仍略微低迷之外，8~11 月公司的业绩提升迅速。最好时，公司饲料的单吨利润超越 70 元，处于历史高水平。

2013 年第三季度报告数据显示，新希望第三季度农牧主业贡献净利润 1.5 亿元，环比上半年基本为零的净利润大幅增长，与上年同期也基本持平。分业务来看，饲料盈利恢复是第三季度业绩好转的最重要原因，猪料占比提升、禽料扭亏为盈、中间费用缩减，推动饲料单吨利润达到历史高点 70~80 元/吨。2013 年 7~9 月饲料业务月均利润总额过亿元，禽肉业务继续减亏近亿元，养殖业务也开始大幅减亏。

营业收入 693 亿元，其中农牧主业贡献了 679.4 亿元，同比上升 5.8%；净利润 18.9 亿元，同比大增 11.2%；毛利率也呈现稳步提高的趋势。以上是 2014 年 4 月新希望六和公布的 2013 年财报主要数字，也是该公司在新的权力架构下交出的首份成绩单。

五、尾声

自刘畅和陈春花接手公司以来，新希望六和在众多产业领域取得了不小的进步，业绩也有提升，减少了亏损，由此可见新希望六和的混合制家业传承进行得很有成就，但是目前公司仍面临众多挑战。新希望六和又将如何战胜这些困难？混合制家业传承的结果又是如何？这些问题仍需要时间的见证，而我们将会继续关注这个家族企业的发展。

New Hope Liuhe: Explore a Mixed Heritage Model of Family Business

Abstract: This case describes a mixed heritage model of family business process of New Hope Liuhe in May 22, 2013. At the annual general meeting, the chairman Liu Yonghao announced that after the fifth Board of Directors, he will no longer serve as chairman. Meanwhile, Liu Chang was elected to be chairman of the Sixth Board, Chen Chunhua as Co-Chairman and CEO. Tao Xu was a president of the company again. New Hope Liuhe is exploring the heritage of mixed heritage of the Chinese family business enterprise unique way in the family business road. If the mode of this family business successors and professional managers can continue, is concerned.

Key Words: New Hope Liuhe; A Mixed Heritage Model of Family Business; General Election of the Board; Co-Chairman

案例使用说明：

新希望六和：探索混合制家业传承

一、教学目的与用途

（1）适用课程：《公司治理》、《战略管理》。

（2）适用对象：MBA、EMBA 等专业的学生，尤其适合具有一定工作经验的学员，也可用于工商管理本科相关专业的学生。

（3）教学目的：通过分析新希望六和第六届董事会成员改选这一事件，了解新希望六和前董事长为何创新地采用了这种混合制家业传承的方式，进而了解国外家族企业传承的方式与现状，将其与国内的民营企业传承方式进行对比，并且能够针对各个传承方式举出具体的案例，进行分析与对比。

（4）具体目标：

1）根据案例分析说明作为公司的经营者，刘永好为何选择退居二线做一名董事，而不是继续担任董事长？

2）新希望六和为何创新地采用了这种混合制家业传承的方式？

3）通过新希望六和混合制家业传承总结出中国式家业传承的缺陷所在及其原因，分析中国家族企业的特殊情况。

二、启发思考题

（1）中国民营企业在经历 30 来年的发展后，现在同时面临两个重要任务，一是企业本身要转型，二是面临传承的问题。新希望六和已经在做传承的安排，把刘畅推向了前台。在这个时点做如此安排，有什么特殊的背景？

（2）刘永好为这次混合制家族企业的传承做了哪些方面的准备？

（3）新希望六和交班与变革的大背景是由于时代的变化，那么，内部的推动因素是什么？

（4）新希望六和的治理结构非常独特，刘畅担任董事长，又找来陈春花担任联席董事长。这种"混合模式"，在家族企业的安排中并不常见。这种安排出于何种考虑？

（5）在家业传承上，过去只有两条路，要么直接让子女自己做，要么请空降兵来做，没有混合制。那么这种混合制与传统的家族传承相比，有什么特别之处？

三、分析思路

授课教师首先应引导学生根据案例正文的故事和附录资料，找出本案例写作所隐含的真实信息，学生可以从网络或其他媒体获得更加真实、直接的相关信息。然后再开始对本案例进行讨论和分析。本案例分析思路可参见图2。

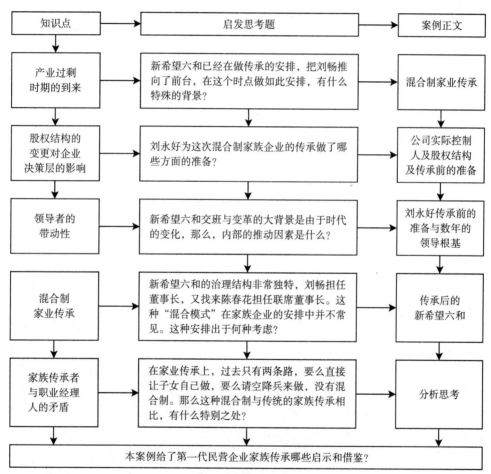

图2 本案例分析思路

四、理论依据与分析

（一）理论依据

1. 委托代理理论

委托代理理论认为，公司治理问题是伴随着委托代理问题的出现而产生的。由于现代股份有限公司股权日益分散、经营管理的复杂性与专业化程度不断增加，公司的所有者——股东们通常不再直接作为公司的经营者，而是作为委托人，将公司的经营权委托给职业经理人，职业经理人作为代理人接受股东的委托，代理他们经营企业，股东与经理层之间的委托代理关系由此产生。由于公司的所有者和经营者之间存在委托代理关系，两者之间的利益不一致而产生代理成本，并可能最终导致公司经营成本增加的问题就称为委托代理问题。委托代理问题及代理成本存在的条件包括：①委托人与代理人的利益不一致：由于代理人的利益可能与公司的利益不一致，代理人最大化自身利益的行为可能会损害公司的整体利益；②信息不对称：委托人无法完全掌握代理人所拥有的全部信息，因此委托人必须花费监督成本，如建立机构和雇用第三方对代理人进行监督，尽管如此，有时委托人还是难以评价代理人的技巧和努力程度；③不确定性：由于公司的业绩除了取决于代理人的能力及努力程度外，还受到许多其他外生的、难以预测的事件的影响，委托人通常很难单纯根据公司业绩对代理人进行奖惩，而且这样做对代理人也很不公平。

从上述委托代理问题及代理成本存在的条件中可以发现，委托代理关系的存在并不一定就会产生委托代理问题，如果作为代理人的股东能够掌握完全信息，并预测出将来所有可能发生的情况，他（们）就有可能通过制定一份完备的合同，详细地规定代理人的所有职责、权利与义务，并就将来可能发生的所有情况可能产生的所有后果及解决措施在合同中做出相应的规定，从而完全消除因为委托代理关系的产生而带来的所有问题。比如，一份完备的委托代理合同将包括在什么样的情况下经理人员将被撤换、在什么样的情况下公司将出售或购入资产、在什么样的情况下公司应该招收或解雇工人，等等。如果这样一份完备的委托代理合同存在的话，即使委托代理关系存在，也不会产生委托代理问题，我们也很难找到公司治理在其中应该扮演的角色。只有当初始的合同是不完备的，将来需要对一些在初始合同中没有做出规定的情况做出决策时，公司治理结构才会发挥作用。实际上，公司治理结构就是对这类情况进行决策的机制。可以想象，如果合同是完备的，所有事情都在合同中预先规定了，那也就没有"剩余"的事项需要决策了，公司治理机制也就不重要了。当委托代理关系及不完备合同同时存在时，公司治理机制就将发挥作用。

2. 产权理论

以科斯为代表的产权学派，通过生产的制度结构分析，得出一个核心论点：产权明晰是企业绩效的关键或决定性因素。这里的产权明晰主要包括两层含义：产权法律归属上的明确界定与产权结构上的优化配置。由此可将产权决定论划分为产权归属决定论与产权结构决定论。

产权归属决定论以科斯创立的交易成本为基本分析工具，以企业是降低交易费用并带有权威特征的契约结构为分析的逻辑起点，着力探讨产权归属、激励机制与企业绩效之间的关系。主要论点是：①资产拥有论。认为企业资产只有私人拥有，才能满足实现产权的排他性，构建企业拥有者对资产关切的有效激励机制。②剩余利润占有论。认为企业拥有者追求企业绩效的基本激励动机来自对剩余利润的占有，企业拥有者追求企业绩效动机的程度与剩余利润占有份额的大小成正比。③私有化论。认为国有企业相对于私有企业来说，存在企业目的多元化、对经理激励不足、财产软约束等弊端。

产权结构决定论以契约关系为基本分析工具，以企业是一系列"契约关系的联结"为分析的逻辑起点，着力分析企业产权结构、激励机制与企业绩效之间的关系。主要有三种理论表现：①代理经济学中的企业所有权理论。这种企业所有权理论的中心论点是：企业效率问题的根源，在于所有权与控制权分离下所有者与经营者目标函数的背离，在于经营者努力程度的不可观察性与不可证实性而引发的代理成本，因此，所有权与控制权的合二为一，使企业的代理成本降到最低水平。②交易成本经济学中的契约治理理论。这种理论认为任何交易都是通过契约关系进行和完成的，而不同性质的交易需要搭配不同类型的契约关系，形成不同的治理结构，并认为要节约交易成本，实现最大的效率收益，必须用差别的方式将不同的契约类型、治理结构或产权结构与不同的交易特征进行有效率的匹配。③不完全合同理论中的产权配置或搭配理论。这种理论认为，由于世界和未来事件的复杂性和不确定性以及交易人行为的有限理性和机会主义，致使在实际交易过程中所制订和执行的合同总是不完全的。在此情况下，对资产有控制权的一方便于行使权力，由此便引出权力和控制权的配置问题，并且这一配置问题将影响企业绩效。提高企业绩效的产权配置一般应把剩余控制权和剩余索取权放到同一方手中或使掌握控制权的一方明晰化，这样他的自利动机将驱使他尽可能地做出效用最大化的决策。产权理论认为明晰的产权关系是有效率交换的前提，同时它帮助从事经济活动的人们形成一种可以合理把握的预期，保障了经济活动的动力，避免了人们为争夺稀缺资源而发生的冲突。

3. 家族企业公司治理理论

委托代理理论认为，公司治理解决委托代理问题，在股东、董事会和管理层之间形成相互制约、相互平衡的契约关系。对于家族企业来说，高效的公司治理结构是其持续发展的必要条件，家族企业的公司治理结构不仅要考虑到企业现时的权责利的分配和内部机制的稳定，也要在战略决策和代际传递以及家族对企业长期的控制等方面进行考虑。将家族因素作为公司治理结构的关键影响因素的公司治理结构不是理论最佳模式，但对于家族企业的持续发展而言是非常重要的。美国学者沃德指出，拥有有效治理时间的家族企业更有可能去做战略规划和继任计划。

国外学者对家族企业的研究就是以家族企业公司治理结构问题为出发点的，理论研究对家族企业的公司治理结构进行剖析，逐步发现家族企业公司治理结构的特殊性并对特殊性的根源进行论证。在家族企业公司治理理论框架建立好以后，理论界开始对家族企业公司治理结构和非家族企业公司治理结构进行对比，并考察两者对企业绩效的影响，以便从经济有效性角度分析家族企业公司治理结构的效用、构成要素和治理机制。

（二）具体分析

1. 中国民营企业在经历 30 来年的发展后，现在同时面临两个重要任务：一是企业本身要转型，二是面临传承的问题。新希望六和已经在做传承的安排，把刘畅推向了前台，在这个时点做如此安排，有什么特殊的背景？

改革开放到现在，可以说是中国特色市场经济的第一阶段，2012 年就是一个分水岭：以前，产品基本上处于平衡状态，现在绝大多数产品都过剩了，再加上劳动力成本提升，环保要求提高，安全要求提高，诸多刚性成本的上升使企业的规模利润出现快速下降。这些现象说明中国特色的市场经济已经发展到了第二阶段：除了垄断性行业之外，产品普遍过剩，而作为企业，如果还像过去那样靠规模可能就不行了。以前只要扩大规模，就一定能获得利润，但现在扩大规模，增加了成本，而市场增长又没那么快，利润就会下降。最早的一批民企靠勤奋、踏实、认真，逐步做大规模，但到现在，有很多已经倒闭或者不行了，然而确实有一些也做到了相当规模，新希望六和是最后一种，规模大了，员工多了，地域广了，可以说目前已发展到一个新阶段。但这时也出现了很大的问题：一方面，是管理上该怎么提升，体系和体制又该怎么跟进的问题；另一方面，消费者的食品安全意识日渐提高，对食品生产企业提出了更加严格的要求。而随着经济的转型，原料供给更加多元化、国际化，市场销售更加多元化，加上以移动互联为代表的新兴消费市场的驱动，我们深刻认识到，运营模式已经发生根本变化，原来那种以大为王的传统模式已经改变。因此，必须变革，必须创新，这包括对增长模式、产业格局的创新，也包括对用人格局的一些调整和变化。

2. 刘永好为这次混合制家族企业的传承做了哪些方面的准备？

2010 年，刘永好就找到陈春花，希望她可以参与新希望六和的治理工作，但被拒绝。三年后，刘永好再次找到陈春花，再三说服之下，陈春花同意，并签下了三年的合约。除此之外，刘永好为了解决创业元老占据高位的问题，自己带头退出新希望六和的管理层，让出位置。最后，在任命陈春花的同时，他又任命陶煦出任公司总裁，稳住老团队，确保继任者可以顺利过渡。

3. 新希望六和交班与变革的大背景是由于时代的变化，那么，内部的推动因素是什么？

新希望六和目前的体系存在 30 年了，那些在公司工作了二三十年的人，是集团的财富，这批元老勤奋、努力，对集团的感情也很深，他们在重要的岗位上，为集团创造了辉煌。但是面对未来，他们明显感觉年龄大了，对新事物的反应慢了，思想也跟不上新时代了，活力不足，身体状况也不如从前了：刘永好自己已经 60 多岁，其他元老中的一些人也过了 50 岁。从公司的长远考虑，必须要有活力，要有创新，必须对现状进行改变。而公司治理、人力资源和组织结构的变革是先导，其次是产品、市场的变革要跟上。而在这个变革到来时，怎样让这些老同志心甘情愿地、没有太多抵触地退居二线，并让他们继续为公司做贡献，同时又让一批更专业、更年轻、更有活力、更有激情的年轻人到第一线，是企业生存发展的关键。对此，新希望六和做了很多研究后发现：很多企业垮掉了，为什么呢？有的是被市场打垮的，有的是被政策打垮的，但是很多是因为在这种变革过程中对创业元老安排不好而被内部打垮的。

4. 新希望六和的治理结构非常独特，刘畅担任董事长，又找来陈春花担任联席董事长。这种"混合模式"，在家族企业的安排中并不常见，这种安排出于何种考虑？在家业传承上，过去只有两条路，要么直接让子女自己做，要么请空降兵来做，没有混合制。那么这种混合制与传统的家族传承相比，有什么特别之处？

刘畅毕竟还年轻，她的理论知识有一些，但还不够全面。另外，她还需要更加系统的实战经验。有媒体评论说：一个"80后"的女孩，管8万多名员工，800多亿元的销售额，这是一个很大的挑战和压力。因此新希望六和请来了陈春花。陈春花十几年来一直是他们的专家和顾问，她一直跟踪公司的治理、管理和市场，不断给集团提出建议。在早些年，她曾经出任过六和集团的总裁，两年任职期间，对于公司的治理和发展起到了非常积极的作用。而且在之后相当长的时间内，有关重大发展的问题，公司一般都会跟她沟通，她相当于公司智囊团的一个主要成员。同时，她也曾担任多家企业的独立董事，出任过美的、TCL等公司的顾问，对于公司治理结构、管理制度以及市场体系，都有非常深入的研究。而且她对于行业很了解，农牧行业的一些大企业都请她去讲过课，她的很多学生都从事这个行业，行业内都很认同她，这些都是她非常大的优势。

这个架构是一个创新，在中国上市公司乃至民营企业里都是从来没有过的：有董事长，有联席董事长，刘畅是董事长和法人代表，陈春花是联席董事长兼CEO，还有总裁陶煦。陈春花在理论上要完善的多，加上刘畅的国际化经验以及她的亲和力，她们形成了一个很好的组合，所以说新希望六和推出的是一个组合，是一个管理体系，而不是刘畅一个人。

现在刘永好不再担任股份公司的董事长，仅以一个董事的身份参与董事长和股东会，以股东的角度提出意见。退下来后，包括每个月的大例会，每周的视频会，还有半年度的总经理会，这些刘永好都没有参加。以前人们都向刘永好汇报，经常电话不断，现在很多事刘永好就让他们去找刘畅、陈春花和陶煦。因为刘永好觉得，既然要退，把他们扶上马，就得信任他们，给他们施展的空间。

五、关键要点

（1）关键知识点：①公司治理委托代理问题；②股东、董事会和管理层之间的契约关系；③家族企业的公司治理结构；④战略决策和代际传递。

（2）能力提升点：混合制传承和完全家族传承、职业经理人的根本区别和股权结构的稳定性。

六、建议课堂计划

本案例课堂计划是为专门的案例讨论课而设计的，如果采用其他方式，可根据需要做出调整。

本案例的课堂教学时间为 2 学时，90 分钟。

建议课前阅读与准备计划：教师要求学生在课前完成案例阅读，并建议学生根据案例提供的信息或线索，课前通过行业、公司或项目网站查阅自己感兴趣的信息。提前告知学生本案例的启发思考题，要求学生做初步思考。如有可能，可要求学生提前组成讨论小组，学生自愿选出组长协调管理小组人员的准备工作。建议每组 3~4 人，鼓励男生与女生搭配，鼓励不同行业或经验背景的学生组成一组，以便分享大家的经验。

课堂时间分配：

课堂案例回顾（5 分钟）；

分组讨论并准备发言提纲（40 分钟）；

小组发言（每组 5 分钟，共 30 分钟）；

教师引导集体讨论，梳理和归纳总结知识点（15 分钟）。

本案例的板书计划如图 3 所示，该图也可作为幻灯片使用，可在课堂的不同时段展示给学生。

学员小组讨论要点：	家族企业传承相关理论：
• 新希望六和传承的背景 • 传承前所做的准备 • 混合制家族企业的优势	• 产权理论 • 企业生命周期理论 • 家族企业公司治理理论

图 3　本案例板书计划

● 案例二

万科股权激励：何去何从

案例正文：

万科股权激励：何去何从①

摘　要：随着社会主义市场经济的进一步深化和完善以及股权分置改革的深入推进，对企业管理者的激励问题越发突出。万科作为中国主板市场首开股权激励先例的上市公司，从 2006 年开始实施首期股权激励方案以来就一直备受关注。本文通过对万科首期与第二轮股权激励方案的背景、动因、主要内容、考核指标的确定、实施结果以及遇到的问题等方面进行探讨，分析万科股权激励方案的成功与不足之处，以及上市公司股权激励方案普遍实施难现象的根本原因，以期为万科及其他上市公司股权激励方案的设计提供借鉴。

关键词：股权激励；高管离职；公司治理

一、引言

万科在 2010 年 10 月股权激励方案公布后的不到两年内，就有 4 位执行副总裁、

① 本案例由辽宁大学刘建华、夏晴、于佩岩、梁珺、刘畅、刘柳、王丽媛等共同撰写，作者拥有著作权中的署名权、修改权、改编权。
由于企业保密的要求，在本案例中对有关名称、数据等做了必要的掩饰性处理。
本案例只供课堂讨论之用，并无意暗示或说明某种管理行为是否有效。

3 位副总裁陆续离职，分别占 2010 年该职位人数的 4/8 和 3/7，这被外界称为万科近 30 年发展史上罕见的"人事地震"。对此，万科总裁郁亮表示："事实证明股权激励的作用并不是万能的，很多方面仍需调整。"万科如何有效合理地设计股权激励方案？在这场股权激励的浪潮中万科究竟应走向何方？这是万科未来长期发展的关注重点。

二、公司简介

万科成立于 1984 年，1988 年进入房地产行业，经过 30 余年的发展，成为国内领先的房地产公司，目前主营业务包括房地产开发和物业服务。公司聚焦城市圈带的发展战略，截至 2014 年底，公司进入中国大陆 65 个城市，分布在以珠三角为核心的广深区域、以长三角为核心的上海区域、以环渤海为核心的北京区域，以及由中西部中心城市组成的成都区域。此外，公司自 2013 年起开始尝试海外投资，目前已经进入中国香港、新加坡、旧金山、纽约等 4 个海外城市，参与 6 个房地产开发项目。2014 年公司实现销售面积 1806.4 万平方米，销售金额 2151.3 亿元，销售规模居全球同行业领先地位。公司物业服务业务以万科物业发展有限公司（以下简称万科物业）为主体展开。万科物业始终以提供一流水准的物业服务、做好建筑打理作为企业立命之本。截至 2014 年底，公司物业服务覆盖中国大陆 61 个大中城市，服务项目 457 个，合同管理面积 10340 万平方米。

三、万科的股权激励：从何而来

随着社会主义市场经济的进一步深化和完善和股权分置改革的深入推进，对企业管理者的激励问题越发突出。万科作为国内地产行业的龙头企业，一直以拥有一支高素质的优秀职业经理人队伍为荣，这也是万科成功的核心竞争力之一，万科的核心价值观中其一条就是"人才是万科的资本"。

2006 年 3 月，万科通过年报向外界正式表达了万科的发展策略将由"谨慎进取"变为"快速扩张"，企业进入高速发展期。而且在市场经济高度发展的今天，传统的激励模式已不能完全满足企业持续稳定发展的需要，存在着一个共同缺陷——仅局限于以劳动为尺度进行收入分配，未真正认识人力资本的价值，市场机制的作用尚未全面发挥，激励与约束难以统一，不能很好地解决所有者与经营者的委托代理问题。因此，实施股权激励计划，完善公司治理结构，健全公司激励机制，继续拥有稳定的高素质管理队伍和优秀的业务人才，增强公司竞争力，对于万科显得尤为重要。

2006 年 1 月 1 日，在经历了多年的艰难等待之后，中国证监会制定的《上市公司股权激励管理办法（试行）》正式实施，为万科推出股权激励计划提供了政策保障。2006 年 3 月，万科在公布年报的同时，公布了《万科企业股份有限公司首期（2006~2008 年）限制性股票激励计划》，这是国内上市公司在实施股权分置后，首家正式出台对管理层奖励具体方案的企业。其实这已经是万科在股权激励上的第二次尝试。1993

年万科发行 B 股时，已经准备推出股权激励计划项目：从 1993 年做到 2001 年，长达九年，以三年为单位分成三个阶段，万科员工以约定的价格全员持股，三年后可以交钱拿股票上市交易。当时获得了主管部门（深圳人民银行）的批准，但是，这个计划在第一期发完之后，证监会明令叫停，一停就是 13 年。

四、万科的股权激励：去向何方

（一）第一次股权激励的内容

在经历了 1993 年万科股权激励计划无奈搁浅后，伴随着近些年来房地产竞争不断加剧的局面，为了更好地激励公司成员工作积极性，提高工作效率。新一轮股权激励方案开始在万科董事长王石的心里萌芽，时年已 54 岁的他仍对工作充满热情，股权激励的想法酝酿已久。

1. 激励方式的确定

对于这次股权激励计划，首先需要考虑的问题便是激励方式的选择，关于这一问题，万科聘请了国际知名的人力资源顾问翰威特公司，让其对实施中长期激励的公司进行了研究，详细比较了期权、现金股票，以及期权加上现金股票的三大类股权激励方式。翰威特公司表示："新会计准则实施之后，要求上市公司将给予公司管理层的股票期权纳入会计费用项目，这一规定使得近年来期权管理费用明显增加，道德风险上升等问题出现，因此现在整个国际上采取期权激励的比例都在下降。另外，期权在国外最有吸引力的因素就在于税收优惠，但是中国目前没有这种优惠。"

董事长王石听过翰威特公司的陈述后，他心中反复思量如何选择一个合适的股权激励方案，于是决定召开股东大会一起探讨这项重要的决议。股东大会在一个凉爽的上午召开，万科集团大楼会议厅里却是"如火如荼"。大家听到公司要实行股权激励都十分高兴，作为房地产的龙头企业，股权激励也走在同业的前端，大家纷纷表示支持。但是就这次激励的具体内容，投资者们展开了激烈的讨论。董事们表示："股票期权目前在中国实施范围不是很广，效果也不是很明显。完全依托股票市场的股票期权不是很适合中国的上市公司。而且由于股票期权激励，可能会导致公司管理层对公司股价变动十分敏感，管理层容易产生操纵股价的念头，这可是我们投资者万万不愿意看到的啊！"听过董事们的意见之后，结合万科目前的发展状况，考虑到万科本身所处的阶段，董事长王石陷入了深深的思考。沉默许久后王石说道："我认为成长型企业的管理层激励方式一般比较适合采用股票期权，因为这样可以享受到由于企业高速发展带来的股价上涨收益。对于我们万科来说，已经进入相对来说业绩比较稳定的成熟期阶段，因此限制性股票更适合些。"听了董事长的想法后，董事们表示赞成，会议最终决定选择限制性股票的激励办法。

考虑到 1993 年的股权激励计划长达八年，一部分董事认为激励期限不能过短，否则不利于公司的长远发展，而另一部分董事们则表示激励期限过长不利于激励效果。

过长过短的激励时间都有弊处，董事们反复探讨最终一致认为选择三年完成这次计划。按照三个不同年度，分三个独立计划运作。

2. 股权激励的限制条件

董事长王石为了讨论股权激励指标的设定问题又一次召开了股东大会。一部分董事认为净利润增长率是投资者最关注的指标之一。从万科持续增长的角度考虑，确定了 15% 的净利润增长率。另一部分董事认为虽然万科前几年保持了较高的利润增长率，但随着利润基数的增大，保持同样的较高的利润增长率越来越难，无疑增大了管理层的压力，上市公司有可能产生过多融资的行为，但如果引入净资产收益率，这种行为会受到一定的抑制，从而更能真实反映管理层的经营水平。从万科盈利能力的角度考虑，为保证未来公司不会因过度扩张而摊薄股东的回报，所以他们认为应确定 12% 为摊薄净资产收益率。其他董事们也觉得设定摊薄净资产收益率为 12% 比较合理，因为如果指标数值定得太高，则目标遥不可及，对于管理层来说，更多的是压力，而不是激励，这样就失去了激励的意义。如果该指标数值定得太低，则有过度激励的嫌疑。所以企业要在激励成本和收益之间选择，以求达到最好的平衡。至于每股收益指标，本来是净资产收益率的相关指标，在此次的计划中也把它作为考核的一个指标，部分原因是一些机构的建议，他们认同万科的股权激励计划，也认为："万科计划有种标杆的意义，供其他公司参照，因此需要更直观的指标。"于是确定了 10% 的每股收益增长率。

3. 激励对象

董事长王石表示，这次激励计划的诸多要素都已确定，激励方式和年限也已经过大家商榷，下面需要明确的就是激励名单。作为万科董事长，非常希望能激励到公司上下成员，大家一起为公司的发展提供能量。董事长话音未落，大家就纷纷讨论起来，都希望能在这次股权激励中获得"金手铐"。在董事长王石的心里早就预料到激励名单的确定会非常激烈，他深知股权激励是一把双刃剑，激励对象的确定一定要公平，该激励的对象一个都不能遗漏。王石说道："这次股权激励的激励名单是与薪酬考核委员会的成员一同商议决定的，界定的激励对象是在公司受薪的董事会和监事会成员、高层管理人员、中层管理人员，以及由总经理提名的业务骨干与卓越贡献人员。这些高管和员工在计划有效期内，必须要一直与公司保持聘用关系。每个受激励对象各拿多少限制性股票，也已有规定。具体的分配额度规定及相关要求会在《鼓励计划书》中说明，具体的名单请大家看股权激励草案。"没等王石说完，与会人员就迫不及待地翻看着激励名单。大家都面带笑容不断点头，董事长王石也不禁欣喜。首次限制性股票激励方案终于尘埃落定，会议室里充满了笑声。就这样在 2006 年 5 月 30 日，万科 A 首期 2006~2008 年限制性股权激励计划经公司股东大会审议通过后正式开始实施。

（二）第一次股权激励方案实施结果

1. 2006 年股权激励计划的结果

万科股权激励计划一经公布就受到广泛关注，市场也随之迅速予以回应。自 2006 年 3 月 21 日万科正式宣布启动其股权激励计划开始，在接下来的一个多月时间里，万科的股价大幅增长，高达 20.63% 的增长幅度充分体现了股市及广大股民对万科股权激励计划持肯定的态度（见表 1）。

表 1　万科 2006 年 3 月 21 日至 5 月 9 日股价变动情况

	3 月 21 日	4 月 5 日	4 月 11 日	4 月 19 日	5 月 9 日
股票开盘价（元）	5.72	6.8	6.7	6.45	6.9
增幅变动（%）	—	18.88	17.13	12.76	20.63

万科 2006 年保持了 2005 年的快速发展势头，主营业务收入和净利润分别达到了 17848210282 元和 2154639315 元，较 2005 年分别增加了 69.04% 和 59.56%，扣除非经常性损益后的净利润为 2067878243 元，全面摊薄净资产收益率（ROE）为 14.48%，全面摊薄每股收益（EPS）为 0.493 元（见表 2）。

表 2　万科 2005~2006 年相关财务指标

项目	2006 年	2005 年	增减变动（%）
主营业务收入（元）	17848210282.17	10558851683.83	69.04
净利润（元）	2154639315.18	1350362816.78	59.56
扣除非经常性损益后的净利润（元）	2067878243.04	1336851574.86	54.68
全面摊薄的 ROE（%）	14.48	16.25	−1.77
全面摊薄的 EPS（元）	0.493	0.363	35.81

由表 2 可以看出，万科 2006 年扣除非经常性损益后的净利润较 2005 年增长 54.68%，全面摊薄的年净资产收益率为 14.48%，全面摊薄的每股收益增长 35.81%，达到 "2006 年度激励计划" 的业绩考核指标。以 2006 年 1 月 1 日为基准，2006 年万科 A 股每日收盘价向后复权年均价为 7.10 元，2007 年万科 A 股每日收盘价向后复权年均价为 33.81 元，达到 "2006 年度激励计划" 的股价考核指标。因此，按照万科的股权激励计划，董事长和总经理的分配额度分别为当年股票激励计划拟分配信托财产的 10% 和 7%，其他高管人员也会相应得到企业一定数额的股份以作为奖励。2006 年度激励计划已于 2008 年 9 月 11 日完成实施。

2. 万科股权激励计划以失败告终

虽然 2006 年的业绩为万科股权激励计划赢得了一个完美的开篇，然而由于 2007 年和 2008 年两个年度的相关指标未达到股权激励计划设置的标准，历经三年的深圳万科股权激励计划以遗憾和尴尬收场。喧嚣一时的深圳万科股权激励计划仅在 2006 年顺利完成，这样一来，当初设置的令人垂涎的高额奖励也与万科的高管们失之交臂。

2009 年底，万科正式发布公告称，为期三年的股权激励计划遗憾落幕。由于 2006 年万科完成了激励计划中设置的业绩指标及相应的股权指标，因此，2006 年的激励得以实现。而在 2007 年，虽然其业绩指标表现得还差强人意，然而受限于席卷全球的金融风暴造成的全球的股市动荡，万科 2007 年的股价要低于 2006 年的同口径股价，因此，在业绩指标完成的情况下，其股价指标并没有实现，因此 2007 年的激励就此夭折。而在 2008 年，则受累于国家对地产业的调控以及金融危机的影响尚存，万科的业绩考核指标未能达到预定目标，故 2008 的股权激励也未能实现。为期三年的股权激励计划也仅仅在 2006 年得以顺利实施，万科的高管们也遗憾地与巨额激励失之交臂。万科在随后的时间里宣布抛售最初用于激励的股票，这也正式宣布了万科股权激励计划的破产。

（三）第二次股权激励——2010 年的股票期权

2010 年 4 月 27 日，国务院发布了《国务院关于坚决遏制部分城市房价过快上涨的通知》（以下简称国十条），被称为"史上最严厉的调控政策"。这一政策的颁布，会明显地影响公司业绩，使得万科的高管和员工倍感压力，以至于产生离职的迹象。董事会为了减少人才的流失，同时也为了弥补 2006 年限制性股票激励计划的夭折对激励对象的打击，决定重启公司的股权激励计划。

1. 确定激励方式

对于第二次的股权激励计划，首先需要考虑的问题便是激励方式的选择，是延续第一次的限制性股票激励还是选择股票期权激励。关于这一问题，董事会内部展开了激励的讨论。

一部分董事推崇限制性股票激励，他们的理由主要包括：第一，首期的限制性股票激励采取预提奖励基金的方式，无须激励对象自己出钱，激励对象本身没有任何的资金压力。第二，限制性股票的风险比较小，举例来说，即使股价在限售期内下跌，但只要不跌至零，激励对象手中的股票仍然是有价值的。而股票期权若股价低于执行价格，激励对象就不可能行权，因此风险较大。

另一部分董事却认为股票期权的激励方式更适合于现阶段的万科，他们认为，虽然限制性股票无须激励对象自己出钱，但是公司却需要一次性提取很大数额的奖励基金。正如 2006 年的限制性股票计划刚推出时，公司就提取了 1400 万元的激励基金，这样做会给公司带来很大的资金使用压力和财务风险。此外，高风险意味着高收益，公司现阶段处在经营扩张期，更加适合采用风险及收益相对较高的股票期权激励方式。

董事会上，董事们各持己见，莫衷一是，最后采取了投票表决的方式决定采用股票期权。而确定激励方式仅仅是第二次股权激励计划的开始。

2. 确定激励对象

董事们继续讨论激励对象的问题，有的董事提出，仿照 2006 年的激励计划，分别对公司的董事会和监事会成员、高级管理人员、中层管理人员和业务骨干及卓越贡献人员进行激励。建议刚刚提出，便有人反对道：2008年中国证监会颁布了《股权激励有关事项备忘录2号》，其明确表示，上市公司监事不得成为股权激励对象。因此，董事会决定，不将监事会成员纳入股权激励计划，其他的激励对象名单交由薪酬与提名委员会拟定。

3. 确定行权条件

关于行权条件的设置，同样引起了争议。有的董事认为2006年的业绩指标偏高，因为为期三年的激励计划仅在第一年得以实施。但大多数董事都认为，2006年的业绩指标偏低，激励计划后两年的夭折是受金融危机的影响，属于不可控因素，继续降低行权条件也会向外界传递出公司对前景不看好的信息。同时，2006年的激励计划第一期完成得特别顺利，激励对象不需要很努力便可轻易达成，相当于福利的发放，对于公司的发展没有起到明显的促进作用。最终董事会决定提高行权条件。

4. 计划初成

2010年10月21日，公司第十五届董事会第十二会议审议通过与激励计划相关的议案，并于四天后对外公布《万科企业股份有限公司2010年A股股票期权激励计划(草案)》。

5. 最终修订

草案的颁布并没有一次性通过中国证券监督管理委员会的批准。万科在中国证监会等相关部门的指导下，对激励计划进行了相应修改，将实施期由四年变为五年，并调整了部分激励对象的名单。

2011年4月8日，公司2011年第一次临时股东大会审议通过了《万科企业股份有限公司A股股票期权激励计划(草案修订稿)》，标志着万科第二次股权激励正式启动。

(四) 第二次股权激励的实施情况

万科分别于2012年7月12日、2013年5月28日和2014年9月19日发布了第一、第二、第三个行权期行权事宜的公告，具体情况如表3所示：

表3 第二次股权激励实施情况

阶段	全面摊薄净资产收益率	净利润增长率	是否达到行权条件	可行权数量(万份)	行权价格(元)
第一阶段	18.17%	2011年较2010年增长32.15%	是	3849.58	8.66
第二阶段	19.66%	2012年较2010年增长72.83%	是	2682.015	8.48
第三阶段	19.66%	2013年较2010年增长107.59%	是	2345.295	8.07

（五）第二次股权激励方案实施的市场表现

1. 财务方面

万科实施股权激励计划意在能够使股东的利益与企业管理者的利益趋于一致，从而为股东创造最大价值，最终实现企业的长远健康发展。万科自2011年通过了股票期权激励计划修订稿，到2015年开始第三批行权，其股权激励计划实施得有条不紊，通过对万科主要财务指标进行分析（见表4），可以简单地分析万科实施股票期权激励计划之后的市场表现。

表4　万科2009~2014年主要财务数据

	净资产收益率（%）	销售净利率（%）	基本每股收益（元）
2009年	15.37	10.90	0.48
2010年	17.79	14.36	0.66
2011年	19.83	13.41	0.88
2012年	21.45	12.17	1.14
2013年	21.54	11.16	1.37
2014年	19.17	10.77	1.43

净资产收益率是净利润与净资产的比率，该指标的值越高，则说明投资所带来的收益越高，它是衡量上市公司盈利能力的一个重要指标。万科的净资产收益率从2009年到2012年呈现上升趋势，2013年到2014年呈现下降趋势，并且2014的净资产收益率相对于刚刚通过股票期权计划的2011年还要低一些。这充分说明在净资产收益率这方面，股票期权激励计划对万科的盈利能力并没有起到太大的促进作用。

销售净利率是净利润与销售收入的比率，它反映了销售收入的收益水平，一般来讲，该指标越大，说明企业的盈利能力越强。总体上来说，销售净利率从2010年开始呈现下降的趋势，这不得不让我们怀疑万科实施的股权激励计划可能对其盈利能力造成了负面影响。

基本每股收益是税后利润与总股本的比率，它被用来表示普通股股东每持一股所能享有的企业净利润或者需要承担的企业净亏损，是评价企业盈利能力及预测企业成长潜力的重要财务指标。万科的基本每股收益从2009~2014年都呈现上升趋势。这表明股权激励计划对万科的基本每股收益有强烈的推动作用，且万科有着较好的成长潜力。

通过对2014年五家上市房地产企业的主要财务指标进行对比（见表5），我们可以看出万科集团作为房地产行业的龙头老大，在净资产收益率、销售净利率和基本每股收益方面，并没有如我们想象中的那样居于首位，在销售净利率方面甚至比世茂股份低了4.13%。由此，我们可以得出万科的股票期权激励方案设计的不合理对其2014年主要财务指标可能产生了一定的负面影响的结论。

表5　2014年主要房地产企业的财务指标

	净资产收益率（%）	销售净利率（%）	基本每股收益（元）
万科集团	19.17	10.77	1.43
保利地产	21.65	11.19	1.14
世茂股份	12.43	14.90	1.61
金地集团	13.23	8.76	0.89
中粮地产	10.68	6.62	0.33

　　总体上来看，万科的发展前景及市场效果还是不错的，其盈利能力的下降，主要是由于整个经济形势疲软的影响，同时也不排除其股票股权激励方案设计不合理所带来的负面影响。

　　2. 股价方面

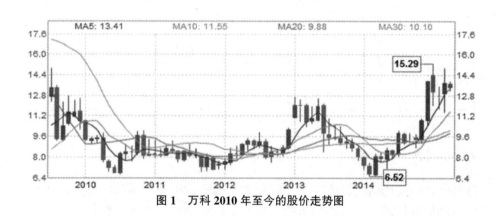

图1　万科2010年至今的股价走势图

　　图1为万科股票期权激励方案实施以来的股价走势。2011~2012年，万科股价一直在7~8元浮动，低于行权价格，为虚值状态。2012年股价开始呈现上升的趋势，于2013年达到顶峰，而后开始暴跌，于2014年达到谷底，然后开始快速上升，并且突破了2013年的最高点。从图1可以看出，从2010年第三季度到2012年第四季度，万科的股价变动一直较为平缓，而从2013年开始，股价呈现大幅度地上升和下降趋势，股价变化幅度较大。

　　3. 人事变动方面

　　万科在2010年10月股权激励方案公布后的不到两年内，就有四位执行副总裁、三位副总裁陆续离职，分别占2010年该职位人数的4/8和3/7，这被外界称为万科近30年发展史上罕见的"人事地震"。表6为部分万科离职经理人的去向。

表 6　部分万科离职经理人的去向

时间	经理人	职务	去向
2009 年 2 月	严峰	南京万科营销部经理	无锡华润新鸿基地产总经理助理
2010 年 1 月	宗文杰	天津万科营销总监	创办天津嘉世地产公司
2010 年 10 月	许国鸿	副总裁	济南宏泰物业总裁
	陈东锋	副总裁	恒大地产副总裁
2011 年 1 月	徐洪舸	执行副总裁	创办里城地产
	肖楠	副总裁、建筑研究中心总经理	
	刘石磊	成本管理部总经理	
2011 年 5 月	杨磊	佛山万科地产部经理	成都东原地产总经理
2011 年 6 月	刘爱明	执行副总裁、上海区域总经理	重庆协信地产 CEO
2011 年 8 月	袁伯银	执行副总裁	红星美凯龙总裁
2012 年 1 月	邢鹏	重庆万科总经理	创业
2012 年 4 月	陶翀富	深圳万科副总经理	创业
	罗霆	深圳万科营销总监	创业
	傅明磊	上海区域副总经理	旭辉地产上海事业部总裁
2012 年 5 月	梁睿	广州万科营销总监	雅居乐
2012 年 7 月	杜晶	执行副总裁	移民（创业）

五、尾声

万科的公司治理结构较为完善，其股东大会通过的股权激励方案反映了大股东、中小股东和职业经理人三方面的意志。股权激励方案向来是为了解决委托代理问题，降低代理成本而存在的。其 2011 年通过的股票期权激励方案虽然从某种程度上对企业的盈利能力起到了促进作用，但是也造成了万科近 30 年发展史上罕见的"人事地震"，这不禁让人们怀疑其股票期权方案设计的合理性。为了更好地解决委托代理问题，万科 2014 年提出了"事业合伙人制"，让管理人员和股东共同承担风险，从而使管理团队的利益与股东高度一致。让我们拭目以待万科事业合伙人制度的变革……

Vanke's Equity Incentive：Where is the Road

Abstract：Along with the deepen and improvement of market economy，equity division structure reform forward，and become more and more serious to the excitation of enterprise managers. As one of the listed companies which adopted the equity incentive，Vanke has been highly concerned from 2006 when it began to implement the equity incentive plan.

According to the background, motivation, main content, assessment indicators of determination, implementation results and encountered problems of Vanke's the first and the second equity incentive plan, we can analyses the success and shortcoming of Vanke's equity incentive plan, and provide a reference to the other listed companies in the equity incentive plan.

Key Words: Equity Incentive; Executives' Dimission; Corporate Governance

案例使用说明：

万科股权激励：何去何从

一、教学目的与用途

（1）本案例主要适用于 MBA 的组织理论与设计、公司治理、企业集团治理等课程，也可用于其他工商管理类的课程教学和管理培训。

（2）本案例教学目的在于通过描述万科集团首期与第二轮股权激励方案的背景、动因、主要内容及实施结果，对其两轮股权激励方案进行对比，详尽分析方案中存在的问题及原因，为其他实行股权激励计划的上司公司提供可以借鉴的思路和方法。

二、启发思考题

（1）为什么实行股权激励？

（2）万科首次股权激励计划为什么失败？

（3）万科股权激励方案为什么从限制性股票转为股票期权？相比于第一次股权激励方案，公司第二次股权激励方案在设计时有何改进？

（4）万科第二次股权激励方案（股票期权）存在什么问题？

（5）为什么万科在 2010 年 10 月股权激励方案公布后不到两年，出现了罕见的"人事地震"？

（6）针对万科两次股权激励方案，你有什么建议？

三、分析思路

教师可以根据自己的教学目标（目的）来灵活使用本案例。这里提出本案例的分析思路，仅供参考。

教师可以引导学生讨论万科股权激励方案的背景。可以看到，随着社会主义市场经济的进一步深化和完善，股权分置改革的深入推进，对企业管理者的激励问题越发突出。在对这个问题进行回答时，教师可以将学生引导到对"委托代理理论"、"激励理论"、"人力资本理论"、"股权激励"等基础知识点的理解上。学生需要进一步分析在该背景下哪些因素直接影响了万科股权激励计划的实施。正是由于在市场经济高度发展的今天，传统的激励模式已不能完全满足企业持续稳定发展的需要，激励与约束难以统一，不能很好地解决所有者与经营者的委托代理问题。因此，实施股权激励计划，完善公司治理结构，健全公司激励机制，继续拥有稳定的高素质管理队伍和优秀的业务人才，增强公司竞争力，对于万科显得尤为重要。

2006 年 1 月 1 日，在经历了多年的艰难等待之后，中国证监会制定的《上市公司股权激励管理办法（试行）》正式实施，为万科推出股权激励计划提供了政策保障。2006 年 3 月，万科在公布年报的同时，公布了《万科企业股份有限公司首期（2006~2008 年）限制性股票激励计划》。万科就此成为实施股权分置后，首家正式出台对管理层奖励具体方案的国内上市公司。在这个过程中，教师可以引导学生了解万科首期股权激励方案的主要内容和方案实施结果，启发学生思考万科首次股权激励计划失败的原因。

2010 年 4 月 27 日，国务院发布了《国务院关于坚决遏制部分城市房价过快上涨的通知》，被称为"史上最严厉的调控政策"。密集、严格的多项调控政策让房地产企业高管的压力日益增大，房地产行业高管离职人数上升。而万科一向倡导"人才是万科的资本"，留住人才，提升他们的积极性和对公司的忠诚度是万科人事管理的重要内容，新一轮股票期权激励的实施也是公司紧抓核心人才的一项措施。因此，万科于2010 年 10 月 25 日公布《2010 年 A 股股票期权激励计划（草案）》，并于 2011 年 4 月18 日审议通过了《关于 A 股股票期权激励计划期权授予相关事宜的议案》，万科的股票期权激励计划正式拉开序幕。此时，教师可以利用"相比于第一次股权激励方案，万科的第二次股权激励方案在设计时有何改进"这一问题，引导学生从主要内容、实施结果等不同方面对两轮股权激励方案进行对比。教师再通过"为什么万科在 2010 年10 月股权激励方案公布后的不到两年内，出现了罕见的'人事地震'"这一问题，引导学生详细分析万科股权激励方案存在的问题及原因，进一步启发学生探讨上市公司股权激励方案普遍实施难现象的根本原因，以期对万科及其他上市公司股权激励方案的设计提供借鉴。

整个案例的分析思路如图 2 所示。

四、理论依据与分析

1. 为什么实行股权激励？

【相关理论】 委托代理理论、激励理论、人力资本理论、股权激励

（1）委托代理理论——现代公司制度下所有权和经营权相分离。股东（委托方）是企业财富的所有者，而经理人员（受托方）只是资产的管理者，二者形成委托代理关系。作为追求个人效用最大化的理性人，经营者和公司、股东间的目标函数不完全一致，其可能利用两权分离导致的信息不对称和机会主义去谋求个人私利或追求自身享乐而不努力工作，即出现"逆向选择"和"道德风险"。股权激励的设计通过赋予管理人员股票或期权使两权分离变为两权合一，促使管理人员以股东的身份来思考问题。

（2）激励理论——企业的管理，归根到底是对人的管理，激励是管理的核心。激励是指推动人们朝着某一方向或水平从事某种活动，并在工作中持续努力的动力。美国

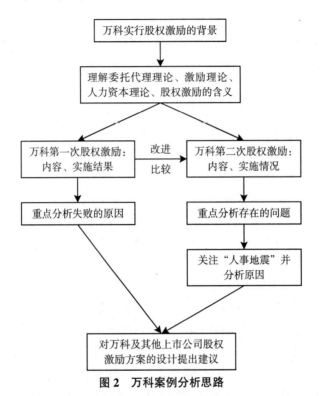

图 2　万科案例分析思路

哈佛大学教授威廉·詹姆斯通过研究表明，在没有激励的情况下，员工仅发挥其能力的 20%~30%；而在受到充分激励时，可将其能力发挥至 80%~90%。

股权激励用股权这个纽带将激励对象与股东和公司的利益捆绑在一起，使激励对象能积极自觉地按照实现公司既定目标的要求，为提升股东财富而努力工作，从而降低股东在信息不对称下的监督成本。同时，作为实现自身价值的一种途径和标志，经济利益也会使非激励对象奋发图强，自觉提升自身人力资本的含金量，获得一定的激励作用。

（3）人力资本理论——人力资本是指企业所具备的与管理者个人不可分离的知识技能、管理经验、人脉关系和声誉等资源。知识经济的发展是人力资本理论产生的社会背景。在工业化时代，决定企业生存与发展的主导要素是物质资本，而在知识经济时代，经营管理的高度复杂化使得经理人员在以往经营中磨炼和体现出来的信息处理、经营管理、创新和解决不确定性问题的能力，区别于普通员工而成为企业的稀缺资源。股权激励充分肯定了人力资本的作用，通过管理层持股的设计，使经理人（人力资本的所有者）能像股东（货币资本的所有者）一样共享企业的成长，从而促进经理人才能的发挥。

（4）股权激励——股权激励有广义和狭义之分，广义的股权激励包括经营者持股和员工持股，经营者所持的股份可能是其作为企业的发起人在上市之前就拥有的原始股或通过管理层收购等方式获得的股份。员工持股是指公司根据员工意愿，将应付员工工资、奖金等现金薪酬的一部分委托资产管理机构管理，通过购入本公司股票并长期持有，将股份权益按约定分配给员工的制度安排。本文所指的股权激励为狭义的股权激励，即以本公司股票为标的，对董事、高级管理人员及核心技术人员进行的长期性激励合约，不包含管理者持有原始股或员工普惠性持股等方式。

【案例分析】

外部市场环境的不断变化以及内部自身特殊的股权结构使万科在发展进程中产生了一系列有待解决的公司治理难题，这也促进了万科选择开展股权激励来取得进一步提升的决心。

万科股权激励方案外部动因：

（1）法律欠缺障碍的消除是万科开启股权激励方案强有力的外部助推剂。正是由于我国证券法律方面的相对缺失，使万科在 1993 年实施的股权激励方案被叫停，严重影响了国内上市公司的发展进程。2005 年我国开展了股权分置改革，对证券方面的有关法律法规进行了进一步的制定与修改，这大大改善了上市公司在实施股权激励过程中相关法律的缺失情况，具有里程碑式的意义。2005 年底由证监会发布了国内股权激励制度的相关管理办法，为国内上市公司股权激励的实施开启了崭新的篇章。

（2）随着国内房地产市场进入了国际化竞争时代，为了激励公司管理层积极迎接新的挑战，抓住新的机遇，万科于 2006 年适时地推出了首轮股权激励方案，期望能够通过引入已经在国外许多优秀企业成功运行多年的激励机制，充分激发公司所拥有的卓越人力资本创造价值的能力，帮助万科在日益激烈的竞争环境中不断提升自身优势，为公司的未来找到更加明确的长远发展方向，使公司能够在国际化竞争时代立于不败之地。

万科股权激励方案内部动因：

万科选择实施股权激励方案的主要内部动因是公司内部日益突出的代理矛盾。随着经济全球化的快速发展，近年来，众多国内房地产企业通过加速产业整合来迎接国际化竞争时代的来临。为了迎接新的挑战，提升企业竞争力，配合建设吸引新人才，维持现有人才的公司中长期激励制度，万科选择实施股权激励方案与其自身内部治理结构所具有的特点有着很重要的关系。

（1）万科相对分散的股权结构可以避免实施股权激励所可能产生的分散公司控制权的不利影响。

（2）万科组织规模庞大，拥有众多的区域事业部，在最高决策者与各区域事业部之间又增设了中层管理层来进行过渡。

【培养能力】

了解公司治理中存在的相关问题和理论知识，并从相关理论出发对万科股权激励原因进行分析。

2. 万科首次股权激励计划为什么失败？

【相关理论】限制性股票激励

限制性股票指上市公司按照预先确定的条件授予激励对象一定数量的本公司股票，激励对象只有在工作年限或业绩目标符合股权激励计划规定条件时，才可出售限制性股票并从中获益。

限制性股票是企业为实现某一预定目标而特别设立的。企业会预先给予高管人员一定数额的限制性股票，同时对股票的处置等问题做出约定和限制，这种约定可能涉及企业的股价增长水平，或者是企业业绩达到预定目标。当激励对象按时完成约定的目标或计划，其就可对限制性股票进行处置以获得增值收益。反之，在这个约定期限内，高管人员没有完成目标或是提前离职，则限制性股票就将失去作用而被企业收回。

【案例分析】

（1）激励期限短，容易导致短期化行为。万科首期股权激励方案的实施期限为三年，对于追求长期持续发展的企业来说，三年的激励期与发展目标有些不相匹配，这可能导致股权激励福利化，或者促使激励对象为追求自身利益而做出有碍公司长远发展的决策，这与制定股权激励方案的目的是相悖的，并没有通过降低代理成本而使公司治理中出现的代理问题得到有效解决。

（2）业绩指标偏低。首期限制性股票激励方案的行权条件为：①年净利润（NP）增长率超过15%；②全面摊薄的年净资产收益率（ROE）超过12%；③全面摊薄的每股收益（EPS）增长率超过10%。对于万科而言，净利润增长率超过15%属于经营常态，此项财务考核指标的设定相对偏低。在万科决定开展首期股权激励方案的前五年中，净利润增长率除2002年以外，在2000~2005年的其他年份中，均远高于15%。在2006年、2007年，净利润增长率分别高达59.6%、124.8%。因此，15%的年净利润增长率指标与万科实际的业绩指标相比显然是难以起到激励作用的。除行业内部发生不可预期的变化，万科年均15%的净利润增长率考核指标是非常容易实现的。万科设定的超过12%的年净资产收益率的考核指标则相对较为合理。万科从2000~2003年，净资产收益率从来没有超过12%，而在2004年时超过了14%，2005年更突破了16%。从国内外行业指标来看，被万科尊为榜样的美国帕尔迪公司的净资产收益率一般保持在15%，经营状况良好时也曾达到18%，而2004年国内同行业各企业的平均净资产收益率不足7%，虽然该均值在2005年及2006年有小幅上升，但仍未达到12%。因此，12%的净资产收益率在国内房地产行业已是较高标准。万科在制定该指标考核标准时，可能考虑到土地价格在未来上涨的可能性，最终选择了较为谨慎的12%的净资产收益率水平。在本轮股权激励方案的实施期间，万科的实际表现连续三年均超出了这一标准。为了满足股东每股盈利情况的要求，万科将每股收益设定为每年10%的增幅，这一标准与其他两项相比严格许多，因为无论是在首期股权激励方案执行的前两年，还是方案期的三年中，这一指标仅在2006年以及房地产出现过热现象的2007年达到了这一标准，其余年份均与此有较为明显的差距。万科的财务考核指标的设定普遍偏低，尽管万科在公开宣布正式实施股权激励方案的前一年已将未来三年确定为公司的快速增长期，却仍选择将首期股权激励方案的考核指标定为低于 2004 年和 2005 年的相关业绩，这样的行权标准可能无法达到开展股权激励方案的目的。尽管万科在参考了国际上股权激励考核相关标准以后，对公司首期股权激励方案进行了精心的设计，但是偏低的业绩考核标准可能无法起到有效的激励作用，许多细节之处也需要进一步完善。

（3）会计利润操纵空间较大。房地产行业与其他行业相比，企业拥有更为灵活的合法利润操纵空间，这可能会导致激励对象为了实现激励方案考核指标，获取个人利益，利用职务之便操纵会计利润现象的产生。若这种情况发生则会降低会计报表提供的信息质量，对会计报表的真实性与准确性产生不利影响，使公司今后的发展及股东利益受到损害，从而违背公司实施股权激励方案的初衷。收入确认和存货跌价准备是利润可调控性最主要的两个方面，同时激励基金预提的会计处理方法亦会在一定程度上影响会计信息的质量。

（4）股价作为考核指标未必合理。万科将股价作为首期股权激励方案的考核指标，使该方案存在很大的不确定性。按照规定，能够顺利实施该激励方案必须具备下列条件：在本年公司的年平均股价高于上一年的情况下，预先由独立信托机构用激励基金购买的本公司 A 股股票才能够归属于激励对象。当无法满足该条件时，则将该要求顺延至下一年，即当下一年平均股价同时超过本年度及上年度的平均股价时，股权激励方案仍然可继续予以实施，否则将取消当年度激励方案。万科将股价作为股权激励考核指标是否有利于激励方案的激励性有待进一步研究。2007 年是资本市场极不理性的一年，股价攀升的程度远远超出了合理性。虽然 2007 年的财务业绩指标顺利实现考核标准，但由于 2008 年平均股价要明显低于 2007 年的平均股价，而使当年方案进入了补充期，然而 2009 年，股价水平仍然未能超越 2007 年，最终 2007 年的激励方案遗憾夭折。由此，可以看出，一般而言，上市公司的股价会随着股市整体行情出现牛市的情况而普遍走高，在这种情况下，公司股价的上涨并不能够体现出股权激励人员对公司发展所做出的贡献。此时激励人员从公司激励方案中获得的个人收益并不完全源自他们的工作为公司所创造的价值。相反，当股市整体低迷时，公司股价的表现很可能无法摆脱市场整体行情的拖累，激励人员在此期间为公司创造的价值及所做出的贡献同样无法通过下跌的公司股价体现出来，此时，激励人员无法得到相应的激励收益，这两种结果均缺乏合理性与公平性。因为这是由于激励对象无法预料和控制的因素所产生的结果，将会使股权激励方案的激励作用大打折扣。

（5）考核指标不够完善。万科首期股权激励方案几乎不存在非财务考核指标，而将主要将财务指标与公司股价作为考核标准。如果一个企业在发展的进程中只关注短期的财务指标，那么将很难保证其未来长远持续的发展。虽然制定股权激励方案是为了将管理层与股东的利益联系得更加紧密，从而降低代理成本，但是，单一的财务及股价考核指标可能会导致激励对象忽视企业的长远发展，而过度追求公司短期业绩指标的提升，从而获取个人利益，这就违背了制定股权激励方案的初衷。万科今天所取得的成就源自市场的信赖，这份信赖并不仅仅取决于公司短期的财务指标与股价的出色表现，更多地取决于许多非财务指标，比如卓越的企业文化、先进的管理理念等。然而万科股权激励方案并没有将这些非财务指标列入考核范围。在 2008 年国内房地产市场出现急速降温的险难时期，虽然万科在 2008 年的净利润增长率为负，但这一财务指标无法体现出管理层对企业发展所做出的贡献。因为，尽管与往年相比，万科 2008 年的业绩在财务指标上黯然失色，但是管理层在这一艰难时期并没有将工作主要精力放在如何实现股权激励方案的相关业绩考核目标上，而是积极采取一系列及时有效的应对措施为公司赢得了未来更加有力的发展基础，其中，降价销售可以帮助万科进一步扩大市场占有率，低价收购土地降低了经营成本，能够有效促进公司未来净利润的提高，使得万科提升了自身的竞争优势。然而，这些贡献作为激励对象在 2008 年为万科所创造价值中的重要组成部分无法通过简单的短期财务指标或者公司股价体现出来。最终，由于当年的业绩考核指标未能实现，2008 年公司股权激励方案没有顺利实施。

持续不断的现金净流入对于追求长远发展的公司而言至关重要。净利润率很高，但没有充足现金净流入作为支撑的公司将面临很高的短期经营风险，这将会给公司未来的稳定发展埋下隐患。首期股权激励方案中并未涉及现金流量相关指标，使得股东无法全面地判断在股权激励期间企业的业绩表现能否支撑持续健康地发展。

【培养能力】

了解限制性股票相关概念，对公司相关财务指标进行分析，得出结论。

3. 万科股权激励方案为什么从限制性股票转为股票期权？相比于第一次股权激励方案，公司第二次股权激励方案在设计时有何改进？

【相关理论】股票期权和限制性股票的对比

股票期权是指在一定期限内，企业赋予其员工按照固定的价格（行权价）购买一定份额的公司股票的权利。其行权价格一般高于或者等于激励计划草案公布时公司股票的市场价格。限制性股票指上市公司以一定的价格（一般低于激励计划草案公布时的市场价格）按照预先确定的条件授予激励对象一定数量的本公司股票，激励对象只有满足股权激励计划规定的工作年限或业绩目标时，才可出售限制性股票并从中获利。简单地说，股票期权是获取未来收益的权利，而限制性股票是已经实现但归属受到限制的收益权。两者的区别主要体现在以下几个方面（见表 7）：

表 7　股票期权和限制性股票的对比

	股票期权	限制性股票
权利义务的对称性	不对称	对称
激励与惩罚的对称性	不对称	对称

续表

	股票期权	限制性股票
限制条件及限制环节	等待期→可行权期	禁售期→解锁期
行权价和授予价格	两个价格的较高者	不低于定价基准日前20个交易日股票均价的50%
对激励对象资金要求	分期付清购买股票所需资金	授予时付清购买股票的全部资金
价值评估	期权定价模型	授予日的股票市场价值扣除授予价格
对企业财务影响	期权成本会减少企业利润	计入费用；无费用
激励力度	较弱	较强
税收	具有延税和避税效应	无法避税和延税

（1）权利义务的对称性不同。股票期权是典型的权利义务不对称激励方式，这是由期权这种金融工具的本质属性决定的。期权持有人只有行权获益的权利，而无必须行权的义务。限制性股票的权利义务则是对称的。激励对象在满足授予条件的情形下获得股票之后，股票价格上涨，限制性股票的价值增加；反之股票价格下跌，限制性股票的价值下跌。股票价格的涨跌会增加或减少激励对象的利益。

（2）激励与惩罚的对称性不同。由于权利和义务对称性的不同，激励与惩罚的对称性也不同。股票期权并不具有惩罚性，股价下跌或者期权计划预设的业绩指标未能实现，受益人只是放弃行权，并不会产生现实的资金损失。而限制性股票则存在一定的惩罚性。在激励对象用自有资金或者公司用激励基金购买股票后，股票价格下跌将产生受益人的直接资金损失。限制性股票通过设定解锁条件和未能解锁后的处置规定，对激励对象进行直接的经济惩罚。

（3）限制条件及限制环节不同。股票期权在授予后存在一年的等待期，然后进入可行权期。限制性股票的激励对象在获得股权后存在一定的禁售期，之后进入解锁期，激励对象只有在达到解锁条件后才可每年将限定数量的股票流通上市，获取收益。另外，对于股票期权的严格限制一般通过设置可行权条件在出售环节之前限制，而一旦激励对象选择行权，出售环节仅受到《公司法》与《证券法》等有关规定的制约。限制性股票则侧重于在出售环节进行严格的限制，对激励对象应该达到的业绩目标或者工作年限进行约束，并通过设定禁售期与解锁条件等进行控制。

（4）行权价和授予价格不同。股票期权的行权价格是上市公司向激励对象授予股票期权时所确定的、激励对象购买上市公司股份的价格。行权价格具有明确规定，不应低于下列价格较高者：股权激励计划草案摘要公布前一个交易日的公司标的股票收盘价；股权激励计划草案摘要公布前30个交易日内的公司标的股票平均收盘价。限制性股票若来源于向激励对象定向发行的股票，则其发行价格不低于定价基准日前20个交易日公司股票均价的50%。

（5）对激励对象资金要求的程度不同。在股票期权情况下，激励对象分期行权，分期付清购买股票所需资金，限制性股票方式下，在授予时就需要激励对象付清购买股票所需的全部资金。因此，限制性股票方式下，激励对象面临较大的资金压力。

（6）价值评估不同。股票期权的估值一般按照金融工程学中的期权定价模型（如B-S模型或者二叉树定价模型）进行测算，依赖于股票市价、行权价、股票收益率的波动率、期权有效期限、无风险利率、股票分红率等参数决定。而限制性股票的价值估值则十分简单，即为授予日的股票市场价值扣除授予价格，并无未来的等待价值。两者的差异可理解为限制性股票只有内在价值，而股票期权拥有内在价值和时间价值。

（7）对企业财务影响的不同。股票期权主要体现在计划等待期内逐年对公司的人工成本费用增加，同时增加资本公积。因此，期权成本会减少企业利润，但不影响企业的现金流。由于期权估值较高（包括内在价值和时间价值）、规模较大（可达公司股本的10%），因此对公司利润的负面影响可能比较大。对于限制性股票，一般并无等待期，授予后即让激励对象持有股票。如果采用激励基金购买股票方式，则将激励基金计入下一期的成本费用和扣减银行存款。如果采用定向发行，则增加公司股本和银行存款，对于企业来说，并无成本费用。

（8）激励力度不同。就同样数量的股票期权和限制性股票而言，期权的激励力度弱于限制性股票。这是因为，期权的收益来自未来行权后的股票价格与行权价格的价差，而限制性股票的收益来自解锁后的股价与购买成本的价差。由于限制性股票的购买成本（即授予价格）为计划草案公布时市场价格的折价（甚至为零），相比之下，股票期权的行权价格不低于计划草案公布时的市场价格，所以，同样一股的股票期权和限制性股票（指同时制定计划草案，并且未来同时行权或解锁）相比，前者的收益低于后者。

（9）税收不同。根据相关规定，授予员工股票期权时，不需要征税。员工行权购买股票时，其从企业取得股票的实际购买价（行权价）低于购买日公平市场价（指该股票当日的收盘价）的差额，应按"工资、薪金所得"适用的规定计算缴纳个人所得税。员工在出售股票时，对股票转让所得暂不征收个人所得税。对于限制性股票，员工从其雇主处以不同形式取得的折扣或补贴，属于该个人因受雇而取得的工资、薪金所得，应在雇员实际认购股票等有价证券时，计算缴纳个人所得税。而在股票出售时，目前暂不征收个人所得税。因此，如果股票期权受益人选择在市场价低于行权价时行权，则可以避免发生所得税，股票期权具有延税和避税效应。而限制性股票期权，由于授予价格低于市场公允价格，则无法避税和延税。

【案例分析】

万科股权激励方案为什么从限制性股票转为股票期权？

（1）股票期权具有高风险、高回报的特点，在一定程度上体现出万科在当年的发展进程中所存在的经营扩张期望。而限制性股票期权风险相对较小，作为首期方案，因此以谨慎的态度作为2005年实施股权激励计划的决策定位。

（2）2011年股票期权激励计划的股票来源为公司向激励对象定向发行的股票。股票期权成本不会影响企业的现金流量。而万科的首期限制性股票激励方案选择利用预提的激励基金在二级市场购入公司股票，这种方式会占用公司更多的现金，国家对房地产上市公司融资政策的收紧使万科难以承受限制性股票的付现压力。

相比于第一次股权激励方案，公司第二次股权激励方案在设计时有何改进？

表8　第二次股权激励相对于第一次股权激励的改进

	第一次股权激励	第二次股权激励
激励方式	限制性股票	股票期权
激励对象	监事会成员作为激励对象	监事会成员不作为激励对象
激励期限	三年	五年
股票来源	委托信托机构从二级市场回购	公司向激励对象定向发行的股票

（1）激励方式方面。万科首轮股权激励方案采用预提激励基金的限制性股票激励方式。按照2006~2008年间三个不同年度，分三个独立账户运作。激励基金用于购买授予激励对象的公司流通A股股票，整个过程交由公司董事会予以授权的独立第三方深圳国际信托投资有限责任公司进行运作，在公司当年相关业绩考核指标以及公司A股股价达到股权激励方案中的相关要求及限制条件时，独立信托机构将事先购买的股票过户给激励对象。万科选择了适于成熟型企业、风险相对较小的限制性股票作为首轮股权激励方式，体现出万科在谨慎中力求突破。

万科在第二轮股权激励方案中选择了风险及收益相对较高的股票期权激励方式，在公司业绩达到相关考核标准时，在行权有效期内，激励对象即可拥有以授权日公司规定的行权价格8.89元购买其公司A股股票的权利。激励对象可以选择购入一定数额的公司股票，亦可选择放弃该项权利。这次万科选择股票期权的激励方式在一定程度上体现出公司发展进程中的经营扩张期望。

（2）激励对象方面。2011年的股权激励方案中明确规定监事会成员不作为激励对象，这是与2006年激励方案中的激励对象最为显著的区别。监事会作为公司的监督机关，对公司的经营管理进行全面的监督，独立地行使对董事会、经理人及整个公司管理的监督权。如果将监事会成员纳入激励对象之列，使其与公司董事、经理人成为利益共同体，则不能有效地监管董事会及经理人对实施股权激励进行的暗箱操作，从而损害股东的利益。2011年的激励方案在这方面的考虑比较周到。

（3）激励期限方面。2006年股权激励方案中激励期限为三年，期限较短。2011年股权激励方案中激励期限为五年，万科在2010年所做的该次股权激励的第一份草案中，激励期限为四年，后来做了调整，将有效期延至五年。为保证股权激励效果的长期有效性，在实践中，适当地确定股权激励期限非常重要。股权激励期限越长，行权的门槛就越高，因为每期都得面临相应激励条件的约束，激励对象操纵行权指标的难度加大、操控能力也会削弱；另外，较长的激励期限还可以减少每期行权的数量，进而削弱高管通过操纵股价集中获取高额收益的能力。目前，我国上市公司股权激励期限在 3~10 年，70% 以上的公司集中在五年以内。万科 2011 年股权激励期限的调整也有这方面的考虑。

（4）股票的来源方面。2006 年万科股权激励方案中股票的来源为委托信托机构从二级市场回购。回购公司股份是需要资金的，万科的首期股权激励计划刚推出，就提取了 1400 万元的激励基金，用于在二级市场购入本公司股票，回购股票占用了公司大量的现金，加大了资金使用的压力，还增加了财务风险。

2011 年股权激励方案中股票来源为公司向激励对象定向发行的股票。定向发行股票可以增加公司的资本金，增加现金流入。

（5）业绩指标设定方面。相比于首次股权激励方案，第二轮股权激励方案的基本行权条件及相关业绩指标更加严格。这体现出万科希望能够最大化第二轮股权激励的激励效用，使其能够真正起到推动公司进一步发展的作用，而不是仅仅作为福利性政策实施。两次方案的基本行权条件对比如表 9 所示。

表 9　万科 2006 年与 2011 年股权激励方案业绩指标对照表

2011 年期权激励计划的基本行权条件			2006 年期权激励计划的基本行权条件
业绩考核指标： 1. 全面摊薄净资产收益率（ROE） 2. 归属于上市公司股东的净资产增长率			业绩考核指标： 1. 公司净利润增长率 2. 净资产收益率 3. 每股收益增长率
行权期	行权比例	行权条件	2006 年期权激励计划限制性股票采取一次性全部归属行权条件：
第一个行权期	40%	T 年 ROE≥14%，T 年较 T-1 年的净利润增长率≥20%	1. 年净利润增长率超过 15% 2. 全面摊薄的年净资产收益率超过 12%
第二个行权期	30%	T+1 年 ROE≥14.5%，T+1 年较 T-1 年的净利润增长率≥45%	3. 公司如采用向社会公众增发股份方式或向原有股东配售股份，当年每股收益增长率超过 10%。除此之外的情形（如采用定向增发方式实施重大资产并购、换
第三个行权期	30%	T+2 年 ROE≥15%，T+2 年较 T-1 年的净利润增长率≥75%	股、引进战略投资者，配售转债和股票衍生品种等）则不受此限制

从表 9 的对比可以看出：①2011 年的激励方案分三期行权，各期全面摊薄的年净资产收益率依次不得低于 14%、14.5% 与 15%，而 2006 年至 2008 年限制性股票计划是一次性行权，要求全面摊薄的年净资产收益率不低于 12%；②2011 年的激励方案还要求相比基准年，此后第一、第二、第三年的净利润增长率依次不得低于 20%、45% 与 75%，相当于每年超过 20% 的复合增长率，远远高于上次净利润年增长率不得低于 15% 的标准。另外还值得注意的是，万科在计算净资产收益率（ROE）时选择最严格的全面摊薄净资产收益率计算法，这比市场上普遍选用的加权平均净资产收益率更难实现。

【培养能力】

通过了解限制性股票和股票期权的不同，分析万科股权激励方案从限制性股票转为股票期权的原因，以及第二次股权激励方案在设计时的改进之处。

4.万科第二次股权激励方案（股票期权）存在什么问题？

【相关理论】 股票期权激励理论

经理人和股东之间实际上是一个委托代理的关系，股东委托经理人经营管理资产。但事实上，在委托代理关系中，由于信息不对称，股东和经理人之间的契约并不完全，需要依赖经理人的"道德自律"。股东和经理人追求的目标是不一致的，股东希望其持有的股权价值最大化，经理人则希望自身效用最大化，因此股东和经理人之间存在"道德风险"，需要通过激励和约束机制来引导和限制经理人行为。

为了使经理人关心股东利益，需要使经理人和股东的利益追求尽可能趋于一致。对此，股权激励是一个较好的解决方案。通过使经理人在一定时期内持有股权、享受股权的增值收益，并在一定程度上以一定方式承担风险，可以使经理人在经营过程中更多地关心公司的长期价值。股权激励对防止经理的短期行为、引导其长期行为具有较好的激励和约束作用。

期权是指一种合约，该合约赋予持有人在某一特定日期或该日之前的任何时间以固定价格购进或售出一种资产的权利。

对非上市公司来讲，股权激励有利于缓解公司面临的薪酬压力。由于绝大多数非上市公司都属于中小型企业，它们普遍面临资金短缺的问题。因此，通过股权激励的方式，公司能够适当地降低经营成本，减少现金流出。与此同时，也可以提高公司经营业绩，留住绩效高、能力强的核心人才。

对原有股东来讲，实行股权激励有利于降低职业经理人的"道德风险"，从而实现所有权与经营权的分离。非上市公司往往存在一股独大的现象，公司的所有权与经营权高度统一，导致公司的"三会"制度等在很多情况下形同虚设。随着企业的发展、壮大，公司的经营权将逐渐向职业经理人转移。由于股东和经理人追求的目标是不一致的，股东和经理人之间存在"道德风险"，需要通过激励和约束机制来引导和限制经理人行为。

对公司员工来讲，实行股权激励有利于激发员工的积极性，实现自身价值。中小企业面临的最大问题之一就是人才的流动问题。由于待遇差距，很多中小企业很难吸引和留住高素质的管理和科研人才。实践证明，实施股权激励计划后，由于员工的长期价值能够通过股权激励得到体现，员工的工作积极性会大幅提高，同时，由于股权激励的约束作用，员工对公司的忠诚度也会有所增强。

期权价值 = 时间溢价 + 内在价值

期权的时间溢价是指期权价值超过内在价值的部分。

期权的内在价值是指期权立即执行产生的经济价值。内在价值的大小，取决于期权标的资产的现行市价与期权执行价格的高低。

表 10　股票期权激励

价值状态	看涨期权	看跌期权	执行状况
"实值期权"（溢价期权）	市价高于执行价格时	市价低于执行价格时	有可能被执行，但也不一定被执行
"虚值期权"（折价期权）	市价低于执行价格时	市价高于执行价格时	不会被执行
"平价期权"	市价等于执行价格时	市价等于执行价格时	不会被执行

【案例分析】

（1）行权条件存在问题。房地产行业既是国民经济的支柱性产业，又极易受到宏观经济形势的影响。2008 年金融危机曾导致房地产市场整体低迷，但随着一系列经济刺激计划的出台，商品房销售市场逐步复苏，房价反弹开始出现。2010 年后，国家再度重拳出击，"国十一条"、"新国十条"、"新国八条"、限购、限贷、加息、上调存款准备金率、取消二次购房契税优惠政策等在一定程度上抑制了商品房销售额的增长。

万科激励计划中以固定不变的财务指标（行权条件要求年复合增长率至少 20%，ROE 达 14%~15%）去衡量变幻莫测的经营环境中高管的工作业绩，无异于"刻舟求剑"，且当激励对象主观上认为行权条件难以达到时，激励方案反而会传递出变相降薪的消极信号。因此，采用单一、固定的财务指标很难对高管起到有效的激励效果。

（2）行权价格存在的问题。2010 年股权激励方案授予激励对象的是"买方期权"（又称看涨期权），持有人具有在未来某一时点以一定价格买入股票的权利。期权价值=内在价值+时间价值。内在价值是指期权立即行权获得的收益。只有当市价高于行权价时，期权才有内在价值（实值期权），行权才有意义；反之，如果行权价高于或等于市价，行权失去意义（虚值期权），期权内在价值为 0。但期权到期失效之前由于股价存在波动而可能使市价高于行权价，故期权未来可能获得行权而具有时间价值，时间价值的大小随着到期日的临近而逐渐减少，最终为 0。

万科股票期权激励方案实施以来，期权长期处于虚值状态。期权之所以有吸引力，在于高管能以低于市价的行权价格买入股票，否则，还不如直接在二级市场上买入。如果在期权有效期内行权价始终高于市价的话，则期权没有行权的必要性。固定不变的行权价格同样使高管因不可控的系统性股价风险而难以真正获利。

（3）行权方式和期权有效期存在的问题。两次激励方案的对比如表 11 所示。

表 11　两次激励方案的对比

	2006~2008 年	2010 年
形式	限制性股票	股票期权
资金来源	公司	自筹
程序	从当年净利润净增加额中按比例计提奖励基金，委托信托公司用基金回购股票，满足条件后无偿过户给激励对象	向激励对象定向增发

	2006~2008 年	2010 年
所得税	公司从出售限制性股票的价款中代扣代缴	行权时自行缴纳，对确有困难的，经主管税务机关审核，可自股票期权行权之日起，在不超过 6 个月的期限内分期缴纳
股价	作为归属条件	决定期权价值和行权收益

以授予执行副总裁刘爱明 220 万份期权为例，激励计划的 5 年中除去 1 年等待期，从授予日 12 个月后的首个可行权日开始至最后一期期权有效期结束的 4 年内，想要获得全部行权收益需自筹 $220 \times 8.89 = 1955.8$ （万元），且《财政部　国家税务总局关于个人股票期权所得征收个人所得税问题的通知》中规定，员工行权时，其从企业取得股票的实际购买价低于购买日公平市场价（指该股票当日的收盘价）的差额，按"工资、薪金所得"适用的规定另行缴纳个人所得税。三个行权期分别可行权 40%、30%、30%，每个行权期内的期权有效期均为两年，因此，刘爱明至少需在 2012 年 4 月至 2014 年 4 月两年内拿出 1955.8 万元的 40% 为 782.32 万元，2014 年 4 月至 2015 年 4 月拿出 1955.8 的 30% 为 586.74 万元，否则期权将过期作废。但刘爱明 2007~2010 年从公司领取的年薪仅为 399 万元、148.2 万元、340.4 万元、370 万元，高额的行权成本对现有薪酬体系下高管的支付能力是个严峻的考验。

一方面是买入成本高，另一方面是卖出变现受限制。《上市公司高管所持本公司股份及其变动管理规则》规定：上市公司董事、监事和高级管理人员在任职期间，每年转让的股份不得超其所持本公司股份总数的 25%。高管重金行权之后当年只能出售所获股份的 25%，剩余部分作为限售股需在以后年度分次出售，行权买入股票的高额成本不能及时通过售出变现进行补偿。若未来股价长期低于行权价，自己为行权付出的资金不仅将长期冻结且缩水，而且要承担与该笔沉淀资金用于其他领域获得收益相当的机会成本，而股价的走势很大程度上受外部环境的影响，与高管的努力程度相关性较差。从高管的角度而言，自筹资金买入股票行权后需承担的不可控风险较大，更何况在经历了 2008 年金融危机的股价暴跌之后，高管对这种风险的认识会更加深刻。股票期权本质上是一种"企业请客，市场买单"的行为，不过，经理人想要"吃上这顿饭"就要自己先"垫付"，过段时间才能找市场分次"报销"，而且什么时候"报"还要看市场的"脸色"，再加上经理人已经有了大量的储备粮，这顿饭不吃也"饿不死"。因此，期权很难起到激励效果。

表12 股票期权和限制性股票对企业和高管的影响

行权方式	对企业的影响	对高管的影响
股票期权	无现金流出，且可通过激励对象行权来获得现金流入	需自筹资金以市价买入股票，现金流出压力大，激励效果较弱
限制性股票	以市价买入股票，现金流出压力大	无现金流出，激励效果较强

（4）分配比例存在的问题。万科2010年激励方案中王石和郁亮的份额各占6%和5%，分别为其他执行副总裁（最高为2%）的3倍和2.5倍以上，不存在中间比例的过渡。而股权激励作为高管薪酬激励的一种方式，万科的这种做法，可能不仅没有起到激励作用，反而为其高管的离职推波助澜了。

表13 股权激励对象名单

序号	姓名	职位	股票期权数量（万份）	占本次拟授予期权的比例（%）
1	王石	董事会主席	660	6.00
2	郁亮	总裁	550	5.00
3	刘爱明	执行副总裁	220	2.00
4	丁长峰	执行副总裁	220	2.00
5	解冻	执行副总裁	220	2.00
6	张纪文	执行副总裁	220	2.00
7	莫军	执行副总裁	220	2.00
8	肖莉	执行副总裁	220	2.00
9	王文金	执行副总裁	220	2.00
10	杜晶	执行副总裁	210	1.91
11	周卫军	执行副总裁	200	1.82
12	袁伯银	执行副总裁	200	1.82
13	毛大庆	执行副总裁	200	1.82
14	谭华杰	董事会秘书	160	1.45
15	其他核心业务人员		7280	66.18

【培养能力】

学会运用股票期权激励相关理论，分析万科第二次股权激励方案存在的问题。

5. 为什么万科在2010年10月股权激励方案公布后的不到两年内，出现了罕见的"人事地震"？

【相关理论】 高管收益类型

类型一：基本工资、年薪制、基本津贴、保险、退休金等，该类工具主要是基于管理层本人素质及所任职工作岗位等"过去"形成的事实因素而确定具体数量，且在特定期限里数量相对"固定"。

类型二：年度奖金、参与分红、股票奖励、管理层持股、承包制等，该类工具主要基于公司目前实际经营状况与业绩等"现在"因素而确定具体数量，属于"短期"激励工具，其具体数量取决于公司短期业绩，因而是"浮动"的。

类型三：股权激励，包括股票期权、限制性股票激励等，该类工具需要依据公司"未来"表现及发展潜力等因素才能决定管理层利益实现具体数量，是管理层当前劳动回报激励工具，属于"长期"激励工具，其具体数量取决于公司未来长期表现，因此也是"浮动"的。

【案例分析】

根据马斯洛的需求理论，万科高管们的财富水平已经让他们的心态发生了变化，希望去追求"自我实现"这一最高需求，此后的一段时间，无疑是一些有追求有抱负的高管们离职的高峰期。

同时，在万科 2010 年股票期权激励方案中存在分配比例不合适的问题，王石和郁亮的份额各占 6% 和 5%，分别为其他执行副总裁（最高为 2%）的 3 倍和 2.5 倍以上。而在高管薪酬的另一个重要组成部分——年薪方面，执行副总裁的平均年薪在增速和增量上相比王石和郁亮亦较小。图 3 为 2009~2012 年王石和郁亮与执行副总裁平均年薪的关系。

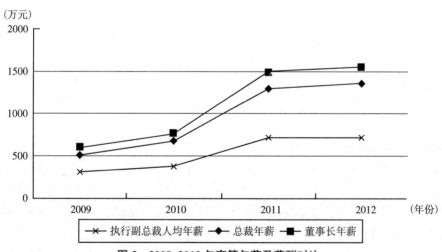

图 3　2009~2012 年高管年薪及薪酬对比

一方面，执行副总裁在职位晋升上触到了"天花板"；另一方面，薪酬上与总裁和董事长相比存在较大落差，但其个人的工作压力却不小。这都在一定程度上影响了正处于职业黄金期的高管们的心态，进一步增加了他们的离职动机。

【培养能力】

运用高管收益的主要类型，通过比较年薪和股票期权的分配比例，分析高管辞职的原因。

6. 针对万科两次股权激励方案，你有什么建议？

【案例分析】

（1）薪酬结构与股权激励的匹配调整。股权激励作为长期激励手段是企业薪酬激励的重要组成部分，要与工资和奖金等激励方式做好匹配，建议适当提高股权激励在高管薪酬中所占的比重，如增加股权激励授予的期权数量或将一部分奖金作为激励对象行权时购买股票的资金来源，若行权条件未实现，则递延至下期用于行权。可以使未实现行权条件与实现行权条件相比，高管的可支配收入有较大幅度的变化，从而做到赏罚分明，更好地促进行权条件的实现。同时，上市公司高管高薪常为广大股民所诟病，2012年万科的年度股东大会上，就有人质疑王石1560万元年薪过高。如高管年薪大部分以股票或期权的形式存在，有利于减少上市公司的舆论压力，同时还能避免因现金薪酬导致的一次性高额现金流支付和成本费用计提压力。

（2）多元化战略下行权条件的分部考核。为提高业绩考核的相关性和高管个人的使命感，建议按分部报告的核算结果对不同高管的分管领域分别进行考核。可以将企业整体的平均增长率作为标准，各分部的行权指标与平均行权指标的比值作为乘数，在区域负责人的赋予比例之间进行调剂，即对增长大于整体目标的地区负责人给予乘数大于1的份额，对增长少于整体目标的负责人给予乘数小于1的份额，整体赋予的份额不变。

相较2010年激励方案按职位高低来设定一个共享式的分配比例而言，以每年最终的执行情况来进行不同分部负责人之间的调剂有助于企业建立一个更有效的内部竞争机制，提高激励的相关性，也有助于贯彻好公司在不同领域的战略目标。同时也能避免企业军令状式地划定业绩指标给高管带来的巨大压力，使业绩由外部压力转化为内在动力。

（3）应对经理人流动的股权激励。

1）激励对象的动态调整。作为长期激励高管团队和核心业务人员的股权激励方案，不能以"刻舟求剑"的方式来应对中高层管理人员的流动。有职业经理人离职后必然需要合适人选迅速补充，股权激励方案如果只出不进，只对离职人员的期权做出规定而对新履职高管的激励不能有效更新，就使得新晋职位的管理者得不到与自身付出相匹配的激励，造成一定程度的不公平。万科的股权激励方案中并无对"激励对象发生职务变更"的应对方案，其在2011年3月因徐洪舸、肖楠等部分激励对象离职而调整过一次激励人员名单，但要经过董事会的审批和公告，实施成本较高，且未来激励对象仍会不定期出现流动或者职务变更，不可能每次都公告。因此建议将股权激励方案由因人而设改为因岗而设，按照实际在岗的管理层情况确定当期可行权情况，按职位的重要性和战略贡献设定岗位的基准分配比例，从而保证其能随着人员的职务升迁和离职等进行实时更新，以与企业可进可出的职业经理人流动状况相匹配，让新晋高管能够得到与所处职务相当的激励。

2011 年徐洪舸离职后，万科的高管团队由之前的 11 人扩充至 14 人，而新增的几位高管也需获得激励，但如果股权激励是根据之前岗位的情况设计的，因岗激励满足了人才更替但满足不了职务增设，因此，建议在激励方案中增设常青条款，以满足企业未来人才引进、职务增设的需求及作为对有突出贡献者的追加奖励。所谓常青条款就是在预先约定的时点，股权激励计划预留的期权股票将按约定额度自动增加，而此额度的增加不需公司股东人会批准就可以自动生效。因此，一次性地援用常青条款，就避免了公司一次一次地提请股东大会修改激励对象名单和授予份额的议案。

2）增加离职后同业禁入的规定。万科首期股权激励方案对激励对象的要求仅为："计划有效期内一直与公司保持聘用关系，在限制性股票归属前主动离职的，其限制性股票授予资格将被取消。"而对离职之后的约束并未提到。

因此，建议在首期股权激励方案中加入"激励对象在激励方案实施完成之后离职的，应当在 2 年内不得从事相同或类似相关工作。如果激励对象在激励方案实施完成之后离职，在离职的 2 年内从事相同或类似工作的，激励对象应当将其因获授股票流通所得的全部收益返还给公司，并承担与其获授股票流通所得收益同等金额的违约金，给公司造成损失的，还应同时对公司承担赔偿责任"。

加入离职后的竞业禁止，一方面能够建立一个"冷冻期"，减缓高管离职给企业发展带来的冲击，保护投资者利益；另一方面，也加大了高管离职的机会成本，有助于减少高管的离职动机，留住人才。

3）离职后期权或股票的处理。万科 2010 年激励方案中规定："单方面提出终止或解除与公司订立的劳动合同或聘用合同，激励对象已获准行权但尚未行使的股票期权继续保留行权权利，并在 12 个月内加速行权，未获准行权的期权作废。"

万科 2012 年 7 月 12 日第一个行权期行权条件成熟，第一期 40% 的期权可行权。第二天杜晶宣布离职，万科董事会秘书称第一个行权期内获得的 84 万份期权有效，第二、第三个行权期内的 126 万份期权将作废。很显然，时间上的重合并非巧合，如果激励对象提前解除劳动合同后仍对股权激励保留行权权利的话，就会导致一些早已萌生离职意愿的高管为获得期权而将离职时间调至可行权日之后。但事实上，此类经理人从有了离职意向到正式离职的这段时间显然是缺乏工作动力的激励盲区，因为已经做好了离职打算，留下来完全是为了获得期权而已。

股权激励真正的意义在于激励未来，离职后经理人与企业的利益分离，故不再适宜继续享有企业成长带来的收益。因此，建议在激励方案中加大对激励对象主动离职的约束，其在激励计划有效期内主动离职的，可行权但未行权的股票期权作废。激励对象在行权之日起 1 年内离职，应当将其因行权所得的全部收益返还公司或将标的股票按行权价格回售给公司。

（4）完善非财务指标考核体系。财务指标是面向过去的，反映的是上年的绩效，而非财务指标往往才是创造未来价值的动因，如客户满意度、员工满意度等，一旦上述指标顺利完成，将明显提升公司的财务业绩。在股权激励方案的行权指标中引入非财务考核指标一方面能促使管理层深耕企业发展的核心竞争力，以不变应万变，建立以品质、客户为导向的价值观；另一方面也能有效降低管理层为实现行权条件而进行盈余管理的动机。

考核每年进行一次。公司人力资源部等相关部门负责具体考核操作，根据被考核人年度工作业绩目标完成情况及行为表现情况进行评估，并形成被考核人年度绩效考核结果。若激励对象某一行权期的年度业绩考核结果为合格或以上，则其当期绩效表现达到行权条件，在满足其他行权条件情况下，可以申请当期股票期权的行权。考核等级及评价标准如表 14 所示。

表 14　考核等级及评价标准

等级	评价标准
优秀	按既定节点完成或提前完成工作目标，符合全部关键衡量指标，并有关键衡量指标以外的业绩突破或对既往的工作有突破性的改进；具有非常出色的行为表现
良好	按既定节点完成或提前完成工作目标，基本符合所有关键衡量指标；具有较好的行为表现
合格	主要因外界客观特殊原因导致工作目标部分完成，或正在开展；具有较好的行为表现
需改进	因个人主观原因导致工作失败或未实质性开展；行为表现较差

（5）延长期权有效期。《管理办法》规定，股票期权的有效期从授权日计算不得超过 10 年，而万科 2010 年激励方案中三个行权期内的期权有效期均为 2 年，激励方案的有效期为 5 年。对高管而言，同样的付现成本，在 10 年内支付和在 2 年内支付的压力截然不同。因此，建议万科延长激励方案的有效期，且将期权有效期改为从授予日起至股权激励方案截止时的最后一个交易日，以减轻高管付现压力，同时能增加期权的时间价值，使其在更长的时间内有效，增大高管的行权可能性，从而更好地起到长期激励的作用。

【培养能力】

通过了解万科两次股权激励方案存在的问题，结合相关的股权激励理论，提出对其股权激励方案的建议。

五、背景信息

1. 董事会

董事会是确保股东利益的重要机构，股东可以通过董事会对公司管理层施加影响。万科董事会由 11 人组成：万科董事长、万科总经理、华润集团高管、万科执行副总裁等，其中包括 4 名独立董事。从以上构成可看出，万科董事会包含了 3 名管理决策层成员，董事会监督作用会减弱，其余 8 名均在其他单位任职，属兼职董事，有利于对公司的发展做客观、公正和独立的判断。

2. 管理者激励机制

对管理者合理的薪酬和激励机制是确保股东利益的第二机制。万科在绩效管理上采取平衡记分卡的绩效薪酬管理制度，是国际上大型跨国公司通常采用的绩效管理制度，分别从公司财务、客户、内部流程和员工学习发展四个方面进行监督评估，并将业绩与薪酬挂钩，从而形成管理者激励机制。

3. 股权结构治理

合理的股权结构是公司价值最大化的重要方法之一。研究证明，一股独大或股权过度集中会加大隧道效应，即大股东利用自身拥有的控制权损害中小股东的利益。中国上市公司则大部分属于这类一股独大的公司（国有资本股东独大），但当大股东所持股份大到一定程度时，它自身的利益会与公司的利益趋同，因为隧道效应对自身的损害大过对中小股东的损害，大股东会减小隧道效应。股份制改造后，万科成为股权分散的公众上市公司，最大的股东控股比例不超过15%，规范的制度不仅规定了股东、董事会、经理层和其他利益相关者的责任和权利分布，而且形成大股东、中小股东及经理人三头博弈的模式。这种模式均衡了大小股东之间的利益，弥补了中小股东天然的弱势，强化了中小股民对万科的信任，使企业拥有持续盈利、持续增长的优势。

4. 财务信息披露和透明度

财务信息的充分披露和高透明度是保障投资者的利益手段之一，尤其在发展中国家，信息产业不发达，信息的不对称会使经营管理者有机可乘，为自身利益损害股东和其他利益相关者权益。有效的信息披露制度有利于公司治理水平的提高。万科根据相关法律制定了《万科企业股份有限公司信息披露管理办法》、《万科集团信息管理办法》及《万科集团信息保密制度》，通过分级审批控制保证各类信息以适当的方式及时、准确、完整地向外部信息使用者传递。其信息由董事会办公室负责起草，由董事会秘书进行审核，经过法定审批程序后选择由《中国证券报》、《证券时报》及巨潮资讯网站等媒体进行披露，并设专线负责回答披露的信息相关问题。

六、关键要点

了解万科两轮股权激励方案的背景、动因、主要内容、实施结果以及遇到的问题，分析万科股权激励方案的成功与不足之处，掌握万科股权激励计划一波三折的过程及原因。

七、建议课堂计划

本案例可以在专门的案例讨论课使用。以下是按照时间进度提供的课堂计划建议，仅供参考。

（1）课前计划。给出启发思考题，请学生带着问题在课前完成案例和相关理论的阅读与初步思考。

（2）课中计划。整个案例课堂时间控制在 90 分钟左右，具体时间分配如下：

1）简要的课堂前言，明确主题（3~5 分钟）；

2）分小组讨论，在讨论前告知发言要求（约 30 分钟）；

3）小组发言（每组 5 分钟左右，共约 30 分钟）；

4）引导学生进一步讨论，并进行归纳总结（约 20 分钟）。

（3）课后计划。如有必要，请学生在课后完成书面的案例分析报告。

● 案例三

电商企业"XT 泳衣"的"黑马"之路

案例正文：

电商企业"XT 泳衣"的"黑马"之路[①]

摘　要：本案例描述了兴城市电商企业 XT 泳衣有限公司（以下简称 XT 泳衣）的创业与发展之路。在介绍"XT 泳衣"企业概况的基础上，首先详细说明了公司创立者周佳的创业背景、动机与过程；其次对创业过程中的两个关键环节——团队打造、进军"天猫"的战略选择进行了描述，并阐述了其网络营销的特征与技巧；最后提出了企业发展的瓶颈与思路。案例主要是从电商企业创业角度讨论创业者的必备素质与电商发展规律。

关键词：XT 泳衣；创业；电子商务

一、引言

2006 年，地处辽宁省兴城市的很多泳装企业开始陆续接到代理商的举报，声称有人在网上低价售卖同款泳装，对代理商的经营造成很大影响。面对代理商的举报，泳

---

① 本案例由辽宁大学商学院李博编写，作者拥有修改权与改编权。
由于企业的保密需要，对企业名称和细节做了必要的掩饰性处理。
本案例只供课堂讨论之用，并无意暗示或说明某种管理行为是否有效。

装企业不能不重视。代理商意味着市场，"市场"的意见，必须正确对待！然而，互联网发展所带来的网络销售的冲击是不可避免的，泳装制造企业唯有用"冲击可能不会太大"这样的理由来安慰代理商。但是，举报的情况越来越多，后来几乎所有地区的代理商都来投诉。而且，越到节假日，代理商对此的反应越强烈，不满情绪达到了极点。兴城的泳装企业开始警醒：上网卖泳装也不是今天刚开始的，以前的几家网店对网下的生意也没造成这么大的威胁。是谁搞出这么大的动静？最后，所有的焦点都指向了一家泳装网络销售公司——"XT泳衣"。关注了这家公司以后，大家都在纳闷：成立才一年多的网销公司怎么就成了"气候"？而"XT泳衣"此后的发展，更让同业者瞠目结舌。

二、"XT泳衣"简介

"XT泳衣"——兴城市XT泳衣有限公司，是一家专营泳装的网上销售公司，始创于2005年，地处中国泳装名城——兴城。"XT泳衣专营店"是兴城第一个泳装网店，也是当地第一个将泳装搬上淘宝网的商家。

公司拥有120多名员工，业务涉及泳衣、游泳配件等700余种商品的销售，与亦美珊、金格尔、贝迪斯等国内外知名泳衣品牌建立了良好的合作关系。公司拥有2000多平方米的仓库，日发包裹5000余个，数量10000余件。

作为销售公司的XT泳衣对选货要求严格，同时也开发了自己的理念与风格：不仅关注泳衣的质量、舒适性等功能性用途，还将潮流、时尚、性感以及浪漫等元素融入其中，改变了泳衣"只是泳衣"的传统概念，倡导一种健康、自由、快乐的生活理念。XT泳衣的企业精神是严谨自律、低调务实、诚信奉献、追求卓越。

成立不到10年，"XT泳衣"创下不菲业绩。2014年，兴城有7500家泳装网店，销售额达55亿元，占全国泳装网销量的70%。其中，"XT泳衣"年销售额高达1.4亿元，最多的一天交易额达40万元。如今的"XT泳衣"位居淘宝泳装类目销量排名榜第一，当之无愧成为全国泳装销售第一的电商企业。

三、靠山吃山：周佳的创业之路

"XT泳衣"在淘宝网的声名鹊起令很多人关注起它的背景。"XT泳衣"老板是什么出身？"线上"的事情搞得如此明白，一定是位IT精英吧？让人惊讶的是，"XT泳衣"的创建者周佳是个1983年出生的"80后"，学历不过是高中毕业。创建"XT泳衣"时，周佳刚过23岁。在兴城人眼中，他实在没什么过人之处，但就是这样一个年轻人的创业之路却颇富传奇色彩。

周佳生长在兴城。说实在的，他对学习提不起兴趣，高中毕业后他就开始了打工生涯。第一份工作是依靠英俊的外表获得的，在酒店做迎来送往的门童，经常跳槽，月薪由600元涨到了800元。不久，他就对这份工作感到乏味了。彼时，正赶上互联网出现并开始风靡，酷爱上网打游戏的周佳对网上的数据与信息反应较为敏感，他发现了QQ中隐藏的商机，就把一些有特殊意义的QQ号码收购过来，再到网上去卖。这个生意非常赚钱，一天就能收入一两千元。2003~2004年，周佳每天都专注于号源的申请，高峰期甚至出资包下一个100台电脑的网吧，请四五十人一起申请号码。后来这一举动引起腾讯公司的注意，QQ号的申请规则因此被修改。即便如此，周佳手中的号源已经充足到可以再卖10年。他在淘宝网注册的卖QQ号的网店很火，他凭此积累了大量网络销售的经验。

"网上能卖东西，咋不卖卖泳装？"母亲不经意的一句话，促使周佳开拓新的领域。或许很多人还不知道，中国是全球最大的泳装生产国，全球70%的泳装由中国制造。国内又以辽宁葫芦岛为全国最大的泳装生产基地，据数据显示，淘宝网的泳装店铺中有80%以上都是从这里发货，葫芦岛也因此被称为"比基尼岛"。周佳自幼生长在葫芦岛的兴城市，对于当地的业态和泳装市场了如指掌。2005年，周佳和女友租了个30平方米的小店，隔成小办公室和小仓库，从当地泳装制造企业上货，开始在淘宝网上销售泳装。

周佳对于网络销售是很有经验的，他清楚地知道"产品的曝光率"是十分重要的。于是，他积极运用网络工具，想尽一切办法，让消费者看到自己的产品。在网络的宣传攻势与花样推介下，不出几个月，"XT泳衣"就引起了人们的注意。2006年，随着快递业务的发展，周佳的生意更加如火如荼，每天要邮寄出两三千件泳衣。他借此机会招兵买马，成立了规范的公司。从此，打单儿、发货、后勤等工作都有了专门负责的人，周佳集中精力致力于网络推广和公司人才培训。

2008~2012年连续五年中，"XT泳衣"以销售额每年翻一番的速度飞速发展。而今，"XT泳衣"已在兴城电子商务创业园"安家"，每天从这里打包寄出的包裹，都得拉出几车。"XT泳衣"的影响力日益扩大，它的一举一动，甚至成为行业发展的风向标。周佳谈起自己的创业经历，谦逊地说是"一不小心吃成了胖子"。其实，"XT泳衣"的发展是多种因素促成的：对商机的敏感性、货源地优势、切入时间早、消费者对泳装需求的多样化、货品大众化、分销店铺多、营销手段丰富等。

企业的快速增长，并没有使周佳停下步伐，而是继续拓展。目前，周佳已经在杭州成立了策划公司，并在多家网站建立销售平台。在产品市场方面，"XT泳衣"拓展了男士泳装、大码泳装和儿童泳装三个市场，在市场规划和定位方面则是以家庭为单位去覆盖用户人群。为增加市场影响力，"XT泳衣"还致力于创建自有品牌。

四、"XT泳衣"的发展基础与契机

回顾"XT泳衣"的创业史，周佳认为有两次重要决策对企业的发展是非常关键的：一是团队的建设；二是加入天猫商城。这两项都为公司网络营销的成功运作奠定了基础。

（一）团队建设

2006 年，快递业务已经出现。周佳每天的工作，除了管理自己的网店页面，就是要花费大量的时间与顾客商讨价格、接收信息、打印单据、到泳装厂取货、打包、快递。这一系列的事务性工作把周佳忙得焦头烂额。难以想象，每天要邮出两三千件泳衣，吃饭、睡觉的时间都难以保证啊！

累到难以忍受的时候，周佳总想：该招几个人了。可是一想到把时间用来招聘，每天要损失 5000 元利润，就心疼地一拖再拖，终于不堪重负。2007 年夏天来临之前，他去葫芦岛市的几所电脑学校，寻找网络管理方面的专业人才；又发动亲戚朋友，推荐熟悉网络的能手；其中招人的重点，则是过去与他一起在网上抢 QQ 号的"小朋友"。他们多数都在网吧当网管，业务精通，相互熟悉，从长远看，有利于打造一支高忠诚度的人才队伍。可见，周佳在招聘人员之初，就已经具备了长远眼光，考虑到了人才队伍的稳定与企业的可持续发展。

三天时间，周佳招来 10 多个人。自此，员工分工协作、各负其责，建立了规范的业务流程，开始了企业正规运营与管理。周佳还确定了自己企业的骨干，几年下来，这批骨干就成了"XT 泳衣"的核心。周佳在带队伍方面很有心得，他把主要精力投入到人才培训上来。与从前抢 QQ 号时告诉大家怎么做就怎么做不同，现在每个人都要独当一面，周佳把自己多年的积累一点点地传授给他们，如何做平台，怎么出新信息，怎么保持高曝光率，怎么识别宣传项目，一应俱全，桩桩不落。

实践证明，周佳的团队建设是有效率的：2006 年，周佳自己干，年销售额 300 万元。2007 年，周佳有了自己的队伍，年销售额一下跃升到 600 多万元，整整翻了一番。

（二）新的机遇——加入天猫商城

"XT 泳衣"主要借助于网络开展在线销售活动，依托商务电子平台进行运营，是典型的 B2C（Business to Customer）模式，即商业机构对消费者的电子商务，这种模式非常适合零售企业。对于在线销售，"XT 泳衣"首先面临着电子商务平台的选择与建设，然后抓住网络营销的关键。

周佳凭借着多年积累的市场敏感性，毫不犹豫地选择了淘宝网这一平台。借助淘宝网的影响力，"XT 泳衣"迅速得到关注并获得顾客的认可。2005~2008 年，泳装销售顺风顺水。面对优良的销售业绩，周佳并没有坐享其成、停滞不前，而是紧密关注市场的挑战与变化，积极探索新的机会。

2008 年，"XT 泳衣"迎来了新的发展机遇。这一年，淘宝网推出了天猫商城，从此，淘宝网形成了两个商务平台，一是"集市店铺"，进入没有门槛，个人、公司都可以，也不需要注册资金。另一个就是天猫商城，与"集市店铺"不同，入驻天猫商城是有门槛的，要交注册资金，要有正规公司的资质，每年还要交纳一定的技术服务费。2008 年，天猫商城的注册资金和服务费共计 3 万元，如今，注册资金达到 10 万元，技术服务费则升至 6 万元。

天猫商城刚一推出，"XT泳衣"毫不犹豫地入驻了，成为入驻天猫商城的第一家泳装店铺。周佳下意识地觉得，"集市店铺"生意好，淘宝网才会开辟一个新领域，跟进就是了。由于过去的两年中周佳经常参加淘宝网组织的各种业务会议，结识了很多同业者，而且他的团队也日趋成熟、专业，因而进入天猫商城顺畅而且平稳。不负众望，天猫商城创意不断，"XT泳衣"收益不菲，可以说中国电子商务迅速起步的历史性机遇被他抓住了。2012年，"XT泳衣"在兴城天喜泳装电子商务创业园"安家"以后，有了2000多平方米的仓库，日发包裹5000余个、数量10000余件，创造了巨大的物流量。今天的"XT泳衣"作为淘宝商盟北京商会的会员之一，在北方市场乃至全国市场的影响力也达到了相当的高度。

（三）网络营销的不断深化

在网络销售平台成功选择的基础上，"XT泳衣"如火如荼的网络营销也功不可没。周佳有多年的网上销售经验，因此他非常清楚广告的效应，重视网页的形象，持续推介不同的产品款式，推出多样的优惠活动。

首先，在"XT泳衣"的网页设计上，充分体现了"时尚"、"性感"以及"浪漫"的主题。在网页更新与维护上，周佳与他的一众"网管"朋友发挥了技术特长，而周佳的女朋友小桃及时尚的女员工则贡献了艺术特质，朝气蓬勃、新颖浪漫的气质网页很快吸引了众多"点击"与"下单"。

其次，"XT泳衣"重视产品的开发。在货源方面，"XT泳衣"依托中国最大的泳装生产基地——葫芦岛，具有地域优势，因此货品质优价廉，样式选择空间巨大。同时，积极探索与国外品牌的合作。目前，公司与亦美珊、金格尔、贝迪斯等国内外知名泳衣品牌建立了良好的合作关系。在市场规划和定位上，"XT泳衣"是以家庭为单位去覆盖用户人群，除了作为产品主体的女士泳装，又陆续拓展了男士泳装、大码泳装和儿童泳装三个市场。在此基础上，"XT泳衣"还致力于创建自有品牌，联合工厂开展泳装设计大赛，挖掘优秀的泳装设计师，深化产品特征。

最后，"XT泳衣"契合消费者心理的广告攻势效果显著。比如，在三八妇女节，瞄准女性的心理与需求，推出新款与特价；在五四青年节，积极推介游泳这一"青年人的活动"；在六一儿童节，关注孩子们的健康与发展，打出"适合儿童的泳装"的亲情牌；在教师节，"送给老师一件泳装"也是不错的点子……强调健康生活、和谐家庭的风格得到认同，销售额不断上升。除此之外，周佳在广告方面也不惜大手笔。2008年，天猫商城首次推出一个活动，活动内容是与不同地区大客户签约，同时配套《印刷广告协议》，要求签约公司年投广告费150万元。但是，广告推介却不是针对具体产品的单项活动。对于这个新事物，很多人怀疑、犹豫。周佳果断签约，在辽西是第一家；在东北地区，签约企业也是个位数。150万元的广告费，对周佳来说不是一笔小数目，但他觉得应该投。这份回报是丰厚的，公司连续5年的销售额每年向上翻一番。

五、"XT泳衣"发展的瓶颈与思路

2013年，"XT泳衣"的销售额增长了30%。与其他企业横向比较，这是个不错的业绩，但对"XT泳衣"来讲，和预期还有一定的距离。2013年，广告投入达到历史新高，在杭州成立了策划公司，专门为企业提供宣传创意和经营规划。但是，为什么业绩增幅和上年同期翻一番的成绩相比，不升反降？

周佳在寻找可以帮助自己分析问题、解决问题的人。在杭州，电商朋友的分析得到了周佳的认可。他们认为：你已经把这块业务做到顶了。达到一定的销售额就不能够保持增幅了，因为"线上"的容量没有那么大。所以，下一步的发展，重点将是保持现有额度，苦练内功，降低管理运营成本。周佳盼望有这样可以相互交流、共同促进的平台。可是在东北，电子商务的人才和氛围都是缺乏的。做电商，需要发展环境，需要人才的集聚，需要智慧的碰撞。随着政府的重视和几届泳装节、泳博会的强力推动，电商人才越来越多，2013年11月，兴城市电子商务协会成立了，这是兴城电商产业发展的重要信号。

另外，2013年，业内的另一个商家追赶上来，其产品风格和定价等都和"XT泳衣"十分相像，这令"XT泳衣"感到危机，如何实现产品的差异化，满足、引领消费者的需求，扩大自身品牌效应成了当务之急。

面对发展到一定程度的企业，面对更加剧烈的竞争环境，周佳在思考"XT泳衣"的未来发展之路……

"XT Swimsuit" —An Online Store's Developing Road

Abstract: This case described "XT Swimsuit", an online store in the city of Xingcheng and its entrepreneurship and development. Based on the introduction of "XT swimsuit" enterprise, this case detailed instructed the company founder, Zhou Jia, entrepreneurial background, motivation and process; then described two keys in the process of entrepreneurship—team building and a strategic choice of joining "Tianmao Online Market"; and listed the characteristic and technique of network marketing in this company; finally uncovered the bottleneck of enterprise development and next-stage ideas. This case aimed at discussing entrepreneur required qualities and electrical business law of development.

Key Words: "XT Swimsuit"; Entrepreneurship; Electronic Business

案例使用说明：

电商企业"XT泳衣"的"黑马"之路

一、教学目的与用途

（1）本案例主要适用于《管理学》课程，也适用于《小企业创业》课程。

（2）本案例的教学目的：让学生理解创业的关键要素与企业家素质；分析讨论电子商务经营模式与要点。

二、启发思考题

（1）请用创业理论分析周佳的创业行为。

（2）电商企业成功经营的要素是什么？

（3）如果你是周佳，对于"XT泳衣"的下一步发展该如何决策？

三、分析思路

教师可以根据自己的教学目标（目的）来灵活使用本案例。这里提出本案例的分析思路，仅供参考。

1.请用创业理论分析周佳的创业行为

可以从创业的环境分析、企业家能力、市场定位与营销三个角度进行分析。

（1）从创业的环境上看，主要考虑两个方面的内容，一是整体经济环境，二是具体行业环境。就整体经济环境而言，21世纪之初，我国市场经济迅速发展，电子商务兴起，快递业务出现，为周佳的创业提供了基础条件。同时，国家鼓励私有经济和个体创业。《中华人民共和国中小企业促进法》于2002年6月29日通过，2003年1月1日起施行。这是我国制定的扶持和促进中小企业发展的第一部专门法律。国家对中小企业实行积极扶持、加强引导、完善服务、依法规范、保障权益的方针，为中小企业创立和发展创造有利的环境。中国中小企业协会于2006年12月11日成立。该协会是中国中小企业、企业经营者及中小企业服务机构自愿组成的全国性、综合性、非营利性的社会团体，由国家发展和改革委员会主管。协会的作用在于促进、服务、维权与自律，围绕提升中小企业自主创新能力、市场竞争力，提高企业管理水平和中小企业家素质，维护中小企业和企业家合法权益开展各项活动；宣传贯彻国家关于支持鼓励中小企业健康发展的法律法规，及时反映中小企业的建议和要求，研究中小企业发展的体制和机制，为政府制定政策措施提供建议；在政府和企业之间发挥桥梁和纽带作用；

引导中小企业诚信守法，积极承担社会义务。这样的宏观经济形势与政策为周佳的创业提供了良好环境。

从行业环境上来看，可运用波特（Michael Porter）的"五力模型"。"五力模型"用于竞争战略的分析，可以有效地分析客户的竞争环境。五力分别是：供应商的讨价还价能力、购买者的讨价还价能力、潜在竞争者进入的能力、替代品的替代能力、行业内竞争者现在的竞争能力。从这五个方面分析，周佳创业面临着有利的行业环境优势。

（2）从企业家能力角度来看，周佳具有以下特质：①对市场商机的敏感性。从最初在网络上售卖 QQ 号的经历就可看出这一特征；其后由于其母亲的一句建言，周佳就开始思考、论证这个项目的合理性，也能体现其"敏感性"。②有效的行动力。在做出网上售卖泳衣的决定以后，周佳立刻注册网上店铺、租房开店、开张营业，接着推出一系列营销活动……体现出较高的行动力。③持续发展、不断完善的精神。在连续取得不菲业绩之后，周佳仍然寻求发展之道，包括团队建设、入驻天猫商城、广告方式创新、成立策划公司等举措都促进了"XT 泳衣"的进一步发展。④善于反思、寻求合作的勇气。周佳在创业及发展的时期，一直不断总结、思考，强化产品差异、建立电商氛围、寻求合作伙伴等一直是他应对竞争的设想与战略。

（3）从市场定位和营销上看，"XT 泳衣"适应消费者需求，不仅关注泳衣的质量、舒适性等功能性用途，还将潮流、时尚、性感以及浪漫融入其中，改变了泳衣"只是泳衣"的传统概念，也倡导一种健康、自由、快乐的生活理念；拥有淘宝网"集市店铺"和天猫商城平台；积极运用网络工具，推出一系列主题宣传和促销活动，提高其"产品的曝光率"；参加天猫商城的"组合广告"投放项目。这些举措促成了"XT 泳衣"的高业绩。

2. 电商企业成功经营的要素是什么？

可从电子商务平台选择与网站维护、网络支付、物流管理、网络营销几个方面分析电商企业成功经营的要素。

（1）"XT 泳衣"运用的是 B2C（Business to Customer）电子商务模式，即企业通过网络向个人消费者直接销售产品和提供服务的电子商务经营模式。企业成立之初，就是加入淘宝网作为一个"集市店铺"而存在；后来，加入天猫商城，成为缴纳固定注册费与技术服务费的专门店铺。淘宝网是中国最大的网上购物集市，天猫商城由淘宝网分离而成，多为知名品牌的直营旗舰店和授权专卖店组成，网站管理规范，为"XT 泳衣"提供了优质的电子商务平台。

（2）"XT 泳衣"采取的结算模式是"第三方支付"，即买方首先将货款支付给第三方支付平台——支付宝，然后买方确认收货后，再由第三方支付平台将货款支付给卖方。这样就保证了买方确认收货和退换货的权利和便利。

（3）"XT 泳衣"的送货方式是利用第三方物流。在企业发展的过程中，正赶上中国物流行业的大发展，落户兴城电子商务创业园，"每天打包寄出的包裹，都得拉出几车"，快递业务为产品的销售节约了时间成本。

（4）"XT泳衣"的网络营销突出表现在网络品牌维护与销售促进两方面。在品牌方面，"XT泳衣"有自己的专有品牌，而且有自己的理念与风格，即"不只是泳衣，更是一种健康、自由、快乐的生活理念"。公司精选售卖泳衣及其相关配套产品，与亦美珊、金格尔、贝迪斯等国内外知名泳衣品牌建立合作关系。在促销方面，针对节假日设立宣传主题，扩大知名度；向天猫商城投放大额广告费用，为自己成为行业龙头奠定了基础。

3. 如果你是周佳，对于"XT泳衣"的下一步发展该如何决策？

分析思路，首先是实施产品差异化战略；其次是实施全面质量管理、持续改进；最后是走向国际化。

（1）首先应该凝练品牌，加深产品差异化，满足顾客需求。针对其他企业效仿"XT泳衣"产品风格和定价、抢占市场份额的情况，"XT泳衣"应该强化自己的品牌，并且和一些高端的泳装生产企业建立战略合作关系，经营一些高定价、高质量产品，以区别于其他商家。另外更要关注客户服务，注意客户期望，收集数据并进行分析，以此为基础提升服务质量。从产品和服务上提升自身的竞争力，形成差异化优势。

（2）实施全面质量管理，打造优质的团队，通过培训、授权、激励等方式提高员工的工作绩效与组织承诺度。建立学习型组织，致力于企业的持续改进，形成自己的企业文化。

（3）基于"XT泳衣"目前的业绩与影响，可以开发国际市场，进行外文网站建设，针对国外顾客需求开发货源，设计营销方案，争夺国际市场份额，降低国内竞争压力。

四、理论依据及分析

1. 创业的行业环境分析理论——"五力模型"

该模型是美国哈佛商学院著名战略学家迈克尔·波特（Michael Porter）于20世纪80年代初提出的，用于竞争战略的分析，可以有效地分析客户的竞争环境。五力分别是：供应商的讨价还价能力、购买者的讨价还价能力、潜在竞争者进入的能力、替代品的替代能力、行业内竞争者现在的竞争能力，如图1所示。从这五个方面分析，周佳创业面临着有利的环境优势：①"XT泳衣"作为网上销售公司，其货源来自当地泳装生产企业。众所周知，辽宁葫芦岛是我国最大的泳装生产基地，被称为"比基尼岛"。因为有着货源地优势，供货企业又多，所以从供应商角度分析，周佳拥有"买方优势"。②"XT泳衣"在网上售卖泳衣，客户群范围大、数量多，随着国民健身、旅游等意识的发展，泳装市场处于繁盛状态，购买者需求趋势是数量更大、品质更高。③从竞争者角度来看，网上销售泳装的进入壁垒并不高，但是想达到较高的销售业绩却需要丰富的网络管理经验与产品的品牌特色。周佳对于网络商机的敏感性以及售卖QQ号积累的经验是他人难以企及的。④泳衣这类服装是难以替代的。⑤网络销售刚开始兴起，专门售卖泳衣的店铺还非常少，因此"XT泳衣"的竞争对手还不多，加之产品需求增长，市场还有很大容量。

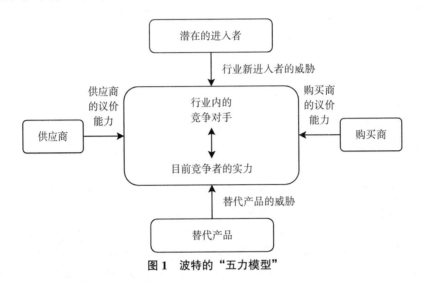

图1 波特的"五力模型"

2. 创业的企业家能力理论

关于创业者的素质与能力，很多学者进行过研究与归纳，并得出了某些共性特征，这些都可用于本案例的企业家素质分析。

如约翰·考（John Kao）总结了创业者的11个共同特征：①全心投入，有决心，有毅力；②追求成功与发展；③以机遇和目标为导向；④积极主动并且富有个人责任感；⑤解决问题时坚持不懈；⑥现实主义，有一定的幽默感；⑦寻求并利用反馈意见；⑧内在控制中心；⑨估算已承担的风险和将要承担的风险；⑩不热衷于权利和地位；⑪真诚，值得信赖。

Soo Ji Min也列举了创业者的10大品质：发现并利用机遇；足智多谋；创造力；远见卓识；独立思考；努力工作；乐观；创新者；风险承担者；领导者。

3. 电子商务相关理论

电子商务的概念：电子商务是各类具有商业活动能力和需求的实体，利用现代信息技术，依托以互联网为主的各种电子网络所进行的能创造新价值的各类商务活动，包括有形的货物贸易和无形的服务贸易与知识产权贸易。

电子商务模式包括B2B、B2C、C2C等几种形式。B2B（Business to Business）是企业与企业之间通过网络，以电子化的方式进行交易。B2C（Business to Customer）是企业通过网络向个人消费者直接销售产品和提供服务的电子商务经营模式。C2C（Customer to Customer）是指消费者与消费者之间进行的电子商务，或者个人与个人之间的商务活动。本案例中的"XT泳衣"即采用B2C电子商务模式。

电子商务的支持服务包括网站建设与维护、电子商务安全、电子货币与网络支付、物流配送与管理等方面。电子商务应用的关键在于网络营销与商务策划。"XT 泳衣"在以上各方面体现了电子商务成功运作的各项因素。

五、关键要点

（1）在本案例中，有两个关键点，一是创业历程，二是电子商务运作。所以进行案例分析时，必须以创业理论和电子商务理论为基础。根据本案例的特色，在分析创业行为时，应该紧密结合创业的环境分析理论与创业企业家能力理论。电子商务是近些年新兴的商务模式，对这种新业态的了解有助于充实企业管理理论与实践经验。

（2）在分析本案例时，应以动态的眼光关注"XT 泳衣"的创业与发展，并注意其遇到的新挑战，结合企业战略理论为该企业的发展提供思路与建议。

六、建议课堂计划

本案例可以作为专门的案例讨论课来进行。以下是按照时间进度提供的课堂计划建议，仅供参考。

整个案例课的课堂时间控制在 60 分钟。

课前计划：提出启发思考题，请学员在课前完成阅读和初步思考。

课中计划：简要的课堂前言，明确主题（5 分钟）；

分组讨论（15 分钟），告知发言要求；

小组发言（每组 5 分钟，控制在 30 分钟）；

引导全班进一步讨论，并进行归纳总结（10 分钟）。

参考文献

［1］中国电子商务研究中心. 小桃泳衣：电商运营跟紧时代才是王道 ［EB/OL］. http：//www.100ec.cn，2014-08-16.

［2］游益萍. 东北小县城出了首家泳装网店："桃姑娘"成销售千万大掌柜 ［N］. 钱江晚报，2010-12-03.

［3］韩文鑫. 泳装和这座城市——葫芦岛"兴城制造"30 年的时尚传奇 ［M］. 沈阳：沈阳出版社，2014.

［4］Donald F. Kuratko，Richard M. Hodgetts. 创业学：理论、流程与实践 ［M］. 张宗益译. 北京：清华大学出版社，2006.

［5］陈晴光. 电子商务基础与应用 ［M］. 北京：清华大学出版社，2010.

［6］李建忠. 电子商务运营实务 ［M］. 北京：机械工业出版社，2014.

［7］John A. Hornaday. Research about Living Entrepreneurs ［J］. Encyclopedia of Entrepreneurship，1982：26-27.

［8］Soo Ji Min. Made Not Born ［J］. Entrepreneur of the Year Magazine，fall 1999：80.

中国装备制造业跨国并购动因及相关问题分析

——以三一重工并购普茨迈斯特为例

案例正文：

中国装备制造业跨国并购动因及相关问题分析
——以三一重工并购普茨迈斯特为例[①]

　　摘　要：本案例以三一重工联合中信产业投资基金对德国混凝土泵巨头普茨迈斯特有限公司的股权式并购为例，分析指出了跨国并购已经成为国际直接投资的主要方式，是企业进行快速扩张的一种有效途径。本案例揭示了三一重工跨国并购的开拓海外市场、加快企业国际化进程，获取协同效应、实现优势互补，完善产业链、提升产品竞争力，获取研发与技术上的新突破等方面的并购动因。进一步揭示了企业如何结合并购动因选择合理的并购方式、融资渠道以及并购后企业文化整合模式等问题。通过对此案例的分析，为中国装备制造企业跨国并购提供有益的借鉴。

　　关键词：三一重工；普茨迈斯特；并购动因；中国装备制造业

---

　　① 本案例由辽宁大学刘丽芳撰写，版权归辽宁大学现代公司治理与成长研究中心/案例研究中心所有。未经允许，本案例的所有部分都不能以任何方式与手段擅自复制或传播。
　　本案例只供在教学课堂讨论之用，并无意暗示或说明某种跨国并购行为是否有效，也无任何其他用意。
　　本文引用了相关网站等媒介提供的珍贵数据和文献，仅供教学之用，谨向提供者表示感谢。

一、引言

2011 年 12 月 20 日，普茨迈斯特的 CEO Norbert Scheuch 访问了三一重工，对三一重工赞不绝口的同时表达了竞购邀约；2011 年 12 月 21 日，CEO Norbert Scheuch 访问中联重科并表达竞购邀请；2011 年 12 月 22 日，中联重科向湖南省发改委提交了正式文件进行申报；2011 年 12 月 23 日，普茨迈斯特向各家企业发出正式的竞购邀请标函；2011 年 12 月 30 日，中联重科收到了发改委关于收购普茨迈斯特的批复。然而，素有"大象"之称的德国机械巨头普茨迈斯特最终与谁达成了并购协议并最终完成了股权并购交割？

二、收购背景

乔治·施蒂格勒曾经说过："没有一个美国的大公司不是通过某种程度、某种方式的并购而成长起来的，几乎没有一家大公司是靠内部扩张成长起来的。"跨国并购是企业为了实现全球化战略进行的并购活动，跨国并购已经成为国际直接投资的主要方式。企业实施跨国并购，最终目的都是发挥自身优势，弥补自身不足，提高核心竞争力。

实施"走出去"战略是按照市场经济的通行规则，鼓励有条件的、有实力的企业通过扩大对外投资的方式，发展为跨国公司，逐步形成在局部地区乃至世界范围配置资源和供应链管理的能力。作为"走出去"的战略主体，我国企业的跨国并购正是在此背景下实现国际化的一种手段，跨国并购是企业成功实施国际化战略的重要途径。

为了进一步实施"走出去"战略，我国政府出台了多项政策措施，2009 年 1 月，国务院常务委员会审议通过了《钢铁产业调整和振兴规划》，鼓励企业进行海外矿产资源收购，并在金融、资金等方面给予政策扶持；2009 年 3 月，商务部颁布《境外投资管理办法》，将境外投资审批权进一步下放到地方政府。同时，我国政府还制定了一些相应的政策，鼓励企业开展境外投资，对符合条件的项目给予用汇和信贷支持，如对重大海外能源并购项目予以贷款贴息，优惠贷款及提高财政注资比例等支持，利用充裕的外汇储备设立海外专项并购基金等。政府的这些举措增强了企业跨国并购的实力和信心。

在经济全球化的推动下，跨国并购成为很多企业寻求国外扩张的重要渠道，同时也是一种趋势。2008 年金融危机以来，国际并购浪潮再起，以抢占优势资源，争取国际有利地位，这起并购与国际形势密不可分。自金融危机以来国际经济形势持续走弱，尤其是发达国家受危机的影响较大，2008 年以来的世界金融危机及由此产生的欧洲债务危机，形成对欧洲企业的强大生存压力；另外国内房地产的调控政策及相关产业的萧条，使得对建筑机械的需要大幅减少，在此情况下，为了更好地谋求发展，必然要寻求新的发展机遇。作为中国工程机械"三巨头"的中联重科、三一重工、徐工机械，都先后以海外并购作为谋求发展的新路径，大力开拓国际市场。2008 年，中联重科联手弘毅投资、高盛和曼达林基金以总额 5.11 亿欧元全资收购全球混凝土机械行业排名第三的意大利 CIFA 公司，由此导致排名第二的三一重工被中联重科反超。借鉴中联重科和徐工机械的国际扩张之路，三一重工要实现国际化，占领国际市场，跨国并购之路势在必行。跨国并购是企业在世界范围内实现超常规扩张的有效手段，可以事半功倍，金融危机的爆发给中国企业带来了跨国并购的契机。在我国重型机械产业不断发展壮大的背景下，陷入金融危机的跨国巨头，也向中国企业伸出了希望被收购的橄榄枝。

三、三一重工简介

(一) 公司发展现状

三一重工由三一集团投资创建于 1994 年，总部坐落于长沙经济技术开发区，自公司成立以来，三一重工每年以 50% 以上的速度增长，2009 年前三个季度实现营业收入127.18 亿元，较上年同期增长 17%。三一重工将销售收入的 5%~7% 用于研发，拥有国家级技术开发中心和博士后流动工作站，2011 年共申请专利 1560 多项，拥有授权有效专利 862 项和近百项核心技术。三一重工于 2003 年 7 月 3 日上市；2005 年 6 月 10 日，三一重工成为首家股权分置改革成功并实现全流通的企业。

(二) 公司竞争力分析

优势：公司的主导产品混凝土机械在国内市场上处于龙头地位，在研制技术、生产规模、品牌和销售渠道方面具有明显优势。

机会：公司产品与房地产、建筑行业紧密相关，在城市化建设和国家基础建设的拉动下，公司产品中长期的市场空间较大；国际产业向中国转移的速度加快，将会使公司的品牌和技术优势更加具有国际竞争力。

劣势：公司的主导产品中混凝土机械比重大，抗风险能力不强。

威胁：①如果未来房地产销售压力加大，将影响房地产投资力度，从而影响混凝土设备的增长；②如果海外市场需求低迷，或者发生贸易摩擦，将影响公司出口业务的增长；③近年来公司规模扩张较快，受金融危机的影响明显，如果全球及国内经济增长低于预期，公司的业绩增长压力较大。2011 年公司实现销售收入 490.7 亿元，实现利润 98.5 亿元，分别较 2010 年增长 58.9% 和 42.8%。

主要产品：三一重工主要从事工程机械的研发、制造、销售。产品包括建筑机械、筑路机械、起重机械等 26 大类 200 多个品种，主导产品有混凝土输送泵、混凝土输送泵车、混凝土搅拌站、沥青搅拌站、压路机、摊铺机、平地机、履带起重机、汽车起重机、港口机械等。目前，三一重工的混凝土输送机、搅拌设备、履带起重机械、旋挖转机已成为国内第一品牌，混凝土输送泵车、混凝土输送泵和全液压压路机市场占有率居国内首位，泵车产量居世界首位，是全球最大的长臂架、大排量泵车制造企业。

产业布局：三一重工在全球建有 30 个海外子公司，产品出口到 110 多个国家和地区。目前，三一重工已在印度、美国相继投资建设工程机械研发制造基地。2009 年 1月，三一重工在德国投资 1 亿欧元建设工程机械研发制造基地的项目正式签约。

发展战略：2011 年三一集团十大事件：2011 年英国《金融时报》全球 500 强（FT Globle500），三一重工以 215.84 亿美元的市值首次入围，列第 431 位，成为唯一上榜的中国机械企业。

技术创新平台获国家科技进步奖。2011 年 1 月 14 日，在国家科学技术奖励大会上，三一重工"工程机械技术创新平台建设"项目荣获国家科学技术进步二等奖，是此次大会唯一以企业为主体的评选项目——企业技术创新工程。三一重工是获奖单位中唯一的工程机械企业，这也是我国工程机械行业获得的国家最高荣誉奖，2011 年 11月 8 日，三一重工获得中国专利金奖、外观设计金奖。

62 米长臂泵车救援日本福岛核电站。2011 年 3 月 11 日，日本发生强烈地震并引发海啸，随即导致的核危机引起世界关注，三一重工无偿捐赠一台价值 100 万美元的62 米长臂泵车，参与福岛核电站注水降温作业，并提供服务支持，62 米长臂泵车被日本媒体和民众亲切誉为"大长颈鹿"。

2011 年 9 月 9 日，梁稳根成为中国双料"首富"，《福布斯》亚洲版最新出炉的 2011中国富豪排行榜显示，三一重工董事长梁稳根个人净资产达到 93 亿美元，成为中国新首富；此外，2011 年 9 月 7 日发布的"胡润百富榜"中，梁稳根成为"2011 年中国首富"。在《福布斯》亚洲版发布的 2011 中国富豪排行榜中，三一重工还有六人入围，三一重工被誉为"造富工厂"。

三一重工的产品获用户满意度 8 项第一。2011 年 9 月 24 日，"中国装备制造业的崛起"2011 年工程机械行业用户满意度测评结果发布，在测评的 14 类产品中，三一重工旗下泵车、拖泵、车载泵、搅拌站、摊铺机、履带起重机、挖掘机、旋挖钻机 8 类产品获得自主品牌用户满意度第一，搅拌车、汽车起重机、压路机、平地机 4 类产品获得第二。此次调查是目前行业内最全面、最权威的一次用户调查。

三一重工挖掘机全年销量跃居行业第一。2011 年全年挖掘机累计销售 2 万余台，稳固了国产挖掘机企业龙头地位，并一举超越日本小松，跃居行业第一。2011 年 6 月以来，三一重工挖掘机的单月销量连续 7 个月位居行业第一。

三一重工获评全国模范劳动关系和谐企业。2011 年 8 月 15 日，在"全国模范劳动关系和谐企业与工业园区"表彰大会上，三一集团荣获"全国模范劳动关系和谐企业"的称号。该奖项的获得，意味着三一重工努力营造的企业与员工共建共享、互利共赢的关系，受到国家的肯定。与此同时，三一重工还获得了"2011 年中国大学生最佳雇主"（已连续 4 年获得这一奖项）、"卓越雇主中国最适宜工作的公司"、"新侨回国创业创新示范基地"等重量级荣誉。

印度尼西亚产业园项目签约。2011 年 4 月 23 日，正在印度尼西亚出席"中国—印度尼西亚战略商务对话"的国务院总理温家宝，与印度尼西亚副总统布迪奥诺一起，共同见证了三一重工与印度尼西亚工业部的投资协议签字仪式。根据协议，三一重工将在印度尼西亚爪哇省以西的卡拉旺投资 2 亿美元兴建三一重工印度尼西亚产业园，三一重工也由此成为第一家在印度尼西亚制造业领域进行大型投资的中国企业。

86 米泵车获吉尼斯世界纪录。2011 年 9 月 19 日，三一重工自主研制的 86 米泵车下线，再次刷新其在 2009 年创造的 72 米世界最长臂架泵车的吉尼斯世界纪录，这标志着三一重工牢牢掌握了世界混凝土泵车的最尖端技术，站在了世界泵车设计和制造领域的最前沿。

全球第一吊下线。2011 年 5 月 29 日，三一重工昆山产业园，被誉为"全球第一吊"超大吨位履带起重机 SCC8600OTM 在此举行下线仪式。该产品最大起重量达到 3600 吨，是世界上起重力矩最大、技术最先进的履带起重机。

四、德国普茨迈斯特公司简介

（一）公司概述

成立于 1958 年的德国普茨迈斯特有限公司是一家拥有全球销售网络的集团公司，总部设在德国斯图加特附近。该集团公司已在全球十多个国家设立了子公司。并且从事开发、生产和销售各类混凝土输送泵、工业泵及其辅助设备，这些设备主要用于搅拌和输送水泥、砂浆、脱水污泥、固体废物和替代燃料等黏稠性大的物质。公司产品包括安装于拖车或卡车上的各种混凝土泵、拌浆机，用于隧道建设和煤矿工业的特种泵以及最新研制的机械手装置等。普茨迈斯特在中国建立起世界销售网络的又一个中心——普茨迈斯特机械（上海）有限公司，主要生产各类混凝土泵车和拖式泵。在一些国家重点工程（如黄河小浪底工程、二滩水电站）以及亚洲第一的上海"东方明珠"等工程中，普茨迈斯特都发挥了不可替代的作用。

普茨迈斯特公司创造并一直保持着液压柱塞泵领域的众多世界纪录：排量、输送距离、扬程、产品的种类、可输送物料的多样性等。目前在全球最高建筑——阿联酋的迪拜塔的建设中，普茨迈斯特已经创造了 603 米的最新混凝土输送高度世界纪录。

（二）公司业务

普茨迈斯特固体泵，广泛应用于污水处理、采矿、冶金、废弃物处理、石油化工、水泥工业、清淤、热电厂、隧道施工、填海造地、造纸等诸多领域。为成分复杂的高含固率、黏稠物料提供安全、可靠、高压、远距离管道输送解决方案。普茨迈斯特自动控制程度高，并可实现相对精准的排量调节。

在采矿领域，普茨迈斯特可为用户提供矿浆输送、矿山充填（膏体充填）、采空区回填系统、尾矿干堆技术等，更为特别的是，公司的 BSM 泵还可以应用于煤矿瓦斯治理的巷旁充填，并且该产品拥有国内的煤矿安全证书。

在水泥工业，普茨迈斯特脱水污泥管道输送系统能将污泥输送至水泥回转窑无害化焚烧。普茨迈斯特 SMP 系统可对危险废物统一进行预处理，投加（管道输送）

到焚烧炉和水泥回转窑进行无害化处置，普茨迈斯特还为用户提供替代燃料的制备和输送系统。

在冶金领域，普茨迈斯特可为用户提供转炉泥、瓦斯泥等炼钢尘泥接收和输送系统，为钢铁行业转炉尘泥资源综合利用和节能减排项目中的转炉尘泥利用率低、自动化程度低、尘泥无法输送、扬尘污染等问题提供了最佳的解决方案。在电解铝工业中，普茨迈斯特为用户提供高压、远距离赤泥管道输送系统。

在污水处理领域，普茨迈斯特不仅为用户提供高含固率脱水污泥输送泵，还提供污泥接收料仓、缓冲料仓和储存料仓系统。同时，污水处理厂的格栅栅渣也可采用EKO泵送系统进行管道输送。

在燃煤电厂，普茨迈斯特可为用户提供更可靠的高含固率煤泥和脱水污泥管道输送系统，以及湿式粉煤灰、脱硫石膏管道输送系统，为电厂煤泥混烧，脱水污泥混烧等综合利用项目提供了有力的保障。

在石油化工领域，普茨迈斯特可为用户提供更可靠的油泥、电石泥、转浆、原油、油渣，油漆泥、硅胶、钛白泥、陶瓷泥等黏稠物料的高压、远距离输送系统。在油泥焚烧项目中，因为普茨迈斯特系统可以实现更精准的排量调节，不仅可以保证后续工艺的稳定运行，还可以根据炉况实时调节喂料量。

在固废处理领域，在危废处理项目中，普茨迈斯特系统和产品均具备防爆性能，拥有更高的安全性和可靠性。KOS泵可用于危废污泥浆渣的管道输送。SMP系统可对成分复杂、形态各异的危险废物进行统一的破碎、混合，泵送至焚烧炉或水泥回转窑，提高焚烧效率，延长耐火砖寿命，降低烟气排放。在餐厨垃圾和有机垃圾处理项目中，普茨迈斯特不仅为厌氧消化工艺提供专用的上料和回料系统，还可为用户提供餐厨垃圾中转站，为堆肥工艺提供管道布料系统。

在河道、湖泊疏浚清淤领域，普茨迈斯特系统应用在大型清淤船上或清淤码头，将淤泥、底泥通过快速连接管道输送至数公里外的堆场。

在隧道施工领域，普茨迈斯特可提供与盾构机相连接的泥浆、黏土、砂浆管道输送系统，特别适用于土压平衡系统。

在其他领域，如填海造地、造纸工业中纸浆和废纸泥输送、屠宰场屠宰废料的输送中，公司的产品也有广泛的应用。

五、并购过程

2012年1月20日，并购双方在德国正式签订《转让及购买协议》。大约在签约前四周左右，三一重工董事长向普茨迈斯特创始人施莱希特（Karl Schlecht）发出一封"情书"，在信中表达了合作的愿望，随后并购双方定下收购的初步意向；签约之前，并购双方达成排他性合作协议。2012年1月31日，三一重工发布公告称，公司控股子公司三一重工德国有限公司联合中信产业投资基金，于2012年1月20日与德国普茨迈斯特公司的股东签署了《转让及购买协议》，三一重工德国和中信基金共同以现金出资 3.6 亿欧元，收购普茨迈斯特 100%股权。其中，三一重工的出资额为 3.24 亿欧元，收购 90%的股份，中信产业投资基金收购 10%的股份。德国当地时间 4 月 17 日 11：00，三一重工与普茨迈斯特在德国埃尔西塔正式对外宣布此次并购通过德国国家审查，收购完成交割，完成此次"狮吞象"式的股权并购。2013 年 7 月 1 日，三一重工收购中信产业投资基金在普茨迈斯特 10%的股权，实现全资控股。

表 1　三一重工并购普茨迈斯特的过程

时　间	事　件
2011 年 12 月 20 日	德国普茨迈斯特访问三一重工并表达竞购邀请
2011 年 12 月 21 日	普茨迈斯特访问中联重科并表达竞购邀请
2011 年 12 月 22 日	中联重科向湖南省发改委提交了正式文件进行申报
2011 年 12 月 23 日	普茨迈斯特向各家企业发出正式的竞购邀请函
2011 年 12 月 30 日	中联重科收到了发改委关于收购普茨迈斯特的批复
2011 年 12 月末（签约前四周）	三一重工董事长向普茨迈斯特创始人施莱希特寄出一封"情书"，信中表达了合作的愿望，随后定下收购的初步意向
2012 年 1 月（正式签约前）	达成排他性合作协议
2012 年 1 月 20 日	正式签订《转让及购买协议》
2012 年 1 月 31 日	三一重工发布公告称联合中信产业投资基金收购普茨迈斯特公司 100%股权
2012 年 4 月 17 日	并购通过德国国家审查，正式宣布收购完成交割
2013 年 7 月 1 日	三一重工收购中信产业投资基金在普茨迈斯特 10%的股权，实现全资控股

资料来源：笔者根据相关资料整理。

六、"激情文化的进退"

在企业并购完成的中后期，能否最大程度地发挥协同效应往往被视为并购成功与否的关键所在。并购双方实现优势互补，可以促成战略协同、技术研发协同、采购协同、生产协同、营销协同、财务协同以及人力资源的统一管理，尽量降低企业集团内部资源的无效损耗。然而，使协同效应最大化的前提还是企业文化的融合。

三一重工与普茨迈斯特有着截然不同的企业文化特点，无论是三一重工的"激情文化"，还是普茨迈斯特的谨慎稳重，都是整合前已经形成的固有的文化体系。同时，因为企业所属地域，文化背景也存在较大差异，若想短期内将"激情文化"覆盖到普茨迈斯特，其过程并非一帆风顺，正所谓"吞象"易，消化难。三一重工的并购过程并不容易，而且并购后的整合会更难，期待三一重工创造出未来我国企业转型与国际化发展的新道路。

An Analysis of the Motive of Transnational M&A and Related Issues of Chinese Equipment Manufacturing Enterprises Based on Sany's M&A of Putzmeister

Abstract: Taking Sany and CITIC Industrial Investment Fund's M&A of German Putzmeister Gmbh as an example, the thesis proposes that transnational M&A has become a main form of international direct investment and an effective means for enterprises to expand rapidly. It also discusses the speedy internationalization of Sany by opening overseas markets and getting Synergy Effects, the improvement of industry chain and the competitiveness of products as well as the M&A motive in the breakthrough of research, development and technology, etc. Furthermore, the thesis reveals how an enterprise chooses reasonable ways of M&A and financing channel in view of the M&A motive and how it integrates its enterprise culture after the M&A. The case study will provide some insight into the transnational M&A of Chinese equipment manufacturing enterprises.

Key Words: Sany; Putzmeister; The Motive of Transnational M&A; Chinese Equipment Manufacturing Enterprises

案例使用说明：

中国装备制造业跨国并购动因及相关问题分析

——以三一重工并购普茨迈斯特为例

一、教学目的与用途

（1）本案例主要研究企业并购过程中所涉及的法律问题，对企业并购的整合战略也有所分析。适用于《企业法律环境》、《创业管理》等课程。

（2）适用对象：MBA、EMBA等专业的学生，本科相关专业的学生，尤其适合具有一定工作经验的学员。

（3）教学目的：跨国并购的动因是指跨国公司实施并购行为的动机和目的。跨国并购行为面临不同的东道国、行业和目标公司，具体动因也存在较大的差异，因此，跨国并购是多动因综合推动、动态平衡的结果。通过对三一重工并购普茨迈斯特的个案研究，了解三一重工并购的动因及如何根据不同的并购动因选择合理的并购方式、融资渠道以及并购后文化整合的模式，进而揭示跨国并购动因差异背后的共性，为中国装备制造业跨国并购提供有益的借鉴和启示。

（4）具体目标：

1）本案例为中国装备制造业跨国并购提供了哪些有益的借鉴和启示？

2）了解三一重工对德国普茨迈斯特的跨国并购动因。

3）结合三一重工的跨国并购动因，分析如何选择合理的并购方式、融资模式和企业文化整合模式。

二、启发思考题

（1）乔治·施蒂格勒曾经说过："没有一个美国的大公司不是通过某种程度、某种方式的并购而成长起来的，几乎没有一家大公司是靠内部扩张成长起来的。"分析三一重工对德国普茨迈斯特的跨国并购动因。

（2）跨国并购是企业为了实现全球化战略进行的并购活动，跨国并购已经成为国际直接投资的主要方式，请以此案例为例分析跨国并购与绿地投资的利弊。

（3）跨国并购的方式有股权式并购与资产式并购，以此案例为例分析股权并购与资产并购的利弊，以及如何结合并购动因选择合理的并购方式。

（4）三一重工为什么联手中信产业投资基金参与并购？以此分析跨国并购中怎样选择适当的融资模式。

（5）跨国并购的成败取决于并购的文化整合，请结合本案例分析跨国并购的文化整合模式。

三、分析思路

本案例具体分析思路如表 2 所示：

表 2　本案例分析思路

授课目标：本案例为中国装备制造业跨国并购提供了哪些有益的借鉴和启示		
案例正文	隐含信息及启发思考题	关键知识点
跨国并购的背景	三一重工为什么选择跨国并购，而不是绿地投资？	绿地投资与跨国并购的利弊分析
三一重工与普茨迈斯特的主业及竞争力分析	三一重工为什么选择德国普茨迈斯特作为并购目标？并购的动因有哪些？	跨国并购动因的相关理论
2011 年 11 月，双方开始接触，2012 年 1 月 20 日，双方达成《转让及购买协议》	并购前的谈判磋商，并购协议中双方的主要权利义务有哪些？如何根据不同的并购动因选择合理的并购方式？	股权式并购与资产式并购的特点及利弊
三一重工和中信基金联合出资 3.6 亿欧元，并购普茨迈斯特 100%的股权	并购融资的模式有哪些？如何结合并购动因选择恰当的融资模式？	中国民营企业联合产业投资基金进行跨国并购是并购融资的创新模式
"激情文化的进退"	并购成败的关键是什么？	跨国并购企业文化整合的模式选择

资料来源：笔者根据相关资料整理。

四、理论依据与分析

（一）理论依据

（1）新古典经济学视角下的规模经济学说。规模经济学说认为，企业可以通过并购对企业的资产进行补充和重新配置，以达到最佳经济规模。在规模经济下，企业可以降低生产成本，提高技术研发能力和生产效率。因此，获得规模经济是企业进行并购的动因之一。科斯研究了并购中技术的规模经济性问题，他的研究表明，跨国并购能够通过扩大生产规模，在更大的生产规模基础上分摊高额的技术研发费用，实现技术的规模经济。该理论在 20 世纪 70 年代的西方和我国目前较为流行，该理论可以很好地解释企业的横向并购。

（2）新古典经济学视角下市场势力假说。施蒂格勒认为，公司间的并购可以增加对市场的控制力量，行业巨头之间的并购可以形成市场垄断的局面，垄断可以使公司定价高于获得正常利润的水平，即使有没形成垄断的地位，也可以因并购而形成规模经济效应，促使成本降低，产品定价可以高于边际成本同时又低于市场平均利润价格，将企业并购的动因归结于并购能够提高市场占有率。由于市场竞争对手的减少，优势企业可以增加对市场的控制力，但占有率的提高并不意味着规模效益的达成，只有在横向并购或纵向并购中，既增加优势企业的市场占有率，又达成规模经济，这一假说才成立。

（3）新制度经济学视角下的交易成本理论。交易成本理论最早由科斯提出，后来由威廉姆森等学者发展。根据科斯的观点，市场和企业是两种可以相互替代的配置资源。市场交易发生在企业之间，由市场来调节控制。这种交易存在很高的交易成本，同时，风险也大。而企业的主要特征是由企业家进行资源配置，组织经济活动，企业内部经济活动的协调可以节约交易成本，企业通过并购，可以使得市场交易内部化，可以使较高的交易成本转化为较低的企业内部管理成本，正如张五常所说，交易成本在一般情况下不可能为零，该理论为跨国并购动因提供了一般理论范式和工具。

（4）管理学视角下的协同效应理论。美国学者 H.伊戈尔·安索夫（Igor Ansoff，1965）最早提出协同效应理论。该理论是指并购双方资产、能力等方面的互补或协同，从而提供公司业绩和创造价值为社会收益带来潜在的增量，即合并后公司的整体业绩会大于合并前各自原有业绩的总和。20 世纪 80 年代早期，以 Jensen 和 Ruback（1983）为代表的学者认为，获得效率增进是推动企业并购的主要原因，当两个效率不一样的企业通过并购方式形成一个企业时，则可以形成"1+1>2"的效果。协同效应主要体现在财务协同效应、经营协同效应、管理协同效应等方面。

（二）具体并购动因及相关问题分析

1. 三一重工并购普茨迈斯特的并购动因

（1）开拓海外市场，加快企业国际化进程。通过并购方式，可以避免盲目的投入和不必要的浪费，还可以节省时间，迅速占领国际市场。普茨迈斯特在中国之外的三大新兴市场（土耳其、沙特阿拉伯、印度）市场占有率排名第一。三一重工因此获得德国普茨迈斯特分布于全球 110 多个国家和地区的市场，可以充分利用其已有的全球销售网络迅速完成国际化布局，对三一重工的国际化发展、全球竞争力的提升具有重要意义。

三一重工总裁向文波谈道："收购普茨迈斯特使三一重工国际化进程缩短了 5~10 年时间。"三一重工借助并购，甩开了中联重科，和徐工拼国际化，具有重要的战略价值。

（2）获得协同效应，形成优势互补。并购完成后，并购双方能在国际范围内充分实现生产、资源共享互补，产生"1+1>2"的效应，即并购后企业效益大于原来两个企业的效益之和。三一重工在中国混凝土市场占有率达 50%~60%，总销售额在中国内地占 90%，在国际上占 10%，而普茨迈斯特销售额在其本国占 10%，在国际上占 90%，三一重工与普茨迈斯特的销售网络互补，收购后可实现中国在国际的市场份额最高。2012 年 4 月 27 日，三一重工公布了 2012 年第一季度报告。公司第一季度销售收入 146.8 亿元，同比增长 4.9%；归属于上市公司股东的净利润 28.04 亿元，同比增长 5.3%；均位居国内行业第一。在全球经济并不十分景气的背景下，上半年，德国普茨迈斯特仍取得了销售额同比增长 10%~15% 的优秀业绩；三一重工所有产品出口更是同比增长翻番。因此，通过跨国并购，可以充分利用各个国家和地区的最大优势，实现企业最佳组合，通过管理资源的整合，互补性资源和技能的协调配合，使各国企业间专业化与协作更加有效。此次并购，也使三一重工减少了一个强有力的竞争对手，大大地降低了三一重工参与国际竞争的成本，实现资源互补双赢。对于普茨迈斯特来讲，通过此次并购，也摆脱了金融危机的影响以及对欧美市场的过度依赖，充分利用三一重工雄厚的资金支持继续保持其技术品牌特有的领先地位。

（3）完善产业链，提升产品竞争力。通过并购实现资源的优化配置是资本经营的重要功能之一，也是实现资本的低成本、高效率扩张，形成强大规模效应的手段。此次并购完成后，三一重工将全部拥有普茨迈斯特遍布全球的基地和销售体系；完善三一重工的产业链，并在全球化采购链条上降低生产成本，从而提高企业产品的国际竞争力。

"微笑曲线"的理论最早被用于解释个人电脑产业价值链的不同环节与所实现的附加值之间的关系，之后被广泛应用于IT、轻工、机械制造、家电等各个行业。"微笑曲线"，两端朝上，在产业链中，附加值更多体现在两端，即设计和销售，处于中间环节的制造附加值最低。"微笑曲线"中间是制造，左边是研发，属于全球性的竞争；右边是营销，主要是当地性的竞争。当前制造产生的利润低，全球制造也已供过于求，但是研发与营销的附加价值高，因此产业未来应朝"微笑曲线"的两端发展，也就是在左边加强研发创造财产权，在右边加强客户导向的营销与服务。"微笑曲线"有两个要点：第一，可以找出附加价值在哪里；第二，关于竞争的形态。从整条产业价值链的角度看，中国制造企业的竞争优势在于产业价值链的加工制造环节，这与中国制造企业具有劳动力成本优势是一致的。加工制造环节利润低，资源消耗大，属非关键环节，极易受到处于关键环节企业的控制，所以向产业价值链的两端延伸成为中国制造企业的必然选择。

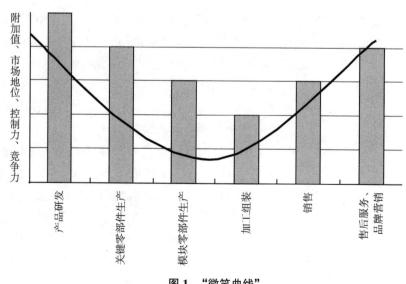

图1 "微笑曲线"

（4）获得研发与技术上的新突破。这次并购使得三一重工在产品技术和质量上都得到显著提升。普茨迈斯特的产品具有"三高"的特点，即高端品牌、高定价和单个产品毛利高。具有全球尖端的质量控制、生产流程制造技术和工艺，这将有利于三一重工在短期内提升自有品牌的技术性能，并将三一重工的技术提升到国际领先地位。与此同时，尖端的品质与技术将给三一重工的研发与技术带来新突破。三一重工还将全部获得普茨迈斯特约 200 项的专利技术，并可节省 10%左右的钢材用量。

跨国技术并购是装备制造企业外部获取技术的有效途径之一，通过并购获得目标企业的先进技术和领先的研发机构，实现公司战略上的发展。普茨迈斯特拥有大量的关键技术和专业研发机构，在全球约有 200 项相关专利技术，具有多项高端产品的品牌。该公司 1986 年交付了世界上最长的 62 米臂架泵车，普茨迈斯特成为了世界上销售最多的混凝土泵的公司。三一重工通过此次收购，从而掌握了先进的核心生产技术，获取高端品牌，稳固提升了在国际市场中的地位。

2. 跨国并购与绿地投资的利弊分析

对于跨国公司来讲，对外直接投资的方式主要有跨国并购（M&A）和绿地投资（Green Field Investment）两种。跨国公司通过合理选择进入方式，来实现对海外公司控制的目的。跨国并购是指跨国公司通过一定的程序和渠道，以获取东道主企业全部或部分资产所有权为目的的投资行为。目的是为了快速进入国际市场，获取目标企业的优势品牌、市场、技术等战略性资产。绿地投资又称新建投资，是跨国公司按照东道国的法律在东道国设置的部分或全部资产，新建投资将为东道国创造出新的产出和就业机会。

新建投资风险高、投资周期长、投资大，需要做大量的准备工作。但是选择性大，新建投资的投资者拥有更多自主权，可以独立进行项目规划，更为灵活，能够更好地进行全球布局。可以保证其技术、知识产权不外溢，可以利用技术、管理及生产上的优势长期占领国外市场。

而跨国并购的优势是并购方可以方便灵活地进入目标市场，直接获得被并购公司的资产，还可拥有目标企业的市场销售渠道。在横向并购中，并购方消灭了一个竞争对手，降低了市场的竞争强度；容易廉价、快速地获得目标资产。在目标企业陷入并购困境时的定价往往低于目标企业资产的价值，使并购方以较低的价格完成收购。并购投资可以缩短项目建设周期和投资周期，投资者可以利用现有的管理制度和管理方式，迅速适应东道国的投资环境。

跨国并购的劣势是由于信息不对称、会计准则和无形资产评估的标准不同，难以对目标公司的资产价值做出准确评估，给决策带来困难，并购后的整合问题也是决定并购投资成败的关键。

3. 股权式并购与资产式并购的利弊分析

股权式并购和资产式并购是并购的两种不同的方式，股权式并购是投资人通过购买目标公司股东的股权或认购目标公司的增资，从而获得目标公司股权的并购行为；资产式并购是指投资人通过购买目标公司有价值的资产（如不动产、无形资产、机器设备等）并运营该资产，从而获得目标公司的利润能力，实现与股权并购类似的效果。股权式并购与资产式并购区别如下：

（1）交易的标的不同。股权式并购的交易标的是目标企业的股权，包括股权、股份等；资产式并购的交易目的是目标企业的资产或财产，包括设备、厂房、土地使用权、知识产权，甚至是债权债务等。

（2）并购交易的目标主体不同。股权式并购交易的目标主体是目标企业的股东，并购方是从目标企业股东手中购买目标企业的股权或认购其增资；资产式并购的交易对方主体是目标企业，即并购方从目标企业手中购买资产或财产。

（3）目标企业的地位变化不同。股权式并购完成后，目标企业变成并购方的子公司；而资产式并购完成后，若目标企业将其全部资产出售给并购方，则其主体消失。

（4）并购方承担的风险和责任不同。股权式并购中，由于资信机制不健全，并购方须承担目标企业的或然债务和不确定负担，具有高风险；资产式并购则由于并购的是目标企业干净的资产，目标企业的或然债务和不确定负担不会转移给并购方。

4. 跨国并购融资方式的选择

降低融资成本贯穿于整个跨国并购的全过程，如何降低并购成本不仅与谈判能力有关，更重要的是要选择恰到好处的融资方式。

（1）股权融资。包括发行股票以及与私募基金合作等。对于民营企业来讲，从银行获得大额贷款并不容易，因此，不少企业开始与投行、PE 等金融机构合作，其好处在于它们不仅为收购方提供较为充裕的资金支持，也能凭借丰富的投行经验，对标的企业做充分的调研工作，同时了解当地相关的政策法规，为融资方案提供专业的帮助，提高并购成功的可能性。不过，私募基金的目的是追求投资利润最大化，为控制风险，在与企业合作时通常会签署附加协议（对赌协议），企业要关注其中的风险，协商公平合理的退出方案。

（2）债券。包括国内发行债券以及到海外发行债券，国内债券分为发行高收益债券、定向可转债、定向可交换债等，而海外发债则分为境外发行人民币债券和发行国际债券。国际债券需要通过三大评级公司的评级，倘若获得投资级，境外发债是成本较低的融资工具。整个过程需要关注汇率风险，并且寻找最合适的时间窗口，等待发债期间，可借助过桥贷款，但获得此种融资方式的难度较大。

（3）境外银行融资。资金量大的跨国并购项目，企业通常会采取多种方式进行并购融资，除了并购贷款，境外银行融资也是较为普遍的融资途径。若参与银行较多，还可采取银团贷款和俱乐部贷款的形式，二者的区别在于，银团贷款由一到两家银行牵头，主导完成银行融资，但牵头行除了利息收益，还会收取牵头费；而俱乐部融资时，企业需要与各家银行多方沟通，这对企业的专业能力要求较高。另外，境外多实行市场化利率，会根据收购企业的负债结构、风险程度、发展情况等做出评估，采取浮动利率，企业可根据这一特点适当调整债务结构。

（4）国内并购贷款。是国际并购中常采用的融资手段。并购贷款，是指商业银行向并购方企业或其控股的子公司发放的，用于支付并购股权对价款项的贷款。并购贷款的融资比例通常为5：5，倘若特批，这个比例可以扩大到3：7。并购贷款与普通贷款的不同之处在于其不是以借款人的偿债能力作为借款条件，而是以被并购对象的偿债能力作为借款条件。

由于并购谈判过程非常复杂，因此，在跨国并购中，并购企业联合投资基金共同进行并购是一种较好的选择，也是融资模式的创新。投资基金作为专业机构可以起到撮合的作用，也可以起到推动和协调的作用。在本案的并购过程中，中信投资基金利用自己非常丰富的投行经验，对目标企业进行了充分的调研，了解目标企业所在地的法律文化知识，为设计并购方案，提供财务支持，不但降低了并购成本，而且也降低了并购带来的风险。

5. 跨国并购文化整合模式

跨国并购文化整合是指并购双方企业文化优势互补，以及互相学习的过程，而不是简单的文化复制和替代。要在整合过程中最大限度地减少文化差异造成的文化冲突，增加文化差异带来的文化价值，建立并购双方互相信任、互相尊重的关系，拓展并购双方员工的全球化思维，从而在跨国企业中形成多元性和整体性的统一，增强企业的全球竞争力。实施并购的企业结合并购动因，并购双方的行业特点、战略目标等因素，选择适当的文化整合模式。

（1）融合模式。经过双向的渗透、融合，形成包含双方文化精华的混合文化，这种模式适用于并购双方实力相当企业的并购，双方文化没有主次，相互渗透，取长补短，有机融合，形成一种新的优质的企业文化。但这种模式因为缺少一种强势的主导力量，加之员工对新文化的理解不能一蹴而就，因此整合起来难度较大，周期较长，风险相对较大。

（2）吸收模式。它是指一个文化群体自愿完全接受或采用另一个文化群体特质的过程，在跨国并购中是指将母公司文化体系主体移植到被并购的子公司，从而较少地考虑被并购企业所在地的本土文化和子公司原有的组织文化。通常情况适用于并购方拥有优质的文化，而被并购的企业经营状况欠佳，被并购企业自愿放弃自己的劣质文化。该模式的优点是在整合过程中有一个强有力的组织文化起主导和推动作用，整合速度快。但该模式带有一定的强制性，容易受到被并购企业员工的抵制和不满，从而导致文化冲突。

（3）隔离模式。它是指当被并购的企业试图通过保留其所有的文化要素而保持企业独立和企业个性时采用的一种整合模式。该模式适合跨国并购双方的企业文化都处于较高的发展阶段，并且两种文化在各自企业中处于比较成熟的发展阶段。该种模式适

合 "一企两化"，即并购方和被并购方各自保留文化的独立性，在承认彼此差异的基础上，加强沟通与合作，避免产生文化冲突。

五、关键要点

（1）关键点：

1）跨国并购动因分析；

2）跨国投资进入方式选择，是新建投资还是跨国并购；

3）跨国并购方式的选择，是股权式并购还是资产式并购；

4）跨国并购协议的签订与履行；

5）跨国并购融资模式的选择；

6）跨国并购文化整合模式的选择。

（2）能力提升点：结合跨国并购动因，合理选择并购方式、融资模式及文化整合模式。

六、建议课堂计划

课前计划：教师提出启发思考题，请学员在课前完成阅读和初步思考，通过公司网站等媒介查阅有关公司的背景信息。

课中计划：教师进行简要的课堂前言，明确主题（5 分钟）；

4~5 人一组，告知发言要求（35 分钟）；

每组选出一个代表，其他人补充（每组 5 分钟，35 分钟）；

引导全班进一步讨论，并进行归纳总结（15 分钟）。

请每组就讨论内容提交书面报告。

参考文献

[1] Buckley Peter J. International Mergers and Acquisitions [M]. International Thomson Business Press，2002.

[2] C.J. Cook，C.S. Kerse. EC Merger Control [M]. Sweet & Maxwell，2000.

[3] Deng P. Outward Investment by Chinese MNCs: Motivations and Implications [J]. Business Horizons，2004，47（3）：8-16.

[4] Hardaker. An Integrated Approach Towards Product Innovation in International Manufacturing Organizations [J]. European Journal of Innovation Management，1998（1）：67-73.

[5] Jonash Ronalds. Strategic Technology Leverage: Marketing Outsourcing Work for You [J]. Research Technology Management，2002，39（2）.

[6] 段东玮. 中国制造业跨国并购研究 [J]. 东方企业文化，2014（2）.

[7] 黎平海，李瑶. 中国企业跨国并购动机实证研究 [J]. 经济前沿，2010（10）.

[8] 李蕊. 跨国并购的技术寻求动因解析 [J]. 世界经济，2003（2）.

［9］马昀. 中国企业跨国并购与风险控制 ［M］. 北京：经济科学出版社，2013.

［10］齐善鸿，张党珠. 中国企业跨国并购文化整合模式研究 ［M］. 大连：东北财经大学出版社，2014.

［11］孙立峰. 在德国并购企业的融资相关法律问题 ［J］. 时代法学，2013（4）.

［12］姚占琪. 跨国公司进入方式——新建投资和跨国并购 ［J］. 财经研究，2006（9）.

● 案例五

大连国际机场应对大面积航班延误

案例正文：

大连国际机场应对大面积航班延误[①]

摘　要：本案例描述了大连国际机场多次出现的大面积航班延误事件，并通过分析引起大面积航班延误事件的原因，提出了事前有效预防与事后妥善处理的应对措施。

关键词：大面积航班延误；事前有效预防；事后妥善处理；应急管理

一、引言

2014年1月1日21：00，大连周水子国际机场集团公司总经理办公室里，一个略显疲惫、眉头舒展的中年男子时而思考，时而书写，似乎他已经忘记了今天是中国的传统佳节——元旦。秘书小张看在眼里，疼在心里，因为这已经是杜总的家常便饭了。过去的一年是多事之秋，尤其是大面积机场航班延误事件时有发生，给旅客造成了很大的不便，也给领导带来了很大的压力。小张一动不动，生怕惊扰了杜总，他的大脑像放电影一样，自动播放着2013年大连国际机场大面积航班延误的一幕一幕。

[①] 本案例由辽宁大学商学院李雪欣、任奉宇、郁云宝合作撰写，作者拥有著作权中的署名权、修改权、改编权。本案例只供课堂讨论之用，并无意暗示或者说明某种管理行为是否有效。

二、大连国际机场简介

大连国际机场即大连周水子国际机场，始建于 1972 年 10 月，现已成为国家一级民用国际机场，是国内主要干线机场和国际定期航班机场之一。大连国际机场占地面积 345 万平方米，飞行跑道长 3300 米，航站楼总面积达到 13.5 万平方米，停机坪面积 66 万平方米，停机位 42 个（其中廊桥 18 个），停机场 23 万平方米，停机位 2600 个，安全检查通道 36 条，值机柜台 93 个，装备有先进的航管、通信及导航设施，各种地面服务设施齐全，符合 4E 级 I 类国际机场标准，可供除 A380 以外各种大型飞机安全起降，可满足旅客吞吐量 1600 万~2000 万人次的需求。

大连国际机场现已成为东北地区四大机场之一，辽宁省南北两翼的重要空港之一，一直以自身空港的优势不断促动区域经济的发展，吸引了 36 家中外航空公司运营大连机场，开通航线 146 条，其中国内航线 108 条，国际与特别行政区航线 38 条，与 13 个国家、88 个国内外城市通航，其中国际、地区通航城市 29 个，最高峰时每周可达 1168 个航班，基本形成了覆盖全国，辐射日、韩、俄，连接欧、美、澳、亚的航线网络。

大连机场已连续五年在"全国安康杯竞赛"活动中获得优胜，连续 31 年保证航空安全，受到民航总局、民航东北地区管理局的嘉奖和通报表彰。机场还获得过"全国文明机场"、"全国共建精神文明口岸先进单位"、"全国职业道德建设先进单位"、"全国卫生机场"、"辽宁省文明单位"、"蓝天振兴活动优胜单位"等荣誉称号。

三、大连国际机场应急管理现状

改革开放前，除北京首都、上海虹桥、广州白云、天津张贵庄等部分机场可起降波音、麦道等大中型喷气飞机外，大多数机场规模较小，不能让这类大中型飞机起飞。改革开放以后，中国民航事业迎来了快速发展的新时期，民用机场建设进入一个高峰期。从 1979 年到 1985 年，为适应民航陆续引进的一批较先进的喷气飞机的运行需要，先后新建了厦门高崎、北海福成、温州永强、南通兴东等机场，扩建大连周水子、汕头外砂等机场。"九五"期间民航基本建设投资增至 680 亿元，技术改造投资达 126 亿元。在此期间，机场的建成从根本上改变了我国民用机场基础设施较为落后的局面，满足了我国航空运输发展的需要，促进了各地经济社会的发展。进入 21 世纪后，我国经济发展进入又好又快的发展轨道，航空运输需求旺盛，同时为了适应举办第 29 届奥运会的需要，机场建设进入了新一轮高潮期。中央和地方政府继续加大了对机场建设的投入，并逐步拓宽了机场建设融资渠道。这一时期，支线机场的建设向中、西部地区倾斜，新建了一批支线机场，对完善全国机场布局、支持中西部经济发展，起到了很大的作用。

目前，我国机场经营整体不佳，尤其是中小型机场亏损更为严重。中小型机场由于以公共服务为主，基础设施的投入大，以及客货需求少等原因使得机场不具有盈利性。大型机场客货流量大，商业开发潜力大，因此经营状况较好，特别是吞吐量超过一千万的机场。所以大面积的航班延误会直接影响到机场的经营绩效与长远发展。

为应对行业背景对应急管理提出的挑战，大连国际机场建立了机场安全管理体系、飞行区场地管理体系、目视助航设施管理体系、机场供电系统管理体系、机坪运行管理体系、航空器活动区车辆及驾驶员管理体系、施工管理体系、空中交通管制设施的运行维护管理体系、机场消防管理体系、航空燃料储存和输送及加注管理体系、危险品运输管理体系、机场安全保卫（空防安全）措施管理体系、机场净空保护区域管理体系、机场电磁环境保护区域管理体系、防范野生动物危害的管理体系、应急救护管理体系、机场应急救援计划和机场资料管理体系，以此来应对大面积航班延误、车辆设备突发事故、消防突发事故等突发性事件，保障机场持续健康的运营。这些管理体系都是在大连国际机场管理组织机构的统一协调管理下发挥作用的。同时，为了更快速有效地应对大面积航班延误、消防突发事故等突发事件，大连国际机场还成立了应急指挥组织，其结构如图1所示。

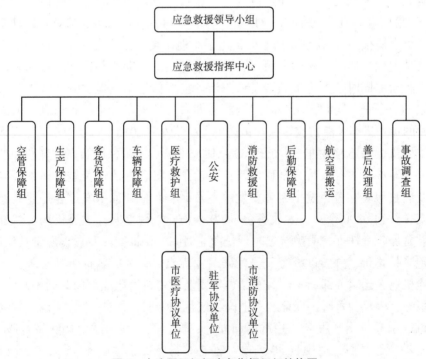

图1 大连国际机场应急指挥组织结构图

四、大连国际机场大面积航班延误事件

2013年7月18日至19日，大连国际机场先后经历了20小时低云大雾，4小时强降雨。2013年7月18日，机场取消航班305架次，滞留旅客2.23万人；2013年7月

19 日，机场保障航班 471 架次，旅客 7 万余人，出现高峰期保障旅客 2 万余人、持续 12 小时的情况，单日保障压力之大，创大连机场有史以来的航班延误保障之最。大连周水子国际机场集团公司杜总经理等领导也经历了有史以来最为严峻的应对航班延误之战。面对巨大的保障压力，大连机场得到了民航局、空管局、东北管理局、民航大连监管局的大力支持与帮助。民航局领导专门召开协调会，要求全国各大机场、周边机场和空管部门优先保障大连机场流量，从而极大地缓解了机场的运行压力。民航东北地区管理局领导要求大连地区各民航部门全力做好保障。民航大连监管局王永庆局长、赵葆君副局长到场监督指导。大连空管站领导亲自指挥，航油公司、各航空公司、机场公安局、各驻场单位负责人现场处置，共同确保了机场的高效运行、安全有序。

2013 年 7 月 18 日至 19 日，杜总分别于红色预警启动前、预警启动后、航班恢复前、航班恢复高峰期前，召集各驻场单位、航空公司、机场各单位开了 4 次高层指挥协调会，共同会商气象、发展趋势、航延保障情况，部署应急处置任务。大连机场通过实施高层会商、航延信息、运营保障、安全预警、通关保障、新闻宣传、航延评价为基本构架的"七联动"航延保障机制，确保了航班延误处理的及时性与有效性；通过运用查询触摸屏、手机短信"一对一"、航站楼 LED 大屏、大连机场航班动态网、广播电台"整点播报"、电视台直播、问询电话、航站楼广播八大载体，确保了将天气和航班运行情况同步实时告知广大旅客，安抚旅客焦急无助的心情。航延期间，在开放空铁联运柜台的同时，大连机场增设铁路流动售票信号车，提供流动售票服务，共售出火车票 500 余张。同时，第一时间向旅客即时公布火车、轮船的信息，增加了机场至高铁站的免费班车及滞留旅客去往市内的免费班车，2013 年 7 月 18 日当天运送旅客千余人。大连机场还通过进一步梳理 60 家协议方酒店，确保酒店在航延期间的保障能力，确保每车必跟服务人员，全程保障；提前预备餐食；协调美航公司做好餐食的科学发放及餐食保暖，避免发生因餐食发放不及时、餐食变凉引发旅客抱怨。航延期间为旅客安排住宿 6800 余人，发放餐食 5600 余份。航延期间，大连机场与各外包商户签订了航延保障责任书，明确航延时延长商业时间，保证商品及餐食质量及供应数量，坚决杜绝哄抬物价，并尝试推行航班延误商业优惠券，为旅客提供贴心服务。航延期间，大连机场客运服务部、安全检查站、集团及股份机关职能部门共同做好"红马甲"巡视员服务：橙色预警时，保证 5 人上岗，红色预警时，保证 16 人上岗，主动为旅客提供问询、引导、指示服务，并重点加强老、弱、病、残、孕等特殊旅客服务保障，其中共出动"红马甲"巡视员 40 人次，爱心车为特殊旅客服务 45 人次。航延期间，大连机场加强了航站楼内旅客滞留区域及重点区域的卫生保洁、温度、照明、手推车、座椅、手机充电设备及电源台等设施设备运行情况的动态巡查和监控，做到饮用水"一用二备"，及时调配座椅，及时为旅客提供保暖物品，保证各项设备运行正常，其中共安排流动茶水车 2 台，饮水机 12 部，增设座椅 200 个，增加手推车 150 个，国内自由厅增设手机充电服务台 3 处。航延期间，大连机场适当播放电视节目，稳定旅客情绪，同时加大报纸杂志投放数量，共计投放近 3000 份。为保证网络畅通，机场派人不定时监测楼内信号，并积极联系运营商加大信号覆盖密度。同时，机场将推进手机二维码"点读导乘"服务，拓宽旅客获取出行信息的渠道。航延期间，大连机场加强了候机楼内医疗救护力量，设立医疗咨询台，备份常用药品，共提供医疗咨询服务 520 余人次。与此同时，大连机场还建立联防安保机制、联动预警机制，加大航延常识告知力度。大面积航班延误橙色预警时，机场公安分局增派全部警力的 1/3 进行现场防范；红色预警时，增派全部警力的 1/2 到场布控。大连机场消防护卫中心派出护卫人员配合公安实行联防。机场公安分局充分发挥了公安"应急指挥平台九大系统"、"治安防控体系六大网络"的作用，视频巡逻配合武装巡逻同步跟进。机场安排专人在航站楼自由厅、国内隔离厅、国际隔离厅实时巡视，预判并关注重点旅客及旅客情绪明显波动的重点航班，及时通知机场公安。优先安排重点航班从廊桥登机，对远机位航班，全程监控护送。机场面向旅客发放《航班延误常识解读》，提示旅客合法行使旅客权利，避免旅客采取过激行为。本次大面积航延期间，机场公安分局加强了机场隔离区、机坪、引桥及航站楼的巡逻力量，专派警力在航站楼内旅客较为密集的综合服务柜台现场执勤，有效预防了群体性事件。两天航延大连机场公安分局共出动警力 260 余人次。

2013 年 7 月 19 日，在航班恢复时，大连机场积极协调航空公司调换大机型 5 架，临时调机 2 架，增加运力，满足旅客的需求；与大连空管站共同形成航班恢复后飞机团进团出的高效运营模式，缩短旅客在机上等待时间，保证快速放行。

2013 年 7 月 27 日 17：40 起，大连机场受低云大雾影响，出现航班复飞情况；18：58~19：30 天气好转，有 5 架航班降落；19：30 天气标准又不够降落标准，航班不能降落；21：30 各航空公司决定将剩余航班全部取消，全天共取消 134 班，约近万名旅客行程受到影响。根据民航大连空管站信息，本场低云 60~150 米，将持续至 2013 年 7 月 28 日凌晨。2013 年 7 月 28 日，大连机场连续出现两起旅客因为航班晚点拒绝下机、要向航空公司讨要说法、要求赔偿的事件。大连机场公安分局及时出警处置，将霸机旅客劝下飞机，才保障了两架飞机正常执行后续飞行任务。2013 年 7 月 28 日，几个中年男子找到工作人员，大声指责："为什么还不让我们登机，那么多人都走了，你们欺人太甚，耽误我们的时间你们要赔偿！"工作人员微笑地向他们解释说："我再重复一下机场广播，好吗？现在是航路交通堵塞，航空管制无法允许所有的航班都立刻起飞，请您谅解。"另一个人破口大骂："凭什么中国国际航空公司的航班连续起飞好几班了，老子的飞机就不让起飞啊？"工作人员仍然耐心地微笑解释说："第一，国际航班有优先起飞权，这是世界范围内都通行的不成文的准则。第二，不同的飞机有着完全不同的安全标准，在同样的天气条件下，A380 可以起飞，而 A320 就不能起飞。第三，对于相同的机型，各个航空公司的安全标准也不一样。在同样的天气条件下，很可能符合了南方航空公司的安全标准，但不符合大连航空公司的安全标准，所以需要您超时等待。请您谅解。"就在他们破口大骂的同时，公安人员也已迅速到位，并进行了法律知识的讲解，从而有效地避免了打砸事件的发生。

2013 年全年，由于大雾低云等恶劣天气的影响，大连机场启动了 3 次红色预警、6 次橙色预警、17 次黄色预警，造成近 1600 架次航班取消、549 架次航班延误，滞留旅客 81350 人。

五、尾声

针对大面积航班延误这类突发事件，杜总在不断地反思，大连国际机场到底该如何应对，才能在保障安全的前提下更大限度地放松流量控制，增强航空公司调配能力，提高航班运行效率，以此来减少大面积航班延误情况的发生？而在平流雾、降雪、雷雨、侧风等天气的客观原因影响下，该如何在已发生大面积航班延误时，积极、有效、及时地处置相关问题，安抚旅客沮丧、焦急、不理解甚至愤怒的心情，减少旅客讨说法、霸机、冲击机坪、拦截飞机等事件的发生，保障旅客能有适宜的地方休息、有热腾腾的饮食享用、有多种娱乐方式打发等待时间，并尽快输送旅客前往目的地？杜总放下了手中的笔，对小张说："突发事件对机场应急管理能力的考验还在进行中，我们有信心做得更好。"

Dalian International Airport：Deal with Large-area Flight Delays

Abstract：This case study describes a number of large-scale flight delays events of Dalian International Airport, and through analyzing the causes of large-scale flight delays, proposes questions of how to effectively prevent and properly deal with corresponding problems afterwards.

Key Words：Large-scale Flight Delays；Advance Effective Prevention；Properly Deal Afterwards；Emergency Management

案例使用说明：

大连国际机场应对大面积航班延误案例

一、教学目的与用途

（1）本案例适用于《公共关系学》课程的应急管理和危机公关相关章节，也适用于《服务营销》课程，还可用于航空公司管理人员应对突发事件的管理培训。

（2）本案例是一篇关于大连国际机场应对大面积航班延误事件的应急管理案例，其教学的目的在于：

1）使学生通过对大连国际机场大面积航班延误事件的案例分析，学会如何总结一个案例事件的主要原因。

2）使学生能够结合案例及所学知识提出有效的事前预防机场航班延误与事后妥善处理航班延误带来问题的具体措施，并能够指出每个措施的优缺点。

3）使学生能够明确应急管理的重要性和必要性，掌握应对突发事件的关键和主要解决措施。

（3）本案例的教学对象是专业硕士（MBA、EMBA等）、普通研究生、本科生。

二、启发思考题

（1）根据案例的相关描述并结合所学知识，请分析造成大面积航班延误的原因有哪些，大面积航班延误给大连机场管理带来了哪些困难。

（2）大连机场的应对措施有哪些？这些措施能否解决"燃眉之急"？

（3）如何处理因航班延误引起的旅客抱怨，甚至是讨要说法等不良举动，让旅客在等待期间更加安心与舒心？

（4）大连机场处理航班延误事件过程中涉及哪些管理方面的知识？

（5）如果你是杜总，面对此类事件，你会如何处理？

三、分析思路

本案例分析的主要思路在于：首先要理清事件发生的主要原因，明确相关的责任主体；其次要根据事件发生的原因、相关责任主体，结合相关的理论知识制定有效的应对措施，并进行明确分工；最后针对事件的特殊性进行总结，从中吸取经验和教训，制定周密的预防事件发生、事件发生时及事件发生后的处理措施。

四、理论依据与分析

1. 根据案例的相关描述并结合所学知识，请分析造成大面积航班延误的原因有哪些，大面积航班延误给大连机场管理带来了哪些困难？

（1）理论依据。大面积航班延误的原因主要有以下几点：

1）天气、自然灾害等不可抗力因素。由于飞机运行于高空，风雨雷电雪雾等因素都会对其产生较大影响：大风尤其是强侧风和风切变会对飞机的降落构成严重的安全威胁。大到暴雨会导致能见度低以及跑道湿滑，从而严重影响飞机的起降。雷电则会对飞行中的航空器造成致命危害，会使机身感应带电，造成着陆放电危险，会破坏地面导航设施，干扰飞行员目视；如果雷电击中飞机，可能导致无线电通信中断或设备损坏、电子设备遭受干扰、罗盘等部件磁化，影响飞机的通信、定向和导航；更糟糕的是，雷电还可能击中飞机发动机、油箱等关键部位，虽然这种情况很少发生，但一旦发生，危害极大。此外，雪、雾以及霾都会对航班飞行构成安全威胁。另外，航班起降站以及航路上的龙卷风、地震、火山灰等自然灾害也会对航班飞行造成严重影响，导致航班的延迟或取消，直接影响航空公司航班的正常流转。

2）空中流量管制。空中交通管制也会导致航班延误。空中交通管制部门常常会因为要确保飞行、乘客生命财产安全，或可能起飞的机场、途经的航路、目的地机场天气不好（例如，夏季的雷雨、台风，冬季的雪、冰冻），或该地区有军演、突发事件、火灾，某段时间内起飞降落该空域的飞机架次过多而采取航班流量限制。引发流量控制的根本原因在于我国空域管理体制的落后、民航业快速增长的需求与有限空域资源间的矛盾。目前，我国空中交通流量主要有如下几个特点：空中交通流量不断增大、空中交通流量的东西分布不均衡以及军用空域远远大于民航空域，这种特点决定了空中交通流量控制成为影响航班准时的一个重要因素。

目前，中国的空域管理权属于空军，民航总局只能在空军允许范围内使用空域。一旦空军在某片区域演习，此空域的所有民航飞机将全部禁飞。由于演习的持续时间、管控领域属于军事机密，遇到这种情况的航空公司只能以空中管制为由向旅客解释。

3）航空公司原因。航空公司方面致航班延误的原因主要有：机械故障、空勤人员原因以及航空调配等，其中机械故障是较为常见的原因。航空器的高安全标准决定了它必须被排除一切可见的安全隐患，确定符合适航标准后方可起飞。尽管有着严格的机务排查程度，但是作为精密的高科技产品，航空器出现故障的概率也不会降低为零。

4）机场原因。机场方面的原因表现为安检工作、机场干扰飞行因素以及与飞行相关的机械或技术故障。这方面也应该分为两个方面来考虑：一是因为工作人员的疏忽或违规操作而导致延误航班的情况出现；二是因不可预见的因素导致的延误。

预警管理理论源于 20 世纪初，所谓预警管理，是指对中小企业管理中管理行为的预警和预控的管理，是一种能够对企业管理活动进行识错、防错、纠错和治错的机制。

预警管理主要是通过在事件和风险的原始层面设定相关的变量和因素，建立微观的分析模型，运用数理的方式将各种要素组合起来，从而进行管理预测，最终建立预警管理模型，其功能主要包括监测、诊断、早期控制、纠正错误等。无论是企业危机、经济危机还是民航航班延误引发的公共危机，其发生均有一定的客观性。面对危机，最好的办法就是在危机发生之前进行预警预控，把危机消灭在萌芽状态。民航航班延误预警目的便在于通过对航班吞吐量、机场保障能力等相关数据的分析，提前建立一种警示提示，以便能提早做好准备，尽早做好调配、合理放行等工作，尽量避免延误的发生，或在延误情况下将影响降到最小。

（2）案例分析。本案例是大连机场大面积航班延误的有代表性的案例，其主要原因是低云大雾等天气因素，航班被迫取消，等待天气情况好转。结合实际情况，虽然空中管制也可能引起大面积航班延误，但是这在历史上非常罕见；而航空公司与机场原因很可能会引起某架或某几架航班的延误，几乎不会引起大面积的航班延误。

从案例中可以看出，天气变化是突发状况，即便有天气预报做预估，但仍不能非常准确地确定某个时间段的天气状况。所以大面积航班延误是无法避免的，它会给大连机场的管理带来如下困难。

第一，预警机制的挑战。大面积航班延误对大连机场的预警机制提出了更加严苛的要求，带给机场更大的挑战。因为大面积航班延误不仅会带给整个机场集团很大压力，也会给旅客带来很多不便，还可能引起一些恶劣事件，所以提前预警不仅可以给机场集团准备部署的时间，还可以给旅客一些心理准备，让他们的情绪能够得到一定程度的缓和，同时也可以提前做好改签或换乘的准备，以减小大面积航班延误发生时机场及周边配套设施吃、住、行的压力。所以大连机场除了建立黄、橙、红三级航延预警机制、"提前一小时"预警启动制度，实行24小时、48小时及每日9时、14时、18时"五时段"航班监测机制（重点监测本场及北、上、广等主要干线机场的气象情况），加强与空管的联系、与其他相关各单位的联系，及时向社会与旅客发布气象信息之外，还需要提高整个预警系统的科学性、准确性及前瞻性，以便可以留出更多时间进行应急工作的部署与响应，及时周到地疏散或安置旅客，避免任何不良事件的发生。

第二，突发事件果断处理的考验。当大面积航班延误发生时，大连机场需要快速形成"一体化"联动，各单位工作人员需要加班加点，坚守岗位，全力做好保障和应急工作；做好现场保障与特情处置工作；做好实时监控与指挥调度工作，避免不良事件的发生，引起旅客的恐慌；做好对旅客的沟通、安抚、安置、疏散工作；做好相关信息的实时播报与服务工作；做好医疗服务保障工作等。这不仅给机场带来管理、机制的考验，还给其带来人力、物力、财力的考验。

第三，事后完善处理的考验。航班恢复时，大连机场需要积极调整机型增加运力，满足旅客的需求；在大连空管站的大力支持下，需要共同形成航班恢复后飞机团进团出的高效运营模式，缩短旅客在机上等待的时间，保证快速放行；还需要充分发挥现场运营保障室、现场运行指挥室统一运营、统一保障、统一指挥的作用，实行现场运行精细化管理，提高地面保障的工作效率。

2. 大连机场的应对措施有哪些？这些措施能否解决"燃眉之急"？

（1）理论依据。

1）明确航班延误的监管主体。处置航班延误，需要整体处置，这就依赖于强有力的统一指挥和决断，及时统筹和协调，同时，在面对突发事件时还需要能够准确定位、主动站位、及时到位，这是航班延误妥善处置和监管机构有效履职的关键所在。

中国民用航空局作为民航监管机构，肩负着组织责任、协调责任、监管责任，必须充分发挥组织、指挥、沟通、协调的功能。在履职过程中，必须靠前指挥、果断拍板，坚持对航班延误事件强有力的掌控，在确保飞行安全的同时，确保处置航班延误的各项制度和措施落实到位，从而化解风险。要满足上诉要求，只有中国民用航空局能做到。航班延误，往往会涉及到航空公司运力调配、旅客食宿安排、机场服务保障、航空油料供应、空管空域指挥、公安特情处置等多方面的问题。在此过程中，只有民用航空局才能够充分调动和发挥各民航单位认真履行职责，在各自的权限范围内做好相应的指挥与决策，由民用航空局牵头、各民航部门辅助，共同处置航班延误可以有效避免多头指挥、职责不清、互相推诿、无人担责等问题的发生。

2）航空公司要夯实服务基础，提升航延服务质量。前期服务准备：首先，航空公司应在购票阶段就注意收集乘客信息，包括姓名、身份证件号码和电话、邮箱等基本信息，对于建立了"微博"、"微信"等沟通平台的航空公司，也可以争取收集乘客相应沟通平台的账号。其次，航空公司应根据过往经验建立航班延误的预测模型，并以此为依据，通过实时航班状况查询或主动向乘客沟通航班动态等方式，提醒乘客关注航班正点情况。

航班信息发布方面：发生大面积航班延误时，为确保发布的信息能够统一、准确、及时，有效降低延误造成的各类运行及社会影响，应将信息发布分为针对旅客的航班信息发布以及针对社会公众的新闻宣传信息发布两个部分；应专门制定《大面积航班延误信息发布机制》，明确规定信息发布工作以机场为主体，各责任单位相互配合，统一发布各类信息。信息发布由机场指挥中心统一操作，并对各航空公司提供的航班延误时间、原因等信息进行审核协调，向旅客发布统一的航班延误相关信息。同时，由各航空公司负责利用本公司呼叫中心，以电话、短信等形式向旅客发布航班延误相关信息，尽量降低航站区旅客的滞留量。

旅客服务保障方面：为确保大面积航班延误时，旅客服务工作能够统一、迅速、有效地开展，维持候机楼的正常运行秩序，应专门制定《大面积航班延误旅客服务协调机制》，规定由机场候机楼管理部门带头组织各驻楼单位联络人联合办公，对航站楼内资源进行统一调配以及对各单位的旅客服务保障工作进行统一安排监督。机场可以不另行向航空公司请示，即可按运行程序向航班延误的旅客供应饮料、盒饭，视情况解决住宿问题。另外机场需要协调因航空公司自身原因导致延误的情况，航空公司需向旅客提供适当的经济补偿，以确保旅客服务、安抚工作能够迅速开展。

旅客群体性事件预防方面：大面积航班延误发生时，针对旅客群体性事件主要以防范为主、积极做好旅客安抚工作的同时，加强现场警力巡逻，提高见警率，对重点区域进行重点防控。当发生个别冲突时，要求警员立即赴现场积极进行处置，在处置过程中严格坚持理性、和平、文明执法的原则，尽量与旅客建立有效沟通渠道，缓解旅客过激情绪。若发生旅客阻塞登机口、冲击隔离区、霸占航空器等危害空防安全的行为时，要果断采取措施，并及时通过新闻媒体将处理情况向社会公布，做好舆论引导工作。

（2）案例分析。在本案例中，大连机场采取了如下措施应对大面积航班延误：

1）大连机场得到了民航局、空管局、东北管理局、民航大连监管局的大力支持与帮助。民航局领导专门召开协调会，要求全国各大机场、周边机场和空管部门优先保障大连机场流量，从而极大地缓解了机场的运行压力。航油公司、各航空公司、机场公安局、各驻场单位负责人现场处置，共同确保了机场的高效运行、安全有序。红色预警启动前、预警启动后、航班恢复前、航班恢复高峰期前，机场集团高层领导召集各驻场单位、航空公司、机场各单位召开了4次高层指挥协调会，共同会商气象、发展趋势、航延保障情况，部署应急处置任务。

2）大连机场通过实施以高层会商、航延信息、运营保障、安全预警、通关保障、新闻宣传、航延评价为基本构架的"七联动"航延保障机制，确保了航班延误处理的及时性与有效性。

3）通过运用触摸屏查询、手机短信"一对一"、航站楼LED大屏、大连机场航班动态网、广播电台"整点播报"、电视台直播、问询电话、航站楼广播八大载体，大连机场确保了将天气和航班运行情况同步实时告知广大旅客，安抚旅客焦急无助的心情。航延期间，在开放空铁联运柜台的同时，大连机场增设铁路流动售票信号车，提供流动售票服务，共售出火车票500余张。同时，第一时间向旅客即时公布火车、轮船的信息，增加了机场至高铁站的免费班车及滞留旅客去往市内的免费班车。同时，大连机场还梳理了60家协议方酒店，确保酒店在航延期间的保障能力，确保每车必跟服务人员，全程保障；提前预备餐食；协调美航公司做好餐食的科学发放及餐食保暖，避免发生因餐食发放不及时、餐食变凉引发旅客抱怨。航延期间为旅客安排住宿6800余人，发放餐食5600余份。航延期间，大连机场与各外包商户签订了航延保障责任书，明确航延时延长营业时间，保证商品及餐食质量及供应数量，坚决杜绝哄抬物价，并尝试推行航班延误商业优惠券，为旅客提供贴心服务。航延期间，大连机场客运服务部、安全检查站、集团及股份机关职能部门共同做好"红马甲"巡视员服务：橙色预警时，保证5人上岗，红色预警时，保证16人上岗，主动为旅客提供问询、引导、指示服务，并重点加强老弱病残孕等特殊旅客服务保障。其中，共出动"红马甲"巡视员 40 人次，爱心车为特殊旅客服务 45 人次。航延期间，大连机场加强了航站楼内旅客滞留区域及重点区域的卫生保洁、温度、照明、手推车、座椅、手机充电设备及电源台等设施设备运行情况的动态巡查和监控，做到饮用水"一用二备"，及时调配座椅，及时为旅客提供保暖物品，保证各项设备运行正常，其中，共安排流动茶水车 2 台，饮水机 12 部，增设座椅 200 个，增加手推车 150 个，国内自由厅增设手机充电服务台 3 处。航延期间，大连机场适当播放电视节目，稳定旅客情绪，同时加大报纸杂志投放数量，共计投放近 3000 份。航延期间，为保证网络畅通，机场派人不定时监测楼内信号，并积极联系运营商加大信号覆盖密度。同时，机场将推进手机二维码"点读导乘"服务，拓宽旅客获取出行信息的渠道。航延期间，大连机场加强了候机楼内的医疗救护力量，设立医疗咨询台，备份常用药品，共提供医疗咨询服务 520 余人次。

4）与此同时，大连机场还建立了联防安保机制、联动预警机制，加大了航延常识的告知力度。大面积航班延误橙色预警时，机场公安分局增派全部警力的 1/3 现场防范；红色预警时，增派全部警力的 1/2 到场布控。大连机场消防护卫中心派出护卫人员配合公安实行联防。机场公安分局充分发挥了公安"应急指挥平台九大系统"、"治安防控体系六大网络"的作用，视频巡逻配合武装巡逻同步跟进。机场安排专人在航站楼自由厅、国内隔离厅、国际隔离厅实时巡视，预判并关注重点旅客及旅客情绪明显波动的重点航班，及时通知机场公安。优先安排重点航班从廊桥登机，对远机位航班，全程监控护送。机场面向旅客发放《航班延误常识解读》，提示旅客合法行使旅客权利，避免旅客采取过激行为。本次大面积航延期间，机场公安分局加强了机场隔离区、机坪、引桥及航站楼的巡逻力量，专派警力在航站楼内旅客较为密集的综合服务柜台现场执勤，有效预防了群体性事件。

5）在航班恢复时，大连机场积极协调航空公司调换大机型 5 架，临时调机 2 架，增加运力，满足旅客的需求；与大连空管站共同形成航班恢复后飞机团进团出的高效运营模式，缩短旅客在机上等待时间，保证快速放行。

总之，大连机场在这些案例中迅速行动，高效联动，圆满完成了大面积航班延误的应急处置任务，未发生旅客有效投诉和群体性事件。所以，大连机场的这些措施比较有效地解决了"燃眉之急"。

3. 如何处理航班延误引起的旅客抱怨，甚至是讨要说法等不良举动，让旅客在等待期间更加安心与舒心？

（1）理论分析。根据爱德华·伯尼斯（Edward Bernays）定义，公共关系是一项管理功能，通过制定政策及程序来获得公众的谅解和接纳。危机公关具体是指机构或企业为避免或者减轻危机所带来的严重损害和威胁，从而有组织、有计划地学习、制定和实施一系列管理措施和应对策略，包括危机的规避、控制、解决以及危机解决后的复兴等不断学习和适应的动态过程。

经过多年发展，我国已经形成较为完善的危机公关理论，在处理紧急事件时，首先要遵循"危机公关5S"这一黄金准则。

1）承担责任原则（Shoulder the Matter）。危机发生后，公众会关心两方面的问题：一方面是利益的问题，利益是公众关注的焦点。因此无论谁是谁非，企业都应该承担责任。即使受害者在事故发生中有一定责任，企业也不应首先追究其责任，否则会各持己见，加深矛盾，引起公众的反感，不利于问题的解决。另一方面是感情问题，公众很在意企业是否在意自己的感受，因此企业应该站在受害者的立场上表示同情和安慰，并通过新闻媒介向公众致歉，解决深层次的心理、情感关系问题，从而赢得公众的理解和信任。

2）真诚沟通原则（Sincerity）。企业处于危机旋涡中时，是公众和媒介的焦点。因为它的一举一动都将受到质疑，所以企业千万不要有侥幸心理，企图蒙混过关，而应该主动与新闻媒介联系，尽快与公众进行真诚的沟通，说明事实真相，促使双方互相理解，消除疑虑与不安。这里的真诚指"三诚"，即承担责任要诚意、处理态度要诚恳、讲明原因要诚实。

3）速度第一原则（Speed）。好事不出门，坏事行千里。在危机出现的最初12~24小时内，可靠的消息往往不多，社会上充斥着谣言和猜测。这些谣言和猜测会不断进行高速传播。公司的一举一动都将是外界评判公司如何处理这次危机的主要依据。媒体、公众及政府都密切注视公司发出的第一份声明。因此，公司必须当机立断，快速反应，果决行动，与媒体和公众进行沟通，从而迅速控制事态。否则会扩大突发危机的范围，甚至可能失去对全局的控制。危机发生后，能否首先控制住事态，使其不扩大、不升级、不蔓延，是处理危机的关键。

4）系统运行原则（System）。在进行危机管理时必须系统运作，绝不可顾此失彼。高层人员要"以冷对热、以静制动"；要"统一观点，稳住阵脚"；要"组建班子，专项负责"；要"果断决策，迅速实施"；要"合纵连横，借助外力"；要"循序渐进，标本兼治"，能透过表面现象看本质，创造性地解决问题，化害为利。

5）权威证实原则（Standard）。在危机发生后，公司不要整天拿着高音喇叭喊冤，而要"曲线救国"，请重量级的"第三者"在前台说话，使消费者解除对公司的警戒心理，重获他们的信任。

（2）案例分析。

1）本案例中，大面积航班延误是由于天气的客观原因造成的，所以大连机场方面没有对给旅客造成的不便负直接的责任，但是大连机场却肩负起了安抚旅客、安排食宿、提供信息、医疗保障、恢复航班后的加班运输旅客的责任和义务。这体现了大连机场承担责任的原则。

2）在出现旅客抱怨甚至是霸机的情况时，工作人员以一种真诚微笑的方式与旅客进行解释与沟通，从而在很大程度上获得了旅客的理解，避免了群体性事件的爆发，这体现了大连机场真诚沟通的原则。

3）在出现大面积航班延误时，大连机场的领导第一时间亲临现场进行指挥、协调，这给了工作人员很大的信心，也给了旅客很大的安慰；同时通过触摸屏查询、手机短信"一对一"、航站楼 LED 大屏、航班动态网、广播电台"整点播报"、电视台直播、问询电话、航站楼广播八大载体，确保了将天气和航班运行情况同步实时告知广大旅客，安抚了旅客焦急无助的心情；同时，第一时间向旅客即时公布火车、轮船的信息，增加了机场至高铁站的免费班车及滞留旅客去往市内的免费班车；快速梳理了60家协议方酒店，确保酒店在航延期间的保障能力，确保每车必跟服务人员，全程保障；提前预备餐食；协调美航公司做好餐食的科学发放及餐食保暖，避免发生因餐食发放不及时、餐食变凉引发旅客抱怨；在出现个别旅客情绪激动、霸机的情况时，公安人员第一时间出现在现场，避免了意外情况的发生。这体现了大连机场"速度第一"的原则。

4）航延期间，大连机场上级领导与机场领导都亲临现场统一指挥，周密部署，协调各单位，如客运服务部、安全检查站、集团及股份机关职能部门共同做好旅客的服务保障工作，其中"红马甲"巡视员服务比较有特色：橙色预警时，保证5人上岗，红色预警时，保证16人上岗，主动为旅客提供问询、引导、指示服务，并重点加强了老、弱、病、残、孕等特殊旅客服务保障，期间共出动"红马甲"巡视员40人次，爱心车为特殊旅客服务45人次。航延期间，大连机场加强了航站楼内旅客滞留区域及重点区域的卫生保洁、温度、照明、手推车、座椅、手机充电设备及电源台等设施设备运行情况的动态巡查和监控，做到饮用水"一用二备"，及时调配座椅，及时为旅客提供保暖物品，保证各项设备运行正常，其中，共安排流动茶水车2台，饮水机12部，增设座椅200个，增加手推车150个，国内自由厅增设手机充电服务台3处。航延期间，大连机场适当播放电视节目，稳定旅客情绪，同时加大报纸杂志投放数量，共计投放近3000份。航延期间，为保证网络畅通，机场派人不定时监测楼内信号，并积极联系运营商加大信号覆盖密度。同时，机场推进了手机二维码"点读导乘"服务，拓宽了旅客获取出行信息的渠道。航延期间，大连机场加强了候机楼内医疗救护力量，设立了医疗咨询台，备份常用药品，共提供医疗咨询服务520余人次。这体现了大连机场系统运行的原则。

5）在大面积航班延误发生后，大连机场实时向社会各界客观地公布天气情况、航班情况及旅客情况，也允许旅客对其服务进行客观评价，这使得旅客在一定程度上解除了对大连机场的戒备心理，获得了很大的信任。这体现了大连机场权威证实的原则。

4. 大连机场处理航班延误事件过程中涉及哪些管理方面的知识？

除了前述的危机公关理论、预警管理理论以外，大连机场在处理大面积航班延误的过程中还涉及了群体理论、服务补救理论。

（1）群体理论。群体是指两人或两人以上的人群集合体，他们相互影响、拥有共同的目标和行为规范并且协同活动。群体理论是指社会心理学中关于群体问题的一般理论观点。对于航空公司来说，当航班正常起降时，乘客们仅是一个个单独的个体，但当航班出现延误时，乘客的个人需要就会演变成个人利益，进而乘客的个人利益会逐渐演变为群体利益。面对愤怒的乘客群体，运用群体理论进行分析研究非常适合。由于群体成员从事着内容和形式一致的共同活动，于是产生了该群体的共同心理特征，群体间各个成员之间也产生了亲近感，使得该团体变得非常团结，行动一致。当乘客们遇到航班延误情况时，他们心中会产生同感、变得团结，并且产生强烈的保护自身权利的想法，对服务的差错或不足的承受度也明显降低，此时群体性事件发生的概率也会随之增大。

（2）服务补救理论。"服务补救"一词最早见于 20 世纪 80 年代英国航空公司的"顾客放在首位战略"。他们将服务补救解释为组织为克服服务失误的不利影响而进行的努力。Cronxoos 最早对服务补救的定义是：为了降低顾客的不满、维持满意度和忠诚度，服务性企业做出的补救性反应，以弥补在为顾客提供服务时出现失败和错误，降低顾客对企业的不满和抱怨。

根据我国学者何会文和齐二石曾提出的成功服务补救的五步骤模型，航空公司在航班延误后应该采取以下行动：

1）识别问题。航空公司必须及时观察、识别乘客的不满，当航班出现延误后，乘客必然会出现不满，即便未有表现，也会心存不满。此时航空公司员工必须识别、询问不满的乘客，引导他们说出不满，耐心听取乘客的不满，以缓解他们的情绪。

2）主动承担责任。航班延误有可能是航空公司的失误也有可能是不可控因素造成的。但是无论是哪种原因，乘客不满都是客观事实，航空公司员工必须创造一个宽松和谐的沟通环境，对因为自身原因造成的航班延误进行诚恳的道歉，对由于不可控因素造成的航班延误进行合理的解释，避免因乘客的盲目猜测而造成对航空公司不利情况的发生。

3）迅速缓解问题。首先必须要告知乘客航班延误的所有情况，包括航班的起飞时间或者补飞情况，使其早做准备，以防后续一连串其他失误的发生，并进行紧急复原。如果不能尽快恢复航班，就要对乘客做出妥善安排，例如，合理安排滞留乘客的食宿问题，使后续补救措施在一个有序的情况下进行。

4）圆满解决问题。在安排乘客食宿等紧急补救之后，公司必须还要给出合理的赔偿方案以圆满解决问题。

5）客观分析问题。在一次航班延误成功解决之后，公司必须要客观地分析与总结此次航班延误后服务补救的整个过程，避免再次出现服务失误。如果是自身原因，就要对相关责任人进行处罚，对高频率出现的失误进行总结并找出补救措施，以持续改善服务质量。

5. 如果你是杜总，面对此类事件，你会如何处理？

作为机场集团公司高层领导，首先，需要对引起大面积航班延误事件可能的原因有明确的了解，对于不同的原因制定不同的应急管理措施。由于引起大面积航班延误发生频率最高的原因是天气、自然灾害等不可抗力的因素，所以尤其需要做好这个方面的应急管理措施。其次，空中流量管制也可以引起大面积航班延误，而它发生的概率很小，且由于演习的持续时间、管控领域属于军事机密，所以对这种情况的应急管理措施有所不同。航空公司原因与机场原因会引起部分航班延误，但不会引起大面积航班延误。

（1）天气、自然灾害等不可抗力因素引起的大面积航班延误。对于这种情况的发生，虽然责任不在于机场，然而机场需要采取措施预防与妥善处理。如果我是杜总，我会依据预警管理理论，继续完善预警机制，加强与气象站、空管、其他相关各单位的联系，加强对天气、自然灾害等的科学监测、诊断，尽可能早地判断出天气的情况，提早进行应对大面积航班延误的部署与响应。

当大面积航班延误发生时，依据危机公关理论、群体理论及服务补救理论，更加充分发挥"一体化"联动机制的作用，全员快速就位，坚守岗位，全力做好保障、应急工作；充分发挥企业管理的组织、协调、沟通、控制的职能作用，统一指挥，统一运营，统一保障，实行现场精细化管理，提高地面保障的工作效率；进一步完善《大面积航班延误旅客服务协调机制》，做好对旅客的疏散、安置工作，提供食宿，提供耐心咨询与解答，提供娱乐消遣活动，可以让旅客打发时间，缓解焦虑的情绪；提供实时气象报道、航班恢复情况报道、航班延误现场情况的报道，做好舆论导向工作；积极做好旅客安抚工作的同时，加强现场警力巡逻，提高公安到事件现场的速度。

在航班恢复时，建立完善机场积极调解机制，快速增加运力，满足旅客的需求；与大连空管站共同形成航班恢复后飞机团进团出的高效运营模式，缩短旅客在机上等待时间，保证快速放行。

（2）空中流量管制引起的大面积航班延误。对于这种情况，接到空中流量管制的通知后，不仅要充分发挥快速联动机制、服务保障机制、安全巡逻机制等的作用，更要做好向旅客耐心、客气解释原因的工作，安抚旅客焦急的心情。由于演习的持续时间、管控领域属于军事机密，所以这种情况的空中管制只能耐心等待管制结束的通知，随时做好恢复航班飞行的工作。

五、关键要点

（1）明确如何加强日常管理以预防危机事件的发生。

（2）危机事件发生后，注意事件处理的程序和原则，分清轻重缓急，把握关键，遵循"危机公关 5S"原则，有条不紊地进行处理。

（3）危机过后，要对事件的发生和处理进行总结和回顾，分享经验和教训，将关键性措施纳入决策体系中，提高应急管理能力。

（4）能够借鉴本案例并结合所学知识，了解危机事件应急管理的一般措施。

六、建议课堂计划

本案例可以作为专门的案例讨论课来进行。以下是按照时间进度提供的课堂计划建议，仅供参考。

整个案例课的课堂时间控制在 80~90 分钟。

课前计划：提出启发思考题，请学员在课前完成阅读和初步思考。

课中计划：简要的课堂前言，明确主题（2~5 分钟）；

分组讨论（30 分钟），告知发言要求；

小组发言（每组 5 分钟，控制在 30 分钟）；

引导全班进一步讨论，并进行归纳总结（15~20 分钟）。

课后计划：如有必要，请学员采用报告形式给出更加具体的解决方案，包括具体的职责分工，为后续章节内容做好铺垫。

● 案例六

循环经济的典范：华润五丰的"零剩余"实践

案例正文：

循环经济的典范：华润五丰的"零剩余"实践①

摘　要：本案例描述了辽宁华润五丰（营销）有限公司（以下简称华润五丰）在稻谷加工过程中，通过对副产品的再加工办法，实现了生产过程中没有一点废弃物产生的"零剩余"，在为企业带来新的高端优质产品的同时，还为企业带来了低成本的清洁能源，创造了循环经济的典范。本案例详细描述了该公司实现"零剩余"的具体运作流程，"零剩余"为公司带来的循环经济产品，以及规范化运作模式对实现"零剩余"的保障。使读者以更加生动的方式，理解"零剩余"的生产运作流程和循环经济。

关键词：循环经济；稻谷加工；零剩余；生产运作管理；战略管理

一、引言

午餐时间，在华润五丰的餐厅食堂里，公司的领导和员工正在享用食堂的工作餐，这些工作餐的烹调用油是在市面上出售的高端食物油——利是稻米油，而利是稻米油是

---

　① 本案例由辽宁大学商学院的王季、袁美瑶、李倩、袁华、李玉梅撰写，作者拥有著作权中的署名权、修改权、改编权。未经允许，本案例的所有部分都不能以任何方式与手段擅自复制或传播。
　由于企业保密的要求，在本案例中对有关名称、数据等做了必要的掩饰性处理。
　本案例只供课堂讨论之用，并无意暗示或说明某种管理行为是否有效。

全部采用该公司加工稻谷产出大米后剩余的副产品——米糠——进行再加工生产而成的。

　　了解农业知识的人会知道，稻谷加工面临的问题是在生产大米这种单一产品的同时，生产过程中会造成浪费，因为生产大米的副产品米糠一般只用作猪饲料，而另一部分副产品稻壳则会被废弃，这样既浪费资源又污染环境。而实际上，稻谷加工大米过程中产生的副产品，含有很多营养成分，依旧有很多用途。如果这些副产品在生产过程中不被破坏并且加以利用，可以为企业节约成本、提高产能，使稻谷得到充分的利用，进而提高公司的利润，为公司创造巨大的经济效益，同时也践行了目前世界范围内倡导的循环经济理念。

　　针对此问题，2008 年末，辽宁中稻股份有限公司（现更名为辽宁华润五丰（营销）有限公司）对产业格局进行了调整，对稻谷加工的生产技术进行了升级，实现了"零剩余"的稻谷加工方式。在华润五丰的"零剩余"实践中，企业变废为宝，将原来的加工废品重新处理利用，不但为企业形成了新的高端优质产品，为下游企业提供了低成本的原材料，还通过副产品的企业循环再利用为企业带来了清洁能源、节省了煤炭的使用、减轻了当地的大气污染，在企业实现了循环经济。华润五丰的做法受到了社会的广泛好评，成为了当地"循环经济的典范"，公司由此获得"盛京环保奖之最佳污染防治企业奖"等一系列奖项。那么华润五丰在生产运作中是如何实现"零剩余"的呢？"零剩余"实践为该公司带来了哪些好处呢？该公司生产运作管理中对循环经济的实现采用了哪些管理措施进行保障呢？本案例接下来将和大家一一探讨。

二、公司发展概况及现状

（一）公司发展概况

　　公司原为辽宁中稻股份有限公司，在 2013 年末被华润五丰有限公司收购，更名为辽宁华润五丰（营销）有限公司。该公司坐落于中国最大的农业高新技术开发区——沈阳辉山开发区，占地 28 万平方米。公司是将水稻选种种植、仓储物流、精米加工、稻壳发电、米糠制油多种先进工艺集为一体的现代化一流企业，也是目前国内规模大、产业链长、技术含量高的稻谷综合深加工企业。主要产品为品牌大米、稻米油，拥有利是、米老叔、喜稻等品牌，为辽宁省农业产业化龙头企业、辽宁省循环经济示范基地。

　　公司管理制度、财务制度健全，履行纳税义务良好，社会信誉良好，为省 AAA 级信用企业。近年来，其代表性成绩如下：

2008 年被评为"中国（东北）最具投资价值项目"十强；

2008 年获得"盛京环保奖之最佳污染防治企业奖"；

2009 年米糠油被认定为"辽宁中小企业专精特新产品"；

2009 年获得"辽宁省十大优秀节能减排成果"荣誉称号；

2010 年"稻壳发电项目环境影响评价报告书"获得技术评估会认可；

2010 年被评为 "2010 中国餐饮业优秀供应商";

2011 年被认定为 "2010~2011 年度辽宁省农业产业化重点龙头企业";

2011 年获 "沈阳市级企业技术中心" 奖项;

2012 年公司参加了在成都世纪城新国际会展中心举行的 "第七届 APEC 中小企业技术交流暨展览会";

2012 年公司年产 15000 吨精制米糠油项目顺利通过验收;

2013 年公司铁路专线正式运行。

（二）公司生产运作情况现状

公司目前拥有 30 万吨稻谷加工车间、米糠浸出车间、毛油精炼车间、稻壳发电车间、稻壳直染蒸汽车间、8 万吨稻谷仓储能力的仓储设施、自动化接卸设施、3000 吨储油设施、1500 米铁路专用线。

公司制米生产工序全套引进国际领先的日本佐竹大型加工设备，共 4 条自动化、全封闭可视生产线，日加工水稻 960 吨，日产精制大米 600 吨，并可实现稻壳发电以及白炭黑等一系列高科技产品的生产，极大地推进了目前我国稻谷加工产业链条的延伸，实现了大加工应对大市场、世界先进技术结合中国广阔市场的同时建成集粮食收购、中转、储存、运输、加工、配送、信息服务为一体的现代化的粮食物流中心。

三、稻谷加工的 "零剩余" 实践

在沈阳市沈北新区的农产品加工区，总投资为 5.99 亿元的华润五丰是我国第一个试图真正实现 "零剩余" 农产品综合利用的循环经济项目。该公司在大米生产过程中没有一点废弃物的产生，稻谷在加工过程中产生的物质全部被变废为宝，继续进入新的经济循环中，没有造成任何浪费，真正实践了稻谷加工的 "零剩余"，创造了循环经济的典范。那么该公司在生产运作中是如何实现 "零剩余" 的呢？

（一）稻谷加工的 "零剩余" 运作流程

华润五丰稻谷加工的 "零剩余" 实践可以用图 1 清晰地阐明其具体的生产运作流程，具体步骤如下：

水稻进厂，首先经过稻谷烘干（烘干的热力来源于稻壳锅炉），然后进入罩棚储存，再进入稻谷加工车间加工，由此开始了稻谷加工的过程。在稻谷加工车间，经过加工，稻谷的 70% 生成大米，8% 生成米糠，20% 生成稻壳，2% 生成碎米。大米是稻谷加工的主要产品，进入市场；而其余三种产品则为大米加工过程中的副产品。华润五丰的 "零剩余" 运作流程，也主要是将这三种副产品通过循环再利用，变废为宝的过程。

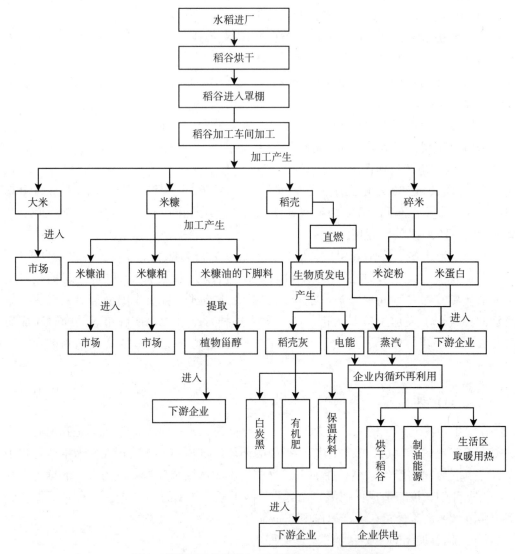

图1 华润五丰的稻谷加工"零剩余"运作流程图

1. 米糠的循环再利用

华润五丰将米糠继续进行深加工，产生了米糠油、米糠粕以及米糠油的下脚料。米糠油被公司作为明星产品——利是稻米油，推入市场，为企业带来新的经济增长点。米糠粕可以用作饲料，进入市场，且其市场价格相当于玉米的价格，企业将其变废为宝。从米糠油的下脚料中可以进一步提取出植物甾醇，植物甾醇作为工业添加剂，可以作为原材料销售给其他企业，因此进入下游企业，变废为宝。

2. 稻壳的循环再利用

稻壳，是加工大米产生的副产品，稻壳进入稻壳发电车间，进行生物质发电，产生电能、稻壳灰；进入直燃车间，产生蒸汽。电能和蒸汽能源供企业内部循环再利用，为企业内部的生产、生活提供能源。发电产生的稻壳灰经过进一步加工，可以形成各种工业原料、材料，作为原材料进入下游企业。

稻壳的首要用途是用来进行生物质发电，产生的电能为公司的制米环节提供电能。由于我国生物质发电的规模较小、普及不足，因此技术操作层面依旧有很多难题；又因为生物质发电对减轻当地大气污染作用显著，因此国家对生物质发电采取扶持态度，对于每度电有 0.25 元的补贴。华润五丰对于生物质发电的尝试虽然充满了困难，但在各个技术环节顺利获得通关，具备了可操作性，目前公司发电能力为 1440 万千瓦/年。稻壳发电，不但可以节约大量的煤炭资源，而且还可以将这种传统意义上的加工废弃物和污染物变成可再生的能源，综合效益显著。

稻壳还可以通过直燃车间，产生蒸汽。蒸汽可以用来烘干刚进厂的稻谷，为米糠油提炼环节提供能源，还可为公司生活区的取暖用热提供蒸汽能源。目前公司产生蒸汽的能力为 72500 吨/年。

稻壳在发电过程中产生的稻壳灰依旧具有很高的转化价值，经过深度转化，可以做白炭黑，白炭黑是很好的化工原料，可以进入下游企业作为原材料使用。此外，稻壳灰还可以做生物肥和保温材料，同样可以进入下游企业作为生产的原材料使用。

稻壳的循环再利用这个环节的完美之处在于，稻谷加工的主要能耗——电力和蒸汽，通过对稻壳本身的再加工就可以获得。用稻谷本身 20% 的外壳便完成了后续加工的能源供应，"是一种非常奇妙的安排，完成了自然的循环"，完美地诠释了循环经济。

公司在这一环节每年节省了大量的电力开支和热动力开支，节约开支 1200 万元以上。作为一个 30 万吨稻谷加工能力的企业，从理论上讲，其总体节约能耗能达到 24000 吨标准煤。具体节约能耗情况如下：

（1）油厂使用自产蒸汽每年 45000 吨，相当于节约标准煤 6750 吨；

（2）烘干水稻使用自产蒸汽 7200 吨，节约标准煤 1200 吨；

（3）生活用气使用自产蒸汽 10800 吨，节约标准煤 1650 吨；

（4）全年用电 3000 万度，使用自产电力 1440 万度，节约标准煤 14400 吨。

总计，全部生产、生活共节约标准煤 24000 吨。

3. 碎米的循环再利用

加工稻谷产生的副产品——碎米，可以被加工为米淀粉和米蛋白，二者可以作为工业添加剂、原材料销售给其他企业，通过进入下游企业变废为宝。

（二）循环经济的典范

图 2 详细列示出了华润五丰在稻谷加工过程中，从原粮进厂到各种产品的产出，再到各种副产品经过循环再利用、变废为宝的全过程。从图 2 可以看出，公司在整个加工过程中，没有出现任何废弃物，产生的所有物质都得到了充分利用，真正实现了"零剩余"，成为循环经济的典范。

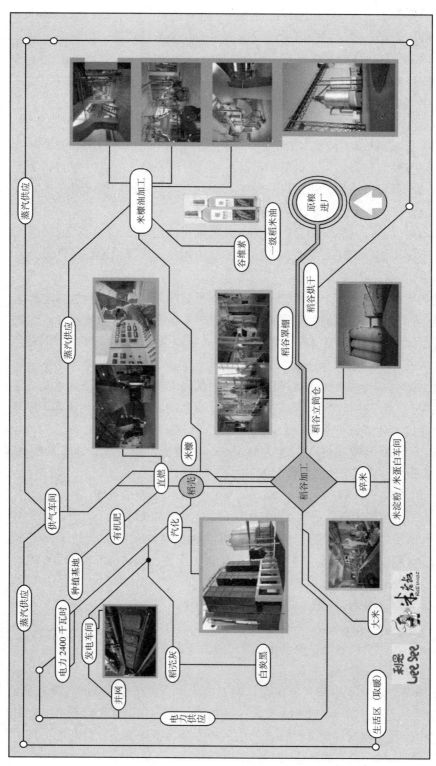

图 2　华润五丰循环经济示意图

四、公司循环经济的主要产品

华润五丰充分利用剩余产品的价值，注重副产品的开发和创新，将加工稻谷过程中产生的副产品继续深加工成可以进入市场或下游企业的产品，在这一过程中产生的主要产品有米糠油、米糠粕、植物甾醇、米淀粉和米蛋白。

（一）米糠油

华润五丰循环经济的明星产品之一是米糠油，目前各大超市摆放的利是牌稻米油便是该公司通过对米糠加工产生的米糠油。米糠油作为一种新型的营养性植物油，是美国心脏学会（AHA）和世界卫生组织（WHO）推荐的健康食用油，连年被世界卫生组织推荐为最佳食用油，被中国国家发改委、中国公众营养与发展中心认定为"国家营养健康倡导产品"。

米糠油独含谷维素，能起到调节植物神经、改善睡眠、有效缓解疲劳的独特功效。米糠油富含亚油酸等不饱和脂肪酸，每 100 克米糠油饱和脂肪酸含量为 23.2 克，单不饱和脂肪酸含量为 42.2 克，多不饱和脂肪酸含量为 34.5 克，比例接近 1：1：1，接近世界营养协会推荐标准，在食用油中拥有最平衡的脂肪酸比例。米糠油富含植物甾醇，能帮助人体减少对胆固醇的吸收、降低血脂。米糠油富含天然维生素 E（生育三烯酚），具有很强的抗氧化作用。另外，其烟点高，油质稳定，即使在高温煎炒下也不会变色，可使菜肴保持原汁原味，食品保鲜度和保鲜时间大幅度提高。经专家证实，稻米油对心血管、糖尿病具有良好的改善、预防作用，并能起到美容护肤、延缓细胞衰老等功效，是一种高品质的天然健康用油，被誉为"心脏油"、"青春油"。

米糠油的使用，可以减少我国食用油的对外依存度，大大削减进口大豆的数量，最高可以减少 1/3 的大豆进口，有利于国家的粮食安全。

（二）米糠粕

华润五丰在对米糠进行再加工生产米糠油的过程中，还会产生米糠粕，米糠粕是用膨化浸出法生产米糠油的副产品。米糠粕与原生米糠外型相同，但性能比原生米糠优秀，在温热的过程中提高了蛋白的含量，使脂肪酶失去活性，并除去了米糠中的真菌、细菌等不良物质，正常储藏条件下米糠粕原料存放 3 个月不会变质。米糠粕是优质的饲料原料，可直接用于家禽饲养，也可作为饲料添加剂。米糠粕富含较高的蛋白质、粗纤维、矿物质等物质，同时含维生素 B、维生素 E 及钾、硅、氨基酸等营养元素，因此是非常有营养的饲料，在市场上可以卖到玉米的价格。

（三）植物甾醇

植物甾醇是从米糠油的下脚料中提取出来的，该物质可以被广泛应用在食品、医药、化妆品、动物生长剂及纸张加工、印刷、纺织等领域，还可以作为食品添加剂，广泛用于食品中以降低人体胆固醇。植物甾醇可以被其他企业作为生产原材料，因此可以通过进入下游企业再次实现其经济价值。

（四）米淀粉

米淀粉由碎米加工而成，主要作为增稠剂、填充剂、赋型剂和功能因子应用于食品工业和医药工业中，即使其用量比例很高也不致影响食品或药品的风味；同时能以米淀粉为原料，采用生物技术直接生产各种类型的淀粉糖，如葡萄糖浆、结晶葡萄糖、麦芽糊精、麦芽糖浆、超高麦芽糖、结晶麦芽糖、麦芽低聚糖以及异麦芽低聚糖；米淀粉更可直接使用在糖果、饼干、面包、果酱、果冻、冷饮、饮料、冰激凌、香肠、火腿肠、糕点、固体饮料、乳儿糕、方便面等各类食品中，使食品的成分搭配向功能化方向转变。因此，米淀粉同样可以作为原材料进入下游企业，再次实现其经济价值。

（五）米蛋白

米蛋白由碎米加工而成，可以作为营养补充剂被广泛用于开发高蛋白低过敏婴儿配方米粉，并可用作食品乳化剂、起泡剂、营养强化剂等食品添加剂。还可以用来生产具有一定抗拉强度和抗水蒸气的可食用膜，用作风味物质和营养添加剂载体或作为分离、保护和防腐用隔离物。米蛋白还可以被用作饲料的优良添加剂，提高饲料利用率，其丰富营养成分能够提高禽兽抗病能力。同植物甾醇和米淀粉相同，米蛋白也能作为原材料进入下游企业，实现循环经济。

五、规范化管理运作模式对实践"零剩余"的保障

华润五丰为了保障企业在生产运作过程中的"零剩余"，采用了规范化管理运作模式，使企业成为了循环经济的典范。具体通过以下步骤实现：

（一）生产现场精细化管理

华润五丰在全公司推行了 6S 管理模式等现场精细化管理的新方法。在安全、整理、整顿、清扫、清洁、素养六方面对员工提出明确而具体的行为要求。从实际运行看，推行 6S 管理既降低了生产出错率，又使现场的文明生产有了很大的改观。

（二）高标准质量管理

华润五丰立足世界水稻黄金生态带，已在东北三省建立多处大规模收储基地，实现东北优质品种的专品种收储运营。设有高标准品控中心，自建国内最高的品质标准体系，对各个环节进行严格把控。在 HACCP 国际食品管理体系基础上，建设稻米文化展览馆和日本佐竹实验室，以高标准诠释现代稻米企业新形象。

（三）现代化稻米物流体系

华润五丰拥有专业的稻米物流体系，包括铁路专用线、散粮接卸系统、行业领先仓储设施、自动化作业系统和信息中心等。建成集粮食收购、中转、储存、运输、加工、配送、信息服务为一体的现代化稻米物流中心，参与整合我国粮食"北粮南运"的物流结构，优化稻米产业的物流体系，降低企业物流成本，增加粮食流通社会效益。

（四）员工培训

在公司运作中，华润五丰越来越意识到，为了完美实现"零剩余"的循环经济，

需要提高员工素质、增强员工责任心，使企业每个员工都严格按照工作流程工作。因此，公司制定了详尽的培训计划来全方位提高员工的素质、技能和对企业循环经济理念的认同感。以 2010 年为例，公司制定了通识类、专业技能类、安全类、6S 现场管理类等 30 多个培训计划对员工进行系统的三级培训。这些培训的实施，进一步从人才角度保障了"零剩余"循环经济的实现。

六、结语

为了更好地实现循环经济，华润五丰正在追求农产品的全产业链生产，以便更好地把控产品的质量和数量，更好地保护产业链各环节的利益，降低成本，让消费者能够以更合理的价格更便捷地购买到安全优质的产品。"拥有几十万亩稻田，有大型深加工企业，还有很多我们自己控制的社区网络店，这是至高无上的追求"，华润五丰正试图用一代人或几代人的努力，力争实现这一目标，让消费者体会到由全产业链生产实现的循环经济所带来的更多益处！

Circular Economy Model: "Zero Residual" Practice of China Resources Ng Fung

Abstract: This case illustrates how does China Resources Ng Fung Liaoning (Marketing) Limited Company achieve the "zero residual" target in the rice processing, which not only brings the new high-end products and clean power to the company, but also create a circular economy model. The case describes the "zero residual" operation procedure in detail, the new products in this process, and the guarantee strategies of the standardized management. It is expected that, the readers can understand the "zero residual" production, operation procedure and circular economy in a more vivid and clearer way.

Key Words: Circular Economy; Rice Processing; Zero Residual; Production and Operation Management; Strategic Management

案例使用说明：

循环经济的典范：华润五丰的"零剩余"实践

一、教学目的与用途

（1）本案例主要适用于 MBA、EMBA、全日制管理专业的本科生、研究生的企业生产运作管理、战略管理等相关课程。

（2）本案例的教学目的是，通过分析华润五丰稻谷生产"零剩余"所形成的循环经济模式，明确循环经济的内涵、基本特征，进而探讨在循环经济模式下企业的运行与管理，以及从战略管理角度明确企业的战略选择。

二、启发思考题

（1）请通过本案例，总结循环经济在企业生产运作管理过程中的内涵。

（2）循环经济主要可以表现为三个层面，即单个企业层面上的小循环模式、区域层面上的中循环模式、全社会层面上的大循环模式。请根据本案例，分析并说明华润五丰在生产运作中，具体采用了哪种循环经济模式。

（3）企业的循环型经营战略，有多种选择，一般采用三种战略形式，即遵循战略、竞争优势战略和可持续战略。根据本案例提供的信息，分析华润五丰公司采用了哪种战略形式。

（4）华润五丰在运作管理中采取了哪些具体的管理措施来保障企业实现"零剩余"的循环经济模式？

三、分析思路以及理论依据与分析

1. 请通过本案例，总结循环经济在企业生产运作管理过程中的内涵

（1）分析思路。通过华润五丰的运营过程，我们可以看出，循环经济在企业生产运作管理过程中包含如下内涵：

在生产实践中，通过生产技术与资源节约技术相融合，减少单位产出的资源消耗，最高效率地节约使用资源；通过清洁生产技术和环境保护技术的融合，最大限度地减少生产过程中的污染排放；通过各种废弃物综合回收利用和再生利用，在最大程度上实现物质资源的循环使用；通过对所有垃圾的无害化处理，追求实现生态环境的永久平衡。

（2）理论依据与分析。循环经济的内涵包括企业生产运作管理和经济制度安排两个

层面。

企业生产运作层面，循环经济就是要在生产实践中，通过生产技术与资源节约技术相融合，减少单位产出的资源消耗，最高效率地节约使用资源；通过清洁生产技术和环境保护技术的融合，最大限度地减少生产过程中的污染排放；通过各种废弃物综合回收利用和再生利用，在最大程度上实现物质资源的循环使用；通过对所有垃圾的无害化处理，追求实现生态环境的永久平衡。

经济制度安排层面，循环经济是一种新的制度安排和经济运行机制，是政府通过收取污染排放费（实质是环境税），把自然资源和生态环境看成稀缺的社会大众共有资源，纳入经济循环过程之中参与定价和利益分配的结果。它改变了生产的社会成本与私人获利的不对称性，使外部成本内部化；改变了环保企业治理生态环境的内部成本与外部获利的不对称性，使外部效益内部化，最终目标是实现经济增长、就业增加、资源供给与生态环境多方面共赢，实现社会福利的最大化和社会公平。

前者是从企业微观角度进行探讨，后者是从政府宏观制度安排进行探讨。通过案例可知，本案例主要是从企业微观角度进行的探讨。

企业的循环经济，主要遵循如下特征：一是提高资源利用效率，减少生产过程的资源和能源消耗。这是提高经济效益的重要基础，也是污染排放减量化的前提。二是延长和拓宽生产技术链，将污染尽可能地在生产企业内进行处理，减少生产过程的污染排放。三是对生产和生活消费后的废弃物进行全面回收，可以重复利用的废弃物通过技术处理进行无限次循环利用。这将最大限度地减少初次资源的开采，最大限度地利用不可再生资源，最大限度地减少造成污染的废弃物的排放。四是对生产企业无法处理的废弃物集中回收、处理，扩大环保产业和资源再生产业的规模，扩大就业。上述四大特征要求大力发展废弃物的回收与处理使用技术；要求大力发展高附加价值、少污染排放的高新技术产业；要求高新技术向污染处理和资源再生产业扩散。它的最终要求是使再生资源的经济效益高于利用有限的初次资源的经济效益。这对科学技术的发展提出了新的问题和强大需求，必将改变科学技术发展方向，带来新的技术革命。新型工业化要求用新的思路去调整旧的产业结构，要求用新的体制激励企业和社会追求可持续发展的新模式。循环经济作为一种新的技术范式，一种新的生产力发展方式，为新型工业化开辟了新的道路。按照传统的"单程式"的技术范式，以信息化带动工业化，发展高新技术产业，用高新技术改造传统制造业，全面提高资源的技术利用效率，当然也都是新型工业化的重要内涵，但却不是新型工业化的全部。循环经济要求在这一切的基础上，通过制度创新进行技术范式的革命，是新型工业化的高级形式。

2. 循环经济主要可以表现为三个层面，即单个企业层面上的小循环模式、区域层面上的中循环模式、全社会层面上的大循环模式。请根据本案例，分析并说明华润五丰在生产运作中，具体采用了哪种循环经济模式

（1）分析思路。在华润五丰的生产运作中，前两种循环经济模式都有所体现。充分

说明了企业作为经济活动的微观主体，已经在循环经济中占有不可替代的地位，发展循环经济离不开企业。

第一个层面，在稻米生产中，经过稻米进厂、稻谷烘干、稻谷进入罩棚、稻谷加工车间加工等环节，将稻谷加工成大米；剩下的稻壳则用来发电，以供公司使用；发电过程中产生的蒸汽，在企业内部循环再利用，主要是用来烘干稻谷、作为制油能源以及生活区的取暖用热。

第二个层面，对加工大米产生的废弃物米糠，华润五丰不是将其作为废弃物处理，而是通过深加工，生产出米糠油和米糠油下脚料，提取下脚料中的植物甾醇进入下游企业；在发电过程中将产生的稻壳灰制成白炭黑原料、生物肥原料、保温材料进入下游企业；同时对稻谷加工过程中产生的碎米进行再加工，制成米淀粉和米蛋白，进入下游企业使用。

（2）理论依据与分析。第一个层面：单个企业层面上的小循环模式。企业是现代国民经济的细胞，只有实现企业可持续发展，才会有整个经济社会的可持续发展。重视生态效益的企业都重视企业内部的物料循环。在企业内部采用工艺创新和管理创新等手段，提高原材料的利用效率，加强资源的综合利用，减少废弃物污染物的产生排放，实现物料和能源的循环。

第二个层面：在区域层面上的中循环模式。单个企业内的清洁生产和场内循环，肯定会有厂内无法消解的一部分废料和副产品，需要在厂外组织物料循环。建立企业与企业之间的物料输入输出关系，使上游企业的废物可以用作下游企业的原材料和能源，以构建区域循环经济的运行体系。生态工业园区就是把不同的厂链接起来，形成共享资源、互换副产品的共生组合，从而在更大范围内实施循环经济的原则。园区内一个工厂产生的副产品用作另一个工厂的原材料，通过废物交换和再利用，实现园区内的污染"零排放"。生态工业园区是工业生态学的具体体现。

第三个层面：全社会层面上的大循环模式。在整个社会的大环境中，主要推行生活废物的反复利用和再生循环。在美国对循环经济有一种战略构思是，企业不再是生产商品、推销寿命很短的产品，而是推销服务；使用者无须购买物品，只需在一个能满足其需求的体系中支付服务费用，从而使生产经济向职能经济过渡，工业社会向服务社会转变。

3. 企业的循环型经营战略，有多种选择，一般采用三种战略形式，即遵循战略、竞争优势战略和可持续战略。根据本案例提供的信息，分析华润五丰公司采用了哪种战略形式

（1）分析思路。根据材料分析，华润五丰采用的是竞争优势战略和可持续战略。华润五丰重视内部，将环境看作竞争优势的源泉；在稻米生产过程中变废为宝，将废弃物转化为可利用的资源，目的是取得相对于废渣处理和普通焚烧方法的竞争优势，符合竞争优势战略。

另外，华润五丰生产过程坚持循环经济模式，提高资源的使用效率。在环境管理方面，公司在稻谷生产过程中尽可能地回收利用以减少浪费、保护环境、实现"零剩余"，取得了不少成绩。在产品管理方面，在稻谷生产周期的任何阶段，都努力使其对环境的破坏降低到最低程度，实现产品的回收利用，这符合可持续发展的要求。

（2）理论依据与分析。企业循环经济运行战略，主要是考虑通过资源环境项目目标的制定来影响企业经营及市场变化。企业的循环型经营战略，有多种选择，一般采用三种战略形式，即遵循战略、竞争优势战略和可持续战略。这些战略的根本区别在于，是注重自身行为，还是试图改变市场行为。

遵循战略以遵循政府的法律法规与政策为基准，是最普通的战略。这种战略强调企业认真而仔细地遵守环境规章制度，重点是遵循政府制定的法律法规与政策。

竞争优势战略以取得竞争优势为导向。其战略导向是重视内部，以取得竞争优势。公司利用已经取得的自然资源优势，只要为环境研究和保护提供资源，就可以获得竞争优势；或者将废物转化为能源，从而可以大量回收利用可回收材料，目的是取得相对于废渣处理和普通焚烧方法的竞争优势；或者通过在危险废物管理方面形成规模经济，以及通过其技术和经验，同样在不广泛影响市场情况下取得竞争优势。追求竞争优势战略必须依赖一些有价值的资产或者是其竞争者并不能轻易复制的组织能力。实践证明，越来越多的公司将把环境看作竞争优势的源泉，公司可以在环境问题中利用其独特的组织资源来获得竞争优势。

可持续战略以可持续发展为目标。可持续战略是企业依据世界环境与发展委员会《我们共同的未来》的报告提出的。这份报告以可持续发展为主题，把可持续发展定义为人类对生态圈的改进，以"不损害未来人类满足其需求条件下满足现在人类的需求"。有些企业将其引入企业环境管理中，制定了可持续战略，或以可持续作为战略目标和努力的方向。

4. 华润五丰在运作管理中采取了哪些具体的管理措施来保障企业实现"零剩余"的循环经济模式？

（1）分析思路。华润五丰在运作管理中为保障企业实现"零剩余"的循环经济模式主要采取了以下措施：

1）公司对产品进行质量认证，通过了ISO9000质量管理体系等，确保为消费者提供优质的产品。

2）华润五丰在大米车间推行了6S管理模式等现场精细化管理的新方法。在整理、整顿、清扫、清洁、素养、安全六方面对员工提出明确而具体的行为要求。从实际运行看，推行6S管理既降低了生产出错率，又使现场的文明生产有了很大的改观。目前已在全公司范围内推广。

3）为保证公司的正常运行，对员工进行培训。为了使员工能够适应企业的发展和市场的要求，华润五丰制定了详尽的培训计划来提高员工的技能，为公司坚持循环经济模式提供人才支持。以 2010 年为例，公司制定了通识类、专业技能类、安全类、6S 现场管理类等 30 多个培训计划对员工进行系统的三级培训。

4）建立现代化稻米物流体系。华润五丰拥有专业的稻米物流体系，包括铁路专用线、散粮接卸系统、行业领先仓储设施、自动化作业系统和信息中心等，有利于降低公司物流成本，提高社会效益。

（2）理论依据与分析。

1）ISO9000 质量管理体系是国际标准化组织（ISO）制定的国际标准之一，在 1994 年提出的概念是指"由 ISO/TC176（国际标准化组织质量管理和质量保证技术委员会）制定的所有国际标准"。该标准可帮助组织实施并有效运行质量管理体系，是质量管理体系通用的要求和指南。我国在 20 世纪 90 年代将 ISO9000 系列标准转化为国家标准，随后，各行业也将 ISO9000 系列标准转化为行业标准。华润五丰通过了 ISO 质量认证。

2）6S 管理是 5S 管理的升级，与 5S 一样兴起于日本。具体内容为：

整理（Seiri）——将工作场所的任何物品区分为有必要和没有必要的，除了有必要的留下来，其他的都消除掉。目的：腾出空间，空间活用，防止误用，塑造清爽的工作场所。

整顿（Seiton）——把留下来的必要的物品依规定位置摆放，并放置整齐加以标识。目的：工作场所一目了然，消除寻找物品的时间，创造整整齐齐的工作环境，消除过多的积压物品。

清扫（Seiso）——将工作场所内看得见与看不见的地方清扫干净，保持工作场所干净、亮丽。目的：稳定品质，减少工业伤害。

清洁（Seiketu）——将整理、整顿、清扫进行到底，并且制度化，经常保持环境处在美观的状态。目的：创造明朗现场，维持上面 3S 成果。

素养（Shitsuke）——每位成员养成良好的习惯，并遵守规则做事，培养积极主动的精神（也称习惯性）。目的：培养有好习惯、遵守规则的员工，营造团队精神。

安全（Security）——重视成员安全教育，每时每刻都有安全第一的观念，防患于未然。目的：建立起安全生产的环境，所有的工作应建立在安全的前提下。

执行 6S 管理的好处主要有：提升企业形象，创造整齐清洁的工作环境，吸引客户，增强信心；能够减少浪费；提高公司生产效率；产品有质量保证；保证员工做事认真严谨，杜绝马虎；提高设备寿命；降低成本。

四、关键要点

（1）循环经济不同于传统的线性经济模式，它是在物质的循环、再生、利用的基础上发展经济。通过该案例应明确循环经济的内涵、基本特征，以及循环经济模式下企业的生产运营与管理。

（2）企业的循环型经营战略，一般采用三种战略形式，即遵循战略、竞争优势战略和可持续战略。企业应根据自身情况选择合适的战略形式。

五、建议课堂计划

本案例以华润五丰生产过程的"零剩余"为线索，提供了较全面的案例信息，可以作为专门的案例讨论课进行。以下是按照时间进度提供的课堂计划建议。

整个案例课的课堂时间控制在80~90分钟。分为课前、课中、课后计划。

（1）课前计划：请学员在课前完成案例阅读，以及启发性思考题的初步思考。

（2）课中计划：简要的课堂前言，明确主题（2~5分钟），指出在注重环境保护的现代社会，企业坚持循环经济模式的必要性，以及如何坚持循环经济模式等，旨在引起大家对案例的重视。

分组讨论（20分钟），小组成员探讨案例提出的思考题。

各小组发言（30分钟），小组成员回答前面讨论的结果，要注意控制时间，每组平均分配。

总结提升，教师对前面各小组的发言进行点评，进而由教师从战略层面以及企业生产层面梳理分析华润五丰坚持的循环经济模式。

（3）课后计划：学员以书面作业的形式分析华润五丰的循环经济模式，以及通过案例学习到的知识点；而教师则应该做好课后笔记，针对学生的课堂表现以及案例的使用情况，记录下教师的有效教学行为以及有效性差的教学行为，并针对性地提出一些改进措施。

参考文献

[1]王冰冰，于传力，宫国靖.循环经济——企业运行与管理［M］.北京：企业管理出版社，2005.

[2]李向前，曾莺.绿色经济——21世纪经济发展新模式［M］.成都：西南财经大学出版社，2001.

● 案例七

LX 集团的"开小船"事件

案例正文：

LX 集团的"开小船"事件[①]

摘　要：本案例描述了 LX 集团刘志拥兵自重，在公司"开小船"（即忽视集团整体，只谋求公司内部小团体的利益）以及事后受到严肃处理的事件。刘志作为 LX 集团曾经的企业部经理，为 LX 集团注入了新鲜的血液，也带来了许多生机。但随着野心的增长，他主持刊发的《LX 销售月刊》对 LX 集团整体的企业文化运行产生了威胁，使得董事长李耀华对他提出警告，并在不得已之时"挥泪斩马谡"。刘志的经历揭示了企业文化对于企业发展的影响，同时也表明了企业的领导者见微知著的必要性以及对于不同类型员工采取不同领导方式的重要性。随着互联网时代的进一步深入的推进，企业文化逐渐作为一种软实力，影响着企业的形象及长久的发展。本案例描述的情况在各类组织塑造企业文化方面具有一定的普遍性。

关键词：企业文化；领导风格；人际冲突

[①] 本案例由辽宁大学商学院的张广宁、白雪共同撰写，作者拥有著作权中的署名权、修改权、改编权。
由于企业保密的要求，在本案例中对有关名称、数据等做了必要的掩饰性处理。
本案例只供课堂讨论之用，并无意暗示或说明某种管理行为是否有效。

一、引言

2004 年，一本叫做《这是你的船》的管理类书籍的出现，引起了广大企业管理者的注意，"开小船"、"圈子文化"等再一次引起了热议。

迈克尔·阿伯拉肖夫，"本福尔德号"曾经的舰长，一名美国海军军官在成功管理一度混乱、士气低沉的"本福尔德号"后，将自己的领兵经验，写成了这本书。让所有希望自己的下属能像士兵那样训练有素的管理者们得到了一剂良方。

二、背景介绍

LX 集团是 1987 年由 8 名科技人员合资 20 万元在深圳创办起来的一家在电子产业内多元化发展的富有创新性的国际化大型企业集团，从 1991 年开始，LX 集团的电子产品开始打开国内市场；2004 年，LX 集团收购了多家中型的同行业竞争者；2009 年，LX 集团进入国际市场；2012 年，LX 集团在纽约证券交易所挂牌上市，成为了一家拥有 20 万名员工、年营业额高达 460 亿美元的上市企业。

LX 集团是全球领先的电子产品及服务供应商，专注于与运营商建立长期合作伙伴关系。LX 拥有热心的员工和强大的研发能力，能够及时满足客户需求，提供客户化的产品和端到端的服务，帮助客户实现商业的成功。

LX 集团的业务范围涵盖电子产品、宽带、光网络、网络能源和终端等领域，致力于提供全 IP 融合解决方案，使最终用户在任何时间、任何地点都可以通过 LX 集团提供的产品及服务及时地完成需要，实现商业上的成功。

LX 集团的产品和服务已经应用于全球 60 多个国家，面向了全球 500 强中的 40 家及全球 1/3 的人口。具体包括终端设备与基础设施、网端固定接入、数据通信、能源与基础设施、业务与软件、OSS 和安全存储等。

三、艰苦的创业历程

1978 年中国改革开放，时代的机遇唤醒了很多有想法、有技术的人。李耀华，这名生于 20 世纪 40 年代末的有想法的科研人才也在为自己的前途而探索着。

"我们这个年龄的人，大学毕业就赶上'文化大革命'，有技术却没有方向，眼看着人将到中年，只能在低矮的小棚子里生活，实在是没什么作为。"这是当时李耀华内心的真实写照。

1987 年，忍耐了 9 年的平庸生活后，看着众多和自己一样拥有精湛技术的同事，却只能给别人打工、检查机器，李耀华深深地为自己的未来感到担心。面对着经济开放后的大形势，深圳的机会如雨后春笋般涌现，深深地触动了蜗居在北京小棚子里的李耀华，他也想在半百之前，做出一番事业。于是，在得到家人的支持后，他和 7 个同样胸怀大志、渴望抓住机遇的同事一起创办了 LX 公司。

机会抓住了，公司成立了，但是李耀华和同事们都不知道公司应该做些什么，核心业务是什么，应该建立怎样的组织结构，选择怎样的商业模式，没有一个人能说出来。虽然家人都能理解和支持他们，但是，他们也知道，开弓没有回头箭，要么破釜沉舟，抓住机遇；要么留条退路，无法全力冲击。这种思想尤其在当过兵的李耀华心里更为深厚，对于他来说，没有什么比责任更重要，没什么比荣誉更值得骄傲。

创业初期，为了维持公司的盈利，只要是能赚钱的，卖电子表、电冰箱、修机器，李耀华和他的同伴都做了。然而，没有方向导致他们在创业初期遭到重创，几乎血本无归。

当时，市场上最紧俏的产品是电冰箱，国家规定了出厂价，但是在市场上就算再加高 1000 元，照样有人愿意出价。李耀华也想和同事从中赚一笔钱。当他们联系到一位有一大批电冰箱的批发商时，确认了样品的质量后就把钱打了过去。然而，转眼间，15 万元的本钱就被人骗走了，李耀华和他的同伴顿时灰心丧气。

这件事沉重地打击了他们继续的动力，未来的前途仿佛也十分渺茫。然而，这次惨败并没有击垮李耀华等人，反而成为了 LX 公司和李耀华的一笔宝贵的财富。所谓伟大的领导者善于学习，尤其善于从失败中学习。作为新公司的倡导者和发起人，李耀华用自己的乐观精神、肯吃苦、坚持不懈的努力鼓舞着自己，也感染着同伴。正是李耀华身上这种意志坚定、团结人才、激发人才潜能的能力，让 LX 集团在遭遇挫折之后，仍能继续前行，并且越做越大。

从 1991 年开始，LX 集团的电子产品开始打开国内市场。之后，LX 集团就一直在考虑如何能够把销售网撒到全国去，在全国各个省市建立分公司。

四、新鲜血液的进入

由于当时公司里的一群元老，不能长年只身在外，所以在全国建立分公司的计划很久都没能实现。1993 年，LX 集团首次从高校招聘了一批人才，希望一改公司管理层年龄偏大的问题。在这批人才中有一个叫刘志的小伙子给李耀华留下了很深的印象。新一批人才刚刚引入的时候，李耀华参与了最后一轮的面试。

李耀华问道："LX 集团已经在国内打开了市场，你们可以做些什么？"

刘志说："LX 集团如今要为更好的未来蓄势，电子产业是持续演进的，技术在进步，市场在扩张，唯有持续的创新，才能保证企业的开放，才是 LX 集团在整个产业的出路。"

这句话引起了李耀华的共鸣，他需要一个年轻、敢创新、有能力的人来继续 LX 集团的事业，他希望这个年轻人身上改革创新的动力能够持续支撑 LX 集团的未来。

1993 年底，LX 集团成立企业部，刘志以他的能力和年轻人的魄力迅速建立起 13 个独资分公司，营业额达到 2400 万元。1995 年 8 月，由于生产部的工作疏忽，令公司产品大量积压，而刘志成立的分公司"像泄洪一样"泄出去 1000 多万元的产品。刘志这种勇于开拓的做法得到了李耀华的垂青。

2004 年，在刘志持续的业务创新与勇往直前的努力下，LX 集团成功收购了同行业的几家中型企业，同时又增加了 4 家独资分公司，刘志更加受到了李耀华的青睐。

为了稳定在国内的市场份额，同时为进军国际市场做准备，销售 LX 电脑和移动终端的任务完全落在业务部和企业部的身上。前者负责全国的销售，由与李耀华一同合资的元老邢德福掌管；后者负责全国已开拓的 17 个分公司，实际上也负责全国的销售，由刘志掌管。邢德福是 LX 集团的元老人物，习惯于照章办事；而刘志则像最初的李耀华，胸怀大志，初生牛犊不怕虎，认为"只要把生意做成，公司的规矩也是人制定的，也就可以由人来改变"。当刘志不断抱怨产品价格缺乏弹性、分公司无利可图也就不会有积极性的时候，双方的矛盾慢慢激化。随后，刘志又认为邢德福主管的供货渠道效率太低，延误商机，于是自作主张寻找公司之外的渠道运输货物。两人一言不合便争吵起来，充满火药味。李耀华自然不允许这种两军对垒的情形出现在同一个公司里面。

在这年春天的一次会议上，李耀华以迅雷不及掩耳之势处理了邢、刘二人的纠纷。他先说老同志的主人翁感强烈，兢兢业业，不过有些循规蹈矩，缺乏开拓精神和创新愿望；又说年轻同志有开拓精神，显示出很强的组织领导能力，但是在他们身上存在着比较重的以自我为中心的意识，在职务晋升之后容易头脑发热。这种表面上各打五十大板的做法，实质却是对年轻人才的一种保护。

彼得·德鲁克曾经说，管理是一种实践，其本质不在于"知"而在于"行"；其验证不在于逻辑，而在于成果；其唯一权威就是成就。

五、《LX 销售月刊》

起初，李耀华出于培育人才、平衡公司结构的考虑，对刘志可谓关爱有加，但是当李耀华发现个性十足的"孙悟空"已经不受公司的"紧箍咒"驾驭，他的行为有可能对公司造成难以弥补的损失时，李耀华不得不"挥泪斩马谡"。

随着 LX 集团的发展，李耀华越来越重视企业文化的建设，2004 年 12 月，在 LX 集团的文化创意部成立大会上，董事长李耀华第一次明确提出了他的大船理论，包括什么是大船思想，什么是大船结构。所谓大船思想，即同舟共济、协同作战、合作意识、整体观念、补胎思想等。大船结构，其特点是集中指挥，分工协作，包括五层意思：集中指挥，统一协调；各船舱实行经济承包合同制；逐步实现制度化管理；公司实行集体领导；思想政治工作和奖惩严明的组织纪律结合。

李耀华之后基于大船结构的思想又总结出六方面的大船文化：灌输全面的价值观；树立事业上的共同理想；塑造高技术企业的社会形象；弘扬拼搏创业的内部精神；培养以企业为家、以集团为荣的自豪感；倡导亲密和谐的内部关系。

在 LX 集团的企业文化中，大船结构一直是李耀华强调的重点之一。大船结构的理论，是让员工能够团结在一条大船上，而不是自己单独开一条小船，脱离大集体，去搞小团体。为此，文化创意部还于 2005 年创立了 LX 集团内部的文化期刊《LX 月刊》，然而企业整体重视文化建设也影响了各个部分。

问题的导火索来自一份《LX 销售月刊》，而这完全是刘志的主意。重视企业文化建设的李耀华立刻从这件小事上看出了危险的苗头。

当时，李耀华正在国外考察市场，回国到分公司指导时，看到员工桌面上的《LX 销售月刊》，他立刻意识到这件事没那么简单，如果不及时解决，可能会形成一个多米诺骨牌效应。结果证明，李耀华的确见微知著，同时凭借对风险的敏感和积极应对的态度，让 LX 集团避免了翻船的灾难。

李耀华意识到此刻的 LX 集团已经出了问题：企业部的人虽然也认识到 LX 集团是一条航行在商海的大船，但是他们同时把自己所在的部门看作另一条小船，而且他们认为就算集团这艘大船翻了，只要自己的小船还能继续航行就行。

企业部不经上级同意，私自办了一份《LX 销售月刊》，这让下属分公司只知道有企业部，而忽视了整个 LX 集团。这对远离总公司、不熟悉总公司的分公司的同志们建立公司整体文化肯定是不利的，长此以往必定影响公司全局的发展。倘若纵容这种行为，LX 集团的未来堪忧。

在 LX 集团第一期国际市场交流会上，李耀华说是要思考"LX 集团到底要在国际市场中建立怎样的形象，办成什么样的公司"，其实他的主要目的是解决刘志的问题。李耀华依旧保护式地辩证分析了刘志的优缺点，他总结出刘志的三条突出优点：积极、勇于创新、技术能力强，但是也指出了其身上存在的个性过强、集体意识不足等问题。

同时通过对《LX 月刊》的存在进行了分析，李耀华旗帜鲜明地告诉所有人，LX 集团是一条大船，绝不容许任何分解大船的行为发生。而且作为曾经的军人，他让大家充分意识到：他，李耀华才是 LX 集团这艘大船的船长，在大船的行进过程中，所有人都要服从整体的纪律，把他要求的目标完整地达到，一旦有人走到一边去开小船、搞小圈子文化，整体的目标实现不了，李耀华就不会再继续宽容下去。

六、功高震主，冲突产生

李耀华先后几次向刘志暗示，他的这种"开小船"的行为将会带来不良的后果，而这一切都将由他自己承担。可是，刘志似乎没有意识到这一点，依然我行我素，居功自傲，甚至让企业部的员工觉得他才是自己唯一需要敬畏的人。

2007 年 4 月，在深圳 LX 集团总部召开的集体会议成为整个事件的"分水岭"，从此"就开始了一环扣一环的斗争"。本是集权型的李耀华再也无法容忍控制不住的"孙悟空"在自己的面前耀武扬威。冲突就从这个会议起一点点升级、加剧。这期间企业部的圈子文化也让李耀华大开眼界。

根据当时会议的记录，李耀华把刘志调到市场服务部做经理，指导市场服务部的工作。这种看似平常的调动，实则是李耀华对刘志的惩罚。谁都知道企业部是刘志的根基，17个分公司基本是他的嫡系，调任市场服务部，他所在的所有利益链条将断裂得所剩无几，更何况是到了李耀华的眼皮子底下。

刘志表示他的属下不能理解公司的决定。接着一个名叫华玲的员工发言，自称是那份备受争议的《LX销售月刊》的编辑，质问道："销售月刊到底有什么问题？"另一个员工魏诗接着发言，事实上是火上浇油："公司的《LX月刊》办成这个样子，为什么不能办更好的月刊？"

李耀华一直在忍耐，直到刘志插进来说"《LX月刊》简直就是毫无营养的杂志"时，他觉得再也不能抑制内心的愤怒。他严厉斥责年轻人的狂妄，试图讲道理，以为凭借自己的元老级的威望能够力挽狂澜，却不料他的听众完全不听他的讲话。企业部的员工一个接一个，一句接一句地开始与李耀华"华山论剑"，而那个时候，企业部表现出来的显然已经不只是"开小船"、搞小圈子的私心，更是要对抗整个LX集团的野心。

以下是一些最富挑战性的问题：

"你说我们搞小圈子，怎么体现了？"

"我们直接归刘志领导，企业部的事与总裁何干？"

"企业部到底怎样'开小船'了？"

"什么是LX集团的文化？"

面对这种情形，李耀华发出最后的通牒："你们的表演，说明了你们只知道有企业部，不知道有LX集团！我希望你们不要做装睡的人，就是装睡我也有办法把你们叫醒。"李耀华说罢，拂袖而去，出门前又丢下一句话："你们要知道，谁是老板。"这一句话有点类似宣布"进入紧急状态"。随后的行动更是打了刘志及其手下一个措手不及：开除会议中表现最为激烈的华、魏二人；封存分公司的账号；请公安机关派人来保卫总部的安全；李耀华亲自担任企业部经理，邢德福担任业务部经理，刘志即刻离开原职，到业务部去给邢德福当助手。

在库泽斯和波斯纳的领导力五大实践中，"使众人行"虽然说到领导者要能通过增强他人的能力使他自身更加强大，但是这个并不意味着无限制地让他追随者强大到不可控制的地步。因为这样会造成企业整个体制的失衡，甚至崩盘。当企业部的人"只知道有刘总，而不知道有李总"的时候，李耀华果断出手，纠正航向，发挥了一个领导者定海神针的作用。

2007年5月，李耀华再次集合企业部人员宣布新决定。会场气氛肃杀，个个正襟危坐，已经宣布被开除的华、魏两人仍在其中。李耀华走进房间的时候，这群人全部把胳膊抱在胸前，以同一种防御、抵触的姿势朝着他。接着刘志进来，所有人当即把手垂下，室内香烟缭绕，李耀华不免皱眉，刘志喝一声"把烟掐了"，大家一同灭烟。李耀华带来的秘书下意识地坐在李耀华的身边，刘志却说："这不是你的位子。"

李耀华越来越感觉到刘志是在率领整个企业部向他示威。

他对秘书说"你就坐在这儿",然后宣布企业部全体人员"必须服从我的一切决定",又警告所有人"不许拉帮结派,不许恫吓任何人,若有违背,无论是谁都将受到严厉处分,直至开除"。

刘志预感大势将去,一时间不知如何是好,当晚把属下叫到一起商议对策,没想到这样一来就铸成了大错。年轻人群情激愤,口无遮拦,有些人要他坚决顶住,有些人要他知难而退,还有很多人在激怒中建议"卷款"走人。当晚会议最后的结论叫做"明撤暗卷",也就是表面接受公司决定,暗中把分公司的钱转移出去。这成了刘志身陷囹圄的直接原因。

最终,刘志于 2007 年 5 月 28 日被警方羁押,2007 年 6 月 5 日被逮捕收监,从此开始了漫长的牢狱生活。12 个月后,即 2008 年 7 月 10 日,法院公开审理此案,公诉人指控他"受贿"和"挪用公款"。13 个月之后,法院进行了最终判决。主审法院并未认定"受贿"的指控,但却判决"挪用公款"罪名成立,刑期 5 年。上列罪名的证据是:利用职务之便,于 2006 年 5 月至 10 月,以方便给下属分公司购货为名,先后截留 LX 集团公司下属武汉、太原、青岛分公司还总公司贷款共计人民币 76 万元,入到其友石乐个人承包的某计算机经营部账户内。石乐为购货经营,多次动用此款总金额达 134627.12 元,盈利 26000 余元。

LX 集团的李耀华一直希望能将企业文化贯穿企业运行的每一个阶段,对于他十分看重的刘志,他更是寄予厚望,希望将他培养成自己的接班人。但是沟通的不畅、个性的冲突等导致 LX 集团损失一员大将,若不是 2008 年之后,巧借中国奥运会的世界影响力开辟了国际市场,LX 集团走向国际化的脚步可能因这一内部的变化而受到重大的影响。

七、尾声

李耀华之所以提倡大船结构,其中一个原因即是当时很多企业均奉行"开小船"原则。这种小船体系快速、机动的优势虽然明显,但若遭遇危机,一条小船则可毁掉整个公司。

事实证明,LX 集团的这个阶段的管理结构的变化是正确的。20 世纪 90 年代初,随着打击走私等政策的实施和国家取消对国内电子产品产业的保护,和 LX 集团同批的不少信奉"船小好掉头,捞一把就走"的小公司大多烟消云散,而 LX 集团却逃过这一劫,并在 21 世纪到来之际,通过并购整合开始了国际化之旅,最终由小炮艇壮大成一艘航空母舰。

八、结语:把握大船的方向才能冲出险境

有很多人去费特曼公司——纽约最著名的纺织公司之一——参观,很容易发现,无论是办公室、会议室,还是生产车间的墙壁上到处都可以看到这样一幅画:一条即

将撞上冰山的轮船，在画面的下方写着一行十分醒目的文字 ——"只有你才能拯救这条船"。费特曼的领导者通过这样一种方式，时刻提醒自己的员工，企业就是一条在环境凶险的冰海中行驶的船，每一位"船员"必须全神贯注，努力工作，才能免于灭顶之灾。

　　根据那些曾与各种困难做过斗争的船长们得出的结论，对于一艘船来说，比冰山或其他危险更为可怕的其实是混乱。这种混乱一旦蔓延开来，其致命性堪比瘟疫。一个优秀的船长要想带领船员冲出险境，驶向成功的彼岸，不仅要能掌好舵，还要能及时预防和杜绝混乱的发生。如果有人妄图开小船、搞分裂，身为船长就必须毫不留情地予以打击，不管他是多么优秀的水手，还是不可或缺的大副。

Clique Culture in LX Group

Abstract：Liu Zhi, the ex-manager of LX group, who seized personal dominions, and created his own clique culture, ignored the whole benefit of a group. And he got punished by the chairman. Liu Zhi, as the LX group's former business manager, had brought substantial boost to LX group. However, with the ambition rising, he presided over the publication of the "LX month", which had a cultural threat to LX group enterprise's overall operation. And that circumstances made Li Yaohua, the chairman angry and dismiss Liu Zhi to protect the enterprise culture for integral development. It showed the necessity of enterprise leaders consciousness in culture management and different types of employees and leaders. This case describes the situation in which all kinds of organizational culture have a certain universality. With the further development in Internet era, corporate culture gradually becomes a soft power, affecting the corporate image and long-term development.

Key Words：Enterprise Culture；Leadership Style；Interpersonal Conflict

案例使用说明：

LX 集团的"开小船"事件

一、教学目的与用途

（1）本案例主要适用于 MBA 项目，也适用于商学院研究项目中的《组织行为学》、《领导学》等课程。

（2）本案例的教学目的是以 LX 集团运行过程中新老交接出现的管理文化冲突为主线，通过深入分析，使学生理解、掌握和思考企业文化、领导方式等问题，使学生能运用企业文化、领导风格理论并结合企业实践提升分析问题、解决问题和批判性思辨能力。

二、启发思考题

（1）企业文化对于公司的影响有哪些？

（2）李耀华是什么领导风格？形成的原因有哪些？

（3）分析案例中体现的人际冲突有哪些？主要是怎么体现的？应当如何管理群体冲突？

（4）从社会心理学的角度分析，本案例体现了哪些群体现象？

（5）如果你是公司的高管，应该如何管理像刘志这种"孙悟空"型的员工？如何处理企业里的小团体？

三、分析思路

教师可以根据自己的教学目标（目的）来灵活使用本案例。这里提出本案例的分析思路，仅供参考。

1. 企业文化对于公司的影响有哪些？

（1）企业文化大概有以下四个功能。

1）凝聚功能。企业文化是企业的"黏合剂"，可以把员工紧紧地黏合、团结在一起，使他们目的明确、协调一致。企业员工队伍凝聚力的基础是企业的根本目标。企业的根本目标选择正确，才能把企业的利益和绝大多数员工的利益统一起来，才能达到集体与个人双赢的目标。在此基础上企业才能形成强大的凝聚力。鼓励、引导把员工个人的人生追求与公司的目标相结合，帮助员工了解公司的政策，调节人与人之间、个人与团队之间、个人与公司之间的相互利益关系。

2）导向功能。导向包括价值导向与行为导向。企业价值观与企业精神，能够为企业提供具有长远意义的、更大范围的正确方向，为企业在市场竞争中制定基本竞争战略和政策的制定提供依据。企业文化创新，尤其是观念创新对企业的持续发展而言是首要问题。在构成企业文化的诸多要素中，价值观是决定企业文化特征的核心和基础，企业必须对此给予足够的重视并使之不断创新、与时俱进。

3）激励功能。激励是一种精神力量和状态。企业文化所形成的企业内部的文化氛围和价值导向能够起到精神激励的作用，将职工的积极性、主动性和创造性调动与激发出来，把人们的潜在智慧诱发出来，使员工的能力得到充分发挥，提高各部门和员工的自主管理能力和自主经营能力。如果企业能以正面奖赏的形式对员工在成长的过程中遭遇的挫折进行鼓励，而不像有些企业那样员工一犯错误就对其进行惩罚，这样就有效地保护了员工的创新精神。

4）约束功能。企业文化、企业精神为企业确立了正确的方向，对那些不利于企业长远发展的不该做、不能做的行为，常常发挥一种"软约束"的作用，为企业提供"免疫"功能。约束功能可以提高员工的自觉性、积极性、主动性和自我约束，使员工明确工作意义和方法，提高员工的责任感和使命感。

（2）企业文化建设对企业的影响分析。

1）企业文化为企业管理提供方向、动力及精神文化资源。在企业的发展中，企业文化的建设具有重要的现实意义：第一，企业文化是现代企业管理的主要组成部分。企业管理分为硬件和软件，硬件主要包括经营战略、企业结构和制度；软件主要包括人员、技术、作风和最高目标。企业文化是硬件和软件的结合，给企业管理提供了方向和动力。第二，企业竞争需要有区别于其他企业的、具有自己特点的企业文化。竞争是企业必须具备的行为机制，如果企业没有能够反映并推动企业生产经营活动的企业文化，没有包括企业文化在内的经营发展战略，企业就不可能形成有效的竞争能力和强烈的竞争意识。不难看出，企业文化对于企业的发展具有导向、凝聚、约束、激励和塑造企业形象、形成企业社会影响力等作用，是企业生存发展必需的要素和条件；同时企业文化还是企业的精神文化资源，是企业文明程度、发展水平、综合实力的重要标志，是推动企业不断向更高层次发展的不竭动力。伴随全球经济一体化进程的加快，经济与文化越来越紧密地结合在一起，相互推动，共同发展，在这种背景下，企业文化已成为推进企业发展的一股神秘力量，现阶段企业必须注意加强对企业文化的建设。

2）企业文化是企业核心竞争力的组成部分，是企业品牌的内涵。在现代经济中，消费者选择某个企业的产品，某种程度上也是选择该企业的文化，表示其对某种文化的认同。比如选择麦当劳就是选择一种美国式的开放、自由、快捷、轻松；购买索尼产品的人，认同的是一种日本式的精巧、创新；而喜欢奔驰的人所倾慕的则是德国式的严谨、精细、气派和古典。因此，企业文化相当于企业的标签。竞争是企业必须具备的行为机制，如果企业没有能够反映并推动企业生产经营活动的文化，没有包括企业文化在内的经营发展战略，就不可能形成有效的竞争能力和强烈的竞争意识。

美国盖洛普咨询公司通过研究发现，决定企业核心竞争力的因素有三大方面：一是顾客忠诚度的高低和忠诚群体的大小；二是员工忠诚度的高低和忠诚群体的大小；三是品牌影响度的高低和大小。而决定企业这三方面状况的正是企业文化。受欢迎的企业文化使企业赢得了客户，也就赢得了竞争。

3）企业文化建设是企业健康发展的动力。企业文化是企业物质文明和精神文明的总和，它是团结职工、鼓舞斗志、弘扬企业精神的武器，是思想政治工作的良好载体，是提高职工队伍思想政治素质和业务技术素质的法宝。重视企业文化建设是顺应世界管理软化趋势的明智选择。从现代管理角度来看，特别是大的企业集团，仅仅靠产权、物质利益方面的纽带已远不能适应现代经济发展的要求，还必须有文化、精神方面的纽带统一企业理念。

4）企业文化建设是企业发展的精神支撑。就短期影响来看，企业文化所造成的对员工士气的鼓舞作用会帮助企业渡过暂时的难关，从而带来企业经济效益的回升；从长远发展来看，企业文化在潜移默化中对于企业的成长壮大发挥效用，是企业发展最持久的决定因素。企业文化的核心是企业成员的思想观念，它决定着企业成员的思维方式和行为方式，因此好的企业文化能够充分发掘出企业中每一个成员的潜能，激发出他们的士气。同时，企业文化作为一种精神力量，是企业无形的约束与支柱。当企业管理趋向团队化时，它就是企业内部团结的纽带、沟通的架道，是团队之内或团队之间相互默契的"共同语言"。因此，一个好的企业文化氛围确立后，它所带来的是群体的智慧、协作的精神、新鲜的活力，这就相当于在企业的深层结构中"装"上了一台马力十足的发动机，源源不断地提供给企业创新、进步的精神动力。综观世界成功的企业，如美国通用电气公司、日本松下电器公司等，其长盛不衰的原因主要有三个，即优质的产品、精明的销售和深厚的文化底蕴。

2. 李耀华是什么领导风格？形成的原因有哪些？

根据列温的领导风格理论，领导者的工作作风可以分为三种类型：偏向家长式风格的专制作风、民主作风和放任自流作风。其中，李耀华属于偏向家长式风格的专制作风。

最明显的表现有：面对企业部的人与李耀华"华山论剑"的情形时，李耀华发出最后通牒："你们的表演，说明了你们只知道有企业部，不知道有 LX 集团！我希望你们不要做装睡的人，就是装睡我也有办法把你们叫醒。"李耀华说罢，拂袖而去，出门前又丢下一句话："你们要知道，谁是老板。"这一句话有点类似宣布"进入紧急状态"。随后的行动更是打了刘志及其手下一个措手不及：开除会议中表现最为激烈的华、魏二人；封存分公司的账号；请公安机关派人来保卫总部的安全；李耀华亲自担任企业部经理，邢德福担任业务部经理，刘志即刻离开原职，到业务部去给邢德福当助手。他行事果断，指定了人员搭配，甚至亲自管理一个部门，亲自批评和表扬公司内的员工。

形成的原因：李耀华形成如此管理风格与他的出生背景、生活经历等有很大关系。

（1）出生背景。生于20世纪40年代末的李耀华，迫于当时所处的大环境，唯有刻苦钻研，对自己严格要求才能有所成就。

文章实例："1978年中国改革开放，时代的机遇唤醒了很多有想法、有技术的人。李耀华，这名生于20世纪40年代末的有想法的科研人才也在为自己的前途而探索着。'我们这个年龄的人，大学毕业就赶上"文化大革命"，有技术却没有方向，眼看着人将到中年，却只能在低矮的小棚子里生活，实在是没什么作为。'"

（2）生活经历。李耀华在成立LX集团之前，曾经当过兵，这使他对纪律、责任有很强的意识，虽然对于一个企业来说，他能够接受创新，但是习惯了"服从"组织命令的他仍然无法忍受别人对自己权威的挑战。

文章实例："要么破釜沉舟，抓住机遇；要么留条退路，无法全力冲击。这种思想尤其在当过兵的李耀华心里更为深厚，对于他来说，没有什么比责任更重要，没什么能比荣誉更值得骄傲。""李耀华用自己的乐观精神、肯吃苦、坚持不懈的努力鼓舞着自己，也感染着同伴。正是李耀华身上这种意志坚定、团结人才、激发人才潜能的能力，让LX集团在遭遇挫折之后，仍能继续前行，并且越做越大。""2007年4月，在深圳LX集团总部召开的集体会议成为整个事件的'分水岭'，从此'就开始了一环扣一环的斗争'。本是集权型的李耀华再也无法容忍控制不住的'孙悟空'在自己的面前耀武扬威。"

本题也可以从利克特的领导风格理论和领导行为四分图模式进行研究。

3. 分析案例中体现的人际冲突有哪些？主要是怎么体现的？应当如何管理群体冲突？

（1）从人际冲突的类型来看，包括共有观念冲突、利益冲突、理论冲突、学识冲突、方法冲突、习俗冲突、个性冲突、情绪冲突。本案例中最为明显的就是"个性冲突"。

（2）从群体冲突的原因来看，群体冲突产生的原因有目标设置不同、群体行为规划时间上的差异、信息掌握和理解的差异、对有限资源的竞争和分配、群体成员的构成不同、价值和利益认识上的差异、组织权利的分配与均衡、沟通障碍、变革造成的结果、组织气氛与组织文化、组织结构不合理。本案例中在各方面均有体现。

分析典型事件：

"根据当时会议的记录，李耀华把刘志调到市场服务部做经理，指导市场服务部的工作。这种看似平常的调动，实则是李耀华对刘志的惩罚。谁都知道企业部是刘志的根基，17个分公司基本上是他的嫡系，调任市场服务部，他所在的所有利益链条将断裂得所剩无几，更何况是到了李耀华的眼皮子底下。"

"刘志表示他的属下不能理解公司的决定。接着一个名叫华玲的员工发言，自称是那份备受争议的《LX 销售月刊》的编辑，质问道：'销售月刊到底有什么问题？'另一个员工魏诗接着发言，事实上是火上浇油：'公司的《LX 月刊》办成这个样子，为什么不能办更好的月刊？'李耀华一直在忍耐，直到刘志插进来说 '《LX 月刊》简直就是毫无营养的杂志'时，他觉得再也不能抑制内心的愤怒。他严厉斥责年轻人的狂妄，试图讲道理，以为凭借自己的元老级的威望能够力挽狂澜，却不料他的听众完全不听他的讲话。企业部的员工一个接一个，一句接一句地开始与李耀华'华山论剑'，而那个时候，企业部表现出来的显然已经不只是'开小船'、搞小圈子的私心，更是要对抗整个 LX 集团的野心。"

"以下是一些最富挑战性的问题：

'你说我们搞小圈子，怎么体现了？'

'我们直接归刘志领导，企业部的事与总裁何干？'

'企业部到底怎样"开小船"了？'

'什么是 LX 的文化？'"

"面对这种情形，李耀华发出最后的通牒：'你们的表演，说明了你们只知道有企业部，不知道有 LX 集团！我希望你们不要做装睡的人，就是装睡我也有办法把你们叫醒。'李耀华说罢，拂袖而去，出门前又丢下一句话：'你们要知道，谁是老板。'这一句话有点类似宣布'进入紧急状态'。随后的行动更是打了刘志及其手下一个措手不及：开除会议中表现最为激烈的华、魏二人；封存分公司的账号；请公安机关派人来保卫总部的安全；李耀华亲自担任企业部经理，邢德福担任业务部经理，刘志即刻离开原职，到业务部去给邢德福当助手。"

（3）群体冲突的管理策略共有 5 点：竞争、合作、回避、迁就、折中。本案例中体现的是"竞争策略"。

竞争策略也叫强制策略，是一种不合作的方式，通过竞争，必然会为了一部分人的利益而牺牲另一部分人的利益。但在下列情况下，这种策略是有效的：①当迅速果断的活动极其重要时（在紧急情况下）。②当需要实施一项不受人欢迎的重大措施时（缩减开支，强调一向不受人欢迎的规章制度、惩罚）。③当该问题对组织福利极为重要，而领导者又知道自己是正确的时。④为了对付那些从非竞争性行为中受益的人时。

4. 从社会心理学的角度分析，本案例体现了哪些群体现象？

从社会心理学的层面，本案例体现了诸如去个性化、追随者现象、从众行为等。

（1）去个性化（Deindividuation）。去个性化又叫个性消失，亦可叫去压抑化、去抑止化、去个体化，是指个人在群体压力或群体意识影响下，会导致自我导向功能的削弱或责任感的丧失，产生一些个人单独活动时不会出现的行为。去个性化的外在条件有两个：一是身份的隐匿；二是责任的模糊化。也就是案例中的"华山论剑"。

（2）追随者现象。追随者是指在领导活动中与领导者有共同的利益和（或）信仰，追求共同组织目标的人。可以从不同的角度划分追随者。根据追随者是否属于领导所在的组织，可分为组织内的追随者和组织外的追随者。前者就是常说的下属，后者就是常说的联盟者。一个能成就大事业的领导者，不仅要有坚定的组织内的追随者，而且还要有广大的来自组织外的同盟军。在本案例中华玲与魏诗既是刘志的下属同时也是他的追随者。

（3）从众行为。从众行为是指个体在群体的压力下改变个人意见而与多数人取得一致认识的行为倾向，是社会生活中普遍存在的一种社会心理和行为现象。案例中，刘志在预感大势将去，不知如何是好时，受到大多数人的"建议"，选择了"明撤暗卷"的方法，也最终因此而陷入囹圄。

5. 如果你是公司的高管，应该如何管理像刘志这种"孙悟空"型的员工？如何处理企业里的小团体？

（1）"孙悟空"型员工的特点。

1）优点。个人单兵作战能力很强，处理突发事件能力尤其突出。创新意识强，善于变革。工作态度总体来说比较积极。

2）缺点。脾气比较急，情绪化。纪律性比较差，集体意识不强。有点居功自傲，时不时公开挑战领导权威。

（2）管理"孙悟空"型员工的方法。

1）要学会克制。克制情绪，在冲突发生时，你要保持一种风度，不要计较，不管对方如何都等事后对方的怒气消了再说。

2）心与心的交流。不是装出来的真诚，单独沟通，让他尽情地发泄，然后一一解释，是自己失误，就要敢于承认，主动道歉。

3）善于攻心。不说则已，一说就击中要害，让对方无话可说，产生自责心理。让对方能够感到你不怒自威的压力。

总之，要想留住明星员工，必须做到不滥权；关心爱护员工；不断地与员工沟通；及时发现他们的不满情绪；尽量不发生个体冲突，如果一旦发生，要保持冷静，妥善处理。

（3）小团体的形成及处理方法。

首先，了解小团体是如何产生的。小团体的产生有两种原因：一是团队领导的故意行为。二是团队成员价值观、性格、经历、互补性一致。

第一种原因是管理者强化自身管理职能的需要，培养亲信、增强管理效力，客观上形成的非正式组织，因此而形成的小团队表面上能够很好地工作，能够提高团队精神、调和人际关系、实施假想的人性化管理等，在团队发展过程中基本上向有利于团队的方向发展，但长期而言，则会降低管理的有效性、团队的开拓精神，导致团队工作效率低下、优秀团队成员流失等，这种非正式组织通常是松散型组织。第二种原因形成的则是紧密型非正式组织，其愿景通常与团队愿景不一致，随着这种组织的产生，离团队瓦解之日就不远了。这种紧密型非正式组织会偏离团队的价值观，破坏团队文化，阻挠团队的创新精神和开拓精神。通常松散型组织又会向紧密型组织发展，紧密型组织又会和松散型组织对抗。

其次，寻找解决的办法，进行有效引导，利用小团体优势，推动大团体发展。让团队管理层融入非正式组织中，管理层对非正式组织的骨干成员施以影响，并积极引导，让他们融入一些松散型非正式组织，弱化其对骨干成员的影响力。管理者应视小团体组织及其成员的表现，做好现场管理，好的建议、做法要表扬，发现为私利明争暗斗的情况要及时制止，并进行相应处理。对成员之间，特别是小团队的"领导"之间以大局为重、相互帮助的事例，要给予积极肯定和赞扬。

再次，避免小团体产生，要采取积极沟通、有效融合的方法。引导一个小团体发挥积极作用的最好的方式，不是"消灭"这个团体，而是更好地融入这个团体，用领导的管理意识和管理方法去影响这个团体。作为领导可以试着采用一种更加开放的心态，加入他们当中，发掘他们除了"原开发团队成员"这一共同点之外的其他相似之处，因为这些就是管理者或部门中的其他同事可以和这个小团体中的成员产生共鸣的关键点。比如，大家是否对某一类技术问题感兴趣，可以作为一个研究小组，抑或是否有共同的兴趣爱好，可以利用业余时间共同聚会等。这种方式大至一个共同的主题活动，小至一个共同感兴趣的话题，都可以在平常的工作中进行体现。同时，针对该小团队不擅沟通的特点应该进行沟通技巧的培训，以促使他们能够有效掌握和使用沟通技巧，达到可以主动改善与其他团队交流状况的目的。

最后，对已产生的小团队采取分化瓦解的措施，消除不利影响。接受企业整体价值观是员工必须达到的一个行为准则，如果有些成员因为不认同公司企业文化或者其他方面因素而导致形成小团体并产生抵触情绪，则需要找到小团体成员的差异，分化瓦解。对能够融入整体企业氛围并从专业技能角度对部门发展有利的成员，应保留并给予正确的引导。对那些态度上不认同整体，又对企业和部门发展没有积极作用的成员，应予以清退。分化瓦解小团体的方法有很多种，但需要注意的是，分化瓦解的做法是解决这类问题的下下策，在不到万不得已的时候，尽量不要采用。

（4）避免小团体产生的原则。对未来企业管理而言，要避免企业内部小团队产生最佳办法是进一步地采取预防式的管理手段，加强企业与方式的内部管理，具体可以采取以下职责清晰的6W1H原则。

职责清晰是团队管理工作的基本准则，任何的管理都是从管理职位开始的，其基本的要求就是职责清晰、权责明确。但是，在实际管理中，职责不清、权责不明的现象大量存在。作为一个高效的管理者，必须对这个问题做出更为深入的思考，有效地加以解决，使员工都明确自己的职责所在，在其位谋其政，学会自我负责、自我管理，使经理从繁忙的事务性工作中解脱出来。

要想使团队成员职责更加清晰，管理者就必须认识并应用好"6W1H"这个至关重要的原则。即：

Who——工作的责任者是谁？

For whom——工作的服务和汇报对象是谁？

Why——为什么要做该项工作？

What——工作是什么？

Where——工作的地点在哪里？

When——工作的时间期限？

How——完成工作所使用的方法和程序？

对上述问题逐一做出回答，团队成员能对工作更加清楚，从而更愿意负责、更敢于负责，如此方可在工作中不断得到锻炼和提高。进而，管理者也才能抽出更多的时间对规划与发展的问题做出更多思考，占据工作主动，使未来工作更有前瞻性。

管理大师杜拉克曾说过："组织（团队）的目的，在于促使平凡的人，做出不平凡的事。"团队强调整体的利益和目标，强调组织的凝聚力。团队中每一个人围绕共同的目标发挥最大潜能，而管理者的任务是为成员创造积极、高效的工作环境，并帮助他们获得成功，使每个成员都能为了共同的目标齐心协力、同舟共济。

四、理论依据与分析

1. 埃德加·沙因的文化理论

埃德加·沙因认为组织（企业）文化是一个特定组织在处理外部适应和内部融合问题中所学习到的，由组织自身所发明和创造并且发展起来的一些基本的假定类型，这些基本假定类型能够发挥很好的作用，并被认为是有效的，由此被新的成员所接受。以上所列举的文化不过是更加深层的文化的表象，真正的文化则是隐含在组织成员中的潜意识，而且文化和领导者是同一硬币的两面，当一个领导者创造了一个组织或群体的同时就创造了文化。

埃德加·沙因综合前人对文化比较的研究成果，将深层的处于组织根底的文化分成以下五个维度：

（1）自然和人的关系：指组织的中心人物如何看待组织和环境之间的关系，包括认为两者是可支配的关系还是从属关系，或者是协调关系等。组织持有什么样的假定毫无疑问会影响到组织的战略方向，而且组织的健全性要求组织对于当初的组织/环境假定的适当与否具有能够随着环境的变化进行检查的能力。

（2）现实和真实的本质：指组织中对于什么是真实的，什么是现实的，判断它们的标准是什么，如何论证真实和现实，以及真实是否可以被发现等的一系列假定，同时包括行动上的规律、时间和空间上的基本概念。他指出在现实层面上包括客观的现实、社会的现实和个人的现实。在判断真实时可以采用道德主义或现实主义的尺度。

（3）人性的本质：包括哪些行为是属于人性的，而哪些行为是非人性的，这一关于人的本质假定和个人与组织之间的关系应该是怎样的等假定。

（4）人类活动的本质：包括哪些人类行为是正确的，人的行为是主动或被动的，人是由自由意志所支配的还是被命运所支配的，什么是工作，什么是娱乐等一系列假定。

（5）人际关系的本质：包括什么是权威的基础，权力的正确分配方法是什么，人与人之间关系的应有态势（例如是竞争的或互助的）等假定。

2. 勒温的领导风格理论

领导风格理论（Average Leadership Style，ALS）是由美国依阿华大学的研究者、著名心理学家勒温和他的同事们从 20 世纪 30 年代起就进行的关于团体气氛和领导风格的研究。勒温等发现，团体的任务领导并不是以同样的方式表现他们的领导角色，领导者们通常使用不同的领导风格，这些不同的领导风格对团体成员的工作绩效和工作满意度有着不同的影响。勒温等研究者力图科学地识别出最有效的领导行为，他们着眼于三种领导风格，即专制型、民主型和放任型的领导风格。

（1）专制型（Autocratic）。专制型的领导者只注重工作的目标，仅仅关心工作的任务和工作的效率。但他们对团队的成员不够关心，被领导者与领导者之间的社会心理距离比较大，领导者对被领导者缺乏敏感性，被领导者对领导者存在戒心和敌意，容易使群体成员产生挫折感和机械化的行为倾向。

专制型团队的权力定位于领导者个人手中，领导者只注重工作的目标，只关心工作任务的完成和工作效率的高低，对团队成员个人不太关心。在这种团队中，团队成员均处于一种无权参与决策的从属地位。团队的目标和工作方针都由领导者自行制定，具体的工作安排和人员调配也由领导者个人决定。团队成员对团队工作提出的意见不受领导者欢迎，也很少会被采纳。

领导者根据个人的了解与判断来监督和控制团队成员的工作。这种家长式的作风导致了上级与下级之间存在较大的社会心理距离和隔阂，领导者对被领导者缺乏敏感性，被领导者对领导者存有戒心和敌意，下级只是被动、盲目、消极地遵守制度、执行指令。团队中缺乏创新与合作精神，而且易于产生成员之间的攻击性行为。

（2）民主型（Democratic）。民主型的领导者注重对团体成员的工作加以鼓励和协助，关心并满足团体成员的需要，营造一种民主与平等的氛围，领导者与被领导者之间的社会心理距离比较近。在民主型的领导风格下，团体成员自己决定工作的方式和进度，工作效率比较高。

民主型团队的权力定位于全体成员，领导者只起到一个指导者或委员会主持人的作用，其主要任务就是在成员之间进行调解和仲裁。团队的目标和工作方针要尽量公诸于众，征求大家的意见并尽量获得大家的赞同。具体的工作安排和人员调配等问题，均要经共同协商决定。

有关团队工作的各种意见和建议将会受到领导者鼓励，而且很可能会得到采纳，一切重要决策都会经过充分协商讨论后做出。民主型的领导者注重对团队成员的工作加以鼓励和协助，关心并满足团队成员的需要，能够在组织中营造一种民主与平等的氛围。在这种领导风格下，被领导者与领导者之间的社会心理距离较近，团队成员的工作动机和自主完成任务的能力较强，责任心也比较强。

（3）放任型（Laissez-faire, Free-rein）。放任型的领导者采取的是无政府主义的领导方式，对工作和团体成员的需要都不重视，无规章、无要求、无评估，工作效率低，人际关系淡薄。

放任型团队的权力定位于每一个成员，领导者置身于团队工作之外，只起到一种被动服务的作用，其扮演的角色有点像一个情报传递员和后勤服务员。领导者缺乏关于团体目标和工作方针的指示，对具体工作安排和人员调配也不做明确指导。

领导者满足于任务布置和物质条件的提供，对团体成员的具体执行情况既不主动协助，也不进行主动监督和控制，听任团队成员各行其是，自主进行决定，对工作成果不做任何评价和奖惩，以免产生诱导效应。在这种团队中，非生产性的活动很多，工作的进展不稳定，效率不高，成员之间存在过多的与工作无关的争辩和讨论，人际关系淡薄，但很少发生冲突。

3. 利克特的管理方式

密歇根大学伦西斯·利克特（Rensis Likert）教授和他的同事对领导人员和经理人员的领导类型和作风做了长达30年之久的研究，利克特在研究过程中所形成的某些思想和方法对理解领导行为很重要。他认为，有效的管理者坚决地面向下属，依靠人际沟通使各方团结一致地工作。包括管理者或领导者在内的群体全部成员都采取相互支持的态度，在这方面，他们具有共同的需要、价值观、抱负、目标和期望。

利克特于1967年提出了领导的四系统模型，把领导方式分成四类系统，即剥削式的集权领导、仁慈式的集权领导、洽商式的民主领导、参与式的民主领导。他认为只有第四种方式——参与式的民主领导才能实现真正有效的领导，才能正确地为组织设定目标和有效地达到目标。鉴于这种领导方式采取激励人的办法，所以利克特认为，这是领导一个群体的最有效方式。

（1）管理方式一："剥削式的集权领导"或"专制—权威式"。采用这种方式的主管人员非常专制，很少信任下属，采取使人恐惧与惩罚的方法，偶尔兼用奖赏来激励人们，采取自上而下的沟通方式，决策权也只限于最高层。

（2）管理方式二："仁慈式的集权领导"或"开明—权威式"。采用这种方式的主管人员对下属怀有充分的信任和信心；采取奖赏和惩罚并用的激励方法；允许一定程度的自下而上的沟通，向下属征求一些想法和意见；授予下级一定的决策权，但牢牢掌握政策性控制。

（3）管理方式三："洽商式的民主领导"或"协商式"。采取这种方式的主管人员对下属抱有相当大的但又不是充分的信任和信心，他常设法采纳下属的想法和意见；采用奖赏，偶尔用惩罚和一定程度的参与的激励方法；上下双向沟通信息；在最高层制定主要政策和总体决策的同时，允许低层部门做出具体问题决策，并在某些情况下进行协商。

（4）管理方式四："参与式的民主领导"或"群体参与式"。采取第四种方式的主管人员对下属在一切事务上都抱有充分的信心和信任，总是向下属获取设想和意见，并且积极地加以采纳；对于确定目标和评价实现目标所取得的进展方面，组织群体参与其事，在此基础上给予物质奖赏；更多地从事上下之间与同事之间的沟通；鼓励各级组织做出决策，或者本人作为群体成员同其下属一起工作。

总之，利克特发现那些应用管理方式四从事经营的主管人员都是取得最大成就的领导者。此外，他指出了采取管理方式四进行管理的部门和公司在设置目标和实现目标方面是最有效率的，通常也是更富有成果的。他把这种成功主要归于群体参与程度和对支持下属参与的实际做法坚持贯彻的程度。

五、关键要点

（1）了解企业文化的含义、分类、主要影响因素。
（2）了解文化对公司的影响。
（3）了解各种领导风格的特点。
（4）了解群体现象，尤其是群体压力、从众行为、追随者现象。
（5）了解社会心理学重点的社会促进作用与去个性化。
（6）明确组织目标在组织中的前提地位。
（7）了解人际冲突的不同形式。
（8）了解人际沟通的重要作用。

六、建议课堂计划

整个案例课的课堂时间控制在 80~90 分钟。

课前计划：提出启发思考题，请学员在课前完成阅读和初步思考。

课中计划：简要的课堂前言（2~5 分钟）；

分组讨论（30 分钟），告知发言要求；

小组发言（每组 5 分钟，控制在 30 分钟）；

引导全班进一步讨论，并进行归纳总结（15~20 分钟）。

课后计划：如有必要，请学员采用报告形式给出更加具体的解决方案，包括具体的职责分工，为后续章节内容做好铺垫。

● 案例八

四位学生会主席的职业变迁

案例正文：

四位学生会主席的职业变迁①

摘　要： 本案例描述了某银行省分行大学毕业生入职后的职业发展经历，以四个刚入职的大学毕业生为例，详细描述了他们从最初进入企业，经过诸多波折与变化，最终走上了不同的职业发展道路。公司员工职业生涯发展的内在驱动因素始终是人力资源管理所重视的一个领域，深入了解员工的职业锚有助于企业更好地帮助员工进行职业规划，有利于构建高素质的人才梯队，满足企业的人才需求。

关键词： 职业锚；职业生涯规划；国有银行；职业弹性

一、引言

　　A、B、C、D 四位大学本科毕业生，在各自就读的高校都曾经担任过校学生会主席，并且学习成绩优异。在 1995 年大学毕业时，四人同时被某国有银行省分行到校选中，进入该行工作。当年，该省行为省行机关、直属部门一共招聘了四十几人。按照

---

① 本案例由辽宁大学商学院的邵剑兵、胡迪、杨隆华撰写，作者拥有著作权中的署名权、修改权、改编权。由于企业保密的要求，在本案例中对有关名称、数据等做了必要的掩饰性处理。
本案例只供课堂讨论之用，并无意暗示或说明某种管理行为是否有效。

惯例，该行对当年新入职的员工进行了半个月的培训，培训内容主要是该行的历史沿革、纪律要求、基础业务技能培训和考试等，讲课的老师都来自行内各处室。在培训即将结束的时候，人事部门宣布了对大家的分配结果，四人都被分配到省行业务部。当时的省行业务部作为省行的直属单位，无论是效益、业务规模，还是所开展的业务种类，在全省同行中都是名列前茅的，能够到该部门工作是很多人梦寐以求的事情。应当说，省行把这四人分配到业务部还是想对他们着力培养的。当然，对于这些情况，A、B、C 三人并不清楚。

业务部有关领导对一同分来的大学生进行了再分配，A、B、C 三人被分配到一线会计科，D 则分到相当于机关的计划科。当时的业务部会计科作为该行全国系统唯一的会计"大本科"而名声在外。会计科的十几位员工，后来有六位成了省行的部门总经理或副总经理，该科由此被称为该省行的"黄埔军校"。

这里有必要说明几点：一是四位中的 A、C、D 三人是被该行负责人事工作的处长直接通过校园招聘进来的（处长到校后，由学校择优推荐，再简单进行面试），而 B 是经过他人推荐，再由该行招聘的。二是 A、B、C 三人大学时期的专业都是财经方向，差别不大，而 D 是学习计算机硬件的。三是 A、B、C、D 四人所毕业的院校基本上都进入了现在的"211"院校名单。四是当时计算机人员作为一个组，在业务部会计科之内，主要负责的是基于 Unix 系统基础上研发的银行联机操作系统的日常营运，没有开发职能和权限。五是计划科是领导的参谋、助手，主要负责的是经营计划的制定与分解、经营分析、资金调拨、综合报表等，需要一些技术，是银行经营的内在核心，如果有心，会进步很快。六是业务部共有四位老总，三位男士有着较高的学历，都是 20 世纪 80 年代初毕业于东北财经大学的本科生，特别是"一把手"，曾经在东北财经大学任教，对事物具有相当的洞察力；一位女士是老会计，已经五十几岁，高中学历，特殊的年代曾经在农村从事过公社领导等职务。

二、踏上征程

A、C 刚分到会计科时，不约而同地找到了本科室自己的校友，向他们分别学习具体业务。由此，科长让 A、C 分别顶替了各自校友原来的岗位。按照正常轮换，A 和 C 的校友分别去更好的岗位。A 和 C 所在岗位的技术含量都很低，只要细心就可以了。D 则正常在会计科从事微机维护工作，由于他为人很朴实、乐于助人，再加上计算机专业人员奇缺，很快就成为了科里公认的技术能人，大家谁都离不开他。B 则负责审批企业用现，接触不同的客户，每月重复提交报表。四个年轻人，更多的时候是 A、C、D 在一起讨论学习业务，其乐融融，尤其是 A 和 C，脾气、秉性比较相容，相处得更为融洽。

不久，部里"一把手"换了，从省行新调来了一位干练的老总。一次，一位客户到那位女副总经理处投诉 C 所写汇票的一位数字不规范，耽误了自己的业务，而 C 与副总争辩，认为按照银行规范，自己所书写的是正确、规范的。这样，工作3个月以后，C被调整到一个分理处做前台出纳员。在当时，只有初中毕业的临时工才可能被安排去这个岗位。年终评比时，A、B、D都被评为了先进。年末，部里组织了一次演讲比赛，C夺得了第一名。之后，不论是业务部，还是省行机关举办的活动，C经常担任主持人。

又是一年初秋，D已经成长为银行计算机运营的行家里手，经常被借调到省行或其他兄弟行帮忙，在业务技术方面突飞猛进；B则开始负责资金调拨，掌控着几十亿元的资金，很有成就感，报表业务早已经交给其他人做了；A还在会计科工作，已经成为清算组的组长；C则成为了省行二级点钞能手，开始负责打卡、对外授权、分理处的会计记账、复核等工作，但是经常需要在单位加班，有时为了打卡一夜不能合眼，慢慢地还被抽调参加了几次全省的业务大检查。期间，部里举办了一次业务知识竞赛，A、C、D都取得了好名次，而B由于从事岗位的局限性，成绩一般。

待到第二年时，C所在的部门经营中出现了问题，在清理时，有关人员认为是他对一笔账务越权行事才造成了严重后果，这可能使他受到严厉的惩处。C在面对部领导班子解释时，据理力争，说出了当时的事实。干练的老总似乎注意到了什么，那位女副总自然也受到了批评。可是，C还是受到了处分，但他没有再去找。

三、起步

第二年底、第三年初，A、C都被调到信贷口工作，A在信贷科，C在分理处负责对公业务。在银行内，能够实现从前台部门到信贷部门的转变是每个银行员工的希望。依靠自身的努力，A与省级大客户建立了良好的人际关系，还参与了大量的贷款投放工作，特别是针对当时几笔全省重点工程的准确评估、果断投放赢得了大家的赞许；C则努力发展了沈阳最早的几家上市公司成为自己的客户，也与一些行业大户建立了牢固的关系，二者在当年都取得了较好的工作业绩。A的经营才华在逐渐显露，C也正在适应经营的需要。

第三年的盛夏，四个人都参加了业务部有史以来第一次中层干部竞聘，方式是定岗竞聘、公开演讲，分职工代表、中层干部、部老总三个层级打分。这之中，只有B是信心百倍、志在必得，其他三人都很紧张。不知为什么，成绩最终没有公布，四个人也都没有能够入围。可有消息称，虽然四个人的分数比较靠前，但还是太年轻，需要进一步的锤炼。这时，D第一次提出了调动申请，要求调到省行科技处工作，他的理由是，作为科技人员，仅负责运行而不参加研发，自己的业务水平将无法得到进一步提高，并且，部里没有设科技部门，职务问题根本得不到解决。B这时也提出了岗位更换申请，很快，他如愿以偿地来到了信贷科工作。A、C还一如既往地做着自己的工作。

从来都是计划没有变化快。第三年的秋天，业务部又更换了一位老总和一位副总。

紧接着，第三年底、第四年初，因为人员流动，部中层干部出现了空缺，A、C 突然分别被任命为信贷科科长助理、分理处主任助理。事情来得很突然。本来是四个人的聚会，B 不知为何没有参加，而 D 也是感慨万千。年终评定，D 连续第四次被评定为优秀工作者，B 也是第三次获得此项荣誉。

第四年 6 月，业务部第一次设立科技部，D 当仁不让地直接晋升为主持工作的副科长，根本没有经历助理这一过程，终于获得了一定的施展空间，人也爽朗了许多。事情还仅仅是一个开始。A 和 C 在半年后都顺利地转为副职。可是，A 所经手的贷款渐渐出现了转贷，慢慢地，A 的牢骚增多了。C 所在的分理处的营业虽然一切安好，但是他还需要不断协调老员工的关系，好在这些业务他都曾经干过，有事又都能抢在前面干，会计柜台又破格晋升为省行二级单位，也就得到了大家的认可。可是因为面对着该国有银行沈阳地区第一次机构大整合，所在机构要从业务部当中分离出去的情况，他陷入了沉思。这一年 A、C 都通过了中级会计师的资格考试，可 B、D 因故没有参加。

第五年初，C 被调回本部破格担任个人银行部经理。但是，他这个经理当得有些难，因为他的任务是让部里的个人存款当年新增必须完成省行下达的任务，新增存款计划完成率在全省要进前三名，而上一年根本没有完成省行下达的任务。对 C 带条件上岗和任务如此之重，全部员工或多或少都有些吃惊。半年后，C 就完成了部里规定的任务。

A 也已经成为了信贷科的支柱，里里外外地忙着，虽然还是副科长，但是大家从心里已经认同他、支持他，认为他是未来科长的必然人选。D 已经成为科长，可是，越来越严格的控制制度使得他没有什么机会去搞研发了，因此有些消沉。

四、第五个年头：分离

第五年 7 月，第二次机构调整开始了，业务部也要与其他行合并。四个人都感到了一种无法言喻的惶恐。在聚会上，大家都是感言颇多。D 对每个人都给予了一段评价，他认为，A 是经营天才，有机会应当单干；B 走错了路，"师傅领进门，修行在个人"，会计基础没打牢，离开计财部更是最大的失策；C 是个业务篓子，这么能干，还是去外企吧；对自己，则是不置可否。

同年 8 月，在新机构的成立大会上，宣布任命如下：A 担任信贷科副科长，B 还是信贷科的信贷员，C 担任个人银行部副经理，配合他人工作，D 所在的科技部并入办公室，担任办公室副主任。开会时，坐在一起的 A、C、D 一直在谈着什么，一派轻松景象，与会场紧张、庄重的氛围格格不入，引得他人侧目。

成立大会的第二天，C 去省行的调令到了，要求当天报到。他愉快地与新上任的科长交接了工作，但是，走时他不无留恋地回头看了看。后来，他成了省行的处长；成立大会后半个月，A 提出了辞职，理由是想换一个环境，稍费周折，还是得到了批准，走时他很是不平、很伤心，最终他去了一家新兴的股份制银行，担任了一个支行的行长；成立大会一个月以后，D 也提出了辞职申请，理由是 IT 人员技术是生命，已经没有时光再浪费，也得到了批准，走时他还是留下了一份程序备份，虽然没有人要求他这么做，最后，他几经跳槽，现在是一家上市 IT 企业的高级技术研发人员；B 依然留了下来，现在已经成为这个行的中层干部。

A、C、D 离开时，是他们进入这家国有银行、进入这家业务部的整整第五个年头。很快，又有年轻人顶替了他们身后的职位。

五、结语

职业生涯管理是任何一个组织都会面临的问题。A、B、C、D 四个优秀的大学毕业生，从他们刚刚步入企业的那个时刻起，就已经开始了自己人生中最为重要的工作经历。尽管他们自己并没有注意到，但其自身的特质以及后天成长中的一些因素，都在或多或少地影响着他们对职业选择与发展的抉择判断。所以，我们也很难在组织中发现两个职业生涯几乎完全一样的人，这也恰恰是组织所要认真面对的问题。利用职业生涯的相关理论，能够更好地认识上述四个主人公的发展历程，正如"致青春"里所强调的一种信念，过去我们共同走过一段旅程，不过未来很可能我们会选择截然不同的道路，但我们之间的友谊将会长期延续下去。

The Career Development of Four Freshmen

Abstract: This case describes the experiences of four freshmen who were employed by a state-owned bank' branch. From the beginning, they faced many different accidents in their life, finally some of them entered different departments of this bank, and some of them chose to leave for a new opportunity. The driving factors of career development in organization are very important for the research of HRM, which helps to deeply recognize the anchors and to give employees appropriate instructions for their devotions for employers. The case is very useful for managers to understand how to establish a talent team by occupation anchors.

Key Words: Occupation Anchors; Career Development Plan; State-owned Bank; Career Resilience

案例使用说明：

四位学生会主席的职业变迁：职业生涯管理

一、教学目的与用途

（1）本案例适用于《人力资源管理》、《培训与开发》、《职业生涯管理》等课程；本案例适用对象：MBA、EMBA 和企业人力资源管理人员；本案例教学目标：通过对本案例的分析和研讨，培养学生的分析和判断的思维能力，认识到导致四位学生会主席相同起点不同结果的真正原因；通过进一步的理论分析、辩论和思索，发现和发掘本案例给职业生涯管理带来的启示；进一步分析出 HR 应该如何通过职业生涯管理来培养和发展员工，以发挥其最大价值；思考应该建立怎样的内部晋升制度以确保员工工作积极性。

（2）本案例的教学目的：通过对某国有大型银行某省分行四位员工的职业发展过程及最终结果的客观描述，帮助学员了解企业应当如何对员工进行职业生涯管理以及制定怎样的内部晋升制度以确保员工的工作积极性，进而对职业生涯管理有一个更具体的感知。随着人类社会不断发展进步，人们工作动机不再是单纯的生存需要，而是向多元化转换，人们的性格也是千差万别，传统的运作方式不再有效，人们越发重视职业生涯管理对发展员工的重要性。职业生涯管理可以为岗位找到最适合的员工，可以有效地激励员工，发掘不同员工的特长并加以利用。通过本案例的教学，能提高学习者对职业生涯管理中职业弹性的重视，掌握如何基于员工的职业锚培养其职业弹性从而提高组织的绩效；同时，还能帮助学习者建立有效的内部晋升制度。

二、启发思考题

（1）A、B、C、D 的职业锚分别是什么？职业锚的差异是如何对起点相同的 A、B、C、D 的职业生涯产生影响的？

（2）C 在职业生涯初期遇到了巨大困难，是什么帮助他渡过了难关？

（3）企业应该制定怎样的内部晋升制度以确保员工的工作积极性？

（4）C 在第二次遇到类似困境时他是如何做出反应的？结果如何？

三、分析思路

（1）了解 A、B、C、D 四个人在某国有银行省分行的工作经历，分析导致职位变动和年终评比结果的原因。

（2）具体分析职位变动和年终评比结果的原因与职业生涯管理的关系，重点分析如何根据这种关系优化对员工的职业生涯管理。

（3）探析如何应对职业发展中存在的困难。

（4）简单探讨企业应该制定怎样的内部晋升制度才能确保员工的工作积极性和低离职率。

四、理论依据及分析

1. 职业生涯管理与职业锚理论

职业生涯管理是现代企业人力资源的重要内容之一，是企业帮助员工制定职业生涯规划和帮助其职业生涯发展的一系列活动。现代企业管理学如 MBA、CEO 必读 12 篇及 EMBA 等将职业生涯管理看作是竭力满足管理者、员工、企业三者需要的一个动态过程。职业生涯管理主要包括组织管理及自我管理两种，组织管理是指由组织实施的，旨在开发员工的潜能、留住员工、使员工能自我实现的一系列管理方法；自我管理是指社会行动者在职业生命周期（从进入劳动力市场到退出劳动力市场）的全过程中，由职业发展计划、职业策略、职业进入、职业变动和职业位置的一系列变量构成。职业生涯规划可以实现企业与员工的双赢，员工因职业生涯规划与管理，对自我的优势、兴趣、能力及职业前景有了较为全面和充分的认识，通过生涯规划技术与企业提供的发展通道实现对自我生涯的管理，提升职业竞争力。企业则通过职业生涯管理了解员工发展愿望、动机与职业兴趣，在组织设计中结合员工特点，充分实现人岗的匹配，最大程度提高员工工作效能与忠诚度，降低因人员流失造成的企业成本。

在职业生涯的探索决策理论中最有代表性的是"职业锚理论"。职业锚是指当一个人不得不做出选择的时候，他无论如何都不会放弃的职业中的那些至关重要的东西或价值观，职业锚实际上就是人们选择和发展自己的职业时应该锁定的目标。职业锚的类型包括：技术/功能型、管理能力型、安全/稳定型、自主/独立型。

就本案例而言，A 和 C 属于管理能力型员工，他们注重沿着公司的阶梯爬上全面管理的位置，A、C 在刚分到会计科时主动联系校友，积极学习具体业务并在业务知识竞赛中表现优异，在第二年底工作调动之后他们依靠自身的努力积极发展人际关系，创造工作业绩，逐渐显露经营才华。第五年时，C 在新岗位上出色完成了部里规定的任务，显现出了超强的工作管理能力，A 虽然职位未有变动，但已深得民心。在最后，A 为实现自己的职业锚提出了辞职。B 属于安全/稳定型员工，B 刚入职时的任务具有很强的重复性，没有太大挑战，B 在整个五年的工作时间里表现得兢兢业业，没有为了显示才能的突出业绩表现，对所安排的工作基本上是唯命是从，最后在 A、C、D 离开此业务部时只有 B 留了下来，依靠自己一步一个脚印稳定发展为行里的中层干部。D 属于技术/功能型员工，不论 D 的工作岗位如何变动，与技术相关一直是 D 的职业要求，他也为此向行里提出职位申请，最后也是由于对技术的钟爱选择离开这家业务部。职业锚理论强调了由实际经验带来的演变、发展和发现。虽然某人可能具备了以学校表现为基础的多方面的潜在才干和能力，但是在接受出现各种情况的实际情境测试以前，它不能成为自我观的一个能动部分。A、B、C、D四人大学期间均为学生会主席，但在随后五年的工作中却展现出了不同的人物个性特征。职业锚的概念强调了完整的自我观中的能力、动机和价值观之间的互动作用，案例中A、B、C、D四人起点相同，均为学生会主席，初入该行业务部受到同样的重视，但是在职业锚的作用下，拥有了不同的结果。

2. 职业弹性理论

职业弹性是指个体灵活应对职业环境的变化，克服职业生涯阻碍的能力。就职业弹性的内涵来看，无疑它对于个体在当今快速变化、动荡、充满激烈竞争的职场上生存和成功来说具有重要意义。职业弹性本质上是一种个体属性，体现出对外部环境变化积极适应的能力，它是心理弹性在职业环境下的应用和表现。职业弹性体现个体对职业生涯的信心、希望、乐观和坚持，致力于不断地提升自我学习能力，以增强个体在面对可能的逆境时的自我管理能力。高职业弹性者会展示主动性、目的性行为和高效率，相反，低职业弹性者会显示退缩行为、焦虑、困惑、低效率等。关于职业弹性后效的结果变量包括工作满意度、职业满意度、组织承诺、离职倾向、工作幸福感、绩效等。

就本案例而言，A、C、D均表现为较高的职业弹性，具有主动性人格。在发生职位变更时，他们能迅速投入新的工作环境，创造好的绩效，充分展示了主动性和高效率。尤其是C，第一次因很小的业务问题与女副总经理发生争执后被调整到前台出纳的岗位，并且年终评选四人中唯独C没有被评为先进，但是C没有采取焦虑退缩等怠慢行为，而是通过做主持人这一技之长再次获得大家的认可，显现出其较强的克服职业生涯阻力的能力，在C第二次遇到经营问题时，鉴于第一次的经验，C处理得十分得当，由此也展现了C具有很高的情商，再次验证其具有高职业弹性。主动性个体更加积极主动地参与职业生涯自我管理，搜寻工作和组织信息，制定职业发展规划，坚持不懈地解决职业生涯中的障碍，不断学习晋升所需要的知识、技能等。在目标的引导下，他们能够战胜职业生涯管理中的各种困境和难题，有利于取得职业成功。B的职业弹性一般，从入职情况来看，A、C、D均来自校园招聘，他们初入该行业务部时的人际关系网是相同的，而B是经由推荐录取的，入职初期B具有人脉上的优势，在随后几年的发展中，B虽然也在稳步上升，但是相比其他三名员工来说，其缺乏主动积极性，入职初期的人际优势也随着时间逐渐消失，可见，在一个组织中，员工的成长主要依靠的是其能力而不是关系，如果能力不足是无法成长的。当然B是很有能力的员工，但受其职业锚影响，在与其他三名员工对比之下显出了较为一般的职业弹性。

3. 有效的职业生涯管理方法

在员工的整个职业生涯中，企业最需要在入职初期对其职业发展情况进行考虑，企业在监督指导新员工的技能方面的特殊培训十分重要。企业可以通过招募时提供较为现实的未来工作展望来降低现实冲击，提高新员工的长期工作绩效。企业可以为新员工提供一个富有挑战性的最初工作，以便员工能通过承担有挑战性项目的工作小组而迅速地找到自己的位置。另外，企业对新员工要严格要求，提供阶段性的工作轮换和职业通路。企业要形成以职业发展为导向的工作绩效评价，鼓励进行职业规划活动以保持和促进员工的工作积极性。

在个人早期职业发展过程中逐步确立职业定位，提高职业适用性。新员工经过认识、塑造、充实规划自我等诸多前期准备，经过一定的科学职业选择，进入企业组织，这本身即代表了该员工对所选职业有一定的适合性。但是这种适合性只是初步主观上的认识，企业需要通过员工在不同的工作岗位之间轮换，了解员工的职业兴趣爱好、技能和价值观，在经过工作实践之后，确定员工的职业锚，将他们放到最合适的职业轨道上去，实现企业和个人发展的双赢。

公司有必要了解员工的职业弹性，以便帮助员工成功应对职业变革所带来的压力，通过培养员工的职业弹性，组织也可以从中获得巨大收益。在动荡的组织环境下，组织要保持足够的灵活性、适应性与学习能力。高职业弹性的员工将寻找有挑战性的任务来提升自己的可雇用性。因此，拥有一批高素质的、具有强大的适应能力及学习能力的员工对于组织来说是一种巨大的资源优势，对于提升组织核心竞争力至关重要。要培养员工积极主动参与职业生涯自我管理，坚持不懈地解决职业生涯中的障碍，不断学习晋升所需要的知识、技能等。组织则可以将主动性人格和职业弹性作为招聘和选拔人才的一种参考依据，通过设计相应的培训项目来识别员工的职业弹性。

4. 内部晋升制度

企业内部员工的配置合理与否直接影响着员工对企业的归属感，影响企业竞争优势的获取与维系。现在社会的经济人对晋升的关心多于对薪酬的关注，企业职务晋升的有关政策、方法、标准和程序等，直接影响着员工对企业的归属感。根据调查，在员工的众多离职原因中，企业的晋升机制是否健全占了很大比重。

就本案例而言，最终导致 A、C、D 离开本行业务部的原因除了职位任命与其职业锚不匹配外，还包括本行不健全的内部晋升制度。在第一次中层干部竞聘中四个人分数都比较靠前，但是由于太年轻、需要进一步锤炼等原因没能够入围。这对四人的工作积极性无疑产生了负面影响。此时 D 和 B 都提出了职位更换申请，D 的申请理由充分体现了其职业锚，B 的申请很快就得到了批准。

建立健全的内部晋升制度对增强员工工作积极性和降低离职率有重大意义。内部晋升制度的制定要尽量涵盖新岗位所需要的全部条件，本案中的三个层级式晋升缺乏对员工工作经验的考虑，应该在事先做出明确的规定，如某职位必须要有几年的工作经验等具体细化要求，这样的事先明确能够减少事后员工的不满情绪。在进行内部晋升时，不同部门的职位要求不同的技能，首先要充分考虑能力的契合，对具体的部门和工作经验提出要求；不同的职位也应区别对待，职位越高需要考虑的因素越多，限定条件也越多；在发出内部晋升通知之前一定要尽可能考虑对新职位有影响的所有因素，从而对员工的参选资格做出事先明确，不能草率大意，避免结果背离此前的承诺，由此减少由于内部晋升制度不健全带来的负面影响。

五、背景信息

本案例发生在某国有大型银行省分行，当时我国大学生分配正处于双轨制阶段，部分学生仍然是包分配的传统形式，另一部分学生则是由企业自主招聘。在这个过程中，通过包分配形式进入到企业的新员工往往会比其他新员工具有更多的人际关系资源，这可能会影响其未来的职业发展。

六、关键要点

（1）关键点：职业生涯管理中的职业锚、职业弹性，尤其是如何优化职业生涯管理。

（2）关键知识点：人力资源管理、职业生涯管理。

（3）能力点：分析与综合能力、批判性思维能力以及实践力。

七、建议课堂计划

本案例可以作为专门的案例讨论课来进行。如下是按照时间进度提供的课堂计划建议，仅供参考。

整个案例课的课堂时间控制在 90 分钟。

（1）课前计划：发出启发思考题，请学员在课前完成阅读和初步思考。

（2）课中计划：

1）开场白：职业生涯管理对人们的职业生涯规划与实践，以及对企业的人力资源管理水平的提高均做出了重要贡献。职业生涯管理理论对企业完善职业生涯管理有着至关重要的作用：一是该理论具有广泛的适用性和实用价值，能为组织合理有效地利用和开发人力资源，尤其是对人员分配和职位调动提供理论指导；二是在个体职业管理实践层面，由理论而形成的各种具体的职业倾向测评、职业规划、开发工具和各种操作模式能帮助人们实现自我价值，为人们追求职业成功提供有力的帮助。通过阐述本案例四名学生会主席的职业变迁，结合其中蕴含的理论基础，可以使大家了解、掌握相关的职业生涯管理理论；并且通过大家对本案例的分析、讨论，可以总结出企业如何对员工进行合适的职业生涯管理，从而实现企业最大获利和个人自我发展的双赢。

2）课堂发言（10 分钟），简单扼要、明确关键焦点。

3）分组讨论（30 分钟），发言要求，准备发言大纲。

4）小组发言（每组 5 分钟），幻灯片辅助，控制在 30 分钟。

5）引导全班进一步讨论，并进行归纳总结（20 分钟）。

6）结束总结：经过大家课前案例阅读，对人力资源管理、职业生涯管理、职业锚理论、职业弹性理论等有了了解；经过课堂理论结合实际的讨论、辩论和比较分析，大家对职业生涯管理与个人职业生涯发展的关系有了一个基本的了解，更为重要的是，大家对企业如何对员工进行有效的职业生涯管理有了一个深入的了解，有利于帮助企业在人力资源管理方面获取更多利益。

（3）课后计划：请学员写出案例分析报告（2000~2500 字）。

八、相关附件

本案例包含附图：案例发展时间脉络图。

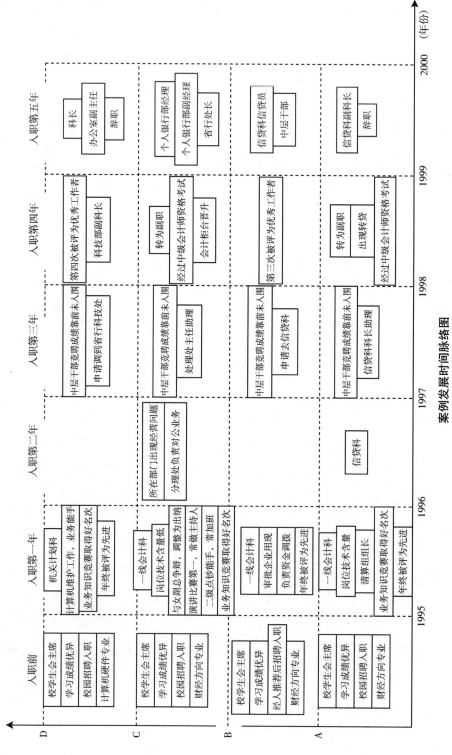

案例发展时间脉络图

● 案例九

名校硕士研究生毕业受挫酿悲剧

案例正文：

名校硕士研究生毕业受挫酿悲剧①

摘　要： 本案例描述了中山大学一名硕士研究生蔡洁挺，因临近毕业时未能按期完成论文写作任务，加上找工作不顺利，由于缺少理性信念的自我调适，进而被非理性信念控制了自己的思想，导致情绪极度恶化，最终选择自杀的事件。此案例警醒人们在遭遇负性事件时应学会用理性信念调节自己的情绪，克服心理障碍，从而渡过生活中的各种难关。

关键词： 硕士研究生；挫折教育；理性情绪行为疗法

一、引言

中山大学研究生蔡洁挺自杀。

2014年4月16日，中山大学一男研究生蔡洁挺在其公寓楼二楼自杀。4月17日，这一天是中山大学历史系2012级硕士研究生提交毕业论文的最后期限，25岁的历史系

---

① 本案例由辽宁大学商学院王鉴忠、郝璐共同撰写，版权归案例研究中心所有。未经允许，本案例的所有部分都不能以任何方式与手段擅自复制或传播。
　　由于企业保密的要求，在本案例中对有关名称、数据等做了必要的掩饰性处理。
　　本案例只供课堂讨论之用，并无意暗示或说明某种管理行为是否有效。

硕士生蔡洁挺却选择在这一天到来之前结束生命，当他决定用黑色的腰带结束自己正处于青春年华的生命时，悲剧就已经注定。

没有一个目击现场的同学愿意详细描述那晚的"一幕"。只有小庄在事发第二天给学院写的一份1800余字的情况说明中，用寥寥300余字叙述他那晚经历的一切。4月16日晚上9点22分，目睹现场后的小庄拨出了第一个电话。医务人员赶到后，看到蔡洁挺就表示不用叫救护车了，因为已经没有抢救的希望。这间号码为223的寝室门前，蔡洁挺的室友小庄外出跑步归来，"看到那始料未及的一幕"——蔡洁挺"用自缢的方式"，"选择了离开"。

二、少年优秀、大学"学术帝"

作为家中最小的孩子，蔡洁挺曾经是家人的骄傲，父母含辛茹苦地养育子女，给予他们全部的爱。蔡洁挺也没辜负父母期望，从小好学，孝顺父母，关心家庭。高考以优异成绩考入名校中山大学，就读于历史系。历史系一直是中山大学的强势学科，是个让学生们"倍感骄傲的专业"。

在同学们的记忆里，蔡洁挺温和、乐观，心思缜密，对待学习严谨认真。读书期间，蔡洁挺被同学评价为"淡泊名利"，他大一就成为了校学生会干事，可大二便退出了。评奖学金时，班级干部拿加分表给他，他看都不看一眼，"没必要"。

"他没功利心，凡事都看自己的爱好。他选课从来不看哪门课容易拿学分，而是选择喜欢的课，哪怕课程难、老师严格，他也不在乎。"蔡洁挺一位同班同学说。

蔡洁挺成了本科班上的"学术帝"，他常泡在图书馆，并发表了论文。多年来蔡洁挺一直认真努力潜心读书、钻研学术，学习能力超强，当时只花了一个月就完成了本科毕业论文。因为成绩优异，曾经免试被录取为中山大学历史系的硕士研究生。读研选择导师也是高标准。他的导师徐教授学术造诣很高，但极其严格，他的学生有延期毕业的，但蔡洁挺说自己愿意迎难而上。

三、论文延期陷绝路

蔡洁挺出事前一周左右的时间陷入痛苦。原因是蔡洁挺得知了自己将会由于毕业论文未能按时完成而延期毕业。随后，他变得"心事重重"，"走廊打电话的次数也变得频繁起来，有好几次独自唉声叹气"，以及"苦笑、发呆"。

据同学和蔡洁挺的姑父介绍，蔡洁挺的论文是关于孙中山故居翠亨村的地方文献。他也提过，这一论文资料难以收集，难度较大。因为这一难度大的论文，蔡洁挺曾去翠亨村的孙中山故居纪念馆实习，但仍没做好材料搜集工作，手头的所有材料就只有四本书，不足以完成论文。而且他也把大多时间花在了找工作上。

室友小庄回忆，直到出事前两三天，蔡洁挺都在起早贪黑地整理论文。有同学劝他应付了事，但蔡洁挺容不得给论文"注水"，他确定地说"完不成的"。

根据中山大学的规定，2014 年 4 月 17 日是硕士研究生提交毕业论文的最后期限，如果不能按时提交，必须提交延期毕业申请，延期毕业后，可以有半年到一年时间完成论文，取得毕业证。

在中大历史系，延期毕业曾发生过数次。但小庄注意到，蔡洁挺却为此陷入"深深的懊悔和自怨自艾中"。

2014 年 4 月 9 日，蔡洁挺给身在日本的导师写了一封题为"无从开口的延期申请"的长信，他写道，"自知延期答辩将是此生永难弥补的缺憾"，此外"于求职方面亦不如意，自我鄙薄之下渐生自暴自弃之念，兼之家中亲人稍欠安康，自此学生日益陷入逃避与谎言的泥潭之中，难以自拔"。

他在通过 QQ 与导师联系时，还用"痛不欲生，惶惶终日"描述自己的境况。

蔡洁挺的导师曾劝他不要自责，但蔡洁挺在信中写道，"自己永远不停在找寻退路，即使退路有时无异于绝路"。

四、优势学科冷门专业工作难找

在遗书中，除了无法按时毕业，找不到工作是蔡洁挺陷入绝望的另一个原因。

2013 年 12 月，同学李军（化名）在宿舍楼下碰到蔡洁挺时，蔡洁挺怅然说："目前论文还没写，工作也还在找。"他脸上起了很多痘，"神色很压抑"。他告诉李军，之前应聘上一家海口的公司，但因为与自己一直生活的地方相距太远，因此他选择了放弃这份工作。他最理想的情况是在经济较为发达的珠三角地区找一份专业对口的工作。虽是名校硕士但对于历史系毕业生，面对现在的就业形式，承受的找工作的压力显然不小。

2014 年 1 月，几位同学一起吃饭，吐槽求职各种遭遇，蔡洁挺只是认真地听着，偶尔笑一笑，始终不怎么说话。"看得出他有心事，不方便说罢了。"一位同学说。

也是这年毕业的蔡洁挺同系同学李岩（化名）介绍，历史系一直是中山大学的强势学科，但这个让学生们"倍感骄傲的专业"在面对市场时就不那么强势了。许多招聘文职的企业在招聘条件中写明了要中文、哲学系，却少有要历史系的。

本科毕业时，奔波在各城市间找寻工作的李岩曾在火车上痛哭起来，"很强的挫败感"。他不知投了多少企业，回应寥寥无几。尽管特意选择发展落后的小城市的中学，可还是以失败告终。

据新华社昨日报道，蔡洁挺虽然是极端案例，但随着毕业季来临，毕业生对于未来的焦虑心态普遍存在。一所一线城市理工名校的硕士毕业生坦言："越是好学校的学生，找工作的心理落差越大，会倾向于自责，觉得对不起所有人。"

甚至还有个别的受访毕业生称，面临未知世界的诸多不如意，失眠常常光顾，有时在挫败和孤立中确实处于崩溃边缘。

冷门专业对口工作"难找"，除了历史系的就业压力，蔡洁挺的专业相对冷门，也令他在找工作方面受到很大的限制。蔡洁挺的专业是文物与博物馆专业，专业对口的工作基本集中在博物馆、纪念堂，但机会非常"难得"。

同样是中山大学文物与博物馆专业毕业的小林在校时曾在广东一家小博物馆实习过半年，但她对一个月两三千元的收入和"半年就办一次展览"的工作十分不满。广东省博物馆是小林等文物与博物馆专业学生羡慕的地方，工资高，各式展览也多，可招聘条件让小林等人望而生畏，"一般都要海归"。2014年从中山大学历史系毕业，进入广东佛山一家博物馆工作的张东介绍，省级博物馆对想从事文博专业的学生非常有吸引力，但"省级博物馆一般要博士以上学历"。而且博物馆、纪念堂编制难求。他所在的佛山的一家博物馆，虽没有省博物馆那么热门，当年招考因为有编制，也是许多学生挤破头。

蔡洁挺的姑父记得，蔡洁挺曾找了两家单位，面试时都因"形象不佳"被淘汰。蔡洁挺在日记里写着，这肯定是因为个头的原因，他身高只有157厘米。

蔡洁挺家里可以在潮汕老家为他安排工作，但他曾告诉同学，他不想回老家，也不满意家里安排的工作。在出事前，蔡洁挺的一位同学了解到，除了被他拒绝的那份海口的工作，蔡洁挺没有找到别的工作。

据中山大学历史系提供的资料，到2015年4月底，文物与博物馆专业2014届毕业生11人，蔡洁挺去世，另有一人延期毕业，将要毕业的9名学生中，已有5人基本上落实了就业单位，其他4人正在积极求职。

五、生死一念间：蔡洁挺"重压"之下踏上不归路

同学们至今不敢相信蔡洁挺会做出这样的决定，猜不透其中缘由。

在他们的记忆里，蔡洁挺情绪不激烈，思想也不复杂，室友小庄记得，蔡洁挺话不是很多，也不太愿意完全讲出自己的心结，总是点到即止。蔡洁挺给同学们印象很深的一点是，大一大二时在珠海校区时，他总是一个人去学校后山，他说喜欢在"湖光山色中徘徊，仿佛回到了小时候"。

蔡洁挺"学术帝"的优越感，使他对自己的要求过分苛刻，难以接纳现实的自我。本科毕业时，尽管成绩足够优秀获得保研，他仍觉得做得不够好。大家写四年来最遗憾的事，有的人会写没谈恋爱、没有拿过奖学金，他写的是"虚度光阴"。

读研时，尽管他很严谨、刻苦钻研，但他在出事前曾懊恼地自责，说自己曾有过大把的时间，但都在无聊的消遣中虚度时日，"真不知道自己这两年来都做了些什么！"

据同学回忆，得知自己延期毕业"板上钉钉"时，蔡洁挺一度陷入自怨自艾中，他频繁地到走廊打电话。蔡洁挺认为延期毕业让找工作变得更不现实，这让他怀疑"人生轨迹莫非就因此而改变"。室友小庄回忆，在他生命的最后那段日子，尽管被焦虑和绝望折磨，但蔡洁挺自始至终都未说过一句抱怨他人的话。他在日记和给导师的信里一直在深挖细刨自己的"过失"。

他不是性格忧郁的人，但在生命的最后几个月里，他完全变了，尤其是最后一周，他情绪低落到了极点，常常苦笑、发呆。留在寝室书桌上的遗书里，蔡洁挺吐露了做出这个决绝选择的最后心迹："找不到工作，也无法按时毕业，无颜以对。""一切发生得太过突然。"室友小庄的情况说明里第一句如此写道。

在小庄看来，蔡洁挺的绝望来自面对挫折时，开始深挖细刨之前的过失，"小蔡把所有的矛头都对向自己，自始至终都未说过一句抱怨他人的话，他变得悔恨、敏感和自我怀疑"。有些情境下将失败完全归因于相对稳定的内部因素（如缺乏能力或努力），不仅会产生羞愧和内疚，情况严重时甚至会丧失生活的动力。显然，蔡洁挺同学把造成所有挫折的原因完完全全归结为自身的因素，让自己进入找不到任何光明的死胡同。但没有人意识到蔡洁挺的思维已经走入死胡同。蔡洁挺遗书的最后写着"痛苦啊"。见过他遗书的姑父印象深刻：这三个字用巨大的字体写了两遍。这是怎样的一种心灵上的折磨才会让他有如此强烈的痛苦感，抑或是他从未找到正确的方式排解这种痛苦，任由它占据心里最重要的位置，甚至丧失了理性思维的能力。遗书写在一张活页纸上，笔迹凌乱，一部分是横的、一部分是竖的。对于想不开的原因大致写了两点：无法按时毕业，找不到工作。

在分析大学生自杀事件的特点时，广东省教育厅有关负责人曾公开表示，自杀事件大部分发生在2~4月和9~10月这两个换季时期，案件主要集中在重点本科院校。一名面临毕业的广州高校学生告诉记者，"就业几乎是我人生中迄今为止遇到的最大困难"。也许面对就业问题我们都有压力，如何调整自我，理性思维就显得尤为重要。

具有高学历背景的学生们看似知识渊博，但他们中的大部分与真实残酷的世界脱轨，长期生活在理想化的世界中，像蔡洁挺同学一样对工作的选择和毕业论文的要求都近乎完美。追求完美无可厚非但结合现实才更具现实意义，方能可持续发展。高校毕业生在走入社会之前选择自杀的人数呈逐年递增的态势，面对这种情况，知识武装头脑固然重要，强化我们的内心、学会理性全面地思考问题才能确保我们"完美"地与社会接轨。

中山大学历史系称，系里正在按计划准备召开学生就业工作座谈会，并对遇到困难的学生进行深入指导和帮助。学校的正确指导和对就业问题的准确定位将会为面临就业压力的毕业生们重塑正确的就业观和择业观。

Elite School Graduate Student Frustrated
Suffered Tragedy

Abstract：This case describes a postgraduate student Caijieting in Sun Yat -sen

University, was unable to finish his paper writing task near graduation, and looking for a job didn't go well. Because of a lack of self-adaptation of rational beliefs, and then his own thoughts were controlled by irrational beliefs, leading to the deterioration of the emotion, finally chose to commit suicide. This case warns people should attach great importance to the individual who suffered from negative event should learn to use rational beliefs to adjust their emotions and overcome the psychological barriers, so that through the various difficulties in life.

Key Words：Graduate Student；Suicide；Rational Emotive Therapy

案例使用说明：

名校硕士研究生毕业受挫酿悲剧

一、教学目的与用途

（1）本案例主要适用于组织行为学中知觉的选择性、心智模式、情绪智力、压力管理、心理韧性等专题课程。

（2）本案例的教学目的是让学生们懂得从新的视角去认识个体在工作、生活和学习中遭遇的负性事件，并学会运用理性情绪行为疗法，化解负面情绪和心理压力，避免悲剧的发生，确保个体能在任何境遇中保持积极乐观的生活态度，从而拥有一颗强健的内心笑对人生的风雨，活出生命的意义。铭记美国心理学家弗兰克的箴言："人所拥有的任何东西都可以被剥夺，唯独人性最后的自由——也就是在任何境遇中选择自己态度和生活方式的自由——不能被剥夺。"

（3）本案例的教学对象是专业硕士（MBA 学员）、普通研究生、本科生。

二、启发思考题

（1）运用艾利斯的理性情绪行为疗法理论（ABCDEF）及其核心观点对蔡洁挺的悲剧进行深度分析。

（2）你如何看待蔡洁挺的悲剧？除了个人原因还有哪些其他影响因素？

（3）结合个人曾经或许将来可能遇到的负性事件，尝试运用艾利斯的理性情绪行为疗法进行分析，并设法化解心理困境，消除烦恼、痛苦。

三、理论依据及分析

1. 理性情绪行为疗法理论的演进逻辑

理性情绪行为疗法是由艾利斯于 1955 年所创的理性治疗发展而来。最初他所用的名称为理性治疗（Rational Therapy，RT），到了 1961 年才改为理性情绪疗法（Rational Emotive Therapy，RET），直到 1993 年艾利斯又将理性情绪疗法更改为理性情绪行为疗法（Rational Emotive Behavior Therapy，REBT）。因为他认为理性情绪疗法会误导人们以为此治疗法不重视行为概念，其实艾利斯初创此疗法时就强调认知、行为、情绪的关联性，而且治疗的过程和所使用的技术都包含认知、行为和情绪三方面。

2. 理性情绪行为疗法 ABC 理论机理

艾利斯理性情绪行为改变理论实质上可概括为"ABC 理论"。ABC 理论认为，当我们遇到诱发性负性事件 A（Adversity），继而产生对该事件的看法、解释和评价，即信念 B（Beliefs），最终引发人的情绪及行为结果 C（Consequence），即 A→B→C。通常人们认为，人的情绪的行为反应是直接由诱发性事件 A 引起的，即 A 引起了 C。ABC 理论指出，诱发性事件 A 只是引起情绪及行为反应的间接原因，而人们对诱发性事件所持的信念、看法、理解 B 才是引起人的情绪及行为反应的更直接的原因。合理的信念会引起人们对事物适当的、适度的情绪反应；而不合理的信念则相反，会导致不适当的情绪和行为反应。当人们坚持某些不合理的信念，长期处于不良的情绪状态之中时，就容易导致情绪障碍的产生。

理性情绪行为改变的训练就是教会人们如何将悲观的非理性错误信念 B，改变成乐观理性的 B'，从而将消极情绪及后果 C 改变成积极的 C'，即：A→B'→C'。

因为情绪是由人的思维、人的信念所引起的，所以艾利斯认为每个人都要对自己的情绪负责。他认为当人们陷入情绪障碍之中时，是他们自己使自己感到不快的，是他们自己选择了这样的情绪取向。不过有一点要强调的是，合理情绪治疗并非一般性地反对人们具有负性的情绪。比如一件事失败了，感到懊恼，有受挫感是适当的情绪反应。而抑郁不堪，一蹶不振则是所谓不适当的情绪反应了。

有人称艾利斯是自弗洛伊德以来唯一创建具有自己理论体系的心理治疗学派的心理学家，还有人称他为认知—行为治疗之父。但也有人不以为然，认为他无非是取人之长、略加综合而已。尽管褒贬不一，但他所倡导的合理情绪行为疗法却是得到一致推崇的。艾利斯把其信奉的哲学观点与讲究实效的行为主义结合起来创建了理性行为疗法。虽然这种疗法起初遭到几乎所有治疗家的激烈反对，但他通过不懈的努力，坚定地捍卫了理性行为疗法，并使该疗法在实践中获得巨大成功，最后使其反对者不得不信服和接受。

艾利斯信奉的哲学观点是现象主义哲学、实用主义哲学和人本主义哲学，他把这些哲学观点与行为主义相结合，提出了理性行为疗法的依据。该依据认为人们是由于那些不合理的思想才导致心理障碍的。因此，如果使患者认识到这些不合理思想，并使其转化为合理的思想，就能取得有效的治疗结果。

合理情绪疗法的基本人性观，认为人既是理性的，也是非理性的。因此在人的一生中，任何人都可能或多或少地具有上述某些非理性观念。只不过这些观念在那些有严重情绪障碍的人身上表现得更为明显和强烈，他们一旦陷于这种严重的情绪困扰状态中，往往难以自拔，这就需要对之应用合理情绪疗法的理论和技术加以治疗。

合理情绪疗法的主要目标就是减低求助者各种不良的情绪体验，使他们在治疗结束后能带着最少的焦虑、抑郁（自责倾向）和敌意（责他倾向）去生活，进而帮助他们拥有一个较现实、较理性、较宽容的人生哲学。

3. 完整的理性情绪行为改变（REBT）理论构成和操作机理

先确定目标（Goal，G）。

A：激发事件和困境（Activating Events，or Adviesities）

假如你的目标和兴趣在 A 阶段受到阻碍，产生短暂的消极情感反应，这是正常健康的，有助于你继续追求自己的愿望和目标。只要不产生"自我攻击性（自我挫败、自虐式）的行为后果"即可。

B：想法（Beliefs）指人们对 A 事件所持的想法和评价。

（1）优先考虑事项、愿望和要求。——"只不过是我优先考虑的事项而已"。

——这种想法会给你带来有益的健康的消极情绪（后果是建设性的行为 C）。

（2）非理性绝对化要求，有"强求、必须、应该"等内容。

——"我绝对不能被拒绝！我真是无法忍受！"——这种想法会给你带来有害的情绪。（自我攻击的行为，压抑、惶恐不安、自我厌恶等）具体表现为：

a. 要求绝对化：三个必须（自我成长、人际情感、生活环境）。

b. 过分的概括化（过度推论化—以偏概全—贴标签）。

c. 糟糕透顶（后果恐怖化）。

d. 受不了了（不幸夸大化）。

e. 抗拒事实，否认接纳当下负性事件的非理性信念。

f. 选择性观察。

C：后果（Emotional and Behavioral Consequences），指观念或信念所引起的情绪及行为后果。

（1）建设性的情绪及行为后果 C。

（2）非建设性的情绪及行为后果 C。

破坏性的情感和行为方式：自我攻击的行为，压抑、惶恐不安、自我厌恶等。

D：反驳（Disputing Irrational Beliefs），指劝导干预。

反驳之前，先承认自己的破坏性想法，即非理性信念（IB），然后再挑战它们、反驳它们，直到改变为健康理性的想法（RB）或优先考虑的事项。

三种反驳方式：

（1）基于现实与经验的反驳。

这种"我是绝对不能被拒绝的"的想法的证据在哪里？

答案："没有证据。这只是我固执愚蠢的想法而已！""必须、绝对的法则是不存在的。"

（2）基于逻辑的反驳。

如，对"失恋即痛苦"的非理性信念反驳："难道失去了这个可能成为我伴侣的人就能证明我是一个毫无价值的人吗？"

答："不能。它只证明这一次我失败了，但不能证明我就是一个失败者。从逻辑上讲，我根本不能从'这一次我表现不好'就得出'我是一个可怜的弱者'的结论。"

（3）基于实用性的反驳。

"如果我一直相信'我绝对不能被拒绝'、'我无法忍受'这样的想法，这些非理性信念将会给我带来什么？"

答：什么都没有，只会让自己压抑、不断受挫。

如果主动坚持对具有自我攻击的非理性想法进行反驳，不久就能形成理性想法。

"我很不愿意被拒绝，但仍可能找到一个能接受我的人。就算找不到，我仍然能够快乐地生活。这一次失败了，并不能说明我是一个失败者。被拒绝是不好，但称不上是'糟糕透了、无法忍受'。我当然不喜欢被拒绝，但我也能承受它，我能在这之后仍然继续自己快乐的生活。"

总之，反驳的焦点主要有以下几点：糟糕化、我受不了主义、自我责备和责备他人、过度泛化、自我辩解等。

E：一种有效的新哲学思想（Effective New Philosophy），指治疗或咨询效果。

F：New Feeling，指治疗或咨询后的新感觉。

人们面对外界发生的负性事件时，会产生消极的、不愉快的情绪体验，经过劝导干预（D），发现人们对事件的不合理信念（B）（想法、看法或解释）才是真正原因所在。因而以理性的信念取而代之，从而会产生积极的情绪及行为，心里的困扰因此消除或减弱，产生愉悦充实的新感觉（F）。

四、问题分析及答案

教师可以根据自己的教学目标（目的）来灵活使用本案例。首先详细讲解艾利斯的理性情绪行为疗法理论；其次联系案例让学生自己进行分析；最后教师进行总结，提出完整的分析答案，仅供参考。

（1）依据艾利斯理性情绪行为疗法 ABCDEF 对这一案例进行分析，结果如下：

A 负性事件：

一是毕业论文完成不了，要延期半年；二是未找到理想的工作，遭受挫折（间接事件 A：身高 1.57 米，历史专业就业难）。

C 后果：

情绪恶化：最后一周，他情绪低落到了极点，常常苦笑、发呆。他变得"心事重重"，"独自唉声叹气"，陷入"深深的懊悔和自怨自艾中"；遗书的最后写着"痛苦啊"，这三个字用巨大的字体写了两遍；最后被焦虑和绝望折磨，"痛不欲生，惶惶不可终日"，选择自缢。

从案例描述可清晰地看出，导致自杀的根源其实并不是"A——论文延期和找工作受挫"，而是一系列的"非理性信念 IB"所致。下面看看其 IB 的具体错误。

IB 非理性信念：

"找不到工作，也无法按时毕业，无颜以对"——后果糟糕化（糟透了，太可怕了）。

陷入"深深的懊悔和自怨自艾中"——低挫折容忍度（我受不了）。

"自知延期答辩将是此生永难弥补的缺憾"——固执己见的绝对化要求（必须、应该）。

"自己永远不停在找寻退路，即使退路有时无异于绝路"。

遗书的最后写着"痛苦啊"。

"自知延期答辩将是此生永难弥补的缺憾"。

——低挫折容忍度（我受不了——不幸夸大化）。

本科班上的"学术帝"，他常泡在图书馆，并发表了论文。本科毕业时，尽管成绩足够优秀获得保研，他仍觉得做得不够好。大家写四年来最遗憾的事，有的人会写没谈恋爱、没有拿过奖学金，他写的是："虚度光阴"。——以偏概全。

"真不知道自己这两年来都做了些什么！"他在日记和给导师的信里一直在深挖细刨自己的"过失"——自我成长评估绝对化（过分自责、否定）。

D 反驳（与他辩论）：

1）持有的这种想法是有益的还是自我攻击的？

答：自我攻击的。

2）证据在哪？

答：找不到工作，论文延期产生一定的焦虑情绪可以理解也是正常的，但绝不会严重到"痛不欲生"，更不用说"自杀"，因此毫无根据。

3）是否符合现实和逻辑？

答：既不符合现实，也不符合逻辑。"找不到工作"不符合现实和逻辑。中山大学的硕士生，找份理想的工作不一定能实现，但找一份一般收入的工作还是容易的事，论文延期了虽然让人苦恼，但也属于正常现象，在之前本专业就已经发生过。自觉"受不了"，过分自责，最后自杀完全不符合现实和理论逻辑。

4）符合他的利益吗？

答：痛苦，自杀最后导致牺牲了自己的生命，还给家人和社会带来无法估量的损失。因此，不符合他的利益。

5）找不到工作，论文延期真的是糟透了吗？真的无法忍受吗？

答：不是。这些事至多可能引起一定的心理焦虑、烦恼，其实困难只是暂时的，通过各种方法和途径相信总能找到工作的。论文延期，虽然耽误半年时间，但从一生的时间来看，并没有什么大不了的事情，攻读硕士或博士学位多读几年是属于极为常见的事情，只是蔡洁挺个人主观的非理性信念扭曲了对"找不到工作，论文延期"的认知，其观点是以偏概全、过度推论的。

E 有效的新哲学思想：

作为中山大学的历史专业研究生，虽然找理想的工作有点难度，但是找个一般的工作还是能够做到的。论文延期半年，对于一位直接保研的学生来说，他还很年轻，从一生的角度来看，并不会耽误什么事情，相反更能使自己的心智得到磨炼，学术功底更加深厚。其实，人生的一大悲剧就是"少年得志"，一个人人生之路太顺利了往往会变得肤浅、狂妄、刚愎自用，导致缺少自我反思的能力和智慧。华为公司原副总裁李一男的悲剧就是如此。年少时进入华中科技大学少年班，硕士毕业进入华为公司，然后职位发展呈火箭式飙升，28岁就成为华为公司全球副总裁。尽管如此，李一男心有不满，离开曾经培养他的华为公司成立了自己的公司，最后因领导力缺乏等原因创业以失败告终。所以，年轻时经历一点挫折对于人生的成长是必要的也是有益的。只会使自己变得更加坚强。不经历风雨，怎么见彩虹！蔡洁挺的悲剧完全是其个人非理性信念所导致的。因此，加强理性情绪行为疗法方面的学习教育，对当今我国大学生的心智成长来说是极为必要的。如果蔡洁挺的非理性信念能够及时被驳斥并消除，他的悲剧就不会发生。

F 新感觉：

如果蔡洁挺能够经过 D 的反驳，产生有效的新哲学思想，就不会因为找不到工作和论文延期而痛苦不堪，也更不会自杀了。相反，把困难当作功课、视为磨炼和成长，就能更好地激发自己的生命动力，不仅不必忧虑、痛苦，更不会自杀，相反，在应对生活、学习的挑战中始终保持积极乐观的情绪，最终体验和发现生命的意义。正如世界大文豪歌德所言："苦痛、欢乐、成功、失败我都不问，男儿的本色原本就是昼夜不停！永远在路上，最终的结果其实不重要，自我超越的本身才是生命的意义所在！"

（2）你如何看待蔡洁挺的悲剧？除了个人原因还有哪些其他影响因素？

答：悲剧的发生是因为忽视了心理素质教育，智商很高、情商很低。社会在学生的教育过程中只要求结果，以结果论英雄，所以导致学生遇到偏离预期的结果就仿佛遭遇极大挫折。同时除了学生不会运用理性疗法解决情绪问题，我们的家长在家庭教育中往往方法欠佳，一部分采用体罚的方式，另一部分则过于溺爱，问题发生时不去关心孩子的内心世界，在"为英雄论"的情境下导致孩子越来越承受不住学业中遇到的挫折。个人心理素质，应试主导的国家教育体制及家庭教育的失败共同导致了蔡洁挺式的悲剧。

（3）结合个人曾经或许将来可能遇到的负性事件，尝试运用艾利斯的理性情绪行为疗法进行分析，并设法化解心理困境，消除烦恼、痛苦。

答：最好结合自己经历的而不是他人的负性事件进行分析，熟练掌握理性情绪疗法的操作方法。

A 负性事件：

某某遭遇车祸，重伤。

C 后果：

陷入极端痛苦之中，整日以泪洗面，精神涣散。

IB 非理性信念：

某某遭遇车祸重伤带走了全部的生活希望，仿佛自己就是个废物，人生从此完了。

D 反驳（与他辩论）：

1）持有的这种想法是有益的还是自我攻击的？

答：自我攻击的。

2）证据在哪？

答：没有证据，只是个人的主观想象而已。

3）是否符合现实和逻辑？

答：既不符合现实，也不符合理论逻辑。很多残疾人如盲人海伦·凯勒，小儿麻痹症患者崔万志等，依然取得了辉煌的成就。

E 有效的新哲学思想：

人是智能动物，心灵的残疾远胜于身体的残疾，只要心有梦想就有成长的可能。天无绝人之路！

F 新感觉：

如果我能有效地反驳自己的错误想法，就不会陷入极端痛苦之中，整日以泪洗面，精神涣散。要化压力为自己生活的动力，努力学习生活，做一些有意义的事，早日走出伤痛带给自己的心理误区。

五、背景信息

"这是一个抑郁的时代！"伴随着科学技术的迅猛发展，人类自我控制感增强的同时，却出现了这样的悖论：人们不是越来越乐观，相反，而是越来越多的人陷入了悲观无助的境地。目前我国重度精神病人数达 1600 万人。改革开放以来企业家因心理压力自杀人数过千人。富士康员工仅 2010 年跳楼自杀就有 10 余起，每年都有大学生自杀事件发生。调查表明，我国企业员工半数以上心理压力较为严重。鉴于此，高度重视和引入理性情绪行为疗法对职场和学业中的人们面对压力、负性事件等学会自我心理调适具有极其重要的现实意义。

六、关键要点

（1）识别不合理信念的特征与来源。

人的乐观或抑郁，关键就在于心智模式的选择效应。前者选择的是理性信念，而后者多是非理性信念。按照艾利斯的观点，"烦恼多是自寻的"。"负面情绪大多是个体在用一种自我伤害式的非理性信念在认知事物"。理性情绪行为改变技术，最关键的是自觉地发现不合理的非理性信念，再经过反驳产生新的信念。

特别是注意以下几种非理性信念的表现形式：要求绝对化、过度推论化、后果恐怖化、不幸夸大化、抗拒事实、选择性观察。

（2）当事人遇到负性事件后保持理性的醒觉状态，将自我抽离，正确运用理性情绪行为疗法，以期消除各种不良的心理情绪，使自己能带着最少的焦虑、抑郁（自责倾向）和敌意（责他倾向）去生活，进而使自己拥有一个较现实、较理性、较宽容的人生哲学。

七、建议课堂计划

本案例可以作为专门的案例讨论课来进行。以下是按照时间进度提供的课堂计划建议，仅供参考。

整个案例课的课堂时间控制在 80 分钟。

课前计划：提出启发思考题，请学员在课前完成阅读和初步思考。

课中计划：简要的课堂前言，明确主题（2~5 分钟）；

分组讨论（30 分钟，告知发言要求）；

小组发言（每组 5 分钟，控制在 30 分钟）；

引导全班进一步讨论，并进行归纳总结（15~20 分钟）。

课后计划：布置作业。要求学员采用报告形式给出案例分析的更加具体的解决方案；要求学生结合自己真实经历的负性事件采用理性情绪疗法进行模仿分析练习，以巩固所学知识。

八、相关附件

本案例包含附表：理性情绪行为疗法自助表。

理性情绪行为疗法自助表

A（激发事件或困境）

简述引发你烦恼的情况。

a. 可以是内在或外在，真实或想象的　　　b. 可以是过去、现在或未来的事件

C（后果）

主要的自我挫败行为：
主要的不健康负面情绪：

不健康负面情绪包括：焦虑、抑郁、暴怒、低挫折容忍度、羞耻感/极度尴尬、受伤害感、嫉妒、负罪感。

IB（不合理的想法）

识别不合理信念，找出：

固执己见的要求（必须、绝对要、应该）；糟糕化（糟透了，太可怕了）；

低挫折容忍度（我受不了）；自我评估/评估他人（我/他——一文不值/糟糕的人）。

D（反驳非理性想法）

与自己辩论：持有的这种想法是有益的还是自我攻击？证据在哪？

符合现实和逻辑、我的利益吗？

这件事真的糟透了吗？我真的无法忍受吗？

E（有效的新哲学思想）

不要绝对化利益追求（希望、愿望）；评价严重程度（很糟、不幸）；

高挫折容忍度（我不喜欢，但我能忍受）；不要对自己或他人一票否决（人非圣贤）。

F（健康的情绪和行为）

健康的负面情绪	新的建设性行为

健康的负面情绪：失望、担忧、不快、悲伤、遗憾、挫折感。

新的建设性行为：仿效他人学习、避免过度泛化语言、使用分心术（瑜伽、冥想）、增强自我效能和自尊。

参考文献

[1]艾利斯.理性情绪 [M].李巍译.北京：机械工业出版社，2014.

[2]范春旭.硕士生毕业延期就业受挫自杀遗书：痛苦啊 [N].新京报，2014-05-04.

[3]弗兰克.活出生命的意义 [M].吕娜译.北京：华夏出版社，2010.

● 案例十

优酷土豆"联姻"是否美满

案例正文：

优酷土豆"联姻"是否美满①

摘　要： 本案例描述了2012年优酷网收购土豆网的基本情况，通过本次收购，优酷网拥有土豆网100%股权，新公司名为优酷土豆股份有限公司，土豆网将退市。这个消息震惊了整个网络界，同时也引起了各界人士的深刻思考。优酷网并购了与自己相似度极高的土豆网，主要是出于对并购后协同效应的考虑。本案例详细阐述了并购背景、并购动因、并购方案、并购后的协同效应，基于优酷网2010~2013年年报中的财务数据，分析了优酷土豆并购的具体案例，以评价企业并购活动的协同效应。

关键词： 并购；协同效应；并购绩效

一、引言

企业并购即企业之间的兼并与收购行为，是企业法人在平等自愿、等价有偿基础上，以一定的经济方式取得其他法人产权的行为，是企业进行资本运作和经营的一种

---

① 本案例由辽宁大学商学院的姜硕撰写，作者拥有著作权中的署名权、修改权、改编权。
由于企业保密的要求，在本案例中对有关名称、数据等做了必要的掩饰性处理。
本案例只供课堂讨论之用，并无意暗示或说明某种管理行为是否有效。

主要形式。近些年我国并购案例不断增多，并购已经成为公司发展的主要方式之一，它是企业资源优化配置、快速扩张与发展的有效途径，也是市场经济优胜劣汰的体现，没有一种方法能像并购一样迅速而神奇地改变企业的价值。著名经济学家、诺贝尔经济学家获得者施蒂格勒（Stigler）曾经说过："没有一个美国大公司不是通过某种程度、某种方式的兼并成长起来的，几乎没有一家大公司是主要靠内部扩张起来的，兼并作为资本集中的一种方式，是获得超额利润的重要手段。"并购的日益兴起，同时也带来了许多需要深入研究的问题。

二、公司发展现状

优酷网是中国领先的视频分享网站，由古永锵在 2006 年 6 月 21 日创立，优酷网以"快者为王"为产品理念，注重用户体验，不断完善服务策略，其卓尔不群的"快速播放，快速发布，快速搜索"的产品特性，充分满足了用户日益增长的多元化互动需求，使之成为中国视频网站中的领军势力。优酷网现已成为互联网拍客聚集的阵营。美国东部时间 2010 年 12 月 8 日，优酷网成功在纽约证券交易所正式挂牌上市，成为中国第一家在海外规模上市的视频网站，也是全球首家独立上市的视频网站。

土豆网是中国最早和最具影响力的网络视频平台，是中国网络视频行业的领军品牌，也是全球最早上线的视频网站之一。土豆网于 2005 年 4 月 15 日正式上线，由土豆网和中影集团联合主办的土豆映像节，以"为创造，所以存在"为指引，自 2008 年创办以来，吸引了大批国内独立创作者、中小影视动漫机构和制作团队，已经成为中国新媒体影视产业交流、展示和推介的最大平台。

三、并购的行业背景

视频网站的行业地位、用户和流量的提升都离不开巨额资金的支持。目前我国视频网站大致分为三类：第一类是新浪、搜狐、百度等互联网巨头旗下的视频网站，依托门户，流量上占有巨大优势；第二类是央视、湖南卫视这类有内容优势的视频网站，占据产业链的上游；第三类是优酷、土豆这样的专业视频网站，"没有依靠，活得比较辛苦，但市场份额大"。

2005 年网络视频成为全球互联网应用热点，中国的网络视频行业呈现出迅猛发展的态势。随着受众人数的迅猛增长，产业发展进入了成长期，各类网络视频公司数目急剧增多。但伴随着高昂的设备费用与版权费用，视频网站由起步阶段成百上千家淘汰至几十家。优酷网成为网络视频的行业领跑者，同样分享着大量市场份额的还有与之经营模式极为相似的土豆网，门户视频网站如腾讯视频、新浪视频等。

四、并购动因

分析优酷并购土豆的动因，主要运用 SWOT 分析方法，并结合一些财务原因。

SWOT 分析主要是将公司的战略与公司内部资源、外部环境有机结合，分析其某项战略的外部机会和威胁，以及内部优势和劣势。

首先分析优酷并购土豆的外部行业优势。随着网络技术的不断发展，在线观看视频的用户人数日益增多，尤其是年轻群体。市场需求不断高涨，为网站视频提供了良好的运行环境。而微电影、自拍剧、微博分享的出现也为网站视频提供了大量的潜在用户。不断规范的行业规则，也为网站视频提供了参照规范。另外，相对于网络视频，传统的电视节目发展缓慢，可以供用户选择的娱乐内容较少，而网络视频具有及时、多样、可选择性强等特点，越来越受到广大观众的喜爱，可见网络视频行业前景大好。从近些年海外企业不断注资我国网络视频公司也可以看出，我国网络视频行业即将迎来黄金期。优酷处于如此利好的行业环境中，其不断扩大公司规模也是大势所趋。

其次是本次并购的行业威胁分析。网络视频行业的威胁主要来自各路竞争者，视频网站的进入门槛不高，导致近些年大量视频网站涌现。有以视频分享为主的老牌网站，如优酷、土豆等；也有以门户和搜索为依据的视频网站，如百度、爱奇艺、搜狐视频等；还不乏以视频软件驱动为主的视频网站，如迅雷看看、PPTV 等。多种多样的视频网站使得有限的市场越来越拥挤，所有企业都使尽浑身解数争取更大的用户占有率。对于优酷来说，其最大的竞争对手就是近些年发展十分迅速的爱奇艺。一般来说，我们在选择网络视频时主要是通过搜索引擎，搜索是用户上网的第一入口。爱奇艺的成功彰显了入口的价值，通过百度的搜索入口，百度可以将爱奇艺的视频内容直接推送到搜索结果的头条，把用户直接带到爱奇艺的视频页面，在百度集合最大的优势与成本的扶持下，爱奇艺牢牢占据着视频的第一入口。2012 年百度收购爱奇艺 30% 的股份，此次增持后百度将持有爱奇艺约 96% 的股份，此后爱奇艺便可以借助百度丰富的现金和搜索流量，占据网络视频行业的领头羊地位。因此爱奇艺将成为优酷最大的威胁，为了与其抗衡，优酷与土豆这两个传统视频网站应该强强联合，产生更多协调效应。联手之后，两大巨头可以共享管理经验、品牌效应、资源优势，从而提高管理效率、扩大市场份额、降低成本。

再次分析优酷可以并购土豆的内部优势。优酷视频网站于 2006 年 12 月 21 日正式推出，其以"快者为王"为产品理念，凭借"快速播放，快速发布，快速搜索"的产品特性，充分满足用户日益增长的互动需求及多元化视频体验，现已成为中国互联网领域最具影响力、最受用户喜爱的视频媒体之一。可见优酷具有良好的企业形象。同时优酷也拥有完善的技术平台，目前优酷是国内在线观看流畅率最高的视频分享网站。由电信行业资深专业人士规划设计，针对中国复杂电信环境，精确到二级城市的流量监控和调配系统，自建与合作相结合，打造业内最便捷、最精确、最流畅的内容分发系统，保障优酷成为国内在线观看流畅率最高的视频分享网站。另外，优酷具有更高的管理效率。根据差别效率理论，即两家公司中高管理效率的公司并购了低效率的公司后，低效率的公司的管理效率会提高到高效率公司的水平。2012 年的第一季度财务报表显示土豆营业净收入为 1.4 亿元，增长 76.7%，而优酷营业净收入为 2.7 亿元，增长 111%；第二季度财务报表显示，土豆营业净收入增长 47.3% 至 1.719 亿元，净亏损 1.547 亿元，优酷营业净收入增长 96% 至 3.874 亿元，净亏损 6280 万元。通过比较可以看出优酷的管理效率要比土豆更高。综合以上几个方面，对于优酷并购土豆这件事，优酷还是具有很强的内部优势。

最后分析优酷的内部劣势。土豆与优酷在经营模式、盈利模式、公司特色等方面具有很强的同质性，此次合并不能实现互补效果，不能解决运营模式、盈利模式单一的问题。这是此次并购的一大劣势。

SWOT 分析之后，再从财务角度分析此次并购的动因。根据企业并购理论，被并购的目标企业往往具有营业亏损、协同作用大、市盈率较低和具有盈利潜力的特点。从土豆的损益表中可以看到 2009 年、2010 年和 2011 年土豆分别亏损 5.99 亿美元、2.86 亿美元和 2.22 亿美元，从成立起，土豆一直处于亏损的状态，亏损额逐年增加，并且亏损额高于并购方优酷。可见土豆符合目标企业的特点。另外从筹资角度看，优酷具有较强的筹资能力。优酷网拥有世界级的风险投资支持，是国内视频领域屈指可数的获得 1 亿元以上投资的网站之一。投资方包括硅谷历史最悠久的风险投资公司 Sutter Hill Ventures，世界上最大投资基金之一的 Farallon Capital，还有中国本土唯一的常青基金 Chengwei Ventures。这些投资机构实力强劲，其共同特点是资金雄厚，具有远见卓识，为优酷网并购及长远发展提供了充足的"弹药"。优酷并购土豆是在 2012 年完成的，从优酷的现金流量表中可以看出，其 2010 年、2011 年筹资活动产生的现金流量分别为 17.6 亿元、24.9 亿元，优酷拥有充足的资金，以支持其扩大公司规模。

综上，通过 SWOT 分析可以看出优酷并购土豆还是优势多于劣势。从财务角度看，优酷有并购的资本，土豆也存在成为目标公司的理由。

五、并购过程

2005 年以来，随着计算机的普及，我国的网络视频业如雨后春笋般兴起，土豆、优酷、PPLive、PPS、酷 6 等各大网络视频公司纷纷破土而出，随着网络视频行业的发展，我国网络视频行业的竞争日益加剧。优酷网与土豆网的合并并不是一时兴起，此前虽多次接触、洽谈，但始终没有成功。在这中间，优酷网在纽交所顺利上市，而土豆网历经波折，也终于在纳斯达克上市。

优酷网与土豆网关系破裂是在 2011 年 12 月 16 日，土豆网因优酷网盗播《康熙来了》节目，要求其赔偿 1.5 亿元，同日，优酷就百部长期被土豆网盗播的影视剧、优酷出品的原创内容请诉，索赔累计超过 1 亿元。自此，两家合作伙伴翻脸。2011 年 12 月底，优酷网配合删除了土豆网认为其侵权的视频，土豆网也公开表示暂停追究此事，两家关系转和。二者于 2012 年 2 月重新谈判，双方评估并购交易，谈判换股合并的问题。到了 2012 年 3 月 11 日，优酷网与土豆网签订最终协议，优酷和土豆将以 100% 换股的方式合并。2012 年 3 月 21 日，优酷官方网站正式发布消息，优酷土豆宣布合并；3 月 22 日，优酷宣布，整合的核心思想为"开放、包容、合作、尊重"八个字；2012 年 4 月 19 日，优酷和土豆账号互通，均可通用；2012 年 8 月，合并协议获得批准，双方打通广告系统。

2012 年 8 月 20 日，中国香港股东大会高票通过优酷土豆合并方案。此次合并通过 100% 换股方式完成。根据合并协议，集团成立后，土豆将从纳斯达克摘牌退市。土豆所有已发行和流通中的 A 股和 B 股每股兑换成 7. 177 股优酷 A 类普通股；土豆美国存托凭证兑换成 1. 595 股优酷美国存托凭证。在合并后的优酷土豆集团中，优酷股东及美国存托凭证持有者拥有新公司约 71. 5% 的股份，土豆股东及美国存托凭证持有者拥有新公司约 28. 5% 的股份。集团董事长兼 CEO 由优酷 CEO 古永锵担任，土豆网的 CEO 王微入驻优酷土豆集团董事会担任董事。合并后优酷土豆集团将保留优酷、土豆两个品牌，覆盖近 80% 的网络视频用户。

六、协同效应的分析

在进行并购活动协同效应的评估时，需要考虑协同效应的大小、获得协同效应的可能性以及获得的时间几个要素。评估协同效应的方法也可以大体分为财务指标分析法和非财务指标分析法。考虑到会计指标可能受到操纵，但也只是暂时的，从长期会计期间出发，企业经营业绩的变化始终会反映到会计报表信息中。与异常收益法相比，财务指标法可以从较长的时间跨度上来观察公司成本收益等因素的变化情况，更能全面反映出公司并购后的协同效应。

此外，企业并购的动机往往是多种多样的，一般不能仅凭单方面的评估来判断企业并购活动的总体协同效应。因此，需要采取财务指标分析与非财务指标分析相结合的方法。此外，企业并购有时也会出于经济环境、竞争对手、战略战术等方面的考虑而进行，这些并购目的的实现与否不能依靠财务指标来分析。由此可见，非财务指标分析也是有其存在的必要性的。

非财务指标的分析需要考虑以下三方面：一是合理的规模经济，考察企业是否能够通过合并后取得合理的规模经济效应，需要考虑企业规模和市场规模两方面。二是并购双方的协调关系，企业间的差异是并购活动产生的一个重要动因，这些差异在公司间进行良好的协调互补就可以使企业并购的协同效应得以更好地发挥。三是核心竞争力的增强，企业核心竞争力就是能够使企业获得高收益和长期稳定的竞争优势的竞争力，且企业能够获得长期的竞争优势的基础就是核心竞争力。企业核心竞争力的形成需要一个长期而艰难的过程，并且研究表明核心竞争力与企业所拥有的无形资产存在着密切的关系，由于研发一项无形资产的耗时性和高投入性使得从内部发展形成核心竞争力在时间和成本上都存在着较大的困难，企业会更倾向于选择并购以期在短时间内获得其他企业的无形资产从而获取必要的竞争优势。

小张是优酷财务部门的一名员工，下面是他在阅读相关年报及一些非财务信息之后对优酷与土豆"联姻"效果的分析。他主要运用了财务比率法分析并购的协同效应，并结合了一些非财务指标分析。

（一）经营协同效应分析

1. 盈利能力分析

由表1和图1、图2可知，优酷在并购前（2012年）盈利能力的四项指标都呈现增长趋势，合并当年即2012年的四项指标都呈现下降趋势，2013年的销售净利率和销售毛利率相对于2012年略有上升，而资产净利率和净资产收益率却比2012年有所下降。

表1 优酷 2010~2013 年财务指标

单位：%

指标	2010 年	2011 年	2012 年	2013 年
销售毛利率	9.37	22.31	16.49	17.87
销售净利率	−52.88	−19.17	−23.61	−19.18
资产净利率	−9.35	−3.68	−3.93	−5.49
净资产收益率	−10.71	−4.09	−4.53	−6.46

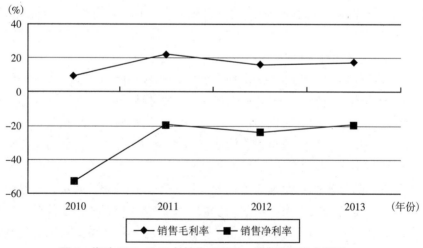

图1 优酷 2010~2013 年销售毛利率、销售净利率走势图

四项指标中销售净利率、资产净利率、净资产收益率四年内都是负值，也就是说，企业在并购前后都处于亏损状态，并购并没有使企业转亏为盈，而销售毛利率四年内都为正值，说明企业可以获取毛利润，而净利润为负值，说明企业的管理存在一定的问题，使企业的期间费用过大，致使企业的利润总额为负值，从而使企业的净利润为负值。

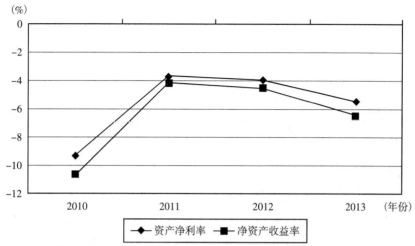

图 2　优酷 2010~2013 年资产净利率、净资产收益率走势图

2011 年相对于 2010 年销售毛利率增加，主要是因为企业相对于 2010 年的盈利空间变大，而销售净利率、资产净利率、净资产收益率仍然为负值，相对于 2010 年都有比较大的增长，说明计算比率的基数（分母）变大，从表 2 可以看出 2011 年相对于 2010 年的利润增加仅为 32.58 百万元，资产、权益分别增加 2485.39 百万元、2293.69 百万元。表 1 和图 1、图 2 显示 2012 年各项指标相对于 2011 年都有略微的下降，但是从表 2、表 3 可以推断出，企业的营业收入、资产和权益都有很大程度的增加，而企业的毛利与企业的营业收入相适应的比例增加，可能是因为企业并购增加了营业成本，需要进一步进行整合，而净利润则有一个很大程度的下降，主要是因为企业并购增加了管理和重整费用，2013 年销售毛利率、销售净利率相对于 2012 年有了一定程度的增加，说明企业盈利能力有了提高，企业的盈利空间增大。从表 1 可以看出资产净利率和净资产收益率相对于 2012 年有所下降，主要是因为 2013 年的净利润相对于 2012 年有很大程度的下降。

表 2　优酷 2010~2013 年部分利润表

单位：百万元

指标	2010 年	2011 年	2012 年	2013 年
营业收入	387.10	897.62	1795.58	3028.48
营业成本	350.83	697.34	1499.54	2487.42
毛利	36.27	200.29	296.04	541.06
净利润	−204.68	−172.10	−424.00	−580.74
资产总额	2190.17	4675.56	10793.07	10569.96
权益总额	1911.49	4205.18	9356.87	8983.12

表 3　优酷 2010~2013 年部分利润表指标增减变动

指标	2011 年比 2010 年增长额 （百万元）	2012 年比 2011 年增长额 （百万元）	2013 年比 2012 年增长额 （百万元）	2011 年比 2010 年增长 百分比（%）	2012 年比 2011 年增长 百分比（%）	2013 年比 2012 年增长 百分比（%）
营业收入	510.52	897.96	1232.9	131.88	100.04	68.66
营业成本	346.51	802.2	987.88	98.77	115.04	65.88
毛利	164.02	95.75	245.02	452.22	47.81	82.77
净利润	32.58	−251.9	−156.74	15.92	−146.37	−36.97
资产总额	2485.39	6117.51	−223.11	113.48	130.84	−2.07
权益总额	2293.69	5151.69	−373.75	119.99	122.51	−3.99

从图 2 可以看出企业的资产净利率和净资产收益率相差不是很大，说明企业的权益资本占企业资本很大一部分，企业可以适当地进行债务筹资，利用债务的节税功能，且企业的债务成本比较低，可以降低企业的资本成本。

综上所述，从企业整体来看，企业的盈利能力不是很好，或者说没有获利能力，但是从企业的走势来看，企业的未来还是值得期待的，企业需要进一步进行整合，加强内部控制，控制企业的期间费用，增加盈利空间。

由表 4、表 5 和图 3 可以看出，企业 2014 年第一、第二、第三季度的销售毛利率和销售净利率都呈现增长态势，而资产净利率和净资产收益率在第三季度有些许的下降，基本没有变化，而第二季度相对于第一季度变化比较大主要是由行业特点引起的，企业需要在年初引进新的影片、电视剧等产品。从整体看来企业相对于 2013 年也有比较好的发展。

表 4　优酷 2014 年前三季度部分利润表

单位：百万元

指标	2014 年 Q1	2014 年 Q2	2014 年 Q3	Q2 比 Q1 增减额	Q3 比 Q2 增减额
营业收入	700.37	958.72	1106.64	258.35	147.92
营业成本	614.81	750.11	859.77	135.30	109.66
毛利	85.57	208.61	246.87	123.04	38.26
净利润	−224.71	−164.44	−181.38	60.27	−16.94
资产总额	10513.88	18013.06	16978.24	7499.18	−1034.82
权益总额	8861.77	16254.99	14858.64	7393.22	−1396.35

表 5　优酷 2014 年前三季度财务指标

单位：%

指标	2014 年 Q1	2014 年 Q2	2014 年 Q3
销售毛利率	12.22	21.76	22.31
销售净利率	−32.08	−17.15	−16.39
资产净利率	−2.14	−0.91	−1.07
净资产收益率	−2.54	−1.01	−1.22

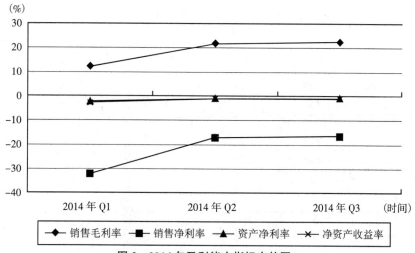

图 3　2014 年盈利能力指标走势图

总之，由于经营协同效应在指标上的反映多与收入有关，在短期内无法迅速体现出来，但与同期并购前两家公司的合并数据相比还是有所改善的。且数据表明优酷土豆处于成长期，仍有很大上升空间，它们在收入提升方面的协同效应需要长期来观察。

2. 成长能力分析

由表 6 和图 4 可以看出，企业的主营业务增长率呈现下降趋势，但是比率仍然比较高，说明企业的增长速度有所下降，但是仍然比较可观，前景看好，随着国内视频行业的逐渐成熟，比如腾讯视频、乐视以及爱奇艺等的迅猛发展，主营业务增长率仍可能会出现一定程度的下降，并稳定在一定的水平。主营业务利润增长率是负值，说明企业的主营业务利润呈现下降趋势，主要是因为企业加大了对研发费用和销售费用的投入，这直接反映在了营业利润上，但是，这却是企业有一个良好发展前景的暗示，在 2012 年下降得尤其严重，主要是因为在 2012 年进行并购产生很大一笔管理费用，使得这几年的主营业务利润增长率呈现"V"形变化。净利润增长率与主营业务利润增长率大体变化相同，说明企业的利润主要是通过主营业务来获取的，在 2013 年有了一个相对比较大的差别，说明企业 2013 年有一定程度的其他投资收益，企业对资产有了多方面的管理。

由表 6 和图 5 可知，在 2011 年和 2012 年企业的总资产增长率和资本积累率数值比较大，都超过了 100%，说明企业在 2011 年、2012 年进行了股权筹资，据悉，优酷网 2011 年 5 月增发价值约 26 亿元的托存股票，而在 2012 年通过完全换股的方式并购了土豆，这都使企业的资产和股东权益有了很大程度的增加，而在 2013 年，企业的资本积累率为负值，绝对值不是很大，说明企业有了微小的缩水，主要是由于企业在 2013 年处于亏损状态，使企业的股东权益减少，总资产增长率也呈现为负值，且绝对值不是很大，说明企业的产能的下降主要是由固定资产、无形资产的折旧和摊销导致

表 6　优酷成长能力指标

单位：%

指标	2011 年	2012 年	2013 年	2012 年比 2011 年增减百分点	2013 年比 2012 年增减百分点
主营业务收入增长率	131.88	100.04	68.66	−31.84	−31.38
主营业务利润增长率	−18.85	−161.15	−42.00	−142.30	119.15
净利润增长率	15.92	−146.37	36.97	−162.29	183.34
资本积累率	119.99	122.51	−3.99	2.52	−126.50
总资产增长率	113.48	130.84	−2.07	17.36	−132.91

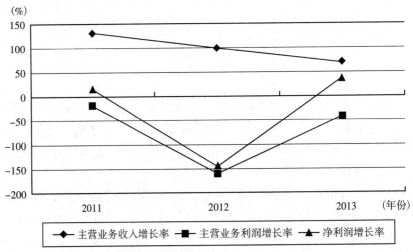

图 4　成长能力指标分析走势图

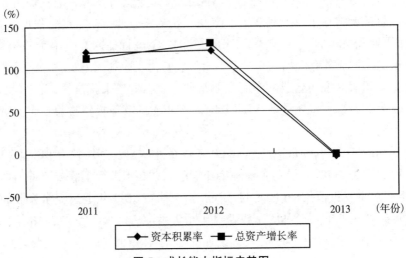

图 5　成长能力指标走势图

的。总体来看，企业的成长发展能力后劲十足，前景比较看好。

3.非财务指标分析

优酷和土豆合并将有效发挥规模经济效应，增强议价能力，极大缓解版权成本快速上涨的压力，而宽带和研发成本也会相应减少。两家合并后的资源互补效应也有一定体现，可以实现资源共享，提高对广告机构的议价能力，经过整合后还可以充分提升两家品牌的价值，各自保留自身原有的特点，扩大市场覆盖率。另外，公司合并后还将在视频业具有垄断地位。数据显示，处于行业第一、第二地位的优酷、土豆的总市场份额达 35.5%，高于第三名 22.2 个百分点，且合并后双方网络视频用户覆盖率达到 80%，这样无疑提升了合并后公司在行业中的竞争优势。

（二）财务协同效应分析

1.偿债能力指标分析

分析优酷并购土豆之后偿债能力的变化，主要通过流动比率、资产负债率、现金流量比率在并购前后的对比来进行分析，选取的数据是 2010 年、2011 年、2012 年、2013 年及 2014 年前三季度的财务数据，如表 7、图 6、图 7、图 8 所示。

表 7　优酷 2010~2013 年及 2014 年前三季度偿债能力指标

指标	2010 年	2011 年	2012 年	2013 年	2014 年 Q1	2014 年 Q2	2014 年 Q3
流动比率	7.93	8.96	4.03	3.44	3.22	7.75	5.66
资产负债率（%）	12.72	10.06	13.31	15.01	15.71	9.76	12.48
现金流量比率	−0.08	0.05	0.30	1.04	0.18	0.06	−0.08

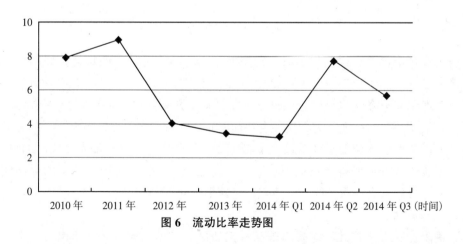

图 6　流动比率走势图

优酷土豆的流动比率由 2010 年的 7.93 下降至 2013 年的 3.44，但流动资产仍是流动负债的 3 倍左右，而且 2014 年的前三个季度有所上升。现金流量比率由 2010 年的−0.08 上升至 2013 年的 1.04，表明其经营活动产生的现金流量可以抵偿流动负债的程度在不断升高，可以看出并购后的优酷土豆有较强的短期偿债能力，2014 年其现金

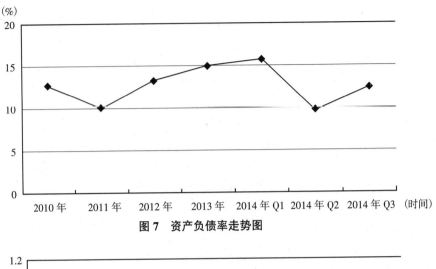

图 7　资产负债率走势图

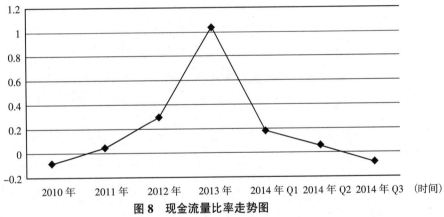

图 8　现金流量比率走势图

流量比有下降趋势，说明优酷在并购完成后要不断改善公司的短期偿债能力。资产负债率由 2010 年的 12.72% 上升到 2013 年的 15.01%，2014 年第一季度达到了 15.71%，第二季度稍有下降（9.76%），但第三季度仍有上升幅度（12.48%），可见并购一定程度上对于集团的短期偿债能力造成一定负面影响。2010~2013 年，由于土豆的更高的资产负债率，并购后集团的资产负债率上涨了 3.3 个百分点，虽然带来了较高的财务风险，但由于优酷在并购前资产负债率较低，本次并购一定程度上提升了集团运用债务杠杆的能力，提高了企业股东收益，体现了一定财务协同效应。

2. 节税效应

优酷土豆的节税效应主要体现在亏损递延上，即公司在某一年出现亏损，则可以免付当年所得税且亏损可以递延，来抵消以后几年的盈余，从而达到节税的效果。优酷土豆虽然都是连续亏损，但亏损额有很大差异。若合并不发生，随着经营改善亏损较少的优酷即将盈利并缴纳企业所得税。而合并后，土豆的经营亏损可以为集团带来节税效应，延迟所得税支付。

如表8、图9所示，优酷在并购之前虽然也有亏损，但从2010年亏损2亿元，到2011年亏损1.7亿元，其亏损有所下降，且有实现盈利的可能，意味着需要交纳企业所得税。并购之后优酷土豆集团的亏损大幅升高，从2011年升高到2012年的亏损4.2亿元，再到2013年亏损5.8亿元，亏损额大幅增加即可达到节税的效果。2014年净利润有上升之势，但仍然是亏损状态，也有一定的节税作用。

表8　优酷2010~2013年净利润

单位：百万元

项目	2010年	2011年	2012年	2013年	2014年Q1	2014年Q2	2014年Q3
净利润	−204.68	−172.10	−424.00	−580.74	−224.71	−164.44	−181.38

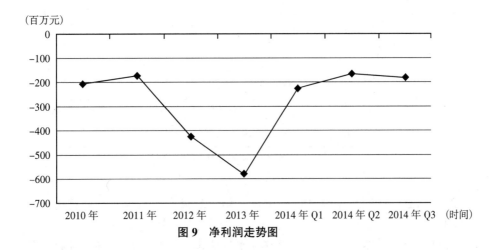

图9　净利润走势图

（三）管理协同效应分析

1. 资产管理水平分析

由于优酷土豆是网络视频行业，不存在存货，因此本文选取应收账款周转率、流动资产周转率、总资产周转率作为指标。2010~2011年的指标为并购前优酷的指标，2012年为并购当年，2013~2014年是并购后的优酷土豆的指标。

由表9可以看出，应收账款周转率在并购前的2011年为2.75，并购后的2013年较之前下降了0.12，这主要是因为优酷并购土豆，一并将土豆的应收账款并入，使应收账款增加，从而使应收账款周转率降低。但是从2014年第一季度起，应收账款增长率就开始逐步升高，到2014年第四季度达到2.61。以年为单位看应收账款周转率的波动图，波动还较平缓（见图10）。

流动资产周转率并购前的2011年为0.29，并购当年上升到0.4，并购后的2013年为0.64，2014年第四季度为0.53。从流动资产周转率波动曲线可以看出并购并没有使流动资产周转率下降，反而另其增加，周转更快。总资产周转率并购前的2011年为0.26，并购当年的2012年略有下降（0.23），2013年上升到0.28，到2014年第四季度

表 9 优酷 2010~2014 年营运能力指标

指标	2010 年	2011 年	2012 年	2013 年	2014 年 Q1	2014 年 Q2	2014 年 Q3	2014 年 Q4
应收账款周转率	2.52	2.75	2.65	2.63	0.55	1.16	1.85	2.61
流动资产周转率	0.32	0.29	0.40	0.64	0.15	0.20	0.36	0.53
总资产周转率	0.29	0.26	0.23	0.28	0.07	0.12	0.20	0.29

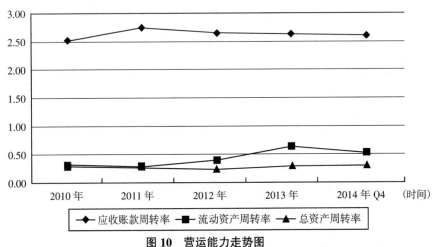

图 10 营运能力走势图

为 0.29。从总资产周转率波动曲线可以看出，总资产周转率波动起伏不大，并购并没有影响其周转。

可见，通过并购，集团的资产管理水平获得一定程度的提升，并存在进一步的提升潜力。因此，与资产管理水平方面有关的管理协同效应得到实现。优酷和土豆在并购前的同质化内容较多，在并购后通过资源整合可降低成本、提升资源的利用率。同时，优酷优质的管理资源将会帮助土豆提升品牌影响、扩大集团的规模效应。综上所述，优酷土豆并购实现了管理协同效应。

2. 费用控制水平分析

管理费用率是把企业一定期间的管理费用和营业收入相比，表明企业管理效率，该指标越低说明企业的管理效率越高，说明企业在增加收入和节约资金方面取得了良好的效果，否则结论相反。本文把该指标与并购前进行比较，来反映企业并购的管理协同效应。如果小于并购前，说明实现了管理的协同效应，反之则未实现。

如表 10 所示，管理费用率在并购前的 2011 年为 8.97%，并购当年的 2012 年上升到 13.26%，这是由于并购产生管理费用增加从而造成并购当年管理费用率上升。然而管理费用率 2013 年即实现下降，且 2014 年每个季度的数值都低于 2013 年的水平，到 2104 年第四季度降到 6.29%。从管理费用率波动曲线上看（见图 11），2010~2012 年是上升趋势，2010~2011 年主要是优酷对管理费用的控制不力，2012 年主要是土豆较高

表 10 优酷 2010~2014 年费用水平分析指标

单位：%

	2010 年	2011 年	2012 年	2013 年	2014 年 Q1	2014 年 Q2	2014 年 Q3	2014 年 Q4
管理费用率	7.48	8.97	13.26	8.64	6.68	7.46	4.79	6.29
营业费用率	30.21	40.85	40.83	39.34	43.98	39.27	38.84	41.54

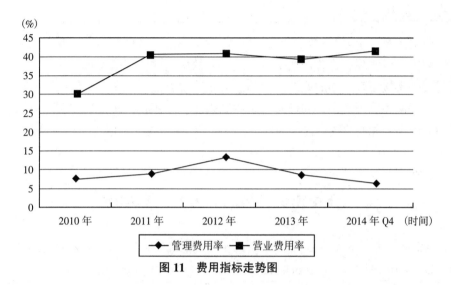

图 11 费用指标走势图

的管理费用率亦对其有影响。

营业费用率是营业费用与营业收入之比。该项指标越低，说明营业过程中的费用支出越小，获利水平越高。营业费用率并购前的 2010 年为 30.21%，2011 年增长为 40.85%；并购当年的 2012 年略有所下降，为 40.83%；并购后的 2013 年较并购前的 2012 年下降 1.49 个百分点（见表 10）。2014 年各季度营业费用率只在第二和第三季度较并购前 2011 年有所下降。从营业费用率波动线上可以看出（见图 11），营业费用率从 2010 年的 30.21% 上升到 2011 年 40.85%，之后并没有再下降到之前的水平，但 2011~2014 年波动起伏并不大。原因主要是：一方面，并购使管理费用大幅增加，影响营业费用率上升；另一方面，并购后的优酷在广告、营销、研发上的投入都较之前增加，从而使营业费用率居高不下。

（四）并购双方二级市场表现分析

通过优酷和土豆的股价走势可以看出，在并购之前两家公司均处于股价下跌、市值被投资者严重低估的不利局面，这极大地影响了公司的融资能力。公司长期股价偏低主要是由于投资者对于在线视频行业盈利模式的不看好以及对于两家公司财务现状和发展前景的担忧。在资本市场得到两家公司合并的消息后，双方各自的股价均有了大幅度的上涨，但这只是短期的效应以及资本层面运作的结果，在短期的上涨之后双方的股价又进入到震荡的阶段，这也充分显示出市场对于两家公司未来走势的矛盾心理。至于合并后的优酷土豆集团在资本市场上未来的长期表现，将主要取决于公司能否通过合并真正地成为行业内当之无愧的老大，并建立起成熟的盈利模式。合并一段时间后股价由于公司业绩表现未充分达到预期而出现下跌，这也正反映出并购协同效应无法在短期内得以实现。

七、尾声

小张对优酷与土豆"联姻"绩效分析之后，得出了这样的结论：并购的协同效应无法在短期内得以实现，尽管优酷土豆在成本上的协同效应有所发挥，而收入上的协同效应仍需要观察接下来几年的业绩；偿债能力及节税方面实现了一定的协同效应；管理方面进一步提高了管理效率，同样实现了协同效应。小张在分析之后想到，是否有其他更有效的方法评价并购绩效？自己的评价方法是否存在不足？小张陷入了沉思……

Youku "Marriage" Tudou

Abstract: This case describes the basic situation of Youku acquired Tudou in 2012, Youku has a 100% stake in Tudou through this acquisition, and the new company has been called YoukuTudou Ltd. Company, Tudou delisted. The entire network system was shocked by the news, and the news also caused deep thinking in all walks of life. Youku acquired Tudou that has a high similarity with their company, mainly due to the consideration of the merger synergies. This case elaborated mergers background, mergers motives, mergers and acquisitions program, mergers and acquisitions synergy, analyzed the specific case of Youku merger to Tudou to evaluate the M&A activity synergy effect based on Youku 2010–2013 Annual Report financial data.

Key Words: Mergers and Acquisitions; M&A Activity Synergy; M&A Performance

案例使用说明：

优酷土豆 "联姻" 是否美满

一、教学目的及用途

（1）本案例主要用于《财务管理》、《财务报表分析》等课程课堂教学的案例讨论。

（2）通过本案例的学习，可以了解如何构建企业并购协同效应评价体系，使该体系在体现企业并购绩效的同时，也反映企业并购的特点。此外学生还可以在这过程中了解比率分析法的重要性。

二、启发思考题

（1）并购协同效应影响因素有哪些？优酷与土豆为什么要 "联姻"？

（2）优酷为什么采用完全换股的方式与土豆进行联姻？这种 "联姻" 方式的优点和缺点是什么？

（3）如何通过比率分析来对比优酷公司并购前后的盈利能力、偿债能力、营运能力、成长能力？

（4）你认为小张对 "优酷与土豆的联姻" 的协同效应评价体系建立是否完善？如果不完善，你认为有什么需要补充的？

（5）小张通过对优酷土豆并购协同的分析，认为优酷并购土豆，有较大发展前景，你是否赞同？

（6）假如你是决策者，你会实施哪些并购整合的措施？

三、分析思路

教师可以根据自己的教学目标（目的）来灵活使用本案例。这里提出本案例的分析思路，仅供参考。

本案例立足于经营、财务与管理三维度并购协同评价体系，采用财务指标与非财务指标相结合、长期与短期指标相结合、目标与手段相结合等分析模式，对优酷与土豆的并购协同效应进行了阐释。

（1）了解并购方、被并购方公司情况，以及并购背景、并购动因、并购过程和并购方案。

（2）建立并购协同效应评价分析体系，主要包括经营、财务、管理协同三方面。

（3）通过构建的协同效应评价体系，运用比率分析法，趋势分析法，定量与定性分析、长期与短期分析相结合，对经营、财务、管理方面进行协同效应评价。

四、理论依据与分析

1. 并购协同效应影响因素有哪些？优酷与土豆为什么要"联姻"？

【相关理论】

影响并购协同效应实现的因素有很多，可以从行业因素、企业因素、并购特征因素、宏观因素四方面来分析。

（1）行业因素。由于行业性质、发展水平等因素的影响，不同行业的并购发生概率与并购成功度都有所不同。我国企业并购涉及的行业比较广泛，因此行业因素对并购协同效应的影响分析就显得非常重要。

（2）企业因素。企业并购协同效应是否能实现，受到企业的并购经验、并购企业规模、企业资源整合能力、与被并购企业文化和管理风格差异度等因素的影响。

（3）并购特征因素。不同的并购特征会对并购协同效应产生不同的影响，主要影响因素是并购动机、并购的方式、股权结构、并购类型。

（4）宏观因素。宏观因素具体的协同效应影响因素可以分为汇率、税率、并购双方所在国家在相关费用利率方面的优惠政策及关于并购的法律规定。

【案例分析】

（1）面对日趋激烈的行业竞争，优酷和土豆正在逐渐失去核心竞争力。

目前由于爱奇艺、搜狐视频等综合实力强大的视频网站的加入，国内在线视频网站数量日趋增多，相比于这些网站，优酷和土豆均属于传统型的在线视频观看网站，逐渐地在失去核心竞争力。

正因为如此，优酷和土豆双方均希望通过合并这条道路能够改变现在的境况和格局。通过合并，吸引更多的用户，大幅提升竞争力。

（2）运营成本居高不下，广告定价权有待提升，面临居高不下的运营成本，双方如今都面临资金紧张的问题，行业竞争日趋激烈，双方若想提升效益，最好的办法便是节约成本，优酷和土豆现在最大的成本便是视频采购成本，通过双方的视频资源共享，可以大幅节约视频采购成本，因此合并就是最好的手段，这样的选择对于优酷和土豆都极为有利。

另外在优酷和土豆合并之后，它们所涉足的领域以及各领域的人群占比都会是最大的，优酷土豆将会有相当的广告定价权，有机会在一定程度上制定业内的规则。

（3）双方的合并能够迅速壮大彼此实力。优酷与土豆合并后，将成为中国在线视频行业当之无愧的老大，占据最大的市场份额。由于并购前双方都存在资金短缺的问题，因此在并购时选择不使用现金，通过股权交换的形式进行，这就使得并购并没有给公司带来资金不利的影响，在并购之后双方通过迅速整合能够最大限度地发挥各自的特色实力。

（4）巩固市场地位，增强市场竞争力。现如今，国内视频网站人多有强有力的靠山，而优酷和土豆作为国内视频网站的鼻祖，视频业务是他们的唯一主营业务，如果无法在在线视频行业中占据强有力的位置，就很难支撑企业的继续发展，因此面对严峻的形势与挑战，两家公司的合并势在必行，也是很理智的一种选择。

（5）协同效应有助于公司成长。两者的强强联合能够带来很多的协同效应，形成"1+1>2"的效果。在资源共享方面，双方已经在合并之后迅速实现了账号互通，浏览者可以通过一个账号登录两家公司的网站进行视频浏览，另外两家公司各自购买的影视剧版权同样可以实现共享，这极大地增强了企业的资源优势，也降低了成本。在管理沟通方面，并购后，两家公司可以取长补短，将各自的优势发挥到极致。在品牌方面，此次并购对于今后行业并购有很大借鉴意义的一点便是，此次优酷和土豆并购后双方将各自保留自身独立的品牌，运用两个优秀品牌参与市场竞争有助于企业未来更好地发展，能够为企业争取更大的发展空间。

2. 优酷为什么采用完全换股的方式与土豆进行联姻？这种"联姻"方式的优点和缺点是什么？

【相关理论】

换股并购是指收购公司将目标公司的股票按一定比例换成本公司股票，目标公司被终止，或成为收购公司的子公司。

根据具体方式，可有三种情况：

（1）增资换股。收购公司采用发行新股的方式，包括普通股或可转换优先股来替换目标公司原来的股票，从而达到收购的目的。

（2）库存股换股。在美国，法律允许收购公司将其库存的那部分股票用来替换目标公司的股票。

（3）母公司与子公司交叉换股，其特点是收购公司本身、其母公司和目标公司之间都存在换股的三角关系。通常在换股之后，目标公司或消亡或成为收购公司的子公司，或是其母公司的子公司。

换股并购的优点：

（1）收购方不需要支付大量现金，因而不会使公司的营运资金遭到挤占。

（2）收购交易完成后，目标公司纳入兼并公司，但目标公司的股东仍保留其所有者权益，能够分享兼并公司所实现的价值增值。

（3）目标公司的股东可以推迟收益实现时间，享受税收优惠。

换股并购的缺点：

（1）对兼并方而言，新增发的股票改变了其原有的股权结构，导致了股东权益的"淡化"，其结果甚至可能使原先的股东丧失对公司的控制权。

（2）股票发行要受到证券交易委员会的监督以及其所在证券交易所上市规则的限制，发行手续烦琐、迟缓使得竞购对手有时间组织竞购，亦使不愿被并购的目标公司有时间部署反并购措施。

（3）换股收购经常会招来风险套利者，套利群体造成的卖压以及每股收益被稀释的预期会导致收购方股价的下滑。

【案例分析】

此次并购在中国互联网并购历史上是具有里程碑意义的事件，之所以成为里程碑，原因之一就是合并的整个过程不涉及一分钱的现金，完全通过换股的方式进行。

首席财务官出身的优酷 CEO 古永锵素有"财技高手"之称，"优酷土豆合并"，他再次上演一起出色的并购案。优酷网对土豆网是以协议合并、名义换股的方式进行并购，从表面上看，古永锵出手颇为阔绰，实则不涉及一分钱的现金。主要原因是双方都到了缺资金的地步，尤其是版权购买能力已经逐渐减弱，两家互掐不如同心齐力。这也是一个抱团取暖的并购，在双方都缺乏资金境况下，合并有利于增强双方在视频领域的竞争力。并购是你情我愿的事情，双方在没有付出任何资本情况下达成协议，可以证明两点：一是双方都缺钱；二是双方都很迫切。按土豆网披露的 2011 年财报，土豆网 2011 财年净亏损为 5.112 亿元。而且 2012 年被视为视频行业的整合之年，名列前两位的视频网站如果继续打斗，可能更拼得头破血流。并购的过程中由双方通过 100% 换股方式完成，在双方资金紧张的情况下，此种并购方式可谓非常合适，是一起漂亮的并购案。

3. 如何通过比率分析来对比优酷公司并购前后的盈利能力、偿债能力、营运能力、成长能力？

【相关理论】

（1）盈利能力是指企业获取利润的能力，通常表现为一定时期内企业收益数额的多少及其水平的高低。盈利能力指标主要包括营业利润率、成本费用利润率、盈余现金保障倍数、总资产报酬率、净资产收益率和资本收益率六项。实务中，上市公司经常采用每股收益、每股股利、市盈率、每股净资产等指标评价其获利能力。

（2）偿债能力是指企业偿还到期债务（包含本金及利息）的能力。能否及时偿还到期债务，是反映企业财务状况好坏的重要标志。通过对偿债能力的分析，可以考察企业持续经营的能力和风险，有助于对企业未来收益进行预测。企业偿债能力包括短期偿债能力和长期偿债能力两个方面。

1）短期偿债能力分析。短期偿债能力是指企业以流动资产对流动负债及时足额偿还的保证程度，即企业以流动资产偿还流动负债的能力，反映企业偿付日常到期债务的能力，是衡量企业当前财务能力，特别是流动资产变现能力的重要指标。企业短期偿债能力的衡量指标主要有流动比率、速动比率和现金流动负债。

2）长期偿债能力分析。长期偿债能力是指企业偿还长期负债的能力，企业的长期负债主要有：长期借款、应付债券、长期应付款、专业应付款、预计负债等。

（3）营运能力是指企业的经营运行能力，即企业运用各项资产以赚取利润的能力。企业营运能力的财务分析比率有：存货周转率、应收账款周转率、营业周期、流动资产周转率和总资产周转率等。

（4）成长能力是指企业扩大规模、壮大实力的潜在能力。主要指标：营业收入增长率、资本保值增值率、资本积累率、总资产增长率、营业利润增长率。

【案例分析】

本案例中从经营协同效应、财务协同效应、管理协同效应三方面具体分析优酷土豆"联姻"绩效。

（1）经营协同效应分析具体分为：①盈利能力分析指标：销售毛利率、销售净利率、资产净利率、净资产收益率。②成长能力分析指标：主营业务收入增长率、主营业务利润增长率、净利润增长率、资本积累率、总资产增长率。③非财务指标分析：市场覆盖率。

（2）财务协同效应分析具体分为：①偿债能力指标分析指标：流动比率、资产负债率、现金流量比率。②节税效应分析。

（3）管理协同效应分析具体分为：①资产管理水平分析指标：应收账款周转率、流动资产周转率、总资产周转率。②费用控制水平分析指标：管理费用率、营业费用率。

4. 你认为小张对"优酷与土豆的联姻"的协同效应评价体系建立是否完善？如果不完善，你认为有什么需要补充的？

【相关理论】

协同效应体系建立的原则：

（1）目的性与科学性相结合的原则。目的性原则指企业在进行并购协同效应评价指标选取时应具有很大的针对性。科学性原则指企业所涉及的评价指标体系应该能够达到全面、含义清晰、定义明确、统计口径一致的要求。

（2）全面性与代表性相结合的原则。全面性原则指所建立的评价体系应该多维度、多层次地反映企业并购效率，能够全面地考评并购的各个环节，做到不遗漏关键指标。在保证全面性的同时，还需要对指标进行适当的选择和删减，把具有代表性的指标提炼出来。

（3）弱相关性原则。弱相关性原则是指企业在进行并购协同效应评价的时候，所选取的指标之间应该是不相关的。但是实际情况是所有的评价指标均具有一定的相关性。因此，在选取指标的时候，应做到尽量避免同维度的相关指标选取，避免同一维度的重复评价。

（4）定量指标和定性指标相结合原则。评价指标可以分为定量分析指标和定性分析指标。定量分析可以使指标评价标准明确，结果体现具体、直观，能够达到结果清晰、衡量直接的目的。

【案例分析】

在本案例中，经营协同效应分析、财务协同效应分析、管理协同效应分析这个体系的建立是相对比较完善的，但在这三个效应的各指标比较时只是针对企业自身不同年份进行对比，并没有与同行业平均值或选择一个可比公司进行对比，这样会更能发现并购是否发生了协同效应。此外，如我国包明华学者在原来三个效应的基础上提出无形资产效应分析。虽然现在还存在争议，但作为传媒行业，无形资产很重要，笔者认为应将其纳入"优酷与土豆的联姻"的协同效应评价体系中。无形资产协同效应主要表现为品牌协同效应、文化协同效应和技术协同效应等方面。

5. 小张通过对优酷土豆并购协同的分析，认为优酷并购土豆有较大发展前景，你是否赞同？

【案例分析】

根据公司合并后发布的各项财务指标，可以看出，在合并后新公司取得了财务上的一些业绩，但这并不足以表明并购取得了成功，从二级市场的股票价格来看，股价的持续波动与不稳定反映了投资者对于双方合并前景的担忧与疑虑。但就协同效应来看，双方在诸如运营成本、信息资源共享等协同行为方面取得了可喜的成果，值得肯定。合并后新公司的综合净收入较之前有了较大的增长，而增长的主要原因是广告业务量的上升，另外，成本有了较大程度的降低，综合运营费用、开发费用、营销费用等都有了大幅度的下降，这就使得公司的盈利能力得到了增强，而多出来的利润公司则更多地放在了自制影视剧的投入上，公司的这些举措都非常正确，自制影视剧是未来视频网站的一片蓝海，如果做得出色，公司势必将取得巨大的成功。

6. 假如你是决策者，你会实施哪些并购整合的措施？

【相关理论】

参考沃纳菲尔特在美国的《战略管理杂志》上发表的《企业资源基础理论》，并结合企业的核心竞争力，围绕企业所具有的硬资源、软资源两方面展开，着重分析硬资源中的资本资源、人力资源、软资源中的管理资源、文化资源的整合情况，以此提出合理化建议。

【案例分析】

（1）硬资源主要从资本资源和人力资源两方面分析。

1）资本资源，资本整合的策略宜采用"刚柔并济"的策略。

① "刚性"处理主要从组织结构和制度、无形资产方面分析。

组织结构和制度方面：

a. 规范法人治理结构，实现集团财务控制，明确企业的财权关系，保证优酷公司对土豆公司的控制权。

b. 在对财务组织结构的调整、财务负责人的委派和会计人员的任用方面，必须采取强有力的措施，保证财务组织运行的畅通。

c. 对被并购企业实施严格的财务管理控制，建立一系列的报告制度、信息交流制度、审批权限制度、内部绩效考核制度等。

d. 实施全面预算管理，严格经营风险和管理风险控制，实施动态监控。

无形资产方面：

a. 在原有基础上建立更为宏观和完整的公司制度，管理关于商誉、销售系统、客户等无形资产，提高重视保护程度。

b. 在优酷和土豆两边进行筛选和统一，筛选利用优酷的基础和土豆的技术或者是利用优酷的经验和土豆的模式再进行统一，形成整体化、规模化的管理资源。

c. 充分利用无形资产的市场效应充实资本，进一步扩大影响力。如提升企业形象和名誉度，进行企业后向一体化向产业链制作端靠拢，加大原创制作减少购买，增加专利的同时降低成本等，尽可能利用无形资产提高获利累积资本。

② "柔性" 处理。凡涉及员工的考核指标、岗位薪酬、福利待遇、费用标准等方面的财务整合内容，需要进行广泛的调查研究和细致的宣传说服工作，以取得大部分员工的理解和支持。整合涉及企业各层次的利益再调整，企业的管理层要与广大员工齐心协力，整合的过程才会相对平稳。

2）人力资源整合的建议。

①制定系统的人力资源整合计划。有了计划才能保证整个过程有序进行。在进行计划之前必须对并购中的企业进行全面深入的了解。

②成立人力资源整合队伍。人力资源整合是一个相当复杂的过程，因此必须要有一支专业的经验丰富的队伍负责人力资源整合计划的实行。队伍的成员既可以来自企业内部，也可通过外聘获得。

③抓住 "五人" 调整的系统法则。在人力资源整合的过程中，从系统的角度将人力资源整合来分为五个环节：选人、留人、裁人、育人以及用人。五个环节相互联系、相互影响。

（2）软资源。

1）信息资源。①账号互通，提升用户覆盖率。优酷和土豆已实现账号互联互通，优酷或土豆的用户可以将两个网站的账号绑定，实现用任何一个网站的账号，都能在两个网站登录使用。此次账号连接实现了优酷、土豆的互通，可为视频用户带来更好的体验，提供更多可选内容和个性化设置。②版权共享，市场回归理性。优酷土豆合并后，两家公司购买的版权便可以进行共享，这是最直接的好处。

2）文化整合建议。①确认新的企业精神。②综合推进三个文化整合层次。③一体化的文化整合模式。④建立规章制度，强化企业制度整合；加强员工沟通；完善人事整合；积极倡导学习氛围。

五、关键要点

（1）并购协同效应评价体系的建立。优酷并购土豆的协同效应评价体系主要包括经营协同效应、财务协同效应、管理协同效应。

（2）每个角度的协同效应分析具体用哪些指标，要定性与定量相结合，长期与短期相结合。

（3）采用财务报表分析方法中的比率分析法、趋势分析法来对优酷并购土豆协同效应的每个指标进行分析。

六、建议课堂计划

本案例可以作为专门的案例讨论课，通过《财务报表分析》、《财务管理》等课程来进行，建议的课堂计划如下：

整个案例的课堂时间控制在 80 分钟。

课前计划：提出启发思考题，请学员在课前完成阅读和初步思考，简要的课堂前言，明确主题（5~10 分钟）。

课中计划：简要的课堂前言（2~5 分钟）；介绍相关背景资料分组讨论情况汇报（30 分钟），告知发言要求；提问与答辩、讨论，小组发言（每组 5 分钟，控制在 30 分钟）；由教师引导全班进一步讨论，并进行归纳总结（15~20 分钟）。

课后计划：如有必要，请学员采用报告形式给出具体的解决方案，包括具体的职责分工，为后续章节内容做好铺垫。

参考文献

[1] 杜舟，马明. 仇家结亲——优酷土豆闪婚 [J]. IT 时代周刊，2012（7）：33-39.

[2] 高侠，张双巧. 跨国并购财务风险与财务协同效应探析 [J]. 会计之友，2012（10）：43-47.

[3] 李进. 中国平安并购深发展的协同效应分析 [J]. 财务与会计，2012（8）：56-58.

[4] 上海家会计学院. 企业并购与重组 [M]. 上海：经济与科学出版社，2011.

[5] 宋迪. 优酷土豆合并或将引网络视频行业进一步整合 [J]. 中国传媒科技，2012-05-15.

[6] 王宛秋，张永安. 企业技术并购协同效应影响因素分析 [J]. 北京工业大学学报，2007（9）.

[7] 张秋生，周琳. 企业并购协同效应的研究与发展 [J]. 会计研究，2003（6）：44-47.

[8] 中国互联网络信息中心. 2011 年中国网民网络视频应用研究报告 [R]. 北京，2011.

[9] 中国互联网络信息中心. 第 29 次中国互联网络发展状况统计报告 [R]. 北京，2011.

● 案例十一

安邦保险集团股份有限公司海外收购案例分析

案例正文：

安邦保险集团股份有限公司海外收购案例分析①

摘　要：本案例主要介绍了安邦保险集团股份有限公司（以下简称安邦保险）的发展状况和企业文化，描述了该集团公司在其国际化的进程中，对纽约华尔道夫酒店进行收购的决策理念和决策制定过程。关于此类问题的讨论有助于学生了解企业内部控制及其内部环境要素，掌握企业收购决策的动因、目标企业的选择，以及在制定投资决策时的"成本—效益"分析过程。

关键词：安邦保险；华尔道夫酒店；效益；内部控制

一、引言

2014 年 10 月 6 日，安邦保险宣布以 19.5 亿美元的价格收购纽约华尔道夫酒店。这一消息让这家中国企业在美国一夜成名，成为各大媒体、业内人士竞相关注的对象。2015 年 2 月 1 日，历经四个月的审批程序终获批准，华尔道夫酒店"江山易主"，安邦保险拥有了纽约这一地标建筑的永久产权。这一举措也使其成为继中国平安保险集团

---

① 本案例由辽宁大学讲师张艺馨撰写，作者拥有著作权中的署名权、修改权、改编权。
本案例只供课堂讨论之用，并无意暗示或说明某种管理行为是否有效。

和中国人寿保险股份有限公司后，又一家投资海外不动产的中国保险行业公司。

自 2011 年实施"国际化"战略以来，收购纽约华尔道夫酒店是安邦保险海外布局的第一站。安邦保险在投资项目的选择上一直比较谨慎。它对华尔道夫酒店进行了仔细的实地考察，在充分考虑了该收购项目的成本和收益，以及未来潜在的盈利能力后，最终决定将该酒店作为其收购的第一家海外公司。

二、公司背景

安邦保险是中国保险行业综合性集团公司之一，资产总额高达 8000 亿元。目前拥有财产险、寿险、健康险、资产管理、保险代理销售和保险经纪等多种业务，包括安邦财产保险股份有限公司、安邦人寿保险股份有限公司、和谐健康保险股份有限公司和和谐保险销售有限公司等多家子公司，其下属的保险公司在全国 31 个省市自治区拥有 3000 多个服务网点，2000 多万名客户。

安邦保险的企业文化以"人"为核心，涉及水文化（人与自然的文化）、家文化（人与社会的文化）以及互联网文化（人与科技的文化）三部分。安邦保险的"水文化"包括两个方面的含义。首先，安邦保险所提供的服务要如水一样包容变通、千姿百态、千变万化，从而满足客户个性化的需求；其次，安邦保险的企业环境应如水一般简单、纯净、团结、高效。安邦保险的"家文化"包括员工增值和客户增值两层含义。一方面，安邦保险的每个员工要彼此间相互关爱，做到"以安邦为家、以工作为乐"；另一方面，企业应与客户和投资者如家人一般彼此真诚相待、同舟共济、携手共赢。安邦保险的"互联网文化"是指将互联网技术引入企业组织架构，采用互联网结构实现企业内部的管理和沟通的公平、团结、民主和高效。基于上述企业文化，遵循"简单—标准—专业—共赢"的思路，安邦保险旨在为客户提供更全面、更专业、更周到的服务。

在过去的十年间，安邦保险经历了一个由初创到扩张、由单一化到多样化的发展过程。安邦财产保险股份有限公司成立于 2004 年，并于 2011 年改制为安邦保险集团。从 2004 年创始之初至今，安邦保险共经历了 7 次增资，其注册资本金也由 2004 年创始之初的不足 5 亿元，增加至 2014 年底的 619 亿元。2010 年安邦保险开始打破了原有的"单一化"经营模式，分别成立了和谐健康保险股份公司和安邦人寿保险股份有限公司。2011~2013 年，随着其对成都农商银行、工商银行、招商银行和民生银行的控股或投资，安邦保险逐步进军银行业，而随后对世纪证券的收购，使得安邦保险华丽地转身为第二家成功实施"三驾马车"战略的保险公司。安邦保险的董事长兼 CEO 吴小晖曾指出，安邦保险的发展战略与其企业文化一脉相承，依然以"人"为核心，包括大脑、四肢、躯干三部分。其中，保险、银行和资产管理是大脑，代表着安邦保险的核心战略；左手五指代表安邦保险的五个经营战略，包括个人金融、法人金融、互联网金融、健康医疗和养生养老；右手五指代表安邦保险的投资战略，包括投资于生命科技领域、不动产领域、汽车和基础设施、能源和资源，以及互联网投资领域；两只脚分别是互联网和全球化，代表着安邦保险实施以上战略的平台和载体；而起躯干作用的则是集团的人才战略。只有以上三部分的协调、统一和配合，才能保证集团公司稳步、持续地发展和进步。

三、收购背景

21 世纪初，中国几家大型的保险公司纷纷开始了它们的国际化进程，逐步展开了对海外房地产项目的投资，而这一系列的投资行为主要得益于我国政府的政策支持，以及"后金融危机时代"所带来的投资机遇。

（一）政策支持

2007 年 2 月，中国保险监督管理委员会（以下简称保监会）、中国人民银行和国家外汇管理局共同制定、颁布了《保险资金境外投资管理暂行办法》，其中的第三十二条指出，为促进我国保险行业的发展，保险企业可将总资产的 15% 用于境外投资。而 2012 年保监会所发布的《保险资金境外投资管理暂行办法实施细则》则进一步指出保险资金对境外不动产项目的选择范围须是"发达市场主要城市的核心地段，且具有稳定收益的成熟商业不动产和办公不动产"。相关政策的出台促进了我国保险企业迈向海外市场。

（二）投资机遇

经历了 2008 年的金融危机，欧美国家的经济逐步复苏，其房地产业的"回暖"为投资者提供了良好的投资机会。相较于我国当时的经济环境，我国企业开始关注投资于海外房地产项目，而其中不乏保险企业。例如，中国平安保险集团于 2013 年以 2.6 亿英镑（约 23.7 亿元人民币）的成交价购得伦敦金融城地标性建筑物——劳合社大楼。中国人寿保险股份有限公司联手卡塔尔控股，以 7.95 亿英镑（约 84 亿元人民币）购得伦敦金丝雀码头 10 Upper Bank Street 大楼，并拥有该大楼 70% 的股权。除了以上大型保险企业，包括阳光保险集团股份有限公司、合众人寿保险股份有限公司等保险企业也在积极寻找投资海外房地产的机会。

四、收购详情

正如前文所述，安邦保险也逐步开启了它的扩张化和国际化，其中最为引人注目的是在 2014 年初以 19.5 亿美元完成的对美国纽约地标式建筑华尔道夫酒店的收购。这一爆炸性的新闻迅速占领了全球各大财经媒体的头版头条，成为世界范围内关注的焦点。

（一）华尔道夫酒店

隶属于希尔顿集团的纽约华尔道夫酒店始建于 1893 年，后经重建、扩张和迁址于 1931 年 10 月 1 日在其新址公园大道开业，为当时正处于大萧条时期的美国注入了勇气和信心。在这百年的经营过程中，纽约华尔道夫酒店既提供约 400 美元一晚的标准客房，也提供约 10000 美元一晚的豪华套房；既服务于普通百姓，也服务于全球政要、富豪显贵。它"不分高低、不论贵贱"的服务理念，符合美国"平等"的精神，也使其成为了美国文化的一部分。

（二）收购项目效益评估

安邦保险从 2011 年开始谋划它的海外布局。随着保监会的一纸批复，安邦资产管理（香港）有限公司正式成立，专门负责安邦保险的海外投资业务。该团队在世界范围内寻找合适的投资机会，对每一项潜在的投资项目都进行详细的分析、评估和实地考察，其在全球的累计飞行里程可往返月球两次。而作为安邦保险首个海外投资项目，其对纽约华尔道夫酒店的收购更显得格外认真和谨慎。自获悉希尔顿集团有意出售该酒店之后，安邦迅速启动了收购程序，对华尔道夫酒店的水管、电梯等所有细节问题进行了仔细的检查和彻夜的谈判，最终将这一海外投资计划变成现实。尽管华尔道夫酒店 19.5 亿美元的售价创造了美国单个酒店出售的最高纪录，但安邦保险从选择效益、综合效益，以及财务效益三个维度对这一项目进行评估，认为这将是一个具有超额回报的投资行为。

选择效益。企业应通过对现金流持续能力和财务回报的分析，选择回报率最高的项目进行投资。安邦保险在选择目标企业时，做了详细的数据分析，在考虑了"在所有底线的情况下都能够盈利"的前提下，才选择将纽约华尔道夫酒店作为其首个海外收购标的。目标企业华尔道夫酒店共有 1400 多间房间，占地 16.3 万平方米。尽管每间客房的收购价高达 130 万美元（约 800 万元），但远低于同级别的上海半岛酒店每间客房逾 1200 万元的价格（连同地皮 30 亿元，仅约 235 间房间）。此外，将安邦保险公司19.5 亿美元的投资额进行折算后约合人民币每平方米 73000 元，少于北京金融街每平方米 10 万元的拍卖地价。且相较于北京金融街的 40 年使用权，安邦保险从这一项目中可获得终身产权。

综合效益。此次收购项目的综合收益主要来自品牌效应。从标的企业——华尔道夫酒店的角度来看，以往"华尔道夫"这一品牌并不在中国广为知晓，其也仅在大陆范围内的北京和上海地区建立了两个华尔道夫酒店。而随着"安邦保险收购纽约华尔道夫酒店"这一消息借助互联网在各大主流网站、移动终端 APP 的转载和刷屏，华尔道夫在中国，乃至世界的品牌知名度有了很大的提升。同时，安邦保险授予希尔顿集团对该酒店 100 年的管理权。这一条款宛若华尔道夫酒店最好的宣传标语，表明投资者对它的信心甚至超过了如通用汽车公司这样的世界 500 强企业，相信它在未来 100年的时间里不会破产。以上做法无疑使华尔道夫的品牌效应有了极大的提升。与此同时，从收购方的角度来看，安邦保险也在这一投资项目中收获了品牌效应。纽约是联合国总部所在地，是世界的中心，而华尔道夫酒店又是纽约的地标性建筑物，与联合国总部仅一步之遥。作为一家中国企业收购全球顶尖酒店，安邦保险借此迅速提高了知名度，一跃成为世界知名品牌。

　　财务效益。希尔顿集团计划收购其他新酒店以进一步拓展其企业规模。按照美国国家税务法第 1031 条规定，如果希尔顿集团能够将其出售所得的资金在 180 天之内进行投资，可以得到免除相关交易所得税的巨大优惠。因此，为了业务的拓展和财务成本的筹划，希尔顿集团选择在这一时机将纽约华尔道夫酒店进行出售。此外，希尔顿集团将纽约华尔道夫酒店进行出售后，依然保有对酒店的经营权。因此，还可以继续从酒店经营中获取长期、稳定的收益。而对于安邦保险，一方面，由于中美双方的税务互惠协议，中国企业在美国设立公司所获取的收益在纳税时具有一定的税收优惠；另一方面，安邦保险计划采用将"酒店两个塔楼改造成住宅"这一商业模式进行运营。这是因为，首先，具有相似商业模式的纽约广场酒店住房改造投资计划已获得了丰厚的回报，证明了这是一种成熟的、可以采用的商业模式。其次，纽约中城地区周边的住宅售价为每平方米 20 万~30 万元，每平方米至少 10 万元的差价让这个项目具有可观的潜在盈利性。同时，现在的美国正处于经济复苏时期，未来优质地产进一步的上涨空间将为安邦保险带来更加令人艳羡的收益。

A Case Study of Overseas Acquisition by Anbang Insurance Group Co., Ltd.

Abstract: This case illustrates Anbang Insurance Group Co., Ltd.'s operation condition and business culture, describes decision making principle and process when acquisition of Waldorf Astoria Hotel under its internationalization. This case could help students understand business internal control and its internal environment element; the motivation, the choice of target companies, and "cost-benefit" analysis when making acquisition decisions.

　　Key Words: Anbang Insurance; Waldorf Astoria Hotel; Cost-benefit; Internal Control

案例使用说明：

安邦保险集团股份有限公司海外收购案例分析

一、教学目的与用途

（1）本案例适用于 MBA 学生、会计专业的硕士生和本科生。通过该案例的学习，学生可掌握案例公司决策层的决策制定理念，以及企业内部控制中内部环境要素的作用。

（2）本案例的教学目的是通过一个具体的案例的探讨使学生了解和掌握企业收购决策的动机、目标的选择、收购决策的制定理念。同时，由于本案例是跨国收购，因此，通过本案例还可让学生讨论和分析跨国收购案例中所涉及的文化差异问题。另外，本案例还介绍了安邦保险公司的企业文化和经营管理模式，这一部分的讲解有助于学生了解企业内部控制，以及其中的内部环境要素。

具体的教学目的：

1）了解及掌握企业在进行收购决策时的决策过程和依据。

2）讨论跨国收购案例中的文化差异，及其可能引发的问题。

3）了解企业的内部控制，及其中的内部环境要素。

二、启发思考题

（1）试用"成本—收益"分析法分析安邦保险公司此次的收购行为。

（2）对于跨国收购，最难的部分当属收购后的跨国管理和整合。试讨论安邦保险可采用哪些措施以更好地进行跨国管理，实现其国际化的目标。

（3）安邦保险的企业文化以"人"为核心，涉及水文化（人与自然的文化）、家文化（人与社会的文化）以及互联网文化（人与科技的文化）。试讨论企业内部控制中的内部环境要素，以及安邦保险的企业文化对其发展的作用。

三、分析思路及理论依据

本案例主要以安邦保险为对象，描述了该公司的企业文化，以及该公司在 2015 年初所完成的对美国纽约地标性建筑物——华尔道夫酒店的收购。针对上述所提出的三道启发思考题，详细的分析思路和理论依据如下：

1. 试用"成本—收益"分析法分析安邦保险公司此次的收购行为

（1）分析思路。"成本—收益"的比对和分析是企业投资决策制定过程中必不可少的组成部分，它通过对潜在项目全部成本和全部收益的对比，来评估该项目的价值，并进行可行性分析。题目中明确提出用"成本—收益"分析法对安邦保险的此次收购行为进行分析，即可从收购计划的目标选择、收购交易的进行以及收购交易后的整合三个方面进行分析。

（2）理论依据。"成本—收益"分析这一概念于19世纪由法国经济学家朱乐斯·帕帕特率先提出，而后被意大利经济学家帕累托重新界定。经过后续学者的不断凝练，现如今，这一经济决策分析方法已被广泛应用于企业的各类投资决策中，帮助企业选择合适的投资对象，做出合理的投资决策。在企业的收购决策中，作为收购方的企业会经历收购目标的选择、收购交易的进行，以及收购交易后的整合三个步骤，而在每一个步骤中，企业都应做好"成本—收益"分析，以合理地制定相应的收购决策。安邦保险之所以选择纽约华尔道夫酒店这一收购项目，也正是基于"成本—收益"的分析原则。

收购目标的选择。企业需依据收购目的、战略目标及自身发展状况选择合适的收购对象进行收购。而在这一过程中，企业需要对所面临的外部环境和内部条件进行详细的分析。例如，企业需要分析所面临的外部政治环境、经济环境和法律环境，分析潜在收购对象的资产总额、盈利能力、组织架构等，并结合自身的收购动机和条件，预测潜在的收购行为将会为企业带来的影响。而以上信息的获得和处理均会产生相应的成本，即在目标选择过程中会产生筛选成本。安邦保险在对目标企业进行筛选的过程中，曾多次前往纽约对华尔道夫酒店的水管、电梯等所有细节问题进行了仔细的检查和彻夜的谈判。相较于收购本土黄金地段的不动产，安邦保险在评估纽约华尔道夫酒店这一项目上势必会花费更多的人力和物力成本。然而，安邦保险更看重的是华尔道夫酒店的高性价比，及其潜在、附加的价值。首先，尽管纽约华尔道夫酒店每间客房的收购价高达800万元，但这一价格却仅为同级别的上海半岛酒店的2/3，且安邦保险能够获得该酒店的终身产权。其次，这一目标企业的选择还会为安邦保险带来品牌效益。华尔道夫酒店地处纽约曼哈顿中心地带，与联合国总部仅一步之遥。它是各国政要和各国名流在纽约下榻的地方，它见证了美国乃至世界许多重要的时刻，因此，它已成为美国文化的一部分。基于上述原因，收购华尔道夫酒店为安邦保险赢得了世界范围内的广泛关注，使其迅速提高了品牌知名度，一跃成为家喻户晓的企业。最后，中美税务互惠协议的实施使得中国企业在美国设立公司所赚取的收益享受税收优惠，而同期、同类型房地产项目所取得的丰厚利润也使得安邦保险预期该项收购项目会带来可观的回报。

收购交易的进行。在收购交易进行过程中，主要会涉及交易双方的沟通和谈判，甚至是妥协和让步，因而在这一过程中也会发生相应的成本。安邦保险在此次收购过程中，曾一度陷入困境。例如，美国政府怀疑安邦保险在收购后对酒店的改造和翻新会引起诸如窃听、网络间谍等安全问题。因此，美国政府耗时四个多月时间对这一收购项目进行安全调查。为让美国政府消除安全方面的顾虑，作为收购方的安邦保险进行了积极的配合。比如，安邦保险已同意，收购后希尔顿集团仍享有该酒店100年的经营权（是其他酒店租赁合同期限的4倍），允许美国政府部门在酒店改造期间自行建造楼堂馆所。尽管做了一定的妥协，但安邦保险仍然预期此次收购计划会带来更多的收益，因此在遇到一定阻拦时，仍然坚持继续此次收购项目。

交易后的整合。对于一个收购项目，交易的完成并不是结束，收购后的整合甚至占据着更重要的位置。在商业收购中存在着著名的"七七定律"，即在海外并购中，有70%的并购并未实现预期的价值，而这其中又有70%的失败源于并购后的文化整合。由此可见，并购后的整合对一项并购交易的成功与否起到了至关重要的作用。对于本案例中的安邦保险，它在现在乃至未来所要面对的不仅是普通收购案例中管理团队、人力资源和企业文化的整合，还包括不同国家、不同地域、不同民族、不同文化的相互协调与交融。纽约华尔道夫酒店在美国人心中已不仅仅是一个酒店，它融入了悠久的历史和显赫的地位，俨然已成为纽约的名片和美国文化的组成部分。因而，安邦保险更要采取积极的措施，最大限度地降低因文化冲突所带来的损失。而在这一过程中必定会耗费安邦保险一定的成本（如整合框架的选定成本、整合方案的制定成本及整合方案的实施和协调成本），但整合后品牌效应、协同效应的发挥会为安邦保险带来更多的预期收益。

2. 对于跨国收购，最难的部分当属收购后的跨国管理和整合。试讨论安邦保险可采用哪些措施以更好地进行跨国管理，实现其国际化的目标

（1）分析思路。对于跨国收购，最难的部分当属收购后的跨国管理和整合。而跨国管理和整合的关键在于，面对彼此间文化差异时的相互尊重，以及二者在此次收购项目中的共赢。本题可从"尊重"与"共赢"两个角度进行分析。

（2）理论依据。尊重。安邦保险在收购企业后充分体现了对原有管理层的尊重，即保留原有的管理层，因为该管理层更了解客户、市场、竞争对手以及当地的环境。比如，在本案例中，安邦保险准许希尔顿集团继续拥有华尔道夫酒店100年的经营权。此外，安邦保险决定采用"修旧如旧"的方式对华尔道夫酒店进行装修，对酒店百年所形成的文化和历史予以传承和尊重。事实上，在这笔收购项目中，不乏来自中东和美国本土的强有力的竞争者（这些竞争者的报价均高于安邦保险）。但正是由于二者在经营理念上的契合，以及安邦保险所表现出的对美国文化的尊重和理解，使得二者最终达成了收购协议。

共赢。在此次收购行为中，安邦保险和纽约华尔道夫酒店能够实现共赢。从被收购方——华尔道夫酒店方面来看[①]，由于这一收购项目一经批准，便在各大主流网站、

---

① 因为安邦保险在此案例中可获得的收益已在前文中进行了讨论。为避免重复，此节仅从被收购方的角度进行分析。

移动终端 APP 和报刊等一系列媒体上登载出来，这极大地提高了华尔道夫酒店在华乃至全世界的品牌知名度。此外，安邦保险授予希尔顿集团对该酒店 100 年的管理权，这说明投资者相信，在未来的 100 年中，华尔道夫酒店会持续地经营下去，这一点也成为华尔道夫酒店最有说服力的广告。再者，希尔顿集团还可利用美国税法的优惠条件，进行财务成本的筹划，通过出售纽约华尔道夫酒店所获得的资金进一步拓展它的业务领域。

3. 安邦保险的企业文化以"人"为核心，涉及水文化（人与自然的文化）、家文化（人与社会的文化）以及互联网文化（人与科技的文化）。试讨论企业内部控制中的内部环境要素，以及安邦保险的企业文化对其发展的作用

（1）分析思路。企业文化是企业所有活动的基础，它影响着企业决策的制定和活动的执行。本题可从 2008 年由我国五部委（财政部、证监会、审计署、银监会和保监会）联合发布的《企业内部控制基本规范》出发，分析其中的内部环境要素，并探讨安邦保险的企业文化对其发展的作用。

（2）理论依据。2008 年 6 月，在借鉴了美国 COSO（全国反虚假财务报告委员会下属的发起人委员会）发布的《内部控制—整合框架》（Internal Control–Integrated Framework）的基础上，我国五部委联合发布了《企业内部控制基本规范》（下文简称《基本规范》），提出内部环境、风险评估、控制活动、信息与沟通和监督是企业内部控制的五大要素。其中内部环境中的一项重要内容便是企业文化。企业文化是企业所有活动的基础，它影响着企业决策的制定和活动的执行。《基本规范》中指出企业应重视文化建设，培养出积极向上、诚实守信、充满创新精神和团队精神，并兼具社会责任的文化氛围。

安邦保险注重对企业文化的塑造，企业文化以"人"为核心，涉及水文化（人与自然的文化）、家文化（人与社会的文化），以及互联网文化（人与科技的文化）三部分。保险企业的员工流动性比较大，因而，安邦保险努力培育"家文化"，营造家一般温暖、和谐的氛围，让每名员工都如家人般团结和友爱。而这样一种氛围也能够鼓舞员工士气，统一员工思想，提高工作效率（安邦保险曾在 3 个月的时间里清理了 90% 的积压理赔案）。此外，安邦保险的"互联网"文化拉近了员工彼此之间的距离。每个部门都有自己的 QQ 群，大家可直接借助网络，同本部门乃至其他部门的员工进行沟通和讨论，甚至与管理层的交流也变得方便很多。而即使员工身在异地，也可以进行实时的信息交流和共享，增强员工的归属感。

安邦保险塑造了以"水文化"、"家文化"和"互联网文化"为核心的企业文化。这样的企业文化增强了员工的凝聚力和企业的核心竞争力，并最终实现企业经济效益的提高，使得安邦保险在过去十年的时间里，规模不断扩大，业绩不断增长，并走上其国际化的扩张道路，实现了对海外优质不动产项目的投资。

四、关键要点

（1）收购的目的是带来经济效益，企业在进行收购决策时，要同时考虑收购行为所带来的成本和效益，判断该项目是否能够为企业带来潜在盈利。

（2）企业在实施跨国收购时，不仅要对目标企业进行全面的分析，还要对其所属国的法律、文化环境进行考量。在条件允许的情况下，充分尊重对方国家的文化，以提高收购成功率。

（3）收购交易的完成并不是结束，收购后的整合甚至占据着更重要的位置。特别是对于安邦保险这样一个跨国收购项目，更要进行有效的整合，以缓解因地域、种族、文化的差异而带来的摩擦。

五、建议课堂计划

本案例可用作案例讨论课来进行。整个案例课的课堂时间控制在 80~90 分钟。如下是按照时间进度提供的课堂计划建议，仅供参考。

课前计划：提出启发思考题，请学生在课前完成阅读并进行初步的思考。

课中计划：本堂课前言（2~5 分钟）；

针对案例内容和所提出的思考题，进行分组讨论（30 分钟）；

小组发言（30 分钟）；

全班进行讨论，并最后做归纳和总结（15~20 分钟）。

参考文献

［1］安邦集团.集团介绍［EB/OL］.http：//www.anbanggroup.com/introduction.html，2015-06-14.

［2］李荣梅，姚树中.企业内部控制［M］.大连：东北财经大学出版社，2011.

［3］马艺文，吴小晖.梦想与成功的距离是坚持梦想与行动的距离是自己［EB/OL］.http：//finance.china.com.cn/news/20150204/2945617.shtml，2015-06-14.

［4］王杨.平安保险 2.6 亿英镑买下伦敦金融城地标建筑——劳合社大楼［EB/OL］.http：//www.guancha.cn/economy/2013_07_09_156998.shtml，2015-06-14.

［5］中国建筑协会.中国人寿 84 亿人民币买伦敦地标大楼金丝雀码头 10 Upper Bank Street［EB/OL］.http：//www.chinaasc.org/news/zonghexiaoxi/20140623/103403.html，2015-06-15.

［6］中国经济网.安邦保险：文化内核驱动企业提速［EB/OL］.http：//www.china.com.cn/finance/txt/2010-03/03/content_19509334.htm，2015-06-18.

● 案例十二

三木集团投资性房地产计量模式变更

案例正文：

三木集团投资性房地产计量模式变更①

摘　要： 投资性房地产的后续计量通常采用成本模式，只有满足特定条件的情况下才可以采用公允价值模式。后续计量模式由成本模式变更为公允价值模式应作为会计政策变更处理，并要求采用追溯调整法。本案例以投资性房地产准则为基础，描述2012年三木集团投资性房地产后续计量模式变更的原因、条件，追述调整法及计量模式变更后带来的财务影响。

关键词： 三木集团；投资性房地产；计量模式变更；公允价值模式

一、引言

《企业会计准则第3号——投资性房地产》规定，企业已出租或者长期持有并准备增值后转让的土地使用权和企业拥有并已出租的建筑物为投资性房地产。对于投资性房地产，企业可采用成本模式或公允价值模式进行后续计量。但采用"公允价值模式"

---

① 本案例由辽宁大学商学院的李亚杰、王一纯撰写，作者拥有著作权中的署名权、修改权、改编权。
由于企业保密的要求，在本案例中对有关名称、数据等做了必要的掩饰性处理。
本案例只供课堂讨论之用，并无意暗示或说明某种管理行为是否有效。

必须同时满足"投资性房地产所在地有活跃的房地产交易市场"、"企业能够从房地产交易市场取得同类或类似房地产的市场价格及其他相关信息，从而对投资性房地产的公允价值做出合理的估计"两个条件。由于采用公允价值计量模式估值成本较高，大多数上市公司未采用这种模式。三木集团 2012 年第七届董事会第五次会议审议通过《关于福建三木集团股份有限公司投资性房地产后续计量由成本计量模式变更为公允价值计量模式的议案》，于 2012 年 12 月 11 日发布《福建三木集团股份有限公司关于会计政策变更的公告》，决定自 2012 年 1 月 1 日起，对公司的投资性房地产采用公允价值模式进行后续计量。这一会计政策变更引人关注：三木集团为何要变更投资性房地产的后续计量模式？变更后的会计信息准确性更值得信赖吗？投资性房地产计量模式变更会对财务报表产生怎样的影响？

二、三木集团背景

福建三木集团股份有限公司（以下简称三木集团）的前身是福州经济技术开发区建设总公司，成立于 1984 年 10 月；1992 年 12 月，公司成功改制为股份制企业；1996 年 11 月，公司股票在深圳证券交易所成功上市。三木集团从马尾吹沙造地、基础设施建设起步，经过 30 年的稳健经营，不断发展壮大，成为以房地产开发、基础设施建设和进出口贸易为主营业务的大型综合类企业集团。

截止到 2014 年底，公司注册资本 4.66 亿元，总资产 59.27 亿元，实现营业收入达到 43.59 亿元，营业利润 0.27 亿元，归属于上市公司股东的净利润为 0.12 亿元，拥有控股子公司 27 家。三木集团立足福州，面向全国，不断开拓市场，扩大房地产开发规模，打造全国性房地产品牌，房地产业务分布在福州、上海、长沙、武夷山、青岛等地，目前在福州开发的房地产项目主要有：三木水岸君山、三木诺丁山、三木君阅天下、三木中央天城等。同时公司在武夷山开发中国武夷山自驾游营地——"自游小镇"，在青岛开发胶州市产业新区项目和三木空港小镇。三木集团的国际贸易遍及世界一百多个国家和地区，集团的外贸进出口总额连续多年为福州第一名，在福建省名列前茅。

公司的经营范围包括土地开发，房地产综合开发（一级资质），房地产中介，工程施工总承包（二级），可承担中型交通工程建设项目 15 万平方米以下的住宅建设项目，总投资 2 亿元以下的公用建设项目的施工总承包。建筑材料、家用电器、电器机械、金属材料、化工原料、石油制品（不含汽油、煤油、柴油）；日用百货、纺织品、服装。自营和代理各类商品及技术的进出口业务，但国家限定公司经营或国家禁止出口的商品及技术除外，经营进料加工和"三来一补"业务，经营对外销贸易和转口贸易。

近年来，三木集团被评为"国家一级房地产开发企业"、"中国外贸进出口企业 500 强"、"中国房地产开发诚信企业"、"福建省百强企业"、"福建纳税 300 强"、"福建省著名商标"、"福建省最佳形象企业"、"福建省房地产开发诚信企业"等。

三木集团以"根植社会，共创绿色未来"为企业使命，以"磨砺自我，不断创新"

为企业精神，以"为客户创造价值，为员工创造机会，为股东创造财富"为企业经营理念，充分发挥体制、管理、技术创新优势，朝着成为"值得信赖的企业常青树"的企业愿景迈进，不断提升企业核心竞争力。

三、三木集团投资性房地产计量模式变更

（一）三木集团变更投资性房地产计量模式的原因

2012 年 12 月 11 日三木集团发布《福建三木集团股份有限公司关于会计政策变更的公告》：决定自 2012 年 1 月 1 日起，对公司的投资性房地产采用公允价值模式进行后续计量。三木集团变更投资性房地产计量模式的主要原因是：

1. 因营业收入连年大幅下滑而调整房地产业结构

房地产开发是三木集团的核心主业，受国家宏观经济调整政策及产业结构调整政策影响，历经十年"黄金时代"的中国房地产市场转入低迷并将持续。其影响因素包括：一是中国的产业结构调整，会越来越注重经济增长的质量，原先粗放的发展模式无法持续，以房地产作为支柱产业的经济发展模式将受到限制；二是房地产行业经过近几年的增长，行业竞争日趋激烈，行业集中度也日益提高，规模较小的房企生存压力巨大；三是中国人口结构开始发生变化，逐步步入老龄化阶段，人口红利优势将慢慢消失，对房地产市场的需求产生不利影响；四是房地产市场的各项成本不断攀升，尤其是劳动力成本，侵蚀着项目利润；五是政府大力提倡保障性安居工程的建设，对房地产的开发企业也将产生很大影响。由此造成三木集团的房地产业的营业收入大幅下滑，2012 年房地产营业收入 19154.25 万元，比上年同期下降了 64.09%。面对严峻的形势和激烈竞争的市场环境，三木集团决定调整房地产业结构，增加投资性房地产的比重。2012 年投资性房地产价值 142313.5 万元，占资产比重 28.87%，2011 年投资性房地产价值 14206.13 万元，占资产比重 3.75%，2012 年的比重比 2011 年增加了 25 个百分点。

2. 公允价值计量模式有助于增强公司财务信息的准确性，便于公司管理层及投资者及时了解公司的真实财务状况及经营成果

三木集团的投资性房地产主要用于出租。随着投资性房地产所处区域的开发建设，区域内房地产价值不断攀升，所在地有活跃的房地产租赁和交易市场，采用公允价值模式对投资性房地产进行后续计量，相对于成本计量而言，能够及时反映资产的现时价值，能够对报表使用者决策提供有用的信息，有助于广大投资者更全面地了解公司经营和资产情况，更能公允、恰当地反映公司的财务状况和经营成果，公允价值计量符合决策有用观的要求。

因此，三木集团于 2012 年变更了投资性房地产进行后续计量模式，转而采用公允价值模式。

（二）三木集团 2012 年投资性房地产的范围及成本价值

三木集团 2012 年的投资性房地产主要是出租的房屋、建筑物，其年初的账面价值是 12842.54 万元。根据三木集团 2012 年第七届董事会第五次会议决议，母公司"三木大厦"出租部分（2~6 层、11 层）以及控股子公司长沙三兆实业开发有限公司"黄兴南路步行街"（好又多区域、南段三楼、南段四楼、北段四楼、车库）从 2012 年 10 月 1 日开始持有目的为出租；公司打算长期用于出租。另外母公司原列入投资性房地产的马尾建设新村和马尾君山花园因将被划入马尾新城拆迁范围，于 2012 年 10 月 1 日起投资性房地产转为存货核算。据《企业会计准则第 3 号——投资性房地产》，公司于 2012 年 10 月 1 日起，分别将账面价值共 42814.66 万元资产从固定资产和存货转入投资性房地产核算，账面价值共计 22.80 万元资产从投资性房地产转为存货核算。2012 年成本计量的投资性房地产的账面价值如表 1 所示。

表 1　2012 年成本计量的投资性房地产的账面价值

单位：万元

	期初账面价值	本期增加成本		本期减少成本		期末账面价值
		自用房地产或存货转入	购置	处置	转为自用房地产	
房屋、建筑物	12842.53	45856.90	—	982.07	8.90	57708.46

（三）三木集团投资性房地产公允价值的确定

三木集团对投资性房地产公允价值采用市场法进行估值。所谓市场法是将估价对象与在估价时点近期有过交易的类似房地产进行比较，对这些类似房地产的已知价格作适当的修正，其中包括整体变现因素以及现有合同租约对估价对象市场价值的影响因素的修正，以此估算估价对象的客观合理价格或价值的方法。无法取得同类或类似房地产现行市场价格，则对投资性房地产公允价值采用收益法进行估值。收益法是预测估价对象未来的正常净收益，然后选用适当的报酬率或资本化率、收益乘数，将未来收益转换为价值来求取估价对象价值的方法。

公司聘请福建中兴资产评估房地产土地估价有限责任公司（以下简称中兴资产评估公司）对投资性房地产的公允价值进行评估。公司依据中兴资产评估公司出具的《福建三木集团股份有限公司及其子公司相关投资性房地产市场价值资产评估报告》（闽中兴评字（2013）第 3002 号、闽中兴评字（2012）第 3039 号、闽中兴评字（2012）第 3040 号、闽中兴评字（2012）第 3042 号）确定的评估价值作为投资性房地产的公允价值确认的基础。

（四）三木集团转换日计量与计量模式变更

1. 转换日计量

自用房地产或存货转换为采用公允价值模式计量的投资性房地产，该项投资性房地产应当按照转换日的公允价值计量。转换日的公允价值小于原账面价值的,其差额计入当期损益;转换日的公允价值大于原账面价值的,其差额作为资本公积(其他资本公积),计入所有者权益。处置该项投资性房地产时,原计入所有者权益的部分应当转入处置当期损益。

根据评估公司评估,从存货和固定资产转入的投资性房地产截至转换日的公允价值为 128388.83 万元,与原账面价值的差异增加递延所得税负债 21393.54 万元,增加公司资本公积 64180.63 万元。

2. 计量模式变更程序

根据 2012 年第七届董事会第五次会议审议通过《关于福建三木集团股份有限公司投资性房地产后续计量由成本计量模式变更为公允价值计量模式的议案》,三木集团的投资性房地产的后续计量由成本计量模式变更为公允价值计量模式。成本模式转为公允价值模式,应当作为会计政策变更,按照《企业会计准则第 28 号——会计政策、会计估计变更和差错更正》处理,即公允价值与原账面价值的差额调整留存收益。投资性房地产采用公允价值计量的,不对投资性房地产计提折旧或进行摊销,应当以资产负债表日投资性房地产的公允价值为基础调整其账面价值,公允价值与原账面价值之间的差额计入当期损益。

资产负债表期初成本计量的房屋建筑物变更公允价值计量后,其公允价值142061346.54 元,公允价值变动 13635983.05 元调整留存收益。2012 年按公允价值计量的投资性房地产的金额如表 2 所示。

表 2 2012 年按公允价值计量的投资性房地产的金额

单位:万元

项目	期初公允价值	本期增加			本期减少		期末公允价值
		购置	自用房地产或存货转入	公允价值变动损益	处置	转为自用	
1. 成本合计	12842.54		45856.9		982.07	8.9	57708.46
2. 公允价值变动合计	1363.6		82565.38	676.05			84605.03
3. 投资性房地产账面价值合计	14206.13		128422.28	676.05	982.07	8.9	142313.5

四、三木集团投资性房地产计量模式变更的影响

三木集团投资性房地产后续计量模式由成本计量改为公允价值计量后,对企业的财务状况及经营成果带来较大的影响。根据企业会计准则规定,投资性房地产计量模式会计政策变更采用追溯调整法,2012 年财务报表已重新表述。相关调整对 2012 年度及 2011 年度财务报表项目产生的影响如表 3 所示。

表3　2012年投资性房地产计量模式变更对报表项目的影响

单位：万元

受影响的报表项目名称	2012年影响金额	2011年影响金额
投资性房地产	89574.17	2757.89
递延所得税资产	355.65	412.91
资产合计	89929.82	3170.80
递延所得税负债	22740.79	1102.38
资本公积	64578.52	—
未分配利润	1744.40	885.11
归属于母公司所有者权益合计	66322.93	885.11
少数股东权益	866.09	1183.30
负债及所有者权益合计	89929.82	3170.80
营业成本	−566.06	−351.31
公允价值变动损益	676.05	−369.24
所得税费用	302.13	−4.48
净利润	939.98	−13.45
归属母公司的净利润	859.29	−103.42
少数股东损益	80.68	89.97
其他综合收益	64180.63	

结合表2及表3的数据可以看出，由于投资性房地产采用公允价值计量，由此为三木集团带来丰厚的回报。2012年投资性房地产的价值增加了89574.17万元，递延所得税资产增加355.65万元，从而使公司的总资产增加，同时使经营成果增加，导致所有者权益增加。具体来说由于公允价值变动投资性房地产价值增加了84.6万元，因此调增资本公积64578.52万元，其中从存货和固定资产转入投资性房地产公允价值变动计入权益（资本公积——其他资本公积）的金额64180.63万元，未分配利润增加了1744.4万元，归属于母公司所有者权益合计增加66322.93万元，少数股东权益增加866.09万元。递延所得税负债增加了22740.79万元。公允价值变动损益增加676.05万元，净利润增加939.98万元，归属母公司的净利润增加859.29万元，少数股东损益增加80.68万元。

五、结束语

从三木集团投资性房地产计量模式变更对报表项目带来的影响金额看，数量相当可观，从而使报表更加"好看"！虽然公允价值计量的投资性房地产价值更具客观性，但由公允价值变动从而增加的所有者权益和经营成果并非经营者能力使然，实际上是虚增了经营成果及所有者权益。这种情况容易为经营者盈余管理、利润操纵提供空间。因此，在公允价值计量模式下，如何看待公司财务报表中资产、所有者权益以及经营成果，如何评价经营者的业绩值得我们认真思考。

The Change of Investment Real Estate Measurement Model of San Mu Group

Abstract: Subsequent measurement of investment real estate can not only use the cost pattern, but can choose in the fair value pattern as well. If it uses the fair value pattern, the measurement should meet the corresponding conditions. When the cost pattern of Subsequent measurement changes to the fair value pattern, it should be dealt with as the accounting policy alternative. It also requires the using of retroactive adjustment method. In this case, the study is based on the rule of the investment real estate and describing the causes, conditions of the changes in Sanmu Group's investment real estate measurement mode. It will also discuss the financial effects after the alternation of Recite adjustment method and Measurement model.

Key Words: Sanmu Group; Investment Real Estate; Alternation of the Measurement Model; Fair Value Measurement Model

案例使用说明：

三木集团投资性房地产计量模式变更

一、教学目的与用途

（1）本案例主要适用于《会计学》课程。

（2）本案例的教学目的：通过本案例的教学与讨论，加深学员对投资性房地产、公允价值等会计准则的理解，帮助学员领会投资性房地产计量模式变更对企业报表的影响，更为重要的是引导学员理解会计政策选择的财务动机。

二、启发思考题

（1）简要说明为什么三木集团不再使用成本模式计量投资性房地产，采用成本模式计量会存在什么样的问题？

（2）根据案例中分析的三木集团投资性房地产计量模式变更的财务影响，分析三木集团进行这种变更的原因。

（3）根据本案例内容并查阅相关资料，简要说明投资性房地产后续计量模式的选择应遵循什么原则？

（4）虽然三木集团将投资性房地产的计量由成本模式更改为公允价值模式，但公允价值模式自身也有弊端，请对投资性房地产公允价值的后续计量提出建议。

三、分析思路

教师可以根据自己的教学目标来灵活使用本案例，在这里提供的分析思路，仅供参考。

本案例描述了三木集团在 2012 年进行的投资性房地产计量模式变更的过程，并简要描述了这种变更所带来的财务影响，同学们可以利用所学的投资性房地产相关会计理论对这一变更所带来的财务影响进行分析。根据本案例所描述的情况，具体分析过程如图 1 所示。

通过阅读案例，归纳采用成本模式所存在的问题，分析变更计量模式后所带来的财务影响，以及变更的原因，归纳选择投资性房地产后续计量模式应遵循的原则，最后对投资性房地产公允价值后续计量模式的运用提出建议。

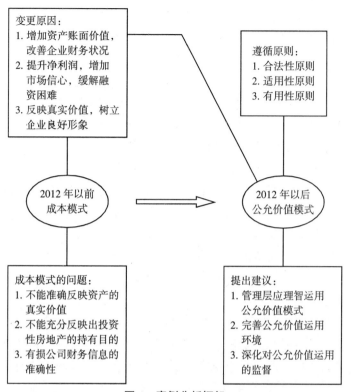

图1　案例分析框架

四、理论依据与分析

1. 简要说明为什么三木集团不再使用成本模式计量投资性房地产，采用成本模式计量会存在什么样的问题？

【相关理论】

投资性房地产的成本模式是以历史成本属性为计量基础的。首先，历史成本计量的优点表现为其因可验证而被认为可靠。由于历史成本是在过去的市场交易中形成，并有原始凭证作为依据，不同的会计人员按照相同的规则会得出大致相同的结果，因而它具有会计计量的质量标准之一，即可验证性。其次，历史成本计量方法比较简单。这是因为历史成本只对交易和事项进行初次计量，一旦入账之后，不管环境是否变化，都不再重新计量。

历史成本也有其局限性。首先，它的可靠性有一定的局限性。历史成本虽然可以验证，但它并不一定在任何时候都能做到如实反映。其次，在价格变动的情况下，提供信息的相关性较差：①当价格明显变动时，在不同的交易时点，相同的历史成本代表不同的价值量，这些代表不同价值量的历史成本之间是没有可比性的；②计算企业利润时，成本、费用按历史成本计量，而收入按现行价格计量，这不利于正确评价企业的经营成果；③在价格变动时，费用按历史成本计量，将无法区分和反映管理当局的真正经营业绩和外在价格变动产生的持有利得与损失。

采用成本模式计量的投资性房地产，按期（月）计提折旧或摊销。投资性房地产存在减值迹象的，还应当符合资产减值的有关规定。经减值测试后确定发生减值的，应当计提减值准备。已经计提减值准备的投资性房地产的价值又得以恢复的，不得转回。

【案例分析】

三木集团之前所一直采用的成本模式存在如下的弊端：

首先，成本模式不能准确反映资产的真实价值。成本模式由于依靠初始取得成本进行计量，只有资产在连续的会计期间价值稳定时才能真实反映资产的实际价值。而综观我国房地产市场的现状，显然投资性房地产的价值并不是稳定的，而是发生着较大的波动。因而在我国当前这种大背景下，如若采用历史成本模式对投资性房地产进行计量，投资性房地产真实价值的变化就不能体现在企业的财务报表中，影响企业财务信息的准确性。三木集团所持有投资性房地产随着所处区域的开发建设，区域内房地产价值不断攀升，只有对投资性房地产采用公允价值模式进行后续计量时，才能更加真实客观地反映企业资产的价值。

其次，成本模式不能充分反映出投资性房地产的持有目的。投资性房地产的定义中明确指出，投资性房地产是"以赚取租金或资本增值，或两者兼有为目的而持有的房地产"，与一般房地产的区别就在于其持有目的的特殊性。采用成本模式对投资性房地产进行后续计量，由于每年都要计提折旧，账面价值会越来越小，这显然与投资性房地产"赚取租金或增值"的持有目的相背离。虽然对于拥有较多投资性房地产的企业而言，会计政策变更为采用公允价值模式进行后续计量会导致公司当年的利润增加，但这也符合投资性房地产的真实价格，因为投资性房地产就是为了增值或赚取租金而持有的。

最后，采用成本模式有损公司财务信息的准确性。企业采用成本模式计量投资性房地产时，需要于每年末对投资性房地产进行减值测试，同时投资性房地产折旧或摊销的计提由企业运用的会计政策所决定，通常需要依靠企业会计人员对投资性房地产的预计使用年限和预计净残值等相关因素做出主观判断，这就给人为操纵利润提供了机会。尽管企业会计准则以及相关会计制度对会计政策的遵循有比较严格的要求，但人为操纵可能性仍然不可避免地存在，会在无形中降低会计信息的可靠性。

【培养能力】

使学员更加深入地理解投资性房地产成本计量模式，理解成本模式存在的缺陷。

2. 根据案例中分析的三木集团投资性房地产计量模式变更的财务影响，分析三木集团进行这种变更的原因

【相关理论】

投资性房地产准则规定，企业只能采用一种模式对投资性房地产进行计量，已

采用公允价值模式计量的投资性房地产，不得从公允价值模式转为成本模式。

在公允价值模式下，不对投资性房地产计提折旧或摊销，以资产负债表日投资性房地产的公允价值为基础调整其账面价值，公允价值与原账面价值之间的差额计入当期损益。投资性房地产转换为自用房地产时，以其转换当日的公允价值作为账面价值，其差额计入当期损益；自用房地产或存货转换为投资性房地产时，公允价值小于原账面价值的，其差额计入当期损益，大于原账面价值的，其差额计入所有者权益。由于公允价值模式较之成本模式，不需要对投资性房地产计提折旧或摊销、减值等，因此会降低企业的会计核算期间的成本；同时在房地产市场波动较大的情况下，按照公允价值在会计期末调节资产账面价值，多数情况下会增加企业的总资产。在二者的共同作用下，企业的净利润会大幅提高。

【案例分析】

结合投资性房地产的核算方法及其对报表的影响，分析了三木集团投资性房地产计量模式变更的原因：

首先，使用公允价值模式可以增加资产账面价值，改善企业财务状况。按照我国企业会计准则的有关规定，采用公允价值模式计量的投资性房地产不计提折旧或摊销。对于拥有大量投资性房地产的企业来说，这会大大减少企业的成本费用，从而提高企业的账面净资产。另外，按照我国房地产行业的现实情况，采用成本模式计量的投资性房地产，其账面价值会低于真实价值。而企业选择采用公允价值模式计量投资性房地产后，其账面价值会大大增加，从而会增加企业的总资产。企业资产的增加，会相应降低该企业的资产负债率，增强抵御风险的能力。如三木集团 2011 年末的资产负债率是 81.4%，变更计量模式后，2012 年的资产负债率降低为 72.3%，改善了企业的财务状况。同时，企业资产的增加，也可以使企业从资本市场获得更多的资金，提高企业的再融资能力。

其次，使用公允价值模式可以提升净利润，增加市场信心，缓解融资困难。根据企业会计准则的有关规定，企业变更投资性房地产的后续计量模式，属于会计政策的变更，应当对上年同期相关项目进行追溯调整。对净利润的调整为：对 2011 年度合并净利润调减 134502.35 元，调减 0.9%；对 2012 年度前三季度合并净利润调增 2318306.46 元，调增 84.14%。从该企业前三年的年报来看，企业的利润逐年下降，这会大大降低投资者的信心。而在变更会计政策后，该企业通过追溯调整使得前三个季度利润大幅上升，大大增加了 2012 年度的净利润。近些年三木集团的长线项目和土地储备项目较多，资金回笼速度较慢，使得该企业的资金供给方面出现了一定的缺口；一些在建市政项目已进行竣工结算，但是由于之前的融资成本比较高，短期内难以实现收益。虽然企业调整了信贷结构，争取到部分信贷资金，但企业的担保总额占期末合并报表净资产的比例为 96.31%，仍然存在很大风险。2012 年第三季度净利润为负，使得该企业下定决心变更投资性房地产计量模式，摆脱利润逐年下降的困境。此次变更虽然没有使得该企业的利润较上年大幅增加，但是利润相对小幅上升，对于投资者来说，仍是一个有利的信号，向外界传递了公司未来发展状况良好的信息。这有利于企业的再融资，对于缓解该企业资金紧张的压力意义重大。

最后，反映真实价值，树立企业良好形象。采用公允价值模式进行后续计量是目前国际上通行的计量方法。伴随着房地产市场的不断发展与完善，要求更加真实地反映资产的真实价值成为大势所趋。采用公允价值计量既能较好地反映投资性房地产的市场价值，又能如实地反映企业的盈利情况，使企业的资产状况及盈利状况更加真实和透明，也能使得投资者更加全面地了解企业情况，为企业树立真实可靠的企业形象。三木集团在其《关于会计政策变更的公告》中认为，采用公允价值模式对投资性房地产进行后续计量的会计政策能够提供更可靠、更相关的会计信息。

【培养能力】

学习和掌握投资性房地产计量模式变更带来的财务影响；学习和掌握投资性房地产公允价值计量模式的优点。

3. 根据本案例内容并查阅相关资料，简要说明投资性房地产后续计量模式的选择应遵循什么原则？

【相关理论】

我国具体会计准则认为："会计政策是指企业在会计核算中应遵循的具体原则以及企业所采纳的具体会计处理方法。"就现实而言，会计政策根据其指定的面向整个国家及社会的一些通用、重要的会计方针、原则及方法程序，通常以准则的形式固定下来。会计政策的选择不是一个单纯的会计分体，它是与企业相关的各个利益集团处理经济关系、调节经济矛盾、分配经济利益的一项重要措施。企业在选择会计政策时，不能只考虑自身利益的最大化，而应同时遵循以下几项原则：

（1）目标导向原则。在市场经济条件下，财务会计的目标在于以通用财务报表的形式为财务会计信息使用者提供关于企业财务状况、经营成果和现金流量的有用信息，以便他们进行投资、信贷和类似决策。会计政策作为企业生成财务信息的基本方针，应当体现企业财务会计的目标。

（2）一致性原则。新《企业会计准则——会计政策、会计估计变更和差错更正》规定，"企业采用的会计政策，在每一会计期间和前后各期应保持一致，不得随意变更"。但是，满足下列条件之一的，可以变更会计政策："法律、行政法规或国家统一的会计制度要求变更；会计政策变更能提供更可靠、更相关的会计信息。"因此，会计政策的选择，实际上应当是一个持续优化的过程，贯穿于企业整个经营活动的始终。

（3）稳健性原则。这一原则要求企业管理当局在选择会计政策时，应充分考虑市场经济条件下企业经营活动中面临的不确定性和风险，减少虚增利润、高估资产的可能性，以提高企业会计报表的可信性及增强企业抵御风险的能力。

（4）充分披露原则。企业会计政策特别是重要会计政策的选择与变更改变了财务报告的编制基础，对会计信息影响巨大，所以企业要做到充分披露。企业财务报告的充分披露应包括三项标准：一是揭示的适当性，指会计报表要揭示至少不至于令决策者产生误解的信息；二是揭示的公正性，即会计报表所提供的信息不偏袒于任何一个报表阅读者和使用者；三是揭示的充分性，指在报表中要尽量包括所有与决策相关的重要信息。

（5）适度超前原则。会计政策可选择空间的确定是一个会计理论指导会计实践的具体过程。它不仅应该能够解释会计实务，而且还要能预测未来的趋势。会计政策的可选择空间既要符合现实国情，同时又要考虑到国情的发展趋势，使准则能在相对长的时间内保持稳定，因而在理论上要具有适度超前性。

（6）成本效益原则。为了使企业披露的会计政策能够满足各利益相关者的要求，应当考虑选择会计政策的潜在成本和效益。某项会计政策选择可能给某一利益相关者带来了效益，同时可能要以另一利益相关者付出成本为代价。企业的会计政策选择应站在利益相关者的立场上，权衡企业利益相关者的整体成本与效益而非某一方的利益得失。

【案例分析】

结合案例，针对三木集团自身的特殊情况，三木集团在进行投资性房地产后续计量模式的选择时应遵循如下原则：

首先，应遵循合法性原则。企业的投资性房地产会计政策选择是在以会计准则为核心的会计规范体系以及相应的法律法规框架下进行的。因此，企业的投资性房地产会计政策的选择必须符合国家有关经济法规和会计准则的要求，这样才能确保所提供的投资性房地产会计信息的可靠性、相关性、可比性和重要性。

其次，应遵循适用性原则。会计政策的适用性是其发挥作用的保证。特定的会计政策只有在适当的环境中，通过适当的方式，才能使产生的会计信息更具有用性。企业应根据自身的环境和投资性房地产的特点，选择适合的投资性房地产会计政策。准则规定，投资性房地产若采用公允价值模式进行后续计量是以投资性房地产公允价值能够持续可靠取得为前提的。但是，不是所有的投资性房地产都能活跃地交易，这就缺乏可行的市场价格，即没有现成的公允价值。当没有现成的公允价值时，则需要使用一定的估计方法来确定公允价值。

最后，要遵循有用性原则。会计目标是向财务会计报告使用者提供与企业财务状况、经营成果和现金流量等有关的会计信息，反映企业管理层受托责任履行情况，有助于财务会计报告使用者做出经济决策。会计政策作为企业生成财务信息的基本方针，当然应当体现企业财务会计的目标。所以，投资性房地产会计政策的选择要看能否满足会计信息使用者对会计信息的要求。无论哪个会计信息使用者所需要的会计信息，都是以会计信息的高质量为前提的。

【培养能力】

学习和掌握投资性房地产后续计量模式选择应遵循的原则。

4. 虽然三木集团将投资性房地产的计量由成本模式更改为公允价值模式，但公允价值模式自身也有弊端，请对投资性房地产公允价值的后续计量提出建议

【相关理论】

公允价值是指在公平交易中，熟悉情况的当事人自愿据以进行资产交换或负债清偿的金额。公允价值是双方都愿意接受的公平交易的价格，也就是交易的双方必须了解交易的情况，获得的信息是对称的，不存在恶意的欺诈，并且交易应本着自愿的原则进行，交易双方应各自承担交易的风险与报酬、权利与义务。

公允价值计量的优点表现为：第一，公允价值计量属性能够满足信息使用者的决策需求，并且能够合理地反映企业的财务状况，从而提高财务信息的相关性。第二，公允价值计量属性能更真实地反映企业的经营成果。第三，公允价值计量属性符合配比原则。

公允价值的局限性表现为：第一，信息质量的可靠性难以保证。相对于具有客观性、确定性和可验证性的以实际交易为基础的历史成本，公允价值虽然在财务报表中能提供更为相关的信息，但因其具有不确定性、变动性，因此难以满足会计信息可靠性的质量要求。第二，运用公允价值计量的实际操作问题。由于资产的公允价值不容易确定，实际操作时能做到的只是选择最接近的公允价值来计量，尤其是在资产或负债不存在公平市价的情况下，需要通过预计未来现金流量的现值来探求公允价值的情况。而大多数时候，公允价值的确认只能来源于双方协商，那么公允的程度就有待提高了，并且现值利率的取得也会存在具体困难。第三，运用公允价值计量使成本增加。首先，公允价值计量属性是动态计量属性，对全部资产和负债运用公允价值计量就意味着每一个会计期间都要对全部资产和负债进行重新计量，除了需要聘请专门的评估计量人员进行有关的评估工作外，还需要会计人员对资产和负债进行全面调整的账务处理，由此增加了资产评估成本和账务管理成本。另外，为了预防利用公允价值计量进行盈余管理，还须增加监管成本。

【案例分析】

根据公允价值的优缺点以及三木集团自身的具体境况，对其采用的投资性房地产公允价值后续计量模式提出如下建议：

首先，管理层应理智运用公允价值模式。三木集团投资性房地产后续计量由成本模式变更为公允价值模式，主要是为了提高会计信息的质量，然而在对三木集团2011年财务状况进行分析后，发现公司管理层有利用投资性房地产增值虚增利润的嫌疑。在决定投资性房地产是否采用公允价值计量时，管理层应该站在公司整体的立场考虑问题，并考虑经济性原则，兼顾各种可能产生的影响，尽量避免主观判断。而公司自身也要加强对管理层的监督，董事会、监事会应积极发挥应有的监督作用，从大局考虑，理智进行判断，综合各方面因素做出决策。

其次，应完善公允价值运用环境。房产价格信息难获得是阻碍公允价值在上市公

司投资性房地产中应用的直接原因。在本次会计政策变更中，三木集团聘请中兴资产评估公司对其投资性房地产公允价值进行评估，高度依赖评估公司的评估结果，所支付的评估费定然不菲，这说明三木集团运用公允价值模式对投资性房地产进行后续计量所要付出的成本是相当高的。因此，要想保证公允价值的有效实施，首先需要克服的便是公允价值取值的信息成本问题。为了在我国方便取得投资性房地产公允价值，可以从以下几方面着手加强公允价值运用环境建设：加大市场信息网络化的建设力度；加强市场经济建设，努力营造公允价值计量核心所要求的公平交易的市场环境；不断完善市场经济制度与结构，使企业没有擅自改变公允价值计量的机会，从而最大程度上控制企业虚增利润，减小投资者的风险。

最后，要深化对公允价值运用的监督。公司的投资性房地产后续模式变更时，无论何时引入公允价值，都不可避免地会导致企业财务数据的波动，因此为了减弱公允价值对上市公司业绩推波助澜的不良影响，必须深化对公允价值运用的监督。一方面，明确公司管理的动机，完善公司治理结构，加强企业的自治，强化公司董事会、独立董事和监事会，以及内部审计的监督职能；另一方面，应健全法律监督制度，深化监督法制体系，定期对公司投资性房地产后续计量模式变更进行专项检查，尤其是要严格管理公允价值计量信息披露工作，保护投资者的知情权，同时，应加大对违规操作的惩罚力度。

【培养能力】

理解投资性房地产公允价值计量模式的弊端及其应用过程中所应注意的问题。

五、关键要点

（1）关键点：通过三木集团投资性房地产计量模式变更的案例描述，并结合投资性房地产相关的会计理论，把握投资性房地产成本模式、公允价值模式的特点，采用公允价值计量条件，分析三木集团采用公允价值计量模式的财务动机及经济后果。

（2）关键知识点：需要学员结合案例进行分析与讨论，重点理解和掌握投资性房地产成本模式和公允价值模式的优点和缺点，理解投资性房地产计量模式变更的财务动机及经济后，掌握公允价值模式计量存在的问题以及选择计量模式应遵循的原则。

（3）能力点：

1）深化学员对于投资性房地产会计核算方法的理解与运用。

2）加深学员对于投资性房地产后续计量模式选择的认识。

3）提升学员利用会计理论解决企业在会计政策选择方面的困惑的能力。

六、建议课堂计划

本案例可以作为专门的案例讨论课，以下是建议的课堂计划，仅供参考。

案例应该在学员学过了财务报表、投资性房地产等章节后使用。整个课程的时间应该在 100~120 分钟。

课前计划：提出启发思考题，请学员在课前完成阅读和初步思考，并查阅有关资料，特别是查阅三木集团公司 2010 年、2011 年和 2012 年的财务报告，进行小组的划分或小组成员任务分工。

课中计划：简要的课堂前言（5~10 分钟）；

分组讨论（40 分钟），发言应该围绕提出的思考问题进行，可针对其中的某几个方面；

小组发言（控制在 30 分钟）；

引导全班讨论，并进行归纳总结（20 分钟）；

机动 10~20 分钟。

课后计划：以小组为单位将对投资性房地产的理解以书面报告形式总结出来，特别是对投资性房地产两种计量模式比较结果的总结。

● 案例十三

万福生科财务造假事件

案例正文：

万福生科财务造假事件①

摘　要： 万福生科股份有限公司（以下简称万福生科）为湖南省粮油加工重点企业，在稻米葡萄糖结晶技术等方面居国际领先水平。2011年9月27日万福生科成功上市深圳创业板市场，募集资金4.25亿元。然而，2012年9月，万福生科先后被湖南证监局、中国证监会稽查总队立案调查，拉开了财务造假黑幕。案例描述了万福生科财务造假的过程、手段及代价。通过本案例，分析相关监管者应如何治理上市公司财务造假行为？

关键词： 万福生科；财务造假；会计信息质量；投资者保护

一、引言

随着市场经济的逐步发展，资本市场日益成熟，资本的趋利性也逐渐显现出来。近年来，国内外上市公司出现了一连串的财务造假案，从国外的泰科、安然、世通的

---

① 本案例由辽宁大学商学院的李荣梅、金英荷撰写，作者拥有著作权中的署名权、修改权、改编权。
由于企业保密的要求，在本案例中对有关名称、数据等做了必要的掩饰性处理。
本案例只供课堂讨论之用，并无意暗示或说明某种管理行为是否有效。

财务造假丑闻，到国内的银广夏、绿大地财务造假事件，可以说，上市公司财务造假案例在证券市场屡见不鲜。这一个个弥天大谎带来的是人们对证券市场的无尽失望，有人甚至认为这只是证券市场上的冰山一角。虚假的会计信息，严重地扭曲了股票的真实价值，妨碍了证券市场的有效性，不利于资源的优化配置，极大挫伤了投资者的信心，也严重背离了财务会计向信息使用者提供决策有用会计信息的目标。万福生科因财务造假，自上市最高价 34.89 元，送股后停牌，最低价 4.77 元，超过 2 万的投资者损失惨重，这是万福生科上市不到两年时间发生的事，这到底是一家什么样的公司？为什么要财务造假呢？

二、公司简介

万福生科坐落于湖南省常德市，其前身为成立于 2003 年的湖南省桃源县湘鲁万福有限责任公司。2006 年 3 月，公司更名为湖南湘鲁万福农业开发有限公司。2009 年 10 月 7 日，经股东会审议通过，整体变更设立万福生科湖南农业开发股份有限公司，并于 2009 年 10 月 28 日在湖南省常德市工商行政管理局登记注册。万福生科注册资本为 5000 万元。公司董事长、总经理龚永福和董事杨荣华（夫妻关系）各控股 29.99%，共计 59.98% 的股份，是公司第一大股东。公司内部高级管理人员 9 人中，1 人为硕士学历，1 人为本科学历，其余 6 人为大专学历，1 人为高中学历。

公司的经营范围：万福生科成立以来，一直从事稻米精深加工系列产品的研发、生产和销售，即以稻谷、碎米作为主要原料，通过自主设计的工艺体系和与之配套的设备系统，运用先进的物理、化学和生物工程技术，对稻米资源进行综合开发，其产品广泛应用于食品、饮料、饲料、医药、保健品、化工等行业领域，具有广阔的市场前景。万福生科主要经营产品的原料是稻谷，旗下品牌为"陬福"，产品范围囊括精制大米、大米结晶葡萄糖、大米高蛋白、高麦芽糖浆等淀粉糖系列产品。万福生科生产的大米有"陬福"牌丝苗米、金优米、万福香米等多个品种。大米深加工产品有"陬福"牌淀粉糖系列高麦芽糖浆、麦芽糊精、结晶葡萄糖、果脯糖浆、全糖粉、精蛋白等产品，还有优质稻米油，猪、鱼、龟等饲料。

公司的竞争优势：公司主要从事稻米精深加工业务，是我国稻米精深加工及副产品综合利用水平最高的循环经济型企业之一，是废水和废渣无害化处理综合利用的绿色环保企业。通过近八年的发展，万福生科逐步实现了工艺技术、产品结构、管理水平的动态升级，已发展成为我国南方最大的以大米淀粉糖、大米蛋白为核心产品的稻米精深加工及副产物高效综合利用的循环经济型企业。

公司自成立以来，充分利用洞庭湖区丰富的稻谷资源为消费者提供营养健康的食品和高品质的生活服务，致力于发展成为业内领先的粮油加工企业和健康食品供应商。公司采用国际一流的生产工艺、一流的生产设备和一流的监控手段，发展潜力较好，并且年报业绩显示其在同行业中居于领先水平。在长达八年多的经营过程中，万福生科曾多次获得农业部"诚信守法乡镇企业"、湖南省"重合同守信用单位"和湖南省银行业协会"守信用企业"等荣誉称号。万福生科以"信为人之本，德为商之魂"作为企业的核心价值观，然而，发生于 2012 年的一系列财务造假行为，将这家标榜信德的企业推上了风口浪尖。

2011 年 9 月 27 日，万福生科以每股 25 元的发行价成功登陆创业板，加上超募资金，共募集 4.25 亿元，曾被多家券商誉为"新兴行业中的优质企业"。一个上市不到两年的公司却从上市前三年到上市后两年来持续造假，这也让万福生科被大家形象地叫作创业板造假第一股。那么，万福生科是如何进行财务造假的呢？

三、事件回顾

一个谎言的背后，需要千百个谎言来掩饰。种种迹象表明，万福生科正走在分崩离析的路上。

一切起源于 2012 年 9 月湖南证监局对万福生科的一次例行检查，万福生科的预付采购货款出现了明显异常，2012 年 8 月的预付采购货款已经高达 2 亿多元。在湖南证监局稽查队员对万福生科进行一次突击检查时，万福生科的一位工作人员站在电脑前，好像试图在掩盖着什么东西。抱着疑问，稽查队员打开 U 盘，这里面藏着的是万福生科的真实销售流水台账。一个关键的 U 盘，为之后的调查取证打开了局面，也为稽查人员找到了确凿的证据，从而揭露出这起骇人听闻的创业板第一造假案。

湖南证监局对万福生科例行检查后，将上述线索报至中国证监会，2012 年 9 月 14 日，证监会正式开始立案稽查。证监会稽查总队为此组建了一支超过 30 人的调查队伍，最终证监会仅用 3 个多月就完成现场调查。

2012 年 9 月 17 日，证监会要求公司高管人员坚守岗位，积极配合调查，当天股票跌停。

2012 年 9 月 18 日，万福生科收到《中国证券监督管理委员会调查通知书》，被立案调查，万福生科股票停牌。

2012 年 11 月 23 日，深交所对公司及包括公司董事长在内的相关人员给予公开谴责的处分，并对平安证券两名保代人给予通报批评。

2013 年 3 月 2 日，万福生科公告称其 2008~2011 年财务数据均存在"虚假记载"，累计虚增收入 7.4 亿元左右。

2013 年 3 月 6 日，万福生科发布重大风险提示公告，称可能会再次被深交所公开谴责，存在被终止上市的风险。

2013 年 3 月 15 日，深交所对万福生科及全体董事、监事和高级管理人员予以第二次公开谴责。

中国证监会历经三个月的现场调查，调查组最终掌握了 667 卷 15 万余页的证据材料，万福生科 IPO 造假的来龙去脉已逐渐清晰，一个巨大的谎言随之浮现。

经中国证监会调查：万福生科涉嫌欺诈发行股票和信息披露违法。万福生科为了达到公开发行股票并上市的条件，由董事长兼总经理龚永福决策并经财务总监覃学军安排人员执行财务造假。

上市前，万福生科 2008~2010 年分别虚增销售收入约 12000 万元、15000 万元、19000 万元，虚增营业利润约 2851 万元、3857 万元、4590 万元。

上市后，万福生科仍存在虚假记载：披露的 2011 年年报和 2012 年年中报虚增销售收入 28000 万元和 16500 万元，虚增营业利润 6635 万元和 3435 万元。

万福生科未就 2012 年上半年停产事项履行及时报告、公告义务，也未在 2012 年年中报中予以披露。

调查人员坦言，"看到的万福生科跟实际的万福生科是两个公司，从本质上来讲，真实的万福生科不符合上市条件"。

四、造假手段

（一）虚增营业收入，虚增利润

万福生科主要经营大米淀粉糖、大米蛋白粉等系列产品。经调查发现，万福生科高额伪造了大多数产品的销售收入，更有甚者是凭空虚造，无中生有。

其中，造假额最高的是麦芽糊精。在公司 2012 年年中报中，麦芽糊精的销售收入是 1124 万元，但据调查，万福生科当年仅将年初剩余存货清理卖掉，收入不超过 10 万元。万福生科对麦芽糊精的造假收入数额是真实数额的 100 倍。万福生科的另一产品葡萄糖粉也存在严重的造假问题。2012 年年中报显示上半年葡萄糖粉卖了 1400 多万元，而据查账工作底稿显示，葡萄糖粉真实销售收入是 43 万元，造假额高达 30 多倍。2012 年上半年，麦芽糖浆销售额高达 1.22 亿元，被宣称为销售收入最高的淀粉糖产品，而真实销售收入大约为 2000 万元，万福生科在麦芽糖浆收入上虚增了 5 倍。

为了达到虚增收入的目的，万福生科在销售和收款环节，利用多种造假手段相配合，伪造下游销售客户，配合假造相应的销售合同。万福生科伪造了两份关于东莞华源粮油经营部的销售合同和三份关于湖南傻牛食品公司的销售合同。

1. 伪造客户和销售合同

从 2008 年到 2012 年上半年，万福生科与前十名大客户里的六家虚假交易，虚增销售收入约 9 亿元。

已停产许久的湖南傻牛食品公司竟然化身为万福生科麦芽糖浆的主要客户之一。根据招股书，2008 年和 2009 年，万福生科向东莞华源粮油经营部销售 950 万元和 1191 万元大米，在前五名客户中排名第四；2010 年该企业不再是万福生科主要客户，然而 2011 年上半年又再次成为排名第四的客户，销售额 1056 万元，累计销售额 3197 万元。而这家经营部是一间仅有 40 平方米、2007 年后再没有卖过万福生科"畋福"牌大米的米铺。

2. 伪造凭证

为了使虚构的销售收入看起来合理，伪造多种凭证，如虚开销售发票、客户订购单、销售单、发运凭证、银行单据、出库单等。

（二）虚增应收账款和预收账款

万福生科公布的 2012 年年中报的应收账款前五名客户数据也存在重大变动。原公告中五家公司的应收账款合计 512.29 万元，更正后，全部五家客户都未出现于名单中，同时前五家客户应收账款合计也减少到 164.00 万元，减少金额达到 348.29 万元。调整前，应收账款前五位客户合计占总应收账款 37.78%，调整后为 37.77%，比例几乎没有变动，可以计算推测出调整后万福生科的应收账款减少 921.77 万元之多。

2011 年，万福生科的预付账款是 1.2 亿元，同比增长 449.44%。2012 年的中期报表增加了预付账款 10100.72 万元，再次虚增 4468.83 万元，虚增的比例高达 40% 以上。据真实资金流调查，预付账款的实际收款人是万福生科下属的个人。经由个人之手的资金再次作为现金注入万福生科，利用体外循环的方法行虚增之实。

（三）虚增在建工程

第一，万福生科设置"在建工程"科目，虚拟支付工程款项。使万福资金流出，"在建工程"科目借方余额增加。第二，并不存在承包商承包下万福生科的工程，这样一来资金自然汇入虚假的账户之中。第三，并不存在"客户"和万福生科签订伪造的销售合同，使得资金重新流入万福生科，经历了全部造假流程后，万福生科的现金流变大，提高了利润，伪造了一个上下连贯的资金循环体系。

2012 年中期报表的在建工程的余额为 1.8 亿元，2011 年全年在建工程是 8700 万元，只过了六个月，万福生科的在建工程上涨近亿元，万福生科正值上市开始时期，虚增较多的在建工程，且虚增在建工程具有很强的隐蔽性。

（四）隐瞒公司重要经营事项

万福生科没有及时披露影响公司生产经营的重要事项。万福生科主业为经济型稻米深加工业务，由于弥补工艺漏洞，造成 2012 年上半年全部流水线停产。其他产品的生产也因此受到影响。2012 年上半年，普通大米生产停滞了 123 天，精制大米生产停滞了 81 天，淀粉糖生产实际停滞了 68 天，三种产品平均停产超过 100 天。生产的停滞给万福生科带来了极大的损失，但万福生科并没有就此事项对外部信息使用者进行披露。

万福生科在 3 个月后的 2012 年上半年更正公告，承认了生产线停产并虚增产量的事实。而虚增"产量"在财务报表中体现为销售收入和存货的增加，与虚增营业收入具有直接的关联关系，而万福生科对此进行了隐瞒，并出示了虚假的财务报告，损害了投资者的利益。

五、造假的代价

（一）上市公司高管被处罚

万福生科的财务造假行为违反了《会计法》、《证券法》、《刑法》等相关法律法规的规定，2013 年 5 月 13 日证监会相关负责人明确表示"万福生科不触及终止上市条件"。证监会拟责令万福生科改正违法行为，给予警告，并处以 30 万元罚款。

对万福生科董事长龚永福终身市场禁入，并处以 30 万元罚款；同时对其他 19 名高管给予警告，并处以 5 万~25 万元罚款。龚永福、覃学军的股票欺诈发行及虚假记载行为涉嫌犯罪，已移送公安机关追究刑事责任。

（二）平安证券被暂停保荐资格 3 个月

证监会对平安证券给予警告，并没收其万福生科发行上市项目的业务收入 2555 万元，并处以 2 倍的罚款，对保荐代表人等终身市场禁入及罚款。同时，暂停平安证券保荐机构资格 3 个月。

（三）会计师事务所、律师事务所被处以重罚

对审计机构中磊会计师事务所，没收其审计收费收入 414 万元，并撤销其证券资格，对签字会计师王越、黄国华给予警告，并分别处 10 万元、13 万元罚款，均规定终身禁入证券市场。对签字会计师邹宏文给予警告，并处 3 万元罚款。

根据《证券法》等法律法规的相关规定，证监会拟没收博鳌律师事务所业务收入 70 万元，并处以 2 倍的罚款，且 12 个月内不接受其出具的证券发行专项文件；拟对签字律师给予警告，并分别处以 10 万元的罚款，并规定终身禁入证券市场。

为了补偿投资者的损失，平安证券随后宣布出资 3 亿元设立"万福生科虚假陈述事件投资者利益补偿专项基金"，用于先行赔偿在万福生科案中受害的投资者。龚永福出具《关于虚假陈述民事赔偿有关事项的承诺》，将其妻子杨荣华所持 3000 万股公司股票质押给中国证券投资者保护基金有限责任公司，用于保证赔偿投资者的损失。

六、尾声

上述事件描述让我们看到万福生科案件的始末，在资本市场不断完善、法制不断健全、投资者自我维权意识不断提升的今天，为什么这样一家问题重重的公司能够顺利走上创业板的舞台？

万福生科董事长如是说："我们不想给投资者留下不好的印象，虽然也不想这么做。"万福生科公告如是说：公司犯下如此的错误，主要是因为公司放松了内部管理，没有很好地执行内部控制制度，没有进一步加强法律意识和提高法制观念。

上海国家会计学院教授郭永清对这种解释不屑一顾："这是不可能的，实在没什么好说，只能这么讲，公司背后估计有一群人在造假，有可能公司从前期上市改制、券商辅导、过会、发行上市，都是谎言。"

作为资本市场基石的上市公司如何走出财务造假的歧途，值得深思。

Wanfu Biotechnolofy Financial Fraud

Abstract: Wanfu Biotechnology is the key enterprises of Grain and oil processing in Hunan Province, leading high international levels in the rice glucose crystallization technology ranks. On September 27, 2011, Wanfu Biotechnology successfully listed on the GEM market in Shenzhen, to raise funds to 4.25 billion Yuan.However, on September, 2012, Wanfu Biotechnology has been investigated by the securities regulatory bureau of Hunan Province, and the China Securities Regulatory Commission Investigation Corps, and then opened the financial fraud and shady. This case describes the process of financial fraud, means and the price of Wanfu Biotechnology.By analyzing this case, we can know how to control the financial scandals of the listed company.

Key Words: Wanfu Biotechnology; Financial Fraud; The Quality of Accounting Information; Investor Protection

案例使用说明：

万福生科财务造假事件

一、教学目的与用途

（1）本案例主要适用于《会计学》、《财务会计理论与实务》，亦可用于《企业内部控制》、《风险管理》等课程。教学对象以高年级本科生、研究生，尤其是 MBA 学生为主。

（2）本案例的教学目标：通过案例分析，让学生从企业的经营业务活动中充分理解遵循会计法律法规的重要性，理解财务会计目标、财务会计信息质量特征在企业业务处理、会计信息生成中所起到的指导作用。从财务造假事件分析中，使学生理解企业财务造假的动机及原因，知悉企业常见的造假手段。同时，本案例有助于学生掌握财务会计理论与实务、企业内部控制等方面的相关知识，并提高学生分析问题、解决问题的能力。

二、启发思考题

（1）本案例中涉及的财务造假行为违背了哪些财务会计理论？

（2）分析万福生科财务造假的原因。

（3）万福生科财务造假事件的启示。

三、理论依据与分析

教师可以根据自己的教学目标，灵活使用本案例。这里提出本案例的相关理论及分析思路，仅供参考。

1. 本案例中涉及的造假行为违背了哪些财务会计理论？

（1）理论依据。国际会计准则理事会、英国 ASB 和我国会计准则委员会则认为，财务报表或财务报告的目标，应同时满足两个方面的需求：一是提供对决策有用的信息；二是反映管理当局受托责任的履行情况。

财务会计目标是提供有助于一系列使用者进行经济决策的关于主体财务状况、经营业绩和现金流量的信息。为此目的而编制的财务报表可以满足大多数使用者的共同需要。财务报表应有助于一系列使用者，特别是最主要的使用者评估主体管理当局履行资源受托责任的情况，并据以进行重大的经营方针和人事任免与奖惩决策。

FASB 认为，会计信息的质量特征或质量的确定构成信息有用性的成分。因此，它们是在进行会计选择时所应追求的质量标志。IASC 对会计信息的质量特征提出要求，

1989 年在《财务报表的编报框架》中提出：会计信息的质量特征主要有四项，可理解性、相关性、可靠性、可比性。

2006 年 2 月颁布的《企业会计准则——基本准则》明确提出会计信息质量要求：会计信息质量要求是对企业财务报告中所提供高质量会计信息的基本规范，是使财务报告中所提供的会计信息对投资者等使用者决策有用应具备的基本特征，包括可靠性、相关性、可理解性、可比性、实质重于形式、重要性、谨慎性和及时性等。

在财务信息披露质量系统分析中，应重点分析信息披露质量的三个主要特征：信息披露可靠性、信息披露及时性、信息披露充分性。影响财务信息披露的具体因素有企业产权制度、公司治理、内控制度等方面。

（2）分析思路。首先，对本案例涉及的财务造假行为进行分析，其主要包括虚增营业收入进而虚增利润，虚增应收账款和预收账款，虚增在建工程，以及隐瞒公司重要经营事项，由此可见，万福生科的上述行为造成公司无法为利益相关者提供对决策有用的信息，也无法正确地反映管理当局受托责任的履行情况，即违背了财务会计目标。

其次，万福生科为了达到上市目的，伪造多种凭证，如虚开销售发票、客户订购单、销售单、发运凭证、银行单据、出库单等。上市前，万福生科 2008~2010 年分别虚增销售收入约 12000 万元、15000 万元、19000 万元，虚增营业利润约 2851 万元、3857 万元、4590 万元。上市后，万福生科仍存在虚假记载：披露的 2011 年年报和 2012 年年中报虚增销售收入 28000 万元和 16500 万元，虚增营业利润 6635 万元和 3435 万元。万福生科的财务造假行为，使其会计信息失去了可靠性、谨慎性，即违背了会计信息质量特征。

2. 分析万福生科财务造假的原因

（1）理论依据。委托代理理论：众所周知，人是有限理性动物，因为公司的所有权和控制权分别授予不同主体，所以公司的所有者和管理经营者得到的信息难免就会不对称、不完全。因此为了协调两者之间存在的利益冲突，委托代理理论水到渠成地形成了。该理论假设不论是委托人还是代理人都热衷于追求自身利益最大化，该理论认为，人是理性的，也是自利的。能够对公司事务进行控制的经理等人也许会一味地追逐自己的利益而置股东利益于不顾，这样会引起道德风险或者带来机会主义行为等问题。根据这一理论，公司所有者对控制者的激励和约束行为中应引入公司治理机制，促使公司控制者从维护所有者利益角度做出决策建议。

博弈论：是经济学的一个概念，它考虑一个游戏中的个体对未来的预判并根据这一预判所做的实际行为，并予以优化。其中，一个人的行为的结果不仅取决于自己的行为，还被其他参与者的行为所左右。一个人的决定将影响其他参与者的决定。

我们可以将上市公司财务造假行为归为公司高管基于理性经济人假设，在追求自身利益最大化的过程中所产生的行为。在博弈论假设下，公司高管和股东都存在着处于自身利益考虑而破坏规则的冲动。一旦存在时机，那么公司高管将会基于自身利益考虑伪造虚假财务数据。因此，根据博弈论，在利益不一致的情况下，公司高管进行财务数据造假是符合客观规律的。

盈余管理：企业管理当局在遵循会计准则的基础上，通过对企业对外报告的会计收益信息进行控制或调整，以达到主体自身利益最大化的行为。盈余管理可划分为真实活动盈余管理与应计项目盈余管理。真实活动盈余管理是通过适时性的财务决策来改变报告盈余，主要包括操纵销售、产量控制、费用控制、资产处置、股票回购、关联方交易等方式。虽然这种方式不像其他类型的盈余管理那样会对公司未来价值造成损害，但也是一种误导投资者的短期投机行为，会严重影响资本市场的资源配置及其有效性。应计项目盈余管理是指通过会计政策选择及会计估计变更等方法对可操纵性应计项目进行会计调整的行为，如对年限、残值的估计及坏账准备、摊销费用的计提方式选择等。

现行会计准则以权责发生制为基础，能够较好地解决收入与费用的配比问题，但与此同时也产生了许多待摊与应计项目。因此，企业往往可以通过提前确认收入或递延确认费用来调增利润，反之亦然。现代企业经营环境中的不确定性大大提高了应计项目的确认弹性，从而增加了高管的盈余管理机会。

除此之外，我国的《刑法》中明确规定，对于个人诈骗行为，凡涉及财务达到 20 万元以上的，都被认定为数额十分巨大，要没收非法财产并处罚金，判处十年以上有期徒刑，甚至无期徒刑。但事实上，处罚力度并没有达到规定的那样严厉。

（2）分析思路。在对万福生科财务造假原因进行分析时，应结合上述相关理论。

首先，万福生科治理结构的不完善，使管理层更易于过度追求自身利益最大化。据 2012 年年报披露，龚永福和杨荣华（夫妻关系）分别持有万福生科 29.99%的股权，总计 59.98%股份，龚永福为公司董事长，兼任公司总经理，使得公司董事会和经理层丧失了相互制约机制，公司一切经营管理事项均由董事长一人决定。公司的董事会形同虚设，董事会、监事会、经理层等部门完全丧失了应尽的职责。这种家族管理的上市公司，内部控制松散，监督管理失效，发生财务造假也就不足为奇了。

其次，对财务造假处罚力度不够也是万福生科财务造假的主要原因。万福生科事件，最终仅对公司罚款 30 万元，相比 4.2 亿元的募资，处罚结果为何如此轻？涉嫌参与财务造假的人员都被判刑，但却均为缓刑。与之相关的辅导券商、会计师事务所及律师事务所等都没有受到重罚，而中小投资者为其付出了惨重的代价。

此外，由于我国创业板上市实行审批制，某些公司为达到审批要求，不惜弄虚作假。2011 年万福生科的净利润实际上只有 114.17 万元，距离上市要求的 500 万元还差很多，但面对上市的利益诱惑，万福生科以财务造假来达到要求，实现上市目的。而上市之后，公司虽然获得巨额利益，随之而来的压力也变大，受到的关注也会增多，一旦业绩亏损，随之而来的就是股价下跌，直接影响他们的利益，使得万福生科上市后不停造假。

3. 万福生科财务造假事件的启示

对该问题的思考，可采取学生与教师共同讨论的方式完成。参考启示如下：

（1）建立良好的道德环境和诚信意识。作为一家上市公司，利益至上的理念是正确的，但是必须有一个道德底线，不能不择手段地来获取利益。公司的管理层应树立公司的诚信品牌，加强企业文化建设，完善道德环境，树立诚信意识，建立以诚信为本的企业文化。

（2）完善公司法人治理结构。公司的良好运行离不开完善的法人治理结构，上市公司应依据《公司法》、《证券法》等相关法律法规的规定，完善公司的法人治理结构：建立完善的现代企业制度、健全公司内部控制环境和建立独立董事制度等。

（3）健全相关法律法规制度。完善企业创业板上市的条件和上市制度改革，完善《证券法》的修订，加大企业财务造假的处罚力度及完善退市制度。使与上市公司上市相关的公司管理层、保荐机构、律师事务所、会计师事务所不敢造假，也造不起假。依据美国《萨班斯—奥克斯利法案》，2001 年美国的安然公司因财务造假遭受重罚，该公司的前首席执行官斯基林被重判 24 年又 4 个月徒刑。此前，安然公司多名高管已锒铛入狱。

四、背景信息

1. 近年上市公司财务舞弊现状

经济全球化是当今世界经济的发展趋势。作为一种商业语言，会计正朝着国际化进程迈进。与此同时，财务造假也成为世界各国普遍存在的一大顽疾。统计资料显示，在我国资本市场短短的 20 多年发展进程中，上市公司财务舞弊事件频频发生。

从早期的"东方电子"、"红光实业"、"琼民源"、"科龙电器"、"蓝田股份"，到后来的"银广夏"、"绿大地"、"万福生科"等，这些舞弊现象不仅给投资者带来了巨大的损失，也严重阻碍了证券市场健康稳定发展。仅在 1994~2000 年的 7 年间，中国证监会就发布了 226 个处罚公告，涉及相关上市公司的 346 项违反证券法规行为。

2013 年，中国证监会发布了 84 项行政处罚决定书，平均每月近 7 起舞弊行为。财务舞弊事件日益增多，给我国市场经济的健康发展带来了严重干扰。财务舞弊扰乱我国市场经济秩序，严重影响国家经济资源的配置。

2. 企业在创业板上市条件

根据我国《证券法》、《股票发行与交易管理暂行条例》等相关法律的规定，申请创业板上市的企业必须满足以下条件：

第一，最近两年连续盈利，且最近两年净利润累计超过 1000 万元，并持续增长，或者最近一年盈利，且净利润不少于 500 万元，最近一年营业收入不少于 5000 万元，最近两年营业收入增长率均不低于 30%。

第二，创业板具有完善的公司治理结构，依法建立健全股东大会、董事会、监事会以及独立董事、董事会秘书、审计委员会制度，相关机构和人员能够依法履行职责。

3. 平安证券简介

平安证券成立于 1995 年 10 月，注册地为北京，公司总部设在深圳。截至 2011 年 12 月 31 日，公司注册资本为 30 亿元，净资产为 71.33 亿元，总资产为 274.09 亿元。2011 年，平安证券完成了 34 家 IPO 以及 7 家再融资项目的主承销发行，发行家数和 IPO 承销收入均位居行业第一。中小企业板、创业板 IPO 累计突破 100 家。证券承销收入分别占到 2011 年和 2012 年两年总收入的 63% 和 37%，投行业务是平安证券最主要的收入来源。

4.《证券法》对信息造假上市处罚规定

《证券法》第一百八十九条规定，发行人不符合发行条件，以欺骗手段骗取发行核准，尚未发行证券的，处以 30 万元以上 60 万元以下的罚款；已经发行证券的，处以非法所募资金金额 1% 以上 5% 以下的罚款。

五、关键要点

（1）财务会计信息质量这一重要的基本的财务会计理论问题，经历了近一个世纪的发展，国际会计准则理事会、美国会计准则委员会、我国基本会计准则，及专家学者已达成一致观点，成果丰硕；但实践中企业财务造假已成为世界各国普遍存在的一大顽疾，不仅扰乱市场经济秩序，而且严重影响市场经济的资源配置。这就需要找出影响财务会计信息质量的真正原因，治理企业财务造假行为。

（2）本案例在分析时，应按照系统化的逻辑思维方式，从案例所反映的现象，结合案例问题所涉及的相关理论分析问题，以培养学生的科学思维模式和解决实际财务造假问题的能力。

六、建议课堂计划

本案例是我国上市公司财务舞弊的典型案例，受到媒体及大众的广泛关注。

以下是按照时间进度提供的课堂计划建议，仅供参考。

整个案例课的课堂时间控制在 50 分钟。

课前计划：提前 2 周发放案例，提出启发思考题，请学员在课前完成阅读和初步思考。

课中计划：

首先，由 2~3 位学员介绍案例要点（5 分钟）。

其次，将全班学员分成四组或八组（依据学员人数），按照讨论题目顺序，参照第三部分的分析思路，引导每组学员对问题进行分析讨论（共 15 分钟）。

再次，每组选出一名代表，针对思考题阐述本组观点，其他学员可以提问、补充，同时教师也可根据学员的发言有针对性地提问、讨论问题（20 分钟）。

最后，教师对学员的问题分析及观点给予点评。总结本案例所涉及的主要财务会计理论知识（10 分钟）。

课后计划：请学员在课堂学习的基础上，进行复习以加深对相关理论的理解；从网上搜集万福生科的资料、年报等，以预测其未来发展状况。

参考文献

［1］范晓英. 上市公司财务报表舞弊行为研究［J］. 财会研究，2009（16）.

［2］观察. 幕后缘由——财务造假动机分析［J］. 中国总会计师，2011（6）.

［3］《平安证券因"万福生科案"被重罚》评论［N］. 中国证券报，2013-12-26.

［4］吴春梅. 论析上市公司财务舞弊行为防范与治理［J］. 现代商业，2013（8）.

［5］吴欣颖. 万福生科财务造假案分析和启示［J］. 财会研究，2014（9）.

● 案例十四

A股"不死鸟"的"意外死亡"
——长航油运退市案例

案例正文：

A股"不死鸟"的"意外死亡"
——长航油运退市案例[①]

摘　要：本案例描述了长航油运因连续四年亏损而触及退市红线，成为首家退市央企。长航油运退市是个标志性事件，这意味着A股市场退市将趋向常态化，监管层将更加着意于"不适者退出"，提升股票市场的股权交易活力和资源配置效率。本案例从退市分析、会计分析、财务分析、前景分析四个角度描述了长航油运由于巨额亏损而退市，结合财务与非财务数据进行分析，通过重整给出重回A股的前景。

关键词：长油退市；巨亏；财务分析；重整

一、引言

2014年8月的一天，老杨因儿子要上大学了，就开始为儿子准备学费生活费，突然想到自己还有一只长航油运的股票呢，那是很早之前别人帮他操作买的，自己没在

---

① 本案例由辽宁大学商学院的王萍、鲍迎超、张敏撰写，作者拥有著作权中的署名权、修改权、改编权。
由于企业保密的要求，在本案例中对有关名称、数据等做了必要的掩饰性处理。
本案例只供课堂讨论之用，并无意暗示或说明某种管理行为是否有效。

意结果就忘了有这么一回事了。于是很久没关注股市的老杨准备卖掉手中的股票，却意外发现该只股票不能交易了，通过查找相关信息才发现，原来长航油运这家上市国企竟然退市了。老杨这下纳闷了，那么庞大的一家国企好好地怎么就退市了呢？那我手中的股票怎么办啊……

为了了解整个过程的始末，老杨开始翻阅搜集有关长油退市的各种信息资料，从整个行业情况以及长航油运自身的情况，老杨发现了端倪。

二、长油退市

（一）长航油运简介及变迁历程

中国长江航运集团南京油运股份有限公司（NJTC）前身为南京水运实业股份有限公司，1993 年成立，1997 年 6 月在上交所挂牌上市，股票简称"长航油运"，证券代码"600087"。主要从事沿海和远洋原油及其制品的运输。2007 年，公司通过实施资产重组和定向增发，成功实现由长江油运向海上油运的战略转型，成为中国长航集团旗下专业从事海上油运业务的子公司，主营国际原油运输、国际成品油运输和化工品、液化气、沥青等特种液货运输。由于头顶央企光环，并受"国油国运"政策支撑，公司业绩曾非常辉煌。2008 年，这家运输巨头实现净利润 5.96 亿元，业绩较上一年大涨六成。至 2013 年底，公司拥有各类营运船舶 86 艘，运力规模 798 万载重吨，货运量达 6292 万吨，跻身国际油运企业前列。

但是，由于近年来航运市场特别是油运市场持续低迷，长航油运逆市扩张运力，最终导致 2010 年亏损 1859.47 万元、2011 年亏损 7.54 亿元，长航油运连续两年亏损后，股票名称由长航油运更名为 ST 长油。ST 长油亏损的窘况在 2012 年也没有改观，当年仍亏损 12.39 亿元。由于连续三年亏损就此成了特别处理股票，股票名称为 *ST 长油，以此作为退市预警。

*ST 长油 2013 年年报因计提 46.53 亿元的资产减值损失巨亏 59.22 亿元。随着 2013 年巨额亏损的年报出炉，*ST 长油已步入四年连续亏损的绝境。因连续四年巨额亏损而触及退市红线。2014 年 4 月 11 日，*ST 长油收到上交所终止上市的决定；2014 年 4 月 21 日，公司正式退市，证券简称由"*ST 长油"变更"退市长油"；2014 年 6 月 5 日起正式摘牌终止上市；2014 年 8 月 6 日，中国长江航运集团南京油运股份有限公司在全国中小企业股份转让系统（俗称新三板）挂牌，证券代码为"400061"，简称"长油 3"（股票每周转让三次）。本文考虑到主要分析该公司退市情况，因此接下来将采用退市长油（600087）来作为长航油运公司的简称。

长航油运的退市在 A 股创造了数条纪录：首家退市央企、首家进驻退市整理板的上市公司、2012 年退市制度改革以来沪深两市首家强制退市的上市公司、首家央企"仙股"（指价格跌至 1 元以下的股票）、A 股近 10 年最便宜"仙股"。打破了央企不退市的神话。

(二) 行业背景

由于受经济危机的影响，全球经济增长放缓，国际海运市场持续低迷，运力过剩严重以及国际油价持续上涨等因素的影响，航运业的宏观环境和总体状况继续恶化，航运业惨淡经营。随着海运业国际环境的恶化，给航运行业带来了致命的打击，不管是国内还是国外航运企业亏损都异常惨烈。在 2011 年，中海集运亏损 27 亿元，航运巨头马士基亏损 6 亿美元，韩国的韩进航运亏损 5 亿美元，韩国现代商船亏损 3.2 亿美元，中国远洋巨额亏损高达 104 亿元。在 2013 年，对于航运业来说更是阴云密布。国内企业十大亏损王中，航运企业上榜 4 家，"*ST 长油"巨亏 59 亿元居首，中海集运、中海发展、招商轮船均亏损 20 亿元以上。导致航运企业大面积亏损、行业竞争加剧的原因何在？

(三) 退市长油连年亏损原因

由于经营亏损、部分船舶计提资产减值和长期期租超大型油轮计提预计负债的原因，2013 年公司亏损 59.22 亿元。2010~2013 年四年合计亏损 79.33 亿元，而其之前连续盈利的 13 年合计净利润不过 23.77 亿元，相当于上市 17 年净亏 55.56 亿元。如此巨额亏损的原因除了国际航运环境的影响外，还有以下因素：

1. 成本：燃料油上涨

2008 年以来国际市场原油价格一路走高，甚至达到每桶 149 美元。原油价格的上涨导致燃料油上涨，通常燃料油占航运公司营业成本的 30%~40%。受此影响长航油运的成本不断上升，加剧了长航油运的连年亏损。

2. "豪赌"：押宝中东

长航油运的高层为拓展航运市场，瞄准了中东伊拉克、伊朗的原油市场，连续建造 6 艘 VLCC（指载重量一般在 20 万~30 万吨的大型油轮）。但因美国对伊朗的金融制裁，冻结了其央行的美元账户，致使其拖欠了长航油运巨额运费。2012 年欧盟全面退出伊朗原油市场，许多国家也缩减了进口量，令伊朗的原油出口量缩减 50%，中东市场的不景气使大量 VLCC 被闲置。

3. 冒进：疯狂造船

2009 年开始，渤海船舶重工陆续为长航油运建造了 6 艘 VLCC，2010 年后交船的有 4 艘，而就在中东局势急转直下的 2010 年，又建造 2 艘 VLCC。上述 6 艘 2010 年后交船的 VLCC 订单就花掉长航油运约 39 亿元。除此之外，2011 年 3 月，长航油运还与韩国船东公司签订了 1 艘 VLCC 长达 5 年 6 个月的期租合同，每天需要支付的租金高达 33000 美元。新造和租赁的 VLCC 被闲置搁浅，令数十亿元投资的回收变得难以估测。

4. 折戟：内河业务

内河业务遭到民营企业的惨烈竞争，独木难支。长航油运的一艘万吨轮靠岸，需要有二十几个船员忙碌，包括机器维护、换舱调度等都按照国际标准配备员工，而民营万吨轮的人力少，成本方面有着较大的优势。同时，由于国企薪酬机制不够灵活，这几年民营油运企业从长航油运陆续挖走不少人才。

5. 共亏："母"、"子"比肩

长航油运在新加坡"子公司的亏损曲线"与"母公司"是平行的，2010~2013年分别亏损7959万元、5.47亿元、7.34亿元、28.66亿元，4年共计亏损42亿元，严重拖累了母公司业绩。对于子公司的巨亏原因，长航油运自己的解释是"因为与境外船东公司签订了不可撤销的期租合同"。预计亏损而计提了大额减值准备。

三、会计角度分析

长航油运是否存在会计问题？企业巨额亏损后其持续经营能力是否具有不确定性？

（一）长航油运：2012年出具的前期（2010年）会计差错更正的公告

2012年长航油运发布前期差错更正公告，更正了2010年年报，其前期会计差错更正事项的原因及说明如下：

1. 售后回租账务处理差错更正

公司将两艘油轮出售给民生金融租赁股份有限公司，并以融资租赁方式回租，租期10年。选择的是按国际租赁准则执行，将出售后未实现售后租回损益摊销年限与资产的折旧年限一致；2艘油轮提取折旧时的净残值变更为与公司同类资产相同，选用按船舶轻吨和废钢价计算确定。公司对上述差错进行了追溯重述。

2. 燃料费成本及跨期收入差错更正

公司因业务数据统计有误，导致燃料费成本和跨期收入出现差错，对上述差错进行了追溯重述。

2010年12月31日，重述会计差错更正事项共计调减资产15801973.14元，调增负债11532036.20元，调减未分配利润24595356.14元、股东权益27334009.34元；调减2010年营业收入9590573.34元，调增营业成本26870636.25元，调减所得税费用9031912.15元、净利润27429297.44元。最终通过差错更正，使得企业净利润由2831025.24元变为-24598272.20元，基本每股收益由0.0030元变为-0.0064元，利润转亏，开始连续四年亏损。

（二）2012年财务非标准审计报告涉及事项的专项说明

信永中和会计师事务所对2012年财务报告出具了有保留带强调事项的审计意见，其中保留意见为预付账款的函证，强调事项为持续经营能力的重大不确定性。

1. 预付账款的函证

其子公司长航油运（新加坡）有限公司预付账款余额295592万元，占公司资产总额的15%。受新加坡公司提供资料所限，会计师事务所未能完成对新加坡公司预付境外船东公司租金的函证程序，无法获取充分、适当的审计证据。

2. 持续经营能力的重大不确定性

截至 2012 年 12 月 31 日，公司 2012 年发生净亏损 123834.79 万元，流动负债高于流动资产 46520.94 万元。这些情况连同其他事项，表明存在可能导致对公司持续经营能力产生重大疑虑的重大不确定性。

（三）2013 年出具了无法表示意见的审计报告

信永中和会计师事务所认为公司持续经营能力存在重大不确定性，对公司 2013 年财务报告出具了无法表示意见的审计报告；对长期期租合同计提预计损失发表了保留意见。

1. 关于持续经营能力的重大不确定性

公司 2013 年发生亏损 591863.98 万元，截至 2013 年 12 月 31 日，净资产为 –200258.77 万元，流动负债高于流动资产 580341.15 万元。这些情况表明存在可能导致对公司持续经营能力产生重大疑虑的重大不确定性。

2. 关于预计损失

信永中和认为，子公司长航油运（新加坡）有限公司以前年度与境外船东公司签订了不可撤销的油轮长期期租合同，本年新加坡公司对于长期期租合同确认了预计损失。由于无法获取充分、适当的审计证据，无法确定该事项对长航油运公司财务报表的影响是否恰当。

根据年报披露的数据，长航油运（新加坡）有限公司 2013 年末净资产为 –30.25 亿元，当年亏损 28.66 亿元。这些亏损数额连同资不抵债的财务数据，一并被纳入到了 *ST 长油最终的合并会计报表当中。问题是长航油运（新加坡）是一家有限责任公司，它只需要以出资额对其负债负责。长航油运母公司不需要对该公司背负的外部债务履行偿还义务。最坏的打算是，长航油运（新加坡）公司申请破产保护而已。从这个角度来看，长航油运（新加坡）有限公司高达 –30.25 亿元的净资产，已经资不抵债，此时将该子公司负债全部纳入长航油运最终的合并会计报表当中，并不符合其经济实质。

长航油运财报频频出现问题，表明企业的经营活动出现了问题，巨额亏损使得长航油运持续经营能力产生了重大不确定性，2013 年年报甚至以会计师事务所出具无法表示意见的审计报告为代价，而大额计提本年新加坡公司对于长期期租合同的预计损失。在连续亏损 3 年后，企业非但没有借助财务手段来扭亏，反而大额计提资产减值准备，其目的是什么？

四、退市前的"一波三折"

（一）"恶意退市"之嫌

2014 年 2 月，*ST 长油突然宣布两项资产计提：一个是对 9 艘 VLCC 船舶应计提资产减值准备约 25 亿元，另一个是对全资子公司长航油运（新加坡）有限公司旗下 10

艘长期期租 VLCC 船舶计提约 21 亿元。而这两笔计提就让公司 2013 年增加亏损逾 46 亿元，占其 2013 年 59 亿元亏损的近八成。"大额计提常常是将未来可能的亏损提前，为以后盈利铺路的一种会计手法。"股民廖亦冰认为，按照这个思路，董事会如真想把公司搞好，避免退市风险，就应该在 2012 年进行大额减值计提，2013 年就可以借助公司经营收入的正常增长实现盈利。他认为，公司董事会偏偏选在本来可能通过正常盈利实现"摘星脱帽"而复牌的节骨眼儿上提出要大额减值计提，刻意增加亏损，有"恶意退市"之嫌。

对此，*ST 长油在公告中回应计提资产减值准备的原因。"近年来国际油运市场尤其是原油运输市场持续低迷，运价低于行业平均的盈亏平衡点，特别是 2013 年以来已经较长时间处于低位。与此同时，大型原油轮资产价格也出现了大幅下跌，截至 2013 年底，公司 VLCC 船舶资产出现了明显的减值迹象，且在可预见将来出现大幅回升的几率较小。"*ST 长油表示，根据规定，公司于 2013 年末计提 9 艘 VLCC 油轮的资产减值准备。2013 年末，行业内的其他航运公司也对相关船舶资产计提了减值准备。

*ST 长油表示，不考虑计提的影响，公司 2013 年的净利润仍然亏损超过 12 亿元，达到上交所规定的退市条件。

不过，耐人寻味的是，如同长航油运的解释，即使去除计提的这部分减值损失，长航油运也是亏局已定。"不排除一种可能性，因为管理层判断 2013 年公司肯定是没办法把报表做成盈利了，所以就将能够计提的损失全都放在这一年先计提，可以为下一个财务年度扭亏做准备。"一位熟悉长航油运状况的人士对《中国经济周刊》表示。根据中国长江航运集团南京油运股份有限公司 2014 年业绩预亏公告可以看出，在报告期内对 24 艘船舶计提了资产减值准备。也就是说退市以后仍然继续计提减值。

虽然退居新三板会伤害股民的时间成本，但对公司本身而言却未必存在真正的损失。三板的信披制度没有那么严格，更容易用会计手段将公司的负债处理掉，或者通过定向增发将亏损资产置换出去，不然的话，三年都是亏损的情况下，长航油运完全没必要选择退市，至少可以卖壳，现在资本市场上壳资源还是很值钱的（按照上交所规定，上市公司的股票被终止上市后，终止上市情形已消除，且符合"公司最近两个会计年度经审计的净利润均为正值且累计超过 2000 万元"等相关上市条件的，可以向上交所重新申请上市）。长油 3 将会全力以赴努力恢复盈利能力，争取早日重返资本市场。

（二）退市前股市风波

自进入退市整理期以后，持续不断有投资者买入退市长油股票，且成交额不断放大。数据显示，2014 年 4 月 21 日，退市长油进入退市整理期首日，其成交额为 139 万元；2014 年 4 月 22 日，成交额一度减至 57.27 万元；但 2014 年 4 月 28 日，退市长油成交额增至 855 万元。2014 年 4 月 29 日，退市长油盘中成交额暴增至 2.42 亿元。

在 2014 年 6 月 4 日最后一个交易日，长油在经历了盘中一路震荡下跌后于尾盘拉高，最终平盘报收 0.83 元/股，全天成交 9579 万元，上演末日狂欢。

退市最后一个交易日近亿元的成交额，的确让市场震惊。据报道，选择加仓的主要为散户投资者，未见机构身影。业内分析，游资热捧长油的主要原因有二：一是短炒获利；二是搏其重组回归。

（三）私募大佬与"牛散"齐聚长油 3

令投资者大感兴趣的是，对于这个一周只能交易三次的退市央企，使得私募大佬与"牛散"齐聚长油 3，他们当然是赌长油 3 未来能够重返主板市场，东山再起。

"私募一哥"徐翔重仓进驻退市长油。长油 3 公告显示，徐翔、郑素贞（其母）、应莹（其妻）三个账户各购入 550 万股，三人股份相加，对长油 3 的持股不但超过第一大个人股东，同时还一举成为事实上的第二大股东。

20 世纪 90 年代后期，"私募一哥"徐翔与几个擅长短线的朋友以彪悍投资风格被封为"涨停板敢死队总舵主"，2009 年成立泽熙投资，短短 5 年泽熙投资已成为中国最著名的私募基金，其个人资产从 3 万元炒到 40 亿元。

2014 年第三季度报表显示，公司第二大流通股股东王东武是市场大名鼎鼎的"牛散"，第六大流通股股东蒋炳方在市场上同样被认为是擅长投资重组股的高手。

五、尾声

一方面是企业连续巨额亏损而退市，计提大额减值被扣上"恶意退市"的帽子，另一方面又是各个私募大佬与"牛散"齐聚长油 3，赌退市长油的重新上市。老杨彻底郁闷了，长油 3 经营上到底到了什么程度？还能不能重新上市？当拿到最近几年的退市长油的财务报告后，作为非专业人士，老杨只看到了一大堆数据。仅仅只是知道利润亏损多少、各种金额比率，但是，老杨却完全搞不懂金额比率背后的意义了。因此，如何帮助老杨从财务的角度对近几年长航油运的表现进行分析呢？

A Share of "Phoenix" and its "Accidental Death"
—The Delisting of Nan Jing Tanker Corporation

Abstract：This case describes the delisting of NJTC for four consecutive years of losses then hit the delisting red line, has become the first delisting central enterprise. The delisting of NJTC is a landmark event, which means that the A stock market delisting will tend to be normalized, regulators will be more focused on the "bad exit", to enhance the stock market equity trading activity and the efficiency of resource allocation.This article from the delisting analysis, accounting analysis, financial analysis, prospect analysis describing the NJTC due to the huge loss of delisting, analysis of financial and non-financial data, through the reorganization are to return to A shares prospects.

Key Words: The Delisting of NJTC; Loss; Financial Analysis; Reforming

A 股"不死鸟"的"意外死亡"
——长航油运退市案例

一、教学目的与用途

（1）本案例主要适用于财务管理以及会计相关课程有关财务分析等知识点的教学，适用于 MBA、经济管理类研究生、本科生案例教学使用。

（2）本案例的教学目的是通过长油退市的标志性事件，了解以下知识点。①交易所对上市公司退市及重新上市的规定；②如何对企业进行全面的财务分析；③熟悉企业进行盈余管理的目的及手段。

二、启发思考题

（1）如何看待长航油运公司的退市问题，以后前景如何？

（2）退市长油大额计提资产减值准备是否有合理性？是否有恶意退市之嫌？

（3）从哈佛分析框架角度如何对公司进行财务分析？

（4）有些企业会采取盈余管理的方式避免退市，是否具有合理性？

（5）对于企业所需的大型设备，应该采用自购方式还是租赁方式？

三、分析思路

教师可以根据自己的教学目标（目的）来灵活使用本案例。这里提出本案例的分析思路，仅供参考。

（1）从证券市场退市制度设计的角度来看，这意味着今后 A 股市场退市将趋向常态化，"不适者退出"的概念将深入企业经营理念中，长航油运退市是个标志性事件，它是 2012 年退市制度改革以来沪深两市首家强制退市的上市公司，首家退市央企。建立有效的退市机制，有利于提升股票市场的股权交易活力和资源配置效率。按照目前情况，长油 3 正在努力重整，扔掉包袱，争取重新上市。

（2）从会计计提减值准备的角度来看，企业计提减值准备是正确反映企业资产状况的一项活动。长航油运 2013 年计提近 46 亿元资产减值损失：主要是对自有 VLCC 计提了资产减值准备 25 亿元及对子公司长期期租 VLCC 计提了预计负债 21 亿元。其中对于自有船只的大额减值准备，根据法规以及同行业情况的比较，有其合理性，但是对于预计负债计提的大额减值金额却有着不合理性。不能全部算作母公司的损益。

（3）从哈佛分析框架角度来看，财务分析不应只分析报表数据，应该站在战略的高度，结合企业内外部环境并在科学预测的基础上为企业未来发展指明方向，哈佛分析框架主要包括：战略分析、会计分析、财务分析及前景分析。从这四个角度就可以很好地分析企业财务与非财务情况，了解企业的当前状况。

（4）从企业为了避免退市角度来看，确实有一些上市公司采取盈余管理的方式来保住自己的壳资源，保证自己上市公司的地位。一些上市公司在不违法违规的情况下，通过盈余管理手段也确实保住了上市资格，避免了被摘牌的危机，为企业的继续发展稳住了步伐。只要手段合法合理，很多连续亏损两年的企业在坚持不懈地运用此方法避免退市。

（5）从企业需求与实力的角度来看，企业可以自行选择相应的方式来获取大型资产设施。购买大型设备会占用企业大量的流动资金，采用租赁的方式则得不到资产的所有权。此时就要分析企业的需求与财力，做出相关的决策。

四、理论依据与分析

哈佛分析框架由哈佛大学佩普（K.G.Palepu）、希利（P.M.Healy）和伯纳德（V.L. Bernard）三位学者提出，他们认为财务分析不应只分析报表数据，应该站在战略的高度，结合企业内外部环境并在科学预测的基础上为企业未来发展指明方向，哈佛分析框架主要包括：战略分析、会计分析、财务分析及前景分析。

1. 战略分析

企业战略从整体上决定企业未来发展方向并为实现企业目标服务，所以战略分析成为企业财务分析的出发点，战略分析作为非财务信息是对传统财务分析的补充，也是哈佛分析框架的独特之处，通过对企业战略的分析，可以为外部利益相关者提供企业目标、发展趋势、市场格局等相关信息。

战略分析在一定程度上反映企业管理现状，可以作为评价企业管理水平的依据，进而为财务分析奠定基础。

2. 会计分析

财务报表分析结果的可靠性在很大程度上取决于公司披露的会计信息的真实性及可靠性，所以会计分析将成为企业财务分析不可忽视的重要组成部分。

会计分析应将重心放在分析企业运用会计及财务管理原则的恰当性和企业对会计处理的灵活程度。企业财务报表附注可以提供关于会计政策与会计估计运用恰当性的有效证据。

另外也可以通过对行业、竞争对手、外部宏观经济环境的剖析来判定企业财务数据的真实性。根据分析结果重新调整财务报表中的相关数据以消除异常数据。

3. 财务分析

在对企业会计恰当性分析并得出调整后的会计数据之后就可以针对会计报表进行

财务分析，哈佛分析框架下的财务分析并不是单纯分析企业财务数据，而是结合企业所处的行业环境及企业发展战略解释财务数据异常的原因。在进行财务分析时应重点关注财务指标或财务数据在某一时点的异常变化，分析产生变化的原因。分析财务数据异常变化时可以在会计分析的基础上进行，会计分析所提供的关于会计数据真实性的有效证据可以作为财务异常分析的基础。

4. 前景分析

前景分析不同于传统财务报表分析中的企业发展能力分析，企业未来的发展前景是企业战略定位、产业环境及企业财务能力综合的结果，而不仅仅是从财务指标增长率来评价。分析企业发展前景时应注重企业能否发挥自身技术优势以及企业与竞争对手的竞争能力。具备较强竞争能力的企业即使短期业绩达不到预期，从长期来看依然具有较好的投资前景。

五、背景信息

长油航运作为国内最大的油轮公司之一，其航运水平位居国际行业前列。尽管目前经营亏损，但其本身的自身优势依旧不可忽视，拥有自己的核心竞争力。如品牌优势、客户资源优势、船型结构优势等。

根据公司第三季度报告披露，公司董事会和经营层已经和将要在对部分船舶计提减值准备和预计负债、剥离亏损资产、制订并实施融资方案、增收节支措施、市场化取向的体制机制改革、集团的支持等方面采取措施，努力维持和提升公司持续经营能力。长航油运在2014年4月落寞退市后，在2014年11月高调宣布重整方案，巨额债务，通过"3+1"模式得以妥善处置。在法院涉及的115.47亿元破产重整债务中，通过剥离亏损资产23.7亿元，以股抵债61.95亿元，现金清偿0.19亿元，留存债务29.63亿元。重整方案出台，债权清偿率达到100%。具体的重整方案如下：

1. 切除VLCC"毒瘤"

通过退市长油的财务分析，其最主要的亏损来自VLCC船队。根据第一次债权人会议通过的财产处置方案，退市长油本部的VLCC已经进入处置程序，2014年11月，中国能源运输有限公司成立后，已经收购7艘VLCC，其中4艘来自退市长油，所签订合同价款达到2.58亿美元。

2. 债权清偿

退市半年已转至新三板的长油3交出了一份市场各方都基本认同的破产重整答卷，债权清偿率达到100%。长油3大股东与中小股民分别以50%、10%的比例让渡手中股权，银行和各大债权人则接受了12.46%的债权清偿率，通过债转股扔下62亿元债务包袱。2015年1月，重整计划执行进展公告显示，几大银行债权人不仅接受了12.46%的清偿率，还组团与长油3签署了《重整银团协议》和《银团贷款协议》，为长油3未来扭亏为盈提供了保障。

3. 运营成本大幅降低

近 2 个月的原油暴跌，致使航运业的运营成本大幅降低，这对于长油 3 扭亏亦起到了积极作用。从财务上看，燃料成本占据了航运营运成本的 60%。2008 年的航运市场，国际市场原油油价一路走高，2008 年 10 月，原油价格达到每桶 149 美元，而 2015 年 1 月的国际原油价格跌至每桶 50 美元。

4. MR 型油轮市场发力

规划对 MR 型油轮市场的布局据官网消息，在债务重整和资产剥离后，MR 型油轮船队成为企业规模最大的船队，占重整后总运力规模的近 2/3。该船队的经营业绩，将直接决定着退市长油能否顺利重回主板市场、实现可持续发展的目标。近期，退市长油正对部分 MR 型油轮进行技术改造，满足欧洲大西洋线等高品质市场的运营要求，提高船队的盈利能力。

5. 全球原油供需关系影响

油运市场的基本面在 2015 年迎来了一丝复苏的迹象，这似乎为公司重返 A 股注入了一针强心剂。主要表现在运力严重过剩的局面开始出现好转，2013 年油轮交付运力已经较 2012 年有了大幅减少，国际油轮市场有所复苏。从全球原油供需关系角度看，运量与运力相对增幅缩小了供需之间的差距。

6. "国油国运"王牌

有投资者分析，退市长油依然持有"国油国运"这张王牌，一时受挫于远洋业务，待市场稍有回暖，便是起死回生之时。这次退市长油不惜大打擦边球，提前计提大额减值损失，就是要在"新三板"坐等扭亏的架势，而再度上市后股价翻倍将是大概率事件。

按照上交所规定，上市公司的股票被终止上市后，终止上市情形已消除，且符合"公司最近两个会计年度经审计的净利润均为正值且累计超过 2000 万元"等相关上市条件的，可以向上交所重新申请上市。

因此对于重回 A 股的前景，退市长油官方表示："重整方案除了出资人和债权人权益调整外，还有一部分是有关退市长油的未来经营发展。目前已经开展对亏损资产的处置工作，具体何时能重新上市有不确定性。但是假设一切都能按照设定的进度进行，我们争取的目标是，今年（2015 年）完成重整，明后年连续两年盈利，最理想的状态是能在 2017 年提出重新上市。"

六、关键要点

1. 关键点

（1）长航油运连续 4 年亏损的原因分析。

（2）我国对上市公司退市制度的规定。

（3）长航油运退市时间点的选择。

（4）长航油运退市后的重整预期。

2. 关键知识点

需要学员结合案例的分析与讨论，重点理解和掌握长航油运在 2013 年年报中所计提资产减值损失的合理性，以及售后回租的会计处理，财务报表分析方法的运用，加深对我国上市公司的退市制度的理解和认识。

3. 关键能力点

通过案例教学，深化学员了解我国上市公司在执行企业会计准则过程中暴露出的一些问题，学会识别会计舞弊和盈余管理。防范上市公司通过各种手段调节利润以规避退市的现象，遏制上市公司"停而不退"，以及相关的内幕交易和市场操纵行为。维护资本市场的正常秩序和树立理性投资理念。

七、建议课堂计划

本案例可以作为专门的案例讨论课来进行。以下是按照时间进度提供的课堂计划建议，仅供参考。

整个案例课的课堂时间控制在 80 分钟。

课前计划：提出启发思考题，请学员在课前完成阅读和初步思考。

课中计划：简要的课堂前言，明确主题（2~5 分钟）；

分组讨论（20 分钟），告知发言要求；

小组发言（每组 5 分钟，控制在 30 分钟）；

引导全班进一步讨论，并进行归纳总结（15~20 分钟）。

课后计划：如有必要，请学员采用报告形式给出更加具体的解决方案，包括具体的职责分工，为后续章节内容做好铺垫。

八、相关附件

本案例包含附录 1：财务报表分析；附录 2：财务指标分析。

附录 1：财务报表分析

1. 利润表分析

从表 1 的总体数据可以就看出，2009 年之前的数据都是可观的，企业处于盈利状态。但进入 2010 年就开始持续 4 年的亏损。单就营业收入来讲，该公司的营业收入持续上升，且上升幅度也不小，但是营业成本的上升速度比营业收入的上升速度更快。2011~2012 年幅度甚至达到 38%。成本的增加以及大额计提减值、计提预计负债导致了企业从 2010 年开始了连年的亏损。2013 年更是巨亏 59 亿元。

表1 近6年利润表简表

单位：万元

报表日期（年）	2013	2012	2011	2010	2009	2008
一、营业收入	730681	662918	508825	428368	335869	319200
二、营业成本	771779	711129	527936	383988	307160	246273
三、营业利润	584955	–125988	–85478	–9367	1210	45786
四、净利润	–591864	–123835	–74933	–2459	456	58620

下面就几个利润表中的关键数据进行分析：

（1）2008年营业成本（246273万元）急速增长分析：主要为运力增加所导致的折旧等刚性成本和燃油费用的上升；自2007年开始，退市长油即决定重点发展两支船队：打造33艘MR型油轮船队和计划形成10艘VLCC船队。燃料成本占据了航运营运成本的60%。2008年的航运市场，国际市场原油油价一路走高。

（2）2009年营业利润（1210万元）相对2008年（45786万元）如此突降分析：2009年营业成本增加了24.72%，投资收益为–1387万元，比同期增长–323.60%（注释：报告期处置子公司江苏大盛板业有限公司和南京大成企业发展有限公司股权导致的投资损失）。

（3）2010年净利润（–2459万元）首次亏损分析：从2010年开始长达4年的亏损，该公司亏损额逐年递增，2010~2012年归属于母公司所有者的净利润（万元）分别亏损0.19亿元、7.54亿元、12.39亿元，加上2013年4年合计亏损79.33亿元，而2013年合计净利润不过23.77亿元，相当于上市17年净亏55.56亿元。

（4）2011年营业利润（–85478万元）相对2010年（–9367万元）大亏损分析：仅仅财务费用就达到48605万元，主要是由于2011年报告期内为购买船队贷款增加，以及在建船舶转固后借款利息费用化所致。

（5）2013年净利润（–591864万元）巨额亏损分析：财务费用（银行借款）依旧居高不下（68626万元）。

营业利润亏损加大，计提近46亿元资产减值损失：主要是对自有VLCC计提了资产减值准备25亿元及对子公司长期期租VLCC计提了预计负债21亿元所致。

2. 资产负债表分析

从表2的总体数据可以看出，2012年以前企业资产一直增加，截至2013年底，公司VLCC船舶资产出现了明显的减值迹象，且在可预见将来出现大幅回升的概率较小。公司于2013年末计提9艘VLCC油轮的大额的资产减值准备，导致企业资产锐减。使得企业已经资不抵债，净资产为–20多亿元。

从表3可以看出，固定资产净值变动先呈上升趋势，在2012年达到最高峰，然后下降。主要的原因是冒进造船，在建船舶大量完工，固定资产增加，2013年以后计提减值准备，使得资产数额下降。而在建工程净值则是从2008年后呈下降趋势，主要是

表2　近6年资产负债表简表

单位：万元

报表日期（年）	2013	2012	2011	2010	2009	2008
资产总计	1377420	1972000	1916960	1736754	1401900	1183640
负债合计	1577680	1586130	1409940	1301150	964923	730231
所有者权益合计	−200259	385867	507021	435603	436980	453407

表3　近6年VLCC大型船舶陆续在建以及转为固定资产情况表

单位：万元

报表日期（年）	2013	2012	2011	2010	2009	2008
固定资产减值准备	228318	0	0	0	0	0
固定资产净额	1073580	1355030	1290510	941414	712218	410575
在建工程	80183	77716	149685	333242	275848	381244

在建船舶大量出厂转为固定资产，导致在建工程减少。

大型固定资产的购置需要占用企业的大量资金，增加企业的负债，可能会降低企业的经营效率，甚至会拖垮企业的发展，而租赁的话企业的现金流压力则要小得多。那么对于大型固定资产到底是采用自购方式还是租赁方式来取得，就需要企业结合自身需要及实力状况做出合理规划。

3. 现金流量表分析

从表4可以看出，企业经营活动产生的现金净流量波动增加，当危机过去时，预计未来产生理想的现金流；投资活动现金净流量支出先增加后减少，是由于2008年、2009年和2010年加大了固定资产（油船）投入，2010年以后报告期内固定资产投资支出减少所致；筹资活动产生的现金净流量的变化趋势与投资活动相反，是由于先筹集资金购建固定资产，之后报告期内新增借款减少以及偿还借款、偿付利息增加所致。

表4　近6年现金流量表简表

单位：万元

报表日期（年）	2013	2012	2011	2010	2009	2008
经营活动产生的现金流量净额	84391	−18494	−16364	17572	−17864	−39542
投资活动产生的现金流量净额	13501	−17746	−127022	−298228	−168300	−113836
筹资活动产生的现金流量净额	−132518	15028	98034	296775	159309	142839

总体而言，企业虽然现金总流入有所增加，但面临较大的还贷压力，资金流比较紧张。

附录2：财务指标分析

1. 经营管理水平指标——盈利能力

从表5及图1可以看出，企业盈利能力的各项指标均显示下降趋势且由于2013年大额计提资产减值损失造成2013年盈利能力指标巨大波动，随着减值损失计提后企业包袱变轻，预计各项指标有回升趋势。

表5　近6年盈利能力

单位：%

报表日期（年）	2008	2009	2010	2011	2012	2013
销售净利率	18.36	0.14	0.07	−14.73	−18.68	−81.00
总资产利润率	4.95	0.03	0.02	−3.91	−6.28	−42.97
成本费用利润率	25.27	1.66	1.03	−13.56	−15.65	−68.74

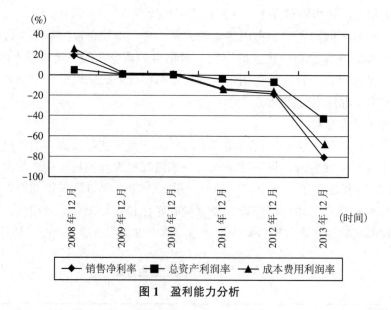

图1　盈利能力分析

2. 财务管理水平指标——偿债能力

从表6、图2、图3可以看出，流动比率与现金比率一直在下降，且数值偏低，表明企业的短期偿债能力弱，面临的偿债压力大，以至于后来的资产重组负债的偿还绝大部分是通过股抵债的方式进行的。资产负债率持续偏高，在2013年已经突破100%，已经到了资不抵债的地步，退市前达117%。受利润亏损的影响，该利息保障倍数已经为负值，大额亏损使得2013年数值已达谷底，目前需要考虑企业的借款利息支付压力。

表 6 近 6 年偿债能力

报表日期（年）	2008	2009	2010	2011	2012	2013
流动比率	1.99	1.71	1.64	1.36	0.92	0.28
现金比率（%）	74.8	48.03	46.35	29.98	19.4	7.81
资产负债率（%）	61.69	68.83	74.78	73.55	80.43	114.54
已获利息倍数	868.68	165.11	115.27	−65.9	−92.73	−751.89

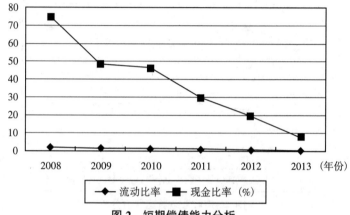

图 2 短期偿债能力分析

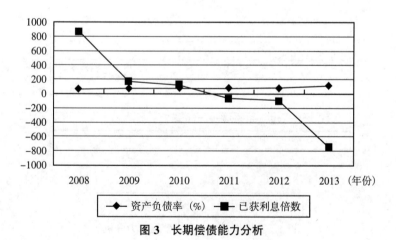

图 3 长期偿债能力分析

3. 资产管理水平指标——营运能力

从表 7、图 4、图 5 可以看出，应收账款周转天数呈波动上升，表明企业的回收现款速度变慢，资金被占用，影响企业的正常经营活动。

从资产周转率的角度来看，期初资产的大量增加使得资产周转率下降，折旧的增加等使得其周转率开始回升趋势，使用效率提高。

表 7   近 6 年营运能力

报表项目（年）	2008	2009	2010	2011	2012	2013
应收账款周转率（%）	12.81	10.66	12.34	12.94	11.57	10.70
应收账款周转天数（天）	28.11	33.76	29.17	27.82	31.11	33.66
固定资产周转率（%）	0.76	0.6	0.52	0.46	0.5	0.55
总资产周转率（%）	0.29	0.26	0.27	0.28	0.34	0.44

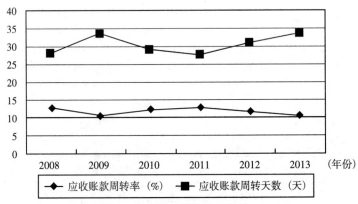

图 4   应收账款营运能力分析

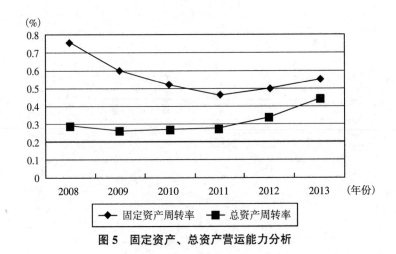

图 5   固定资产、总资产营运能力分析

　　4. 企业估价水平指标——成长能力

　　从表 8、图 6、图 7 可以看出，连年的亏损导致了企业基本每股收益逐年下降，2013 年巨亏显得更为明显。主营业务收入每年一直都在增长，对企业来说利好。经营亏损、计提大额资产减值使得企业资产减少。看似企业不长反退，但对于企业退市以后为扭转亏损，重新上市做了铺垫。

表 8　近 6 年公司的成长能力

报告日期 （年）	2008	2009	2010	2011	2012	2013
基本每股收益（元）	0.37	0.0026	0.01	−0.23	−0.37	−1.74
每股收益增长率（%）		−99.29	83.33	−4140.00	−64.26	−377.97
主营业务收入增长率（%）	55.24	5.22	27.83	18.52	30.28	10.22
净资产增长率（%）	11.36	3.62	0.31	15.67	−23.9	−151.9
总资产增长率（%）	19.09	8.44	24	10.28	2.871	−30.15

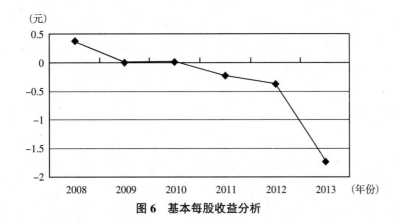

图 6　基本每股收益分析

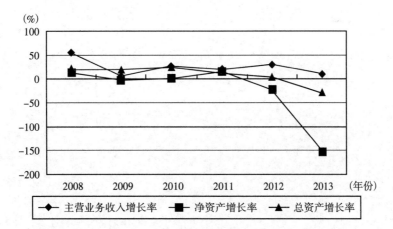

图 7　成长能力分析

● 案例十五

华海药业难解的兄弟恩仇：两大股东内斗升级

案例正文：

华海药业难解的兄弟恩仇：两大股东内斗升级①

摘　要： 本案例描述了浙江华海药业股份有限公司（以下简称华海药业）的两大创始人陈保华和周明华本是同窗好友，却因意见不合导致关系破裂，在公司势同水火。2007 年的股东大会上，华海药业的第二大股东、华海药业总经理周明华被华海药业第一大股东、华海药业董事长陈保华赶出董事会；五年后，周明华拟自开股东大会，欲"罢免"陈保华。兄弟二人的摩擦从 2007 年华海药业股东会上陈保华将周明华驱逐出董事会开始，就从未停息并且愈演愈烈。是什么因素导致公司两大重要股东互不相容，这与公司治理又有怎样的关系，深入研究民营企业的公司治理问题，不仅有利于民营企业的经营，还可以从中看出华海药业这样的民营企业大股东或者合伙人内斗的原因，为完善公司治理提供一些值得借鉴的经验和启示。

关键词： 股东大会；公司治理；公司业绩；华海药业

---

① 本案例由辽宁大学商学院于健、张雪、邹航等共同撰写，作者拥有著作权中的署名权、修改权、改编权。由于企业保密的要求，在本案例中对有关名称、数据等做了必要的掩饰性处理。
本案例只供课堂讨论之用，并无意暗示或说明某种管理行为是否有效。

一、引言

"凉意忽袭待客归，雨中带雪任纷飞。孩时聚闹东瑟镇，现已分别西道圻。"对于上市公司而言，股东之间的利益有时甚至超过了兄弟之间的友谊，甚至让生死之交反目成仇。大学同窗的周明华与陈保华在 1989 年 1 月一同辞去公职，租用几间民房，筹资 5 万元共同创办"临海市汛桥合成化工厂"。两年后，该厂更名为"临海市华海合成化工厂"——即华海药业的前身。1998 年 8 月，负责技术研发的周明华在实验室操作，发生爆炸，包括手、脸在内烧伤 40%，陈保华在得知后几近痛不欲生。但是现在，二人的恩怨似乎到了爆发的边缘，2007 年，陈保华联合机构投资者的力量将时任董事长的周明华否决出席董事会，作为公司的二股东，周明华被完全排斥在公司管理之外。2012 年，周明华又试图通过召集临时股东大会督促解聘陈保华总经理职务。

那么，华海药业究竟是一家怎样的公司呢？周明华与陈保华之间的恩恩怨怨因何而起？作为公司的前两大股东，二人之间又是如何博弈？值得寻味。

二、华海药业简介

（一）公司的发展现状

华海药业注册资本 2.99 亿元，总资产 17 亿元，占地面积 80 多万平方米，现有员工 2800 多人，分别在临海、杭州、上海和美国设立分（子）公司 11 家。公司主营医药制剂、原料药及中间体，形成了以心血管药物、抗抑郁症和抗病毒药物为主导，做精、做细、做强，系列化规模化发展的特色明显的产品格局。其中，心血管药物 ACE 抑制剂类产品在国际上品种最多，产销量最大，技术水平领先，享有"普利专家"之美誉。公司各项管理体制健全，所有产品均已通过国家 GMP 认证，是国内通过国际药品质量认证最多的企业之一。2007 年 6 月，公司抗艾滋病药物奈韦拉平以零缺陷通过了美国 FDA 认证，成为中国首家获此认证的制药企业，为华海药业制剂产品进入欧美高端市场取得了通行证，填补了中国制剂产品出口美国的空白，在中国医药产业的发展史上树立了一座傲人的丰碑。

（二）公司的实际控制人及股权结构

1. 公司实际控制人——两位内斗主角

（1）陈保华——董事长兼总经理、第一大股东（华海药业的创始人之一）。1983 年毕业于浙江化工学院（现浙江工业大学）化学分析专业，获学士学位；高级工程师。2003 年至 2007 年 4 月任浙江华海药业股份有限公司董事长。2007 年 4 月至今任浙江华海药业股份有限公司董事长兼总经理。值得注意的是，陈保华注重资本市场，后陆续进入华海药业的股东，均是陈保华负责引入。而且陈保华于 2002 年 2 月开始担任浙江省人大代表。

（2）周明华——第二大股东（华海药业另一创始人）。1983 年毕业于浙江化工学院

（现浙江工业大学）化工工程专业，获学士学位；高级工程师。曾经担任华海药业总经理，也在华海药业董事会占有一席之地。据网友爆料，在周明华担任总经理时期，把自己老婆、小舅子、小舅子老婆一干人等统统安排进公司，闹的公司鸡飞狗跳，管理层和员工都对此有很大意见。

2. 公司股权结构

华海药业创立于 1989 年，是一家集医药制剂和原料药为一体的现代制药企业，2003 年在上交所上市，股票代码"600521"，AAA 级信用企业。目前，公司注册资本 5.4 亿元，总资产 32 亿元，占地面积 120 多万平方米，并在美国、上海、杭州、江苏等设有 11 家分（子）公司，共有员工 3800 多人。

表 1　华海药业前十大股东

序号	股东名称	持股数（万股）	占总股本比例（%）
1	陈保华	20918.87	26.64
2	周明华	15527.45	19.77
3	翁震宇	1090.66	1.39
4	中国光大银行股份有限公司——光大保德信量化核心证券投资	952.99	1.21
5	中国人民财产保险股份有限公司——传统—普通保险产品—008C-CT001 沪	800.11	1.02
6	中国银行股份有限公司——易方达医疗保健行业股票型证券投资基金	748.14	0.95
7	中国工商银行股份有限公司——汇添富医药保健股票型证券投资基金	661.43	0.84
8	招商银行股份有限公司——光大保德信优势配置股票型证券投资基金	660.75	0.84
9	苏春莲	512.43	0.65
10	中国工商银行——汇添富成长焦点股票型证券投资基金	485.18	0.62

截至 2014 年 03 月 31 日，有 4 个股东增持，共增持 1762.81 万股，占总股本的 2.24%，有 1 个股东减持，共减持 240.68 万股，占总股本的 0.31%。

三、两大股东冲突事件

（一）周明华被陈保华赶出董事会

周明华、陈保华曾是大学同窗兄弟，一起考入浙江化工学院。从 1989 年开始合作创立浙江临海市汛桥合成化工厂开始，同时毕业于浙江工业大学的陈保华和周明华就开始了他们的首次合作，两人一同辞去公职，租用几间民房，筹资 5 万元共同创办临海市汛桥合成化工厂，双方从开始就各持公司 50% 的股权。此后的 6 年中，由于化工产品的出口形势不错，他们合作的公司也完成了最初的资本积累，于是在 1995 年前后两人决定开始进军医药行业，同时将公司更名为临海市华海化工有限公司，这也就是如今华海药业的前身。

不过在 2007 年 3 月底和 4 月初，陈保华突然通过二级市场增持了华海药业 93.697 万股，与此同时，公司董事会接到股东陈保华先生（持股 59611982 股，占公司总股本的 25.90%）就公司将于 2007 年 4 月 13 日召开的 2006 年度股东大会中《关于选举公司第三届董事会成员的议案》提出增加第三届董事会候选人的提案：为进一步完善董事会结构，根据《公司章程》等有关规定，本人现就公司董事会换届候选人提名向 2006 年度股东大会提出临时提案，分别提名苏严先生（投资部经理）、王善金先生（总经理助理）为公司第三届董事会候选人。公司董事会同意将股东陈保华先生的上述提案提交公司于 2007 年 4 月 13 日召开的 2006 年度股东大会审议。公司独立董事王松年、邵小仓、吴添祖认为：①提名人公司股东陈保华先生（持股 59611982 股，占公司总股本的 25.90%）符合《浙江华海药业股份有限公司章程》以及《浙江华海药业股份有限公司股东大会议事规则》中规定的提名资格。陈保华提名苏严、王善金为公司第三届董事会董事候选人的程序符合有关法律法规和《浙江华海药业股份有限公司章程》的有关规定。②被提名人苏严、王善金的个人履历、相关声明等基本情况符合《公司法》及《浙江华海药业股份有限公司章程》有关董事任职资格的规定。

陈保华在 2007 年 4 月 3 日向股东大会提交了临时的提案，最终于 2007 年 4 月 13 日上午 9 时在浙江省临海市国际大酒店二楼议政厅召开，出席会议的股东及股东代表有 16 人，代表有效表决权的股份总数为 150518981 股，占公司总股本的 65.39%。股东大会上的结果却出人意料，时任华海药业总经理的周明华在股东大会上意外落选，当时，包括交银施罗德基金、鹏华基金等众多基金公司在内的机构，明确表明立场，支持陈保华当选总经理。公司第二大股东周明华及其配偶孙青华在差额选举中落选，周氏夫妇因此退出董事会。

令周明华万万没有想到的是，此事件的幕后主谋竟然是自己的兄弟陈保华。

表 2　2006 年华海药业的董事会和监事会成员结构

姓名	职务	姓名	职务
陈保华	董事长	邵小仓	独立董事
周明华	副董事长兼总经理	吴添祖	独立董事
杜军	董事	王松年	独立董事
孙宏伟	董事	时惠麟	监事
翁金莺	董事	高邦福	监事
孙青华	董事	张华金	监事

根据 2006 年的年度报告，当时陈保华和周明华二人的持股比例相近，陈保华持股占 25.69%，周明华占 25.65%。

2007 年 4 月 13 日的股东大会关于增加第三届董事会候选人的投票结果（公司采取一股一票制）如表 3 所示。

表3　股东大会关于增加第三届董事会候选人的投票结果

姓名	股份总数	同意股	所占比例（%）	反对股	所占比例（%）
陈保华	150518981	149718981	99.47	0	0
周明华	150518981	65330253	43.40	79693249	52.95
翁金莺	150518981	147881966	98.25	0	0
孙青华	150518981	63477138	42.17	79693249	52.95
孙宏伟	150518981	84692528	56.27	63189438	41.98
杜军	150518981	147881966	98.25	0	0
苏严	150518981	84980893	56.46	63437938	42.15
王善金	150518981	84980893	56.46	63437938	42.15
汪祥耀	150518981	147881966	98.25	0	0
曾苏	150518981	147865866	98.24	0	0
单伟光	150518981	147881966	98.25	0	0

根据差额选举的规定，公司第三届董事会由陈保华、杜军、孙宏伟、苏严、王善金、翁金莺、汪祥耀、曾苏、单伟光组成。其中汪祥耀、曾苏、单伟光为独立董事。

此后的两个月中，陈保华选择了继续增持；而淡出公司管理层的周明华第一次大规模减持了125.5248万股，截至2007年6月底，陈保华和周明华的持股比例分别为26.1%和25.1%，双方持股比例开始拉大。随着周明华在2008年末和2009年初的两次合计减持439.7395万股，算上周明华和陈保华因为2008年的误操作而重新买入或者卖出的少量股份，截至2009年3月底，陈保华、周明华的持股比例分别为26.1%和22.29%。

另外，还有一点值得关注的是，截至2011年末，陈保华与亲戚合计持股近30%，在华海药业前十大股东名单中，除了陈保华持有6000多万股外，陈保华的父亲陈开仁为第七大股东，2011年一度增持45.63万股后，持有337.23万股，占总股本1.47%；陈保华妻子的兄弟翁震宇持有329.06万股，占总股本的1.43%。有分析人士认为，上述三人存在关联关系，应该算是一致行动人。按照公开信息，这三人合计持股比例高达29.42%。如果继续增持，随时可能达到30%的比例，这将触发对华海药业的全面要约收购。

（二）陈保华早有预谋

2006年，陈保华提出要离开公司，去北京进修。陈保华离开告别时，周明华与自己的战友在告别仪式上依依惜别，两人拉着手讲了不少掏心窝的话，据华海药业员工回忆，当时场面非常感人，许多人提起仍记忆犹新。陈保华赴北京进修MBA学位，期间一度放手公司管理。但实际上，据华海药业一位离任高管透露，陈保华的团队开始活跃在各地，跟不少机构，特别是基金公司沟通。期间，周明华全然不知。

"最活跃的是苏严，曾多次代表陈保华拜访基金公司。"上述前任核心员工介绍。公开资料显示，苏严现为华海药业董事，曾任职于清华紫光科技创新投资有限公司，2004年后转投华海药业任投资部经理。华海药业最初引入清华紫光正是与苏严联系。

一家注册地在深圳的基金公司基金经理也向记者证实，陈保华团队此前曾到公司路演拜访，之后交流也较为频繁。2006 年底，美国食品药物管理局（FDA）考核团队到华海药业调研，陈保华突然出现在公司，并主动接待了该调研队伍，令周明华颇为意外。

2007 年 4 月，在年度股东大会新一届董事会投票表决中，陈保华投票反对周明华成为新董事会一员，机构默契地表明态度支持陈保华。"前十大股东大多投了反对票。他很难接受。"前述华海原高管说。按照最终投票结果，周明华的支持率为 43.40%，反对票数则为 52.95%，"成功"落选。当时执掌几只基金的人物，包括交银施罗德的基金经理李旭利，鹏华的基金经理黄中、黄钦来均已不在公募基金行业。记者多方采访了解到，此前，陈保华已经与所有机构沟通过。周明华意外落选，对于陈保华来说，这个意外，只是预料之中的事。

自从 2007 年 4 月 14 日被迫离开华海药业之后，周明华几乎与华海药业的机构股东鲜有联系。"我以前没有找过基金公司。"周明华表示。此后，陈保华担任公司总经理，周明华开始"神游"。两兄弟的关系彻底破裂。

（三）周明华反击欲罢免陈保华总经理职位

2007 年，这对当初情同手足并携手创业的同窗兄弟因理念不合等种种原因最终决裂，周明华在陈保华与机构联手对付之下，被迫离开华海药业董事会。而此前，两人曾立下业绩对赌之约，现任公司董事长的陈保华曾宣称，将保证华海药业连续三年 25% 的业绩增长，如果无法达到将用个人资产补偿。2006~2012 年华海药业的财务业绩如表 4 所示。

表 4　2006~2012 年华海药业的财务业绩

财务维度	财务指标	2012 年	2011 年	2010 年	2009 年	2008 年	2007 年	2006 年
增长	收入增长率（%）	10.22	78.68	10.22	15.79	13.36	26.22	—
盈利	销售利润率（%）	16.80	11.71	9.14	17.71	18.70	18.68	19.78
	EPS（元）	0.63	0.40	0.21	0.55	0.50	0.57	0.47
现金流量	净利润现金含量	0.72	0.92	3.20	1.93	0.56	1.03	0.70

由表 4 可得，2007~2009 年这三年归属于母公司所有者的净利润为 7126 万元，不仅没有增长，反比 2006 年同期下滑 7.84%。违背了陈保华当年的誓约。

华海药业 2012 年 7 月 23 日公告了周明华自行召开临时股东会，准备审议讨伐陈保华的两项议案——《关于督促总经理陈保华先生赔偿公司损失的议案》及《关于督促董事会解聘陈保华先生公司总经理职务的议案》。据公告，周明华曾于 2012 年 5 月 9 日向华海药业董事会发出关于要求召开临时股东大会的报告，并提交了关于督促陈保华赔偿公司损失及解聘陈总经理职务两项议案。2012 年 5 月 18 日，华海药业董事会不同意召开临时股东大会并书面复函给周明华；2012 年 5 月 29 日，周明华向华海药业监事会发出相同的报告，2012 年 6 月 5 日亦遭拒绝。依据监管规则，周明华目前持有华海药业12029.1 万股，占总股本的 21.98%，为第二大股东，可以自行召集和主持股东大会。

2012 年 8 月 7 日上午，华海药业第二大股东周明华提议召集的临时股东大会如期举行。会上，周明华提议的《关于督促总经理陈保华赔偿公司损失的议案》及《关于督促董事会解聘陈保华先生公司总经理职务的议案》均未获得通过，如此前诸多分析一样，多数机构都站到了大股东陈保华这边。最终，两项议案都以 68.17% 的反对票而未获得通过。参加股东大会会议的股东及股东代表 56 人，代表有效表决权的股份总数为411255871 股，占公司总股本的 75.12%。两项议案获得的票数相同，其中，同意130255224 股，占出席股东大会有效表决权股份总数的 31.67%；反对 280355762 股，占出席股东大会有效表决权股份总数的 68.17%；弃权 644885 股，占出席股东大会有效表决权股份总数的 0.16%。

周明华认为，陈保华在 2011 年华海银通置业 40% 股权的买卖交易中擅自决定股权价格，致使该部分股权损失 485.56 万元，由此要求陈保华赔偿损失，"高买低卖，造成公司经济损失，同时前后买卖对象相同"。周明华此前向《每日经济新闻》记者称。此外，周明华还认为陈保华同时担任董事长和总经理职务违反了公司《治理纲要》，且陈保华主政之下，华海药业主业增长不突出等，故要求董事会解聘陈保华的总经理职务。

董事长秘书祝永华称，当时公司开发房地产是为了盘活土地资产，更好地发展，出售华海银通股权是剥离房地产业务，规避调控政策，以推进再融资项目，其中损失是必须付出的成本，股东大会上，董事以及监理皆支持上述观点。值得注意的是，在周明华召集的临时股东大会上，他自始至终是"孤军奋战"，而位于进口处二排座位上的包括机构的与会人员除了投票外，一直坐而不语。不过，由于本次两项议案都涉及公司第一大股东陈保华，因此，周明华认为大股东陈保华不具备投票权。其他部分股东则认为两项议案并非关联交易，陈保华无须回避表决。

公司聘请的浙江天册律师事务所的律师认为，根据规定，股东回避表决制度系指上市公司审议关联交易事项时，与议案有关联关系的股东需要回避表决。对照《上海证券交易所关联交易实施指引》及华海药业关联交易制度的规定，本次会议审议的两项议案均不属于关联交易事项。据此，陈保华对本次会议审议的两项议案无须回避表决。华海药业召开了 11 次股东大会，陈保华和周明华 5 次正面交锋，均以周明华的失败告终。

四、尾声

股东之间的利益有时超过了兄弟之间的友谊，甚至让生死之交反目成仇。华海药业的周明华与陈保华之间上演了这么一出戏，尽管结局"突兀"，但早有前奏，唯愿他们"且行且珍惜"。

The Complex Kindness and Betrayal of Brothers in Huahai: The Upgrading of Frictions in Two Large Shareholders

Abstract: In the general meeting of stockholders of 2007, Chen Baohua, who was Huahai Pharmaceutical Co.'s general manager, became the first-largest shareholder from the second-largest shareholder, at the same time, Zhou Minghua, the president of the board, was been out of the board of directors. 5 years later, Zhou Minghua intends to hold the general meeting without authorization on order to expel Chen Baohua. The friction of the two brothers had never stopped and upgraded. This case describes the relationship of Chen Baohua and Zhou Minghua, who are Huahai Pharmaceutical Co., Ltd.'s founders and classmate friends, broken up because of disagreement in the company's affairs. This case not only can find the reasons for frictions in the large shareholders of the Huahai Pharmaceutical Co., but also provide some experiences and inspiration for improving the corporate governance of private enterprises.

Key Words: Huahai Pharmaceutical Co.; The Friction in Large Shareholder; Corporate Governance; Corporate Achievements

案例使用说明：

华海药业难解的兄弟恩仇：两大股东内斗升级

一、教学目的与用途

（1）本案例主要适用于《公司治理》、《战略管理》等课程的教学。

（2）本案例适用对象是 MBA、EMBA 和企业培训人员以及经济管理类专业的本科生和研究生。

（3）本案例的教学目的在于通过描述华海药业第一大股东将第二大股东逐出董事会及之后爆发的一系列争斗，使学员了解董事会换届选举程序，掌握股东大会召开的条件，引导学员思考影响董事会决定的主要因素以及企业经营会出现的治理问题，讨论如何进一步改善公司治理带来的问题。

二、启发思考题

（1）股东大会的召开条件有哪些？一股一票制的优势是什么？根据本案例分析华海药业陈保华与周明华能召开股东大会的原因，根据投票的结果反推华海药业大股东的投票方案，并根据实际投票结果分析大股东如何实现对公司的控制。

（2）第二大股东强化对公司的控制的方式有哪些？华海药业的第二大股东要想加强对公司的控制，你认为他会采取哪些措施？

（3）周明华作为公司大股东，被剔除董事会和罢免总经理职务后如何参与公司治理？

（4）华海药业的机构投资者如何参与公司治理？

三、理论依据与分析

教师可以根据自己的教学目标（目的）来灵活使用本案例。这里提出本案例的分析思路，仅供参考。

1. 股东大会的召开条件有哪些？一股一票制的优势是什么？根据本案例分析华海药业陈保华与周明华能召开股东大会的原因，根据投票的结果反推华海药业大股东的投票方案，并根据实际投票结果分析大股东如何实现对公司的控制

（1）理论依据。股东大会召开的条件可以参考《中华人民共和国公司法》第一百零一条中的规定，有下列情形之一的，应当在两个月内召开临时股东大会：①董事人数不足本法规定人数或者公司章程所定人数的 2/3 时；②公司未弥补的亏损达实收股本总额 1/3 时；③单独或者合计持有公司 10% 以上股份的股东请求时；④董事会认为必要

时；⑤监事会提议召开时；⑥公司章程规定的其他情形。

一股一票制涉及的是股东大会表决机制。股东大会的表决机制直接影响投票的最终结果。目前来看，股东大会采用的表决制度主要包括一股一票制和累积投票制，一股一票制即股民在选举董事、监事或对公司重大决策实施投票时，每一股普通股票是平等的；重大人事、策略的变更由票数多的说了算。一股一票制的好处是确保资本"民主化"，一股一票制可以保障资本方的根本利益，实现对专业管理方有效的监控与制约。

（2）分析思路。本案例的华海药业的大股东陈保华于 2007 年 3 月底 4 月初，提出召开临时股东大会，以及周明华于 2012 年 7 月 23 日能够提出召开临时股东大会，追其原因是大股东陈保华（当时持股 59611982 股，占公司总股本的 25.90%），二股东周明华（当时持股 12029.1 万股，占总股本的 21.98%）均持有超过公司 10% 以上股份，可以自行主持和召集临时股东大会。

根据《公司法》规定，公司实行权责明确、管理科学、激励和约束相结合的内部管理体制。公司设立由股东组成的股东会，股东大会是公司的权力机构，行使决定公司重大问题的权利，决定公司关于合并、分立、解散、年度决算、利润分配、董事会成员等重大事项。股东大会按照股东持有的股份进行表决。

2. 第二大股东强化对公司的控制的方式有哪些？华海药业的第二大股东要想加强对公司的控制，你认为他会采取哪些措施？

（1）理论依据。第二大股东强化对公司的控制涉及影响控制权的方式。关于对控制权的强化，最基本的途径是提高其持股比例，可以通过承接定向增发股票、二级市场买入等方式提高其持股比例。另外，第二大股东也可以谋求在董事会中地位的改善，可以通过获得董事会关键岗位，如董事长、副董事长等途径来提高其控制权，也可以通过联合董事会其他董事，或提名与其利益相一致的董事候选人进入公司董事会等途径来提高其控制权。第二大股东要强化对公司的控制还可以通过对经营管理层的渗透得以实现。

（2）分析思路。根据以上这些途径，对华海药业第二大股东而言是可以考虑的，但最终采取哪些方法是需要从实际情境出发来选择的，比如承接定向增发就不具有条件，而通过私下关系协同董事会成员之间关系等是可行的选择。

3. 周明华作为公司大股东，被剔除董事会和罢免总经理职务后如何参与公司治理？

（1）理论依据。大股东参与公司治理的方式相对中小股东而言会更多一些，也更有效一些。当然，如果大股占有董事会席位或者是公司重要的经营管理者，毫无疑问参与公司治理的程度会更深一些，但并不代表一定有效。很多企业大股东只是作为委托人角色参与公司治理，并不谋求在公司中成为董事长或总经理，但公司治理一样有效。

（2）分析思路。对本案例的周明华而言，大股东身份没有发生变化，那么参与公司治理更多应从股东角度出发，如行使股东提案权、投票权等。

4. 华海药业的机构投资者如何参与公司治理？

（1）理论依据。机构投资者分为商业银行、保险公司、共同基金、投资公司和养老基金。机构投资者普遍拥有行业及公司分析专家、财务顾问等，他们注重上市公司的基本面的发展和长期发展情况以及公司所处行业的发展情况。机构投资者由最初的"用脚投票"发展到现在已经变为更多地利用股东身份，加强对上市公司的影响，参与到公司的治理为自己谋求利益。机构投资者参与公司治理主要是通过股东投票权来发挥作用，这也是机构投资者对公司行使监督权的主要方式，同时，机构投资者还采用对公司治理发表不同意见、直接与公司的董事会沟通等方式来参与公司治理。

（2）分析思路。本案例中陈保华能够在股东大会中成功地将周明华排除在董事会之外及罢免其总经理职位，公司的机构投资者们在其中扮演了重要角色。根据华海药业公告的数据显示，2006 年第一大股东陈保华和第二大股东周明华持股比例不差上下，陈保华持股 59130212 股，占总股数的 25.69%，周明华持股 59033813，占总股数的 25.65%。当时两个人持股比例相当，是互相制约、互相监督，避免一股独大。然而可能随着财富的积累，陈保华有了其他的想法，可能他已经不希望那种相互制约、相互监督的关系再继续下去。在周明华不知情的情况下，陈保华团队活跃在各地，跟不少机构，特别是基金公司沟通。华海药业任投资部经理苏严现任公司董事，帮助陈保华拜访基金公司。在交银施罗德基金（微博）、鹏华基金等众多基金公司在内的机构支持下，再加上陈保华作为最大的股东所拥有的多数股份，一股一票的制度，使陈保华占尽先机，并在最终的投票中获得胜利将周明华成功赶出董事会。按照最终投票结果，周明华的支持率为 43.40%，反对票数则为 52.95%，"成功"落选。在本案例中，机构投资者不仅利用股东投票权维护股东利益，同时，公司管理层也主动与机构投资者沟通，更好地发挥公司价值。

四、背景信息

周明华与陈保华矛盾公开化可追溯到 2007 年。由于两人意见不合、矛盾不断，2007 年 4 月 13 日，华海药业 2006 年度股东大会上，陈保华联合机构投资者的力量，将时任总经理的周明华逐出董事会。两位共同创业的合作伙伴终于分道扬镳。自周明华被赶出华海药业管理层后，两人几乎每年都争执不断。2008 年，周明华向华海药业提出《关于要求变更周明华对股东的承诺的提案》，希望更改其不从事医药业务的承诺。2009 年，华海药业 2008 年年度股东大会上，周明华提出了《关于修改公司章程的提案》，但遭到了否决。

但最初，周明华、陈保华曾是大学同窗兄弟，一起考入浙江化工学院。1989 年 1 月，两人一同辞去公职，租用几间民房，筹资 5 万元共同创办"临海市汛桥合成化工厂"。两年后，该厂更名为"临海市华海合成化工厂"，即华海药业的前身。

有材料曾披露一个细节，1990 年 8 月，负责技术研发的周明华在实验室操作，发生爆炸，包括手、脸在内烧伤 40%，陈保华获悉此事后几近痛不欲生。

周明华并不是为了华海药业的控制权，而是要雪洗五年前陈保华通过一定"手段"将其驱逐出董事会的那份耻辱——作为第二大股东，竟然完全被排除出公司经营之外，同时，还有一份被欺骗的不甘与委屈。"他做总经理做得怎么样？你可以比较我做总经理的 5 年（2003~2007 年），他现在也做了 5 年。"周明华说，"2009 年的时候，也就是我离开两年，他忽悠机构帮他时满口承诺的业绩增长没有达到！我就是觉得他不尽职，如果我还在，华海绝对不只这个价钱，你让我现在卖股票我是真不舍得"。但是，陈保华作为胜利者，对于昔日的承诺，也会有自己的姿态和说法—— 一个原因是战略长远化、投资大；另一个就是为周明华时期"兜底"。

五、关键要点

（1）大股东陈明华与二股东周明华合伙创办的企业在发展多年之后变成药业中的佼佼者，后来却因为权利之争导致兄弟感情破裂，甚至周明华作为第二大股东被"逼"出公司，这体现了公司治理的结构问题。是什么原因导致这样的结果，这是案例中需要强调的关键。

（2）大股东与二股东持股比例相当，但是在本案例中，在华海药业的股东大会中大股东却突然间将二股东排除了董事会之外，这样的事情是出人意料的。可是，当我们深入观察后会发现大股东背后隐藏的投资机构。在股东大会中，由于这些投资机构的支持，大股东陈保华更容易将周明华挤出公司治理。投资机构的参与同样是案例中的关键点。

六、建议课堂计划

案例可以作为专门的案例讨论课来进行。以下是按照时间进度提供的课堂计划建议，仅供参考。

整个案例课的课堂时间控制在 80~90 分钟。

课前计划：提出启发思考题，请学员在课前完成阅读和初步思考。

课中计划：简要的课堂前言，明确主题（3~5 分钟）；

分组讨论（30 分钟），告知发言要求；

小组发言（每组 5 分钟，控制在 30 分钟）；

引导全班进一步讨论，并进行归纳总结（15~20 分钟）。

课后计划：如有必要，请学员采用报告形式给出更加具体的解决方案，包括具体的职责分工，为后续章节内容做好铺垫。

● 案例十六

可否给华洋公司提供贷款

案例正文：

可否给华洋公司提供贷款[①]

摘　要：华洋公司是一家生产各式女装的民营企业。本案例中华洋公司服装生产由季节性生产为主转为全年生产，资金需要量大，从而引发了该公司运营状况堪忧，导致公司各项财务指标下降，公司经理王林希望当地的商业银行能帮助公司渡过难关。本案例就是通过商业银行对该公司财务报表的考核，了解华洋公司的基本财务指标，通过财务比率分析、杜邦分析对企业做出合理的资金需求，继而确定是否给予该公司贷款。

关键词：比较分析；杜邦分析；信用额度；保理业务

一、引言

深夜，华洋公司租用的写字楼中，总经理王林办公室的灯始终亮着。他无奈地看着财务部发给他的自 1995 年上任至今利润率逐渐下降的财务报告，以及近期的财务预

测，深深地叹了口气。想到近期公司高层会议，众多股东对于他工作能力的质疑，以及距离现在不到 10 个小时再次召开的会议，他不知所措。不知道是否能在这几个小时内，想到一个好的解决方案来打消股东对他的顾虑，也不知道是否能够与银行谈判成功，使得华洋公司的信用额度得到提高。王林此时陷入了无限的焦灼之中，此时，他想到了受聘以来，他所做的种种决策。当时被多人夸奖的大胆、创新经营之道，此时，他也不知道是对是错。

二、公司发展及现状

（一）公司的发展

华洋公司成立于 1993 年，于 1993 年 4 月 5 日在沈阳市工商行政管理局正式注册登记，是集设计、生产、研发、销售于一体的综合性时尚女装生产企业。公司由当初的 10 几台缝纫机和 20 几名员工的家庭式小作坊开始，经过几年的艰苦创业和公司所有员工的共同努力，以惊人的速度发展并建设成为迄今拥有 500 多名员工和强大的分销网络系统的公司，并在各省、自治区、直辖市设立了营销网点。公司主要业务是产销各式时尚女装，每年春秋两季是公司的营业旺季，约占公司全年销售额的 60%。为配合业务需要，公司采用季节性生产方式生产。

（二）公司现状

公司于 1995 年 3 月聘请王林担任华洋公司经理，王林到任不久就决定，废除公司原有的季节性生产方式，改为全年生产。因为华洋公司以往经常将大笔周转金存入该地区的商业银行，故该银行很想同华洋公司建立往来关系，华洋也同意将公司的流动资金存于该银行，但在不妨害公司营运的前提下，可将部分资金移作他用。自成立以来，公司一直以"品质是品牌的灵魂和生命"为宗旨，始终把服装的质量工作放在一切工作的首位。公司严格的原材料选择、先进的 CAD 生产设备、精湛的工艺流程使华洋女装日臻完美。严格的质量保证体系使每一件服装从加工到包装，都要通过八道关的质量流水检测，全部达标才能出厂。从生产设备到员工队伍和原材料乃至整个供应链系统上完善的质量体系，为华洋女装在全国市场的战略推进打下了坚实的基础。据统计，公司自成立至今，女装产品已覆盖了国内近 20 个省市、自治区，设立了几十家品牌专卖店、店中店、商场专柜及多家分公司、代理机构，产品远销欧美、中东、中国港澳台等国家和地区。公司现拥有员工 500 人，具有世界先进工艺的生产流水线 21 条，年生产 32 万件（套）。

三、行业背景

服装行业在中国国民经济中居于重要地位，它与人们的生产、生活密切相关，是经济和社会发展水平的主要体现。随着中国经济的快速发展和人民生活水平的不断提高，中国服装行业也得到了快速的发展。中国是世界最大的服装消费国和生产国，近几年中国的服装业有了较大的发展，服装业的发展大大推动了中国国民经济的发展，服装产业为中国出口创汇做出了巨大的贡献。同时中国已经成为全世界最大的服装生产加工基地，全世界每三件服装，其中就有一件来自于中国生产。

女装业是中国服装行业的重要组成部分，据统计，目前中国女装市场实现的年销售收入超过 1000 亿元，中国女装企业已经超过 2 万多家，从出口贸易到零售商店，中国女装行业都展示出强大的活力和雄厚的实力。与此相对应的是，中国女装消费能力巨大，中国家庭平均收入不断提高，无疑蕴含着巨大的消费市场，而女装便是其中最大的亮点。在中国女性的消费中，用于购买服饰的花费排在第一位，因此，中国女装市场发展潜力深不可测。

随着社会经济的发展，城镇化水平不断提高，城市规模越来越大，社会流动性加大，社会结构发生变迁，居民生活水平进一步改善，恩格尔系数一直处于下降趋势，居民的服饰、娱乐、旅游、教育等消费比重越来越高，同时国民受教育程度不断提高，各国、各地区的文化正在日益交融，国民品牌意识逐渐增强。

近几年来，国家为支持服装产业的发展，出台了大量的产业扶持政策，这些政策法规的陆续出台使中国政府在对内进行调整的同时，鲜明地表示出国家政策助力经济发展的态度，相关政策包括继续上调出口退税、发布《纺织工业调整和振兴规划》、减免出入境检疫费用等，在年度政府工作报告中指出，中国纺织服装产业要"支持企业培育自主品牌、营销网络和研发中心，引导加工贸易向产业链高端延伸、向中西部转移，巩固美日欧传统市场、开拓新兴市场"。近年来，中国国内经济总体保持了较好的发展态势，通胀已经得到了较好的抑制，经济结构进一步优化。从服装制造业生产经营情况来看，在价格上涨和国内外需求减弱等多重因素影响下，制造业整体运行情况虽好于预期，但仍面临着生产继续趋冷、出口增长乏力、库存持续走高、亏损企业增亏加重等问题。同时，汇率问题、货币政策、中小企业融资、用工问题等，都将在一段时间内给中国服装行业提出更为严峻的考验。

四、王林简介

1995 年，王林研究生毕业，受聘于刚刚成立两年的华洋公司并任总经理一职。初入社会，带着一股青年人想要大显身手的热情，进入华洋公司。作为公司内部的少数高学历人才，他受到公司的重用。秉承着把华洋公司变成国内数一数二的服装公司的经营目标，王林在学习了无数国内外成功服装公司经营之道，了解了公司生产及销售方式后，说服公司股东，将季节性生产转变为全年性生产。

五、面临的问题

在采取上述行动后，王林发现，每当季节性旺季来临前，公司就必须以短期贷款的方式向银行融通购买布料所需的资金。虽然银行同意授予华洋公司 440 万元的信用额度，但贷款和约上订明：①华洋公司要在每个会计年度后，还清所有贷款。否则，在下个营业旺季来临前，公司不得再借新款。②每年年初，若华洋公司已如期还清上年贷款，银行将440万元信用额度自动延展到下一会计年度供华洋公司使用。

1998年6月，华洋公司开始生产下半年度秋装，公司已动用了432万元信用额度，1998年8月秋装全部生产完毕，而春装生产计划正在拟订中。王林了解，须先将目前的432万元贷款还清后，才能顺利贷到下笔款项，以融通春装生产所需资金。1997年以前，华洋公司一直可以顺利将存货与应收账款转换成现金，后在12月31日还款期限截止前，还清全部的银行贷款。而在1997年和1998年这两个会计年度，华洋公司却无法如期还款（见表1）。

表1 华洋服装公司比较资产负债表

单位：千元

项目	1996年12月31日	1997年12月31日	1998年12月31日
现金	880	560	480
应收账款	3600	4000	5200
存货	4200	7200	12000
流动资产合计	8680	11760	17680
固定资产	3180	3992	5884
资产总计	11860	15752	23564
银行借款	0	1560	3920
应付账款	2400	3600	7400
应付工资	600	780	1000
应交税金	120	112	264
流动负债合计	3120	6052	12584
长期借款	680	640	600
股本	3000	3000	3000
资本公积	2400	2400	2400
留存收益	2660	3660	4980
权益合计	11860	15752	23564

1998年秋季销售结束后，华洋尚有相当多的存货。结果截至1998年12月31日，公司仅能偿还432万元银行贷款的一小部分（40万元）而已，同时公司在支付应付账款方面也有困难。王林认为公司由于无法设计出能迎合潮流的新款秋装，使得销售旺季远不如前，才会发生这些问题。

由于华洋公司在1998年秋季的销售状况仍欠佳，只好靠发行新股来筹措资金还款，王林动用部分股金还清了银行贷款，同时也支付了一些已过期的应付账款。但总经理王林希望商业银行能将华洋公司的信用额度提高为600万元，以便使用额外的160万元支付一些即将到期的应付账款。商业银行同意，便指派该行信贷部经理刘生到华洋公司商讨这一事宜，刘生仔细分析了华洋公司近三年的财务情况，发现了下列问题：①虽然总资产逐年增加，但利润率却逐年下降。②华洋公司从未利用过供应商提供给该公司的优惠措施，即 2/10，n/30 的折扣条件。③应收账款逐年增加，但华洋公司从未利用将应收账款质押给银行融通货款业务——保理业务，这样也可以缓解企业企业资金不足的问题。

王林在会议中指出，由于公司对于商情判断有误，使华洋公司在 1998 年的秋季销售受挫，各种问题也应运而生，为此公司已调整了人事。而刘生认为，虽然营业额下降可能会造成营运资金周转不灵的现象，但主要问题仍是由于近几年来华洋公司的资产扩充过快造成的。他指出，华洋公司最近动用了 200 万元购买设备，这只能造成公司现金短缺。刘生最后告诉王林，他会在会议结束后一个星期内决定是否要提供 160 万元的额外信用额度给华洋公司。

表 2　华洋服装公司损益表

单位：千元

	1996 年度	1997 年度	1998 年度
销售收入	39000	40520	40800
销货成本	31760	32600	32960
销货毛利	7240	7920	7880
营业费用	3000	3200	3320
折旧费用	320	360	520
利息费用	320	320	360
其他费用	600	800	960
税前净利	3000	3240	2720
所得税（50%）	1500	1620	1360
税后净利	1500	1620	1360

表 3　1996~1998 年有关平均财务比率

流动比率	1.8
速动比率	1
存货周转率	7
应收账款平均收账期	30 天
固定资产周转率	13.8 次
总资产周转率	2.6
资产负债率	60%
销售净利率	3.2%
总资产报酬率	8.3%
股东权益报酬率	20%
利息保障倍数	8.2

六、尾声

面对挑战，王林既有欣喜，因为有了一个可以再次证明自己的舞台，又有一点不安，因为毕竟自己的做法使得公司目前陷入了资金周转不灵的僵局。回到宿舍，王林躺在床上，不同的影像在大脑中一直不停地闪现和碰撞着，资金周转不灵、银行借款的巨大压力、销售旺季远不如前……

"把握生命里的每一分钟，全力以赴我们心中的梦，不经历风雨怎么见彩虹"，手机定时闹钟将王林的思绪拉回到了现实。又是一个不眠之夜。打开窗帘，望着远处出现的曙光，听着自己非常喜欢的这首《真心英雄》的励志歌曲，王林暗暗下定决心，一定要对企业进行改变，但改变应从何"变"起呢……

Whether or Not the Loans Offer to Huayang Company

Abstract：Huayang Company is a private enterprise producing all kinds of women's clothing. In this case, Huayang company's operating condition was uneasy and its financial indicators were decreased because that it needs a lot of money to make production by the seasonal change of annual production, company manager Wang Lin hope to help the company through the local commercial banks. Through this case, we will understand basic financial indicators of the company through the assessment of the financial statements and make reasonable capital requirements through the method of ratio analysis and DuPont analysis, we will decide that whether the loans are offer to Huayang Company or not.

Key Words：Comparative Analysis；DuPont Analysis；Line of Credit；Factoring

可否给华洋公司提供贷款

一、教学目的与用途

（1）本案例主要适用于 MBA 学生的财务管理课程，也适用于本科会计专业的学生，同时也可用于企业内部培训课程。

（2）本案例的教学目的是通过对财务报表的分析，实际上也是我们系统掌握有关财务指标，理解和运用这些指标的过程，从而达到企业财务分析的目的，即：

1）评价企业偿债能力。

2）评价企业的资产管理水平。

3）评价企业获利能力。

4）评价企业的发展趋势。

同时，我们在分析报表时，应该知道每一个财务指标都非孤立存在的，企业的财务状况是一个完整的系统，内部各因素都是相互依存、相互作用的，任何一个因素的变动都会引起企业整体财务状况的改变。而杜邦分析法可以揭示企业各种财务比率的内在关系，综合地反映企业的财务状况。它通过诸如"资产报酬率＝销售净利率×总资产周转率"（这一公式被称为杜邦公式）这样的公式来揭示企业的财务状况及系统内部各因素（如企业的筹资结构、销售规模、成本水平、资产管理等）的相互关系，来达到股东权益报酬率的提高，进而实现股东财富最大化的理财目标。

二、启发思考题

（1）计算出华洋公司的各主要财务比率，据以评估华洋公司财务状况。

（2）华洋公司营运资金为何周转不灵？

（3）是哪些因素促成华洋公司的总资产报酬率逐年下降？

（4）如果你是刘生，你是否愿意提供额外 160 万元信用额度给华洋公司？试说明理由以支持你的决定。

（5）如果刘生拒绝提高华洋公司的信用额度，你认为华洋公司应采取哪些行动，才能使刘生改变这一决定？

三、分析思路

对于华洋公司这一案例，我们首先从问题入手，将与该公司相关的财务比率计算出来；其次，结合趋势分析对每一个财务比率进行具体分析，找出问题存在的原因所在，以便供决策使用。比如，本案例中，流动比率＝流动资产/流动负债，该比率在1996年、1997年、1998年，分别为2.78、1.94、1.4，它们由2.78降至1.4表示短期偿债能力下降，甚至低于平均财务比率1.8。由此入手，就可以将问题一一化解。最后，可以通过杜邦分析图（见图1）了解该公司总资产报酬率下降的原因。

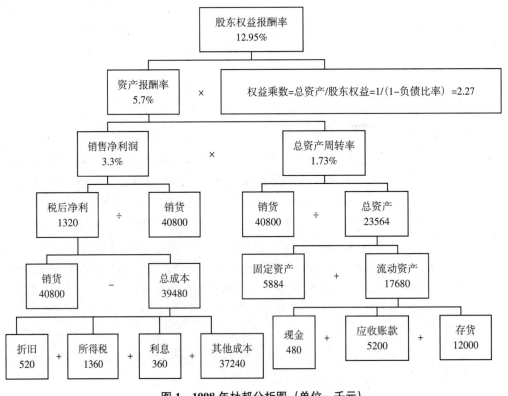

图1　1998年杜邦分析图（单位：千元）

1. 计算出华洋公司的各主要财务比率，据以评估华洋公司财务状况，如表4所示
2. 华洋公司营运资金为何周转不灵？
（1）总经理王林改变原来将大笔资金存于银行以应付公司季节性资金需求的做法，而提出部分资金移作他用，使存于银行的可用资金减少。
（2）公司由季节性开工改为全年开工，使营运资金的需求增多，但由于预测能力不佳，使营运状况不良，存货过多，积压资金，应收账款信用政策过宽，而导致周

表 4　有关华洋服装公司的财务比率分析情况一览表

比率名称	华洋服装公司			平均财务比率	分析
	1996 年	1997 年	1998 年		
（1）流动比率（流动资产/流动负债）	2.78*	1.94*	1.4*	1.8	由 2.78 降至 1.40，表示短期偿债能力下降，甚至低于财务平均比率 1.8
（2）速动比率（（流动资产－存货）/流动负债）	1.44	0.75	0.45	1	由 1.44 降至 0.45，表示短期偿债能力降低，甚至低于财务平均比率 1，且与流动比率相比较可知 1998 年公司存货很多
（3）存货周转率（销售成本/存货）	7.56	4.53	2.75	7 次	由 7.56 次降至 2.75 次，远低于平均财务比率标准 7 次，表明公司存货过多，周转不灵，积压资金
（4）平均收现期〔（应收账款×360）/年销货净额〕	33	36	46	30 天	由 33 天升至 46 天，高于平均水准的 30 天，表示公司近年来为确保销售，对应收账款未能很好管理，信用标准过宽
（5）固定资产周转率（销售收入/固定资产净值）	12.3	10.2	6.9	13.8 次	几年来一直低于平均财务比率水平，而由 12.3 次降至 6.9 次，代表公司的固定资产扩充过速，而销货并没有因此增加许多，而使利用率过低
（6）总资产周转率（销售收入/资产总额）	3.3	2.6	1.7	2.6 次	1996、1997 年两年尚可以达到平均水平，1998 年的 1.7 次经分析，一是由于流动资产高于历年达 17680 千元之多；二是固定资产较历年也多达 5884 千元，而销货收入的增幅并不是很多
（7）资产负债率（负债总额/资产总额）	32%	42%	56%	60%	公司负债历年未有增加趋势，且由资产负债表可知大部分为流动负债的增加
（8）利息保障倍数〔（税前净利+利息费用）/利息费用〕	10.4	11.1	8.4	8.2	支付利息能力逐年降低，这与净利逐年减少相关
（9）销售净利率（税后净利/销售收入）	3.8%	4%	3.3%	3.2%	高于平均财务比率，说明获利能力尚好
（10）总资产报酬率（税后净利/总资产）	12.6%	10.3%	5.8%	8.3%	逐年降低，1998 年甚至低于平均比率，这与固定资产扩充，流动资产过多，使总资产增加，而净利却减少有关
（11）股东权益报酬率（税后净利/股东权益总额）	18.6% $\left(\dfrac{1500}{3000}\right)$ $+2400$ $+2660$	17.9%	13.1%	20%	报酬率过低，代表经营能力不清

注 * 代表 $2.78 = \dfrac{8680}{3120}$；$1.94 = \dfrac{11760}{6052}$；$1.4 = \dfrac{17680}{12584}$。

转不灵。

（3）近年来，固定资产扩充太快，最近又动用 200 万元购买设备，使现金短缺，也犯了以短期资金购买固定资产的错误。

（4）公司的代理成本增加，如近年来其他费用的升高。

3. 是哪些因素促成华洋公司的总资产报酬率逐年下降？

资产报酬率＝总资产周转率×销售净利率，由"杜邦分析图"可知，总资产报酬率逐年下降的原因：

（1）公司的其他运营成本的增加，有可能是由于代理问题的产生。

（2）由于预测能力不佳使营运状况不佳，存货过多，高达1200万元。

（3）应收账款的信用标准过宽，使应收账款逐年增加，1998年高达520万元。

（4）固定资产扩充过快，由1997年399.2万元扩充至1998年的584.4万元。

以上（1）的原因使销售净利润下降（仅为3.3%），其余原因使资产周转率下降（1.73次），并导致总资产报酬率（3.2%×1.73）的下降，见1998年杜邦分析图（图1）。

4. 如果你是刘生，你是否愿意提供额外160万元信用额度给华洋公司？试说明理由以支持你的决定

我会提供额外的160万元的信用额度。否则万一公司因周转不灵而倒闭，则银行所贷给华洋公司的钱皆无法拿回。此外，会对华洋公司做一定的限制条件：

（1）增强公司的营销预测能力，以免因无法掌握流行而滞销。

（2）为避免全年开工无法掌握流行的趋势，可多设几条不受季节影响的产品生产线，如生产内衣裤等。

（3）加强应收账款的管理，做好账龄分析工作。

（4）建议将短期负债改为长期负债抵押借款。

5. 如果刘生拒绝提高华洋公司的信用额度，你认为华洋公司应采取哪些行动，才能使刘生改变这一决定

刘生若拒绝，则公司采取以下措施：

（1）提供固定资产担保来融资。

（2）提出公司将加强营销预测能力以改善营运状况的计划。

（3）改善公司的各项财务比率，以达到同行业平均水平。①处理过多的存货。②加强应收账款的管理。③处置某些闲置的固定资产或以改进产品生产线来提高固定资产使用效率。

（4）可以将应收账款质押给银行，以保理来融通所需流动资金。

四、理论依据与分析

1. 杜邦分析体系

杜邦分析法主要解决的是各种财务比率直接的内在联系，同时针对传统财务分析体系局限性做了一系列改进，逐步形成了一个新的分析体系。杜邦财务分析体系是美国杜邦化学公司财务经理在实践中总结出来的财务指标综合体系，它覆盖了资产负债表和利润表，将多个财务比率联系在一起，又称为"以净资产收益率为核心的财务分析体系"。杜邦财务分析体系可用下面的公式表示：

$$净资产收益率(ROE) = \frac{净利润}{平均股东权益}$$

$$= \frac{净利润}{销售收入} \times \frac{销售收入}{总资产} \times \frac{总资产}{平均股东权益}$$

$$= 销售净利润 \times 总资产周转率 \times 权益乘数 \qquad (1)$$

式（1）中的销售净利润率又可以分解为：成本利润率、期间费用收入比率、销售利润比重、销售收入（营业收入）增长率等几个指标；总资产周转率又可以分解为流动资产周转率、应收账款周转率、存货周转率、非流动资产周转率等；权益乘数又可以分解为资产负债率、流动比率、速动比率、利息保障倍数等。因此，这种分析体系实际上涵盖了企业的盈利能力分析、资产运营能力分析和偿债能力分析。

2. 比较分析法

比较分析方法是通过对财务报表的各项指标进行比较，来分析判断企业财务状况和经营成果及其变化情况，并据以预测未来趋势的方法。

比较分析法包括趋势分析法和结构分析法。

（1）趋势分析法。趋势分析法是将同一企业不同时期或同行业不同企业的各财务指标进行对比分析，来判断企业的经营成果和财务状况发展趋势的分析方法。

趋势分析法又可分为纵向比较和横向比较。

纵向比较是将同一企业连续数期的各财务指标进行比较，以基期为标准来判断分析企业的财务状况和经营成果等。

横向比较是同行业的不同企业之间进行各指标比较，首先要确定各指标的标准水平，可以是行业的平均水平，也可以是行业的最佳水平，其次将目标企业的指标与标准指标进行比较分析，将企业与其他同行业企业进行比较，可以准确反映企业在该行业的地位，了解该企业在各指标的优势和劣势。

（2）结构分析法。结构分析法是将企业的财务报表中的各指标与某一关键指标进行对比分析，分析各项目所占的比重。结构分析资产负债表时就可将总资产、负债总额、所有者权益总额列为100%，再计算各项目占总资产、总负债等的比重，从而了解各项目的构成情况。结构分析利润表时，可将营业收入列为100%，然后计算各费用占营业收入的比例。

结构分析法对行业间比较尤为有用，因为不同企业的财务报表用结构分析进行比较（各个企业的规模基数不同，直接比较没有意义），才能反映出企业间的差异。

3. 保理业务

保理业务是一种信用期内转移应收账款信用风险的服务。众所周知，应收账款管理得再好，也会因某些不确定情况的发生，出现坏账损失的风险，保理就是把这种风险转移的一种业务。具体地，保理是指保理商从卖方那里买进以买方为债务人的应收账款，并提供贸易融资、商业资信调查和评估、销售分户账管理、应收账款催收以及信用风险控制与坏账担保的综合性售后服务。

简单地说，保理业务就是公司把应收账款出售给被称为保理公司的金融机构。我们国家的保理商是以中国银行为首的少数银行，主要做国际保理业务。该项业务只适于信用期限在 180 天之内的赊销贸易。保理业务流程图如图 2 所示。

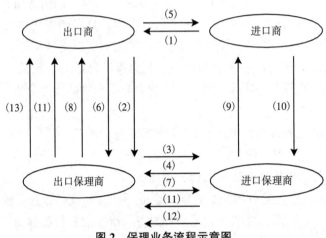

图 2　保理业务流程示意图

（1）出口商寻找有合作前途的进口商。

（2）出口商根据赊销贸易的需要，向出口保理商提出承做保理业务的申请，并要求为进口商核准信用额度，这是保理业务的开始。

（3）出口保理商选择进口保理商，并要求进口保理商对进口商进行信用评估。

（4）进口保理商对相应的进口商进行资信调查并逐一确定信用额度，并将其对进口商核准的信用额度或拒绝核准信用额度的通知书交给出口保理商。

（5）出口商与进口商签订货物销售合同或服务合同并开始供货。

（6）出口商将证明债权转让的发票副本及有关文件交出口保理商。在公开型保理业务中，出口商应在发票上载明由此产生的应收账款已转让，债务人应将款项支付给进口保理商。

（7）出口保理商通知进口保理商有关发票详情。

（8）如果出口商有融资需求，出口保理商将向出口商提供不超过发票金额的 80%的资金融通。

（9）进口保理商凭受让的应收账款于发票到期日前若干天开始向进口商催收。

（10）进口商于发票到期日向进口保理商付款。

（11）进口保理商将收到的货款全部转付给出口保理商，出口保理商再把货款付给出口商。

（12）如果进口商在发票到期日 90 天后仍未付款，进口保理商做担保付款。

（13）出口保理商扣除预付货款、贴息和其他费用后，将货款余额支付给出口商，并向出口商及时提供对账单。

五、关键要点

（1）关键知识点：①掌握财务报表的阅读能力，学会运用比较分析、杜邦分析体系。②了解保理业务的基本流程。华洋公司能充分利用自己的应收账款逐年过快增加的趋势将这种劣势转变为优势，达到短期融资的目的。

（2）能力提升点：分析与综合能力以及解决实际问题的能力。

六、建议课堂计划

本案例可以作为专门的案例讨论课来进行。以下是按照时间进度提供的课堂计划建议，仅供参考。

整个案例课的课堂时间控制在 80~90 分钟。

课前计划：提出启发思考题，请学员在课前完成阅读和初步思考。

课中计划：简要的课堂前言，明确主题（2~5 分钟）；

分组讨论（30 分钟），告知发言要求；

小组发言（每组 5 分钟，控制在 30 分钟）；

引导全班进一步讨论，并进行归纳总结（15~20 分钟）。

课后计划：如有必要，请学员采用报告形式给出更加具体的解决方案，包括具体的职责分工，为后续章节内容做好铺垫。

| 第二部分 |

研究型案例

● 案例一

动态能力视角下云制造模式对大型
制造企业绩效影响的跨案例研究①

摘　要：云制造模式作为一种新兴的先进制造模式正在国内的一些大型制造企业中试行。本文以动态能力为研究视角，提出了云制造模式对企业绩效影响的"云制造—动态能力—绩效（CDP）"模型，并以沈鼓集团和英业达集团两个大型制造企业为样本进行跨案例研究，验证了 CDP 模型的可行性并提出云制造模式的应用建议。

关键词：云制造；动态能力；绩效

一、引言

2008 年金融危机的冲击引发了各国对"第三次工业革命"的关注，制造业强国掀起了"再工业化"浪潮。德国提出"工业 4.0"战略规划，以加速其制造业智能化发展；美国出台"国家制造创新网络计划"，以增强先进制造业的创新能力；英、法、日等国也纷纷走上重振制造业之路。日益激烈的外部竞争环境对我国制造业的转型升级提出了迫切要求和严峻挑战。中国制造企业必须积极探索先进制造模式并提高应对环境快速变化的动态能力。李伯虎等（2010）将云计算思想融入制造业，率先提出"云制造"，旨在通过云制造模式加速中国制造业信息化与服务化的融合，实现转型升级。目前，该模式已经在一些大型制造企业中应用。其应用对企业绩效的影响机理和效果亟待研究，以便为其他制造企业提供借鉴。

---

① 本案例由辽宁大学商学院的霍春辉、刘建基等共同撰写，作者拥有著作权中的署名权、修改权、改编权。

基金项目：国家社科基金青年项目（13CGL045）；辽宁省普通高等学校本科专业综合评价指标体系研制项目（UPRPE201405）。

二、文献综述

(一) 云制造的研究现状

李伯虎等 (2010) 认为云制造是一种利用网络和云制造服务平台，按用户需求组织网上制造资源 (制造云)，为用户提供各类按需制造服务的网络化制造新模式。国内信息科学领域的学者对云制造的构造、关键技术、支撑技术、资源服务管理和优化配置、协同设计平台等问题展开了一系列的研究。随着研究的深入，管理学领域的学者也开始关注云制造模式并开展了一些研究。如古川等 (2013) 研究了云制造环境的供应链结构和管理模式；谭立静 (2014) 从全面关系流管理理论的视角对云制造进行了阐述等。

(二) 动态能力理论

Teece (1997) 率先提出的动态能力理论是战略管理领域多年来研究的热点问题之一。动态能力的提出能有效弥补核心能力刚性的内在缺陷，为企业塑造可持续竞争优势提供了方向和思路。Eisenhardt 等 (2000) 强调动态能力是整合、重构、获取以及释放资源的流程，避免了动态能力内涵的同义反复，使其进一步明晰化。Drnevich 等 (2011) 进一步指出，动态能力是开发新产品或服务、实施新的业务流程、创建新的顾客关系、改变经商方式的能力。近年来，对动态能力的研究逐渐转向了案例研究和实证研究。Nolsøe 等 (2013) 通过多案例研究方法验证了动态能力对创新绩效具有正向作用；Singh 等 (2013) 基于印度制造业企业数据探讨了不同的动态能力对企业战略柔性各维度的相关影响；苏敬勤等 (2014) 探究了复杂产品系统创新的动态能力的维度构成；Tseng 等 (2014) 研究发现动态能力在知识管理能力和企业绩效之间起着非常重要的中间组织机制作用等。

综上所述，国内外学者探索了云制造模式的形式和理论价值，验证了动态能力对企业绩效的积极作用。但文献检索中未见云制造模式对动态能力和企业绩效作用机理的研究。因此，本案例试图将云制造模式纳入动态能力的研究框架，探究云制造与动态能力的关系及其对企业绩效的影响，以期为管理学领域对云制造的研究提供一个新的视角。

三、理论框架模型

焦豪 (2010) 将动态能力分为机会识别能力、技术柔性能力、整合重构能力、组织柔性能力四个维度。本案例以此为研究框架，深入分析云制造对企业动态能力及绩效的影响。

(一) 云制造模式对集团企业动态能力提升机理

1. 云制造提升机会识别能力

机会识别能力是指以顾客需求为导向，动态感知和快速识别潜在外部市场机会的能力。在大数据时代，企业需要对顾客数据 (爱好、需求、年龄等) 智能化处理，快速搜寻、挖掘和获取对企业未来发展有价值的信息，为管理层及时发现潜在市场机遇和进行有效决策提供信息支持。IBM Center for Applied Insights（2013）调研指出，已经大规模部署"云"的企业比其追赶者在通过广泛分析技术从大数据中获取、洞察方面领先170%，在实现基于数据驱动的、基于事实的决策方面领先117%。云制造模式以顾客为导向，利用云计算对顾客需求智能化分析，有助于动态感知和把握市场机遇，发现和满足顾客需求，提升顾客满意度。

2. 云制造提升整合重构能力

整合重构能力指通过对企业资源整合和重构以实现其优化配置，甚至突破原有运营惯例，实现运营模式、制造模式或商业模式创新的能力。陶飞等（2011）认为云制造是对各类制造资源、制造能力、制造知识（制造云）进行自动配置与部署，构建一个自治的、自维护的、动态扩展的制造服务云体系。云制造模式注重利用云计算、物联网、虚拟化等先进技术对企业资源进行集约化管理运作，为顾客或合作伙伴提供按需分配服务。集团企业集中资本打造基于下属企业信息化需求的"私有云"制造模式，整合和重构集团及下属企业的资源和能力。总之，云制造模式不仅能有效减少集团企业IT基础设施建设、管理和维护等成本的重复投入，而且能促使下属企业专注于其核心业务，能有效增强企业核心竞争力。

3. 云制造提升技术柔性能力

技术柔性能力是指企业能否实现先进技术与产品或服务的融合，促进产品或服务创新，提升其价值的能力。云制造在制造全生命周期（研发设计、生产加工、运营维护、物流运输等）过程中应用各种信息化技术，有利于实现物流、信息流、资金流的深度融合。特别是在云计算、物联网、虚拟化、高性能计算等技术的支持下，云制造模式有利于推进集团企业产品或服务（设计即服务、平台即服务、软件即服务等）的创新，减少相关硬件设施的搭建时间，有效缩短研发周期。

4. 云制造提升组织柔性能力

组织柔性能力是指企业为适应动态复杂外部环境而保持组织自身敏捷性的能力。Jing Quan等（2010）实证研究发现技术敏捷性是组织敏捷性重要的前因变量之一；霍春辉等（2014）认为云制造模式对集团企业组织敏捷性具有提升作用。云制造模式以顾客需求为导向，能根据客户订单需求，进行智能化分解，充分发挥集团下属企业的能力（包括设计、研发、采购、物流等）优势和资源（信息资源、制造资源、软件资源等）优势，协调集团及下属企业生产运作，实现敏捷制造，充分缩短产品制造周期。

（二）理论模型的构建

综上分析，我们构建了云制造模式对动态能力作用机理的CDP模型（见图1）。云制造模式能提升机会识别能力，促使顾客满意度提高；提升整合重构能力，促使成本降低；提升技术柔性能力，促进研发周期缩短；提升组织柔性能力，促使制造周期缩短。总之，云制造模式可以通过提升制造业集团企业动态能力来改善企业绩效。

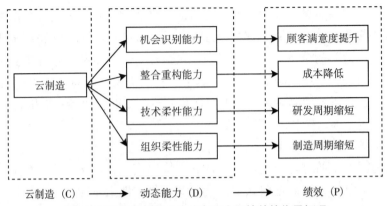

图1　云制造模式对企业动态能力和绩效的作用机理

四、研究方法

（一）案例方法选择依据

采用跨案例研究主要是基于研究内容和研究范式。首先，动态能力是一种抽象能力。当前动态能力研究以案例研究方法为主。其次，目前应用云制造模式的集团企业很少，难以满足实证研究样本统计要求。再次，案例研究适合于过程和机理类问题的研究，有助于揭示组织整体性、动态性问题。云制造模式是基于制造生命周期过程的新兴制造模式，体现组织整体性和动态性，适于案例研究。最后，跨案例研究不仅能对单个案例进行深入分析，而且还能对案例之间进行对比分析，发现其内在一致性和异质性，有利于相关理论的构建和完善。

（二）案例选择依据

1. 案例企业的典型性

沈阳鼓风机集团股份有限公司（以下简称沈鼓集团）是云制造模式应用的先行者，将云制造上升到企业战略高度，并取得了显著成效。英业达集团打造了"云+端"的云制造体系，实现了企业智能制造。两家企业对云制造模式的应用实践具有代表性。

2. 资料的可获得性

沈鼓集团是中国高端装备制造业中的领军企业，公开的文献资料相对较多，便于查询，而且位于沈阳经济开发区，地理位置便利，有利于实地调研。英业达集团不仅是上市企业，而且是全球最大的服务器制造商之一，可获得的公开资料众多。

3. 资料搜集

为了确保资料的可靠性，我们采用三角验证以提高资料信度。不同渠道和途径获取的文档类二手数据资料同样能够保证案例研究数据的三角验证。因此，在搜集案例资料时，尽可能采取多种渠道，包括实地调研、报刊书籍、新闻报道、官方网站、数据库等。

五、跨案例分析

(一) 案例企业的云制造模式

1. 沈鼓集团的云制造模式

沈鼓集团云制造平台主要由制造云、计算云、管理云、服务云四大云平台组成。贾莉 (2012) 指出制造云平台是融合 CAD、CAM、CAPP、PDM、数控机床、三维加工软件等为主的生产工艺加工平台；计算云平台是以流场分析、热场分析、设计计算等设计研发软件为主体的设计研发平台；管理云平台是以物料编码系统、ERP 等为主体的经营管理平台、企业管控应用平台、供应商平台等为主的管理平台；服务云平台是集呼叫中心和物联网远程监控等应用为主的服务平台。这四个云平台并不是孤立存在的，而是相辅相成的，共同组成沈鼓集团的云制造平台体系。

沈鼓集团云制造服务平台利用虚拟化、物联网等技术实现了下属企业制造资源虚拟化，为企业生产制造提供了技术支持；对集团内部各种应用软件实现整合优化，有利于集团对应用软件进行统一配置、优化、升级等，实现对下属企业的规范化管理；对集团内部进行系统和流程优化，提高了生产运作的敏捷性，提升了集团整体的运营效率；提高远程在线监控、诊断和报警的应用水平，保障用户设备安全可靠的运行；还可以满足客户定制化需求。总之，沈鼓集团云制造平台实现了企业制造生命周期过程中信息化与工业化的深度融合，能够为其他企业应用云制造模式提供借鉴。

2. 英业达集团的云制造模式

英业达集团云制造主要是由研发云、制造云、物流云三大云服务平台组成。其中，研发云是基于解决研发设计需求开发的解决方案；制造云是基于"软件即服务"的制造服务平台；物流云是利用全球定位系统技术、射频识别技术等对物流数据信息进行收集、存储和整合的平台。英业达集团将云制造体系融入企业研发设计、生产制造、仓储物流等制造全生命周期，实现了集团信息化与工业化的深度融合。

英业达云制造模式为研发设计提供模型存储、大量数据运算、资源共享服务，实现集团企业研发设计过程（建模、分析、修正、通过）虚拟化，提高数据中心计算资源、数据资源等的利用率。制造云整合了组装生产、系统安装、测试检验、营运监控四大生产制造系统，不仅改善了企业生产运营流程，而且可以满足用户定制化需求；物流云不仅能为客户提供实时动态产品配送情况（包括时间、地点等精准信息），而且还可以实现企业供应链中成品出库、原料库存、接单订货等相关信息的动态整合。总之，英业达集团借助微软技术优势，实现企业研发设计、生产制造、物流配送、销售反馈等制造生命周期过程在云环境中的运作，成功构建和应用了集团"私有云"制造模式。

3. 云制造模式对比分析

表 1　沈鼓集团和英业达集团云制造模式对比分析

企业	沈鼓集团	英业达集团
企业性质	国有企业（未上市）	外资企业（上市企业）
行业领域	通用机械制造	消费电子产品制造
云制造建设背景	a. 下属企业应用软件不统一，导致管理不协调 b. 部分企业信息化水平落后，不能满足集团快速发展需求 c. 信息化建设重复投入，资源配置效率低下 d. 集团"离散式制造"，运营效率较低 e. 由传统制造型企业向制造服务型企业转变的迫切需求	a. 消费电子产品更新换代快，客户需求个性化，研发周期长，难以适应竞争日益激烈的市场环境 b. IT 系统日益复杂，部分企业信息化落后，资源重复投入，管理成本不断上升 c. 生产线功能单一，人力成本不断上升，利润空间被逐渐压缩 d. 企业与客户实时了解仓储与物流的需求 e. 传统制造型企业向制造服务型企业转变的迫切需求
云制造体系	计算云、制造云、管理云、服务云等	研发云、制造云、物流云等
战略转型	面向中小企业，提供基于云制造平台的应用软件在线租用服务、服务器及存储器数据中心运维及托管服务、生产运作解决方案等	面向企业和个人，推出"彩云计划"（包括教育学习云、企业智慧桌面云、个人健康云等及云测试、云标准等全套解决方案）

资料来源：笔者根据收集的案例资料整理。

综上所述，沈鼓集团和英业达集团在云制造建设背景、云制造体系、战略转型方面具有相似性，也有不同点。在云制造建设背景方面，它们都存在信息化水平落后，资源配置效率低下，企业迫切需要转型升级等问题。其主导产品不同导致其信息化需求各有差异。沈鼓集团主导产品属于离散式制造，研发周期时间长，产品结构复杂，价值非常高，数控加工量大，需要多家企业合作完成，提高集团企业生产运营效率成为企业考虑的重点；英业达集团消费电子产品更新速度快，需要较强的研发创新能力以缩短研发周期，促进产品早日上市，因此英业达集团研发需求更为强烈。在云制造体系方面，沈鼓集团和英业达集团将云制造技术应用于企业研发、生产、销售等制造全生命周期过程，而其信息化需求不同，打造云平台的重点也就不尽相同。在战略转型方面，沈鼓集团和英业达集团都十分注重企业的转型升级，但是基于自身特点和云制造模式建设及应用经验的不同，服务对象和提供服务的内容也各有特点。

（二）云制造模式对企业动态能力的影响

1. 云制造提高集团机会识别能力

沈鼓集团利用云制造平台加强客户关系管理，智能化分析客户需求，深入挖掘顾客潜在需求并不断满足客户需求，提升了集团机会识别能力。此外，沈鼓集团通过云制造平台为用户提供设备实时监控服务，帮助用户防范和排除设备苗头性故障，有效维护用户设备，减少用户设备维护压力及设备故障损失，为用户减少了上亿元的经济损失。云制造服务平台有利于集团及时发现和满足顾客需求，使顾客满意度提升。

英业达集团云制造贯穿于研发设计、验证测试、生产制造、销售物流等制造全生命周期，实现制造全生命周期过程数据化。英业达集团基于云计算技术对数据进行智能分析，特别是对销售数据和客户数据的深入挖掘，能够及时把握顾客潜在需求，提升集团机会识别能力。此外，集团根据云制造平台的用户订单进行客制化生产，最终为客户提供满意的产品和服务，为集团赢得了更多客户。另外，英业达借助物流云实现了对物流信息的实时更新，为客户提供时间、地点等精准信息，满足客户对物流信息的需求，有效提高顾客满意度。

2. 云制造提高集团整合重构能力

沈鼓集团云制造平台对企业信息资源、制造资源、应用软件等进行集中管理，按需分配，提升了集团整合重构能力。一方面，沈鼓集团云制造平台提升了下属企业信息化水平，实现了集团规范化管理和运作；另一方面，沈鼓集团云制造平台有效避免下属企业 IT 基础设施、应用软件、IT 人员等相关成本的重复投入，有效降低了企业成本。此外，沈鼓集团在借鉴应用"私有云"制造模式经验的基础上，尝试为沈阳乃至东北地区的中小企业提供云制造服务，推动集团企业商业模式的创新。

英业达云制造模式动态整合企业计算资源、数据资源、信息资源等，根据各部门需求分配集团资源。例如，研发新产品时，项目经理借助研发云直接利用人员资料库自动匹配研发所需人员，实现了企业资源按需分配，切实提高了集团整合重构能力；利用虚拟化技术实现主机系统虚拟化，减少所需主机数量及所占机房空间，有效降低了空调需求和用电量；避免下属企业 IT 基础设施建设、维护、管理等费用重复投入。此外，英业达集团基于"私有云"应用经验，推出了"彩云计划"，为企业和用户提供云测试、云管理、云安全等云服务。

3. 云制造提高集团技术柔性能力

沈鼓集团将云计算、物联网、虚拟化等先进新兴技术应用于集团产品研发、生产、仓储、物流及售后服务等制造全生命周期过程中，促进了产品或服务与技术的深度融合，提高了集团技术柔性能力。云制造为集团产品或服务的创新提供了技术支持，提高了沈鼓集团研发创新能力，实现了产品研发周期（由 6 个月变为 1~3 个月）的缩短。

英业达集团云制造优化了企业 IT 架构，解决了企业信息孤岛问题，提升了集团技术柔性能力，促进了信息化与工业化深度融合。英业达利用虚拟化技术为研发人员提供虚拟化研发环境，代替了传统硬件设施搭建，有效缩短了企业产品研发时间。特别是在产品测试时，研发人员可以利用私有云直接部署多达 200 台虚拟机测试终端，有效缩短了研发设备、测试设备、检验设备等的准备和建置时间，加速了产品的创新和上市。

4. 云制造提高集团组织柔性能力

沈鼓集团云制造平台在云技术的支持下实现对下属企业生产运作的智能化管理，提升了下属企业的协同性，实现集团企业敏捷制造，缩短了产品的制造周期（由 5~8 个月变为 1~4 个月），促使产品早日交付给顾客，提升了集团市场反应能力。

英业达集团云制造模式优化了生产制造系统，省去了复杂的建置过程，提升了集团组织柔性能力，使自动化 IT 流程取代了大量的人工操作环节，既节省了操作人员成本，又可以缩短人工操作时间，有效提升了集团生产制造的敏捷性和精准性，切实缩短了制造周期。

综上所述，沈鼓集团和英业达集团的云制造模式提升了企业动态能力及绩效，较好地验证了 CDP 模型。

（三）云制造模式对动态能力及绩效影响对比分析

如表 2、表 3 所示，云制造模式通过提升集团企业动态能力进而提高企业绩效。但是，由于集团企业自身特点（包括对 IT 信息化需求、主导产品特性、发展规划等），云制造模式对企业动态能力及绩效的影响也略有差异。因此，大型制造企业信息化建设应充分考虑企业实际情况（包括战略规划、信息化需求、产品特点、资金状况等），不能盲目实施。

表 2　云制造模式对动态能力影响机理对比分析

	沈鼓集团云制造	英业达集团云制造
机会识别能力	以顾客需求为导向，智能化管理客户需求，加强客户关系管理，实时为客户监控设备，防范和排除苗头性故障	智能化分析销售数据和客户需求，深入挖掘潜在需求，为用户提供个性化定制服务，提供实时物流信息
整合重构能力	对资源整合优化，按需分配，避免下属企业 IT 基础设施、应用软件等重复投入，提高企业信息化水平，促进企业战略转型	对资源整合优化，按需分配，避免下属企业 IT 基础设施、应用软件等重复投入，推进信息化进程，发挥技术和资源优势，推出"彩云计划"
组织柔性能力	协同管理下属企业，促进协同化生产运作，提升组织敏捷性	优化生产制造系统，利用自动化 IT 流程代替大量人工操作环节，实现敏捷制造
技术柔性能力	云技术贯穿于制造全生命周期，为产品或服务创新提供技术支持	云技术贯穿于制造全生命周期，为产品创新或服务提供技术支持

资料来源：笔者根据收集的案例企业资料整理。

表 3　动态能力对绩效影响机理对比分析

	沈鼓集团绩效	英业达集团绩效
机会识别能力	顾客满意度提升	顾客满意度提高
整合重构能力	资源利用率提高，IT 基础设施、管理和维护等成本降低	资源按需分配，IT 基础设施、设备维护、人工费等成本降低
组织柔性能力	协同制造，制造周期缩短	生产流程自动化，制造周期缩短
技术柔性能力	产品或服务创新，设计周期缩短	加速产品创新，研发周期缩短

资料来源：笔者根据收集的案例企业资料整理。

六、结论

对沈鼓集团和英业达集团云制造模式的跨案例分析发现，云制造模式对集团企业动态能力及绩效具有提升作用。但是，云制造模式对大型制造企业动态能力及绩效的影响有所差异，不同企业对信息化有不同的诉求，其企业产品的特性、生产的工艺流程、客户的需求、产品的特征、资金实力水平以及企业的发展阶段及发展战略规划均有所差异，因此大型制造企业的云制造应用需要结合企业实际，既不能赶潮流盲目上马云制造项目，也不能简单地照搬其他企业的云制造模式，应该在借鉴其他企业成功模式的基础之上探索本企业的云制造模式。本研究的框架模型和案例分析均针对大型制造企业"私有云"的云制造模式。应用"公共云"的中小企业"云制造"模式不适用于本研究，它可以作为未来的一个研究方向。

参考文献

[1] 古川，张红霞，安玉发. 云制造环境下的供应链管理系统研究 [J]. 中国科技论坛，2013（2）：122-127.

[2] 霍春辉，刘建基. 云制造模式对集团企业的组织敏捷性影响机理探析 [J]. 辽宁大学学报（哲学社会科学版），2014（4）：88-95.

[3] 霍娜. 英业达：朵朵"云"开创新"智"造 [J]. 中国计算机报，2012（13）：18-19.

[4] IBM Center for Applied Insights. 发现云中的秘密——领导者如何加速实现差异化竞争优势 [R]. 2013.

[5] 贾莉. 沈鼓集团云制造平台建设 [J]. 科技传播，2012（12）：143-144.

[6] Jing Q.，霍春辉，Parente R. C. 组织敏捷性的形成机理模型与实证研究 [J]. 管理学报，2010，7（12）：1767-1772.

[7] 焦豪. 企业动态能力绩效机制及其多层次影响要素的实证研究 [D]. 上海：复旦大学，2010.

[8] 李伯虎，张霖，王时龙等. 云制造——面向服务的网络化制造新模式 [J]. 计算机集成制造系统，2010（1）：1-7，16.

[9] 苏敬勤，刘静. 案例研究规范性视角下二手数据可靠性研究 [J]. 管理学报，2013，10（10）：1405-1409.

[10] 苏敬勤，刘静. 复杂产品系统创新的动态能力构建——基于探索性案例研究 [J]. 研究与发展管理，2014（1）：128-135.

[11] 谭立静. 云制造中的关系、关系流及其管理研究 [J]. 现代管理科学，2014（2）：118-120.

[12] 陶飞，张霖，郭华等. 云制造特征及云服务组合关键问题研究 [J]. 计算机集成制造系统，2011（3）：477-486.

[13] 许晖，许守任，王睿智. 嵌入全球价值链的企业国际化转型及创新路径——基于六家外贸企业的跨案例研究 [J]. 科学学研究，2014（1）：73-83.

[14] Drnevich P. I.，Kriauciunas A. P. Clarifying the Conditions and Limits of the Contributions of Ordinary and Dynamic Capabilities to Relative Firm Performance [J]. Strategic Management Journal，2011，32（2）：254-279.

[15] Eisenhardt K. M.，Martin J. A. Dynamic Capabilities：What Are They？ [J]. Journal of Management Studies，2000，21（10-11）：1105-1121.

[16] Nolsøe Grünbaum N., Stenger M. Dynamic Capabilities: Do They Lead to Innovation Performance and Profitability? [J]. IUP Journal of Business Strategy, 2013, 10 (4).

[17] Singh D., Oberoi J. S., Ahuja I. S. An Empirical Investigation of Dynamic Capabilities in Managing Strategic Flexibility in Manufacturing Organizations [J]. Management Decision, 2013, 51 (7): 1442–1461.

[18] Teece D., Pisano G., Shuen A. Dynamic Capabilities and Strategic Management [J]. Strategic Management Journal [J]. 1997 (18): 509–533.

[19] Tseng Shu-Mei, Lee Pei-Shan. The Effect of Knowledge Management Capability and Dynamic Capability on Organizational Performance [J]. Journal of Enterprise Information Management, 2014, 27 (2): 158–179.

The Impact of Cloud Manufacturing Mode on Firm Performance in Dynamic Capabilities Perspective
—Based on the Cross-case Study of Large Manufacturing Groups

Abstract: As a new kind of advanced manufacturing mode, cloud manufacturing has been used in some domestic large manufacturing groups. Based on the Dynamic Capability theories perspective, this paper proposes a "Cloud manufacturing–Dynamic Capabilities–Performance (CDP)" model to analyze the influence of cloud manufacturing on Dynamic Capabilities and firm performance. The paper verifies the feasibility of CDP model through the cross-case study of Shenyang Blower Works group and Inventec group, and provides suggestions on applying the cloud manufacturing mode.

Key Words: Cloud Manufacturing; Dynamic Capabilities; Firm Performance

● 案例二

MS 公司品牌名称更换过程中的品牌资产转移案例研究[①]

摘　要： 品牌名称更换引致的品牌资产转移，是现代企业营销实践中遇到的重要问题，已有文献对此缺乏研究。采用访谈和问卷调查基础上的案例分析，本研究探讨品牌名称更换所产生的品牌资产转移问题。提出了实现品牌资产转移的操作流程模型，主要程序包括：①通过管理团队访谈确定核心问题；②通过市场调查和管理者沟通制订营销推广方案；③建立基于第三方机构的方案实施跟踪、评估与反馈机制；④基于第三方反馈结果的推广方案持续改进与实施。研究还识别了品牌资产转移的两个关键维度：新旧品牌间的联系和新品牌知识。

关键词： 品牌名称更换；品牌资产；品牌资产转移

一、引言

在企业经营发展的过程中，股权结构变化、公司战略目标转移或高层管理者违规等因素，会导致企业更换品牌名称。如生产高品质 DAP（俗称"磷肥"）的本案例企业，因为公司股东股权结构的变化，被迫将产品品牌由原先的"JJ"更换为"MS"。无论是什么原因导致品牌名称更换，面临更换的企业遇到最大的问题是，如何将原先知名品牌的品牌资产转移到后续的相对不知名的品牌上来。品牌资产（Brand Equity）是20世纪80年代出现的最有潜在价值的营销概念，众多研究者认为品牌资产是指品牌所

① 本案例由辽宁大学商学院的袁少锋、新华国际商学院的高英共同撰写，作者拥有著作权中的署名权、修改权、改编权。
基金项目：辽宁省社科联 2015 年度与高校社科联合作立项课题（lslgslhl-052）；辽宁大学青年科研基金项目（LDQN201424）。

具有的独特市场影响力 (Keller, 2008)。品牌资产的具体构成维度包括：品牌忠诚、品牌认知、感知质量、品牌联想以及其他专有资产 (Aaker, 1995；Keller, 2008)。品牌资产通常被认为是企业最有价值的无形资产，因为它是企业实现战略的长期盈利性的重要基础 (Keller, 2008)。因此，当企业面临品牌名称更换时，实现品牌资产从旧品牌向新品牌的转移、尽可能避免品牌资产的损失，是企业需要解决的重要战略性问题。

然而，已有文献较少涉及品牌名称更换导致的品牌资产转移问题。在国际公认的品牌、品牌建设及战略品牌管理研究领域的领导者，凯文·莱恩·凯勒 (Kevin Lane Keller) 所著的《战略品牌管理》(Strategic Brand Management) 中，关于品牌资产，主要阐述了品牌资产的内涵，品牌资产的评估、构建、提升和维系等内容。全书对企业发展过程中的"品牌名称更换"，以及随之的品牌资产转移问题只字未提。另外通过文献检索，只有 Delassus 等 (2012) 通过案例研究探讨了品牌名称更换过程中，避免品牌资产损失的五个关键因素。西方经典的品牌管理专著和研究对当前中国品牌资产管理的新问题没有提及，主要是由于中西方管理情境的差异性造成的。在西方情境下，企业遵从长期品牌管理的理念，即基于可持续生存与发展理念，依托长期的营销活动来构建、提升并维护品牌资产。在这种发展理念的指导下，众多知名品牌经历长期的发展，仍然是领导品牌。如 Keller (2008) 整理了电池、相机、牙膏等 25 个行业的领导品牌在 1923 年和当今的表现，发现 1923 年的 25 个领导品牌中，有 20 个在今天仍然是领导品牌。而在中国情境下，受市场宏观环境的影响，企业发展过程中有时不可避免地发生一些短期行为，如品牌名称、商标更换的问题。因此，针对西方主流理论未涉及的中国情境下的品牌名称更换以及品牌资产转移问题，需要我们结合中国情境进行探索与研究。

本研究以 MS 合资公司的 DAP 产品品牌名称从"JJ"更换为"MS"为例，结合参与该公司为应对品牌名称更换而举行的市场推广活动一年多的实践经历，探讨在中国市场情境下，为实现企业品牌名称更换过程中的品牌资产转移，需要遵循的管理流程以及需要关注的核心要素。这对完善现代企业品牌资产管理理论具有理论意义，对在中国市场面临品牌名称更换的企业如何更好地转移品牌资产具有实践意义。

二、理论背景

（一）相关研究回顾

更换品牌名称对企业而言具有很大风险。因为品牌名称更换后，消费者可能不再认可此前的产品或质疑其质量，这都可能导致消费者拒绝再次购买。更换品牌名称，主要的潜在负面结果是品牌资产的流失 (Brand Equity Loss)，即导致消费者对企业产品的认可度、形象感知、质量感知、关注度和忠诚度都降低，随之企业的市场份额下降。面临品牌名称更换的企业尽管面临上述重要的战略问题，但已有文献对这一营销战略问题的研究还非常不足 (Delassus 和 Descotes, 2012)。

Varadarajan 等（2006）探讨了驱使企业缩减品牌组合的组织和环境因素；Muzellec 和 Lambkin（2006）分析了公司重命名的现象，及重命名对公司品牌资产的影响。已有研究中，只有极少数探讨了品牌名称更换过程中品牌资产相关的问题，如 Delassus 和 Descotes（2012）以法国饼干品牌 Kraft 更名为 Belvita 为例，研究了品牌名称更换过程中，避免品牌资产损失的五个关键因素，分别是消费者对品牌名称变更的知识、消费者对品牌变更的态度、对新旧品牌相似度的感知、对原先品牌的依恋程度以及对企业名称的认可程度；另外，Collange（2008）从消费者的角度，揭示了品牌名称更换对产品评价和购买意愿的影响，其在研究法国消费者购买意愿演化过程中，涉及了四类不同行业（洗衣粉、沐浴露、酸奶和巧克力）的品牌名称更换问题；此外，还有少量研究探讨品牌延伸过程中，不同产品之间相似度对消费者态度、购买意向以及品牌资产转移问题的影响（如 Hem 和 Iversen，2003；Martin 和 Stewart，2001）。

（二）基于顾客的品牌资产

根据现代品牌理论，品牌是以消费者为基础的概念，离开消费者，就没有品牌。因此营销领域倾向于从消费者角度定义品牌资产。基于顾客的品牌资产（Customer-based Brand Equity）是从消费者的角度，探讨品牌给产品附加的价值（Delassus 和 Descotes，2012），具体到消费者的决策过程，是指消费者对特定品牌的知识所导致的对营销活动的差异化反应（Keller，2008）。品牌资产主要来源于企业所有旨在为消费者的记忆创建积极、强烈和独特联想的营销活动，这些活动有助于消费者形成对品牌的积极情感和支持态度（Aaker，1991；Keller，1993；Yoo 等，2000；Yoo 和 Donthu，2001）。市场由消费者构成，品牌资产实质上是来源或基于消费者的资产。而消费者的品牌选择行为又受其品牌心理驱动，所以 Aaker（1996）认为品牌资产之所以有价值并能为企业创造高额利润，是因为它在消费者心理上产生了广泛而持久的知名度、良好且与预期一致的产品质量感知、强有力且正面的品牌联想（关联性）以及稳定的忠诚消费者这四个核心特征。几位研究者对品牌资产的构成进行了研究，如 Aaker（1991，1996）提出了品牌资产的四维度模型，认为品牌资产主要包括品牌意识、品牌联想、感知质量和品牌忠诚度。还有学者认为品牌资产应该包括其他一些维度，如对品牌的信任（Degado-Ballester 和 Munuera-Aleman，2005）、品牌伦理（Keller，1993；Yoo 等，2000）、品牌个性（Pappu 等，2005）。

三、案例分析

（一）品牌名称更换的背景

本研究关注的是 MS 合资公司的 DAP（一种磷肥）产品品牌由"JJ"更换为"MS"的案例。MS 合资公司的前身是 JJ 合资公司，该公司于 2001 年 5 月成立，由某国有上市公司（持有 35%股权）、美国 JJ 公司（持有 35%股权）、某国有化肥公司（25%股权）、某农资公司（5%股权）合资组建。主营业务是 DAP 的生产和销售，产品销售覆盖西北、华东、华北和东北。2004 年 10 月，公司生产的"JJ"牌 DAP 被国家质量监督检验检疫总局认定为"国家免检产品"，再加上公司成立前美国出口中国的"JJ"牌DAP 的市场影响，该公司的"JJ"DAP 逐渐被同行和消费者认可为"国产第一品牌"。具体体现在销售价格上，该公司"JJ"DAP 每吨的售价比竞争品牌要高 200 元。

2011 年初，由于外方股东美国 JJ 公司股东变动引起的股权变化，其持有的原 JJ 合资公司 35%的股权转移给美国 MS 公司。至此，原 JJ 合资公司必须就公司名称、标识、营业执照进行更换，并于 2011 年 9 月 30 日停用"JJ"品牌名称及相关 Logo。根据公司股东大会协商，公司更名为 MS 合资公司（以下简称"合资公司"），公司生产的 DAP停用"JJ"名称，改用"MS"。但合资公司的管理体制、生产工艺、产品内容与质量、厂址以及人员等未发生任何改变。

（二）品牌名称更换引致的管理者关切

针对品牌名称更换，通过与合资公司总经理、市场部、销售部以及其他相关部门的访谈，确定了公司领导层关注的核心问题。图 1 显示了针对品牌名称更换，管理者主要关注的问题，主要有短期的成功销售过渡和成本控制，以及长期的品牌资产如何实现从旧品牌向新品牌的转移问题。相比长期的品牌资产转移，品牌更换成本的控制处于公司的可控范围内，顺利实现品牌名称更换过程中的短期销售过渡，实质上是品牌资产转移在初期面临的核心问题。经销商、零售商和消费者对新品牌和旧品牌的关系认知，决定了其对新品牌产品的销售与选择。

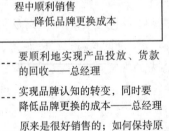
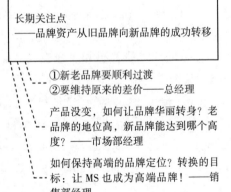

图 1　品牌名称更换过程中的管理者关切

（三）品牌资产转移的营销活动方案制订

1. 营销活动方案制订的目的

针对品牌名称更换以及随之的品牌资产转移问题，合资公司领导、参与该项目的第三方机构（即本研究作者所属的咨询团队）协商，认为主要的应对策略应为强化新品牌与旧品牌联系的营销推广活动。因为虽然公司名称、品牌作了更改，但产品本身没有任何变化。但是具体开展什么营销活动以强化经销商、零售商和消费者对新旧品牌之间的联系与认知，成为合资公司和咨询团队探讨和关注的核心。事实上，合资公司的大经销商都是此前公司精挑细选产生的，跟公司有深入的合作、交往，因此对他们的宣传主要通过定制化、官方的经销商"品牌更换通知书"实现，再加上各区域销售经理的电话沟通，以及在 2011 年 7 月中旬举行的公司十周年庆典活动中的经销商座谈，短期内就较好地解决了大经销商对新旧品牌的关系认知问题。因此，合资公司的品牌资产转移，主要是如何向终端的零售商和农民消费者进行宣传和推广，强化他们对新旧品牌关系的认知，并提升对新品牌的认知。

2. 营销活动方案的产生

为了确定向终端零售商与消费者的品牌更换宣传推广方案及措施，秉承市场营销过程的基本模型（Armstrong 和 Kotler，2009），一切有效的营销活动应该从了解消费者和市场开始。经与合资公司协商，组织了一次面对原"JJ"消费者和终端零售商的市场调研。

（1）调研设计。本次调研分别针对消费者和终端零售商，主要围绕以下几个方面设计：①对品牌名称更换的认知和态度；②对品牌名称更换的主要担心；③接受品牌名称更换的信息渠道；④对一些具体宣传推广方式、渠道的认同程度；⑤原"JJ"用户对新品牌的认知程度。[①] 此外，为了检验合资公司的经销商渠道在信息推广方面的有效性，[②] 还在调研中增加了消费者和零售商对公司防伪标签的认知水平。最后，调研还包括被试的基本信息如性别、年龄、学历、家庭年收入、家庭人口数。

（2）问卷收集与回收。调研问卷设计好后，在合资公司销售部各区域经理的配合下，根据生源地原则，组织了 12 位市场营销专业本科生和研究生赴新疆（乌鲁木齐、乌苏市、沙湾县）、甘肃（武威市、民乐县、岷县、武山县、陇西县）、宁夏（永宁县、灵武市、吴忠市、青铜峡、银川）、河南（获嘉县、原阳市、渑池、周口、辉县、许昌、洛阳、陕县、商丘、新乡）、河北地区（迁西市、遵化市、东光市、泊头市、宣化县、万全县、南皮市、玉田市、天津[③]）和山东（德州、聊城、潍坊、济南、滨州、济宁）六个省、自治区展开调研。经事前与合资公司销售部和市场部的协商，每个省份调查 50 位销售过"JJ"DAP 的零售商，每个零售店周围再随机调查 4 位消费者。由于被试，特别是农民消费者的文化水平限制，本次调研采用的具体调查方式是调查者口

---

① 合资公司的 DAP 更换品牌名称前，美国 MS 公司出口中国的概念肥以及掺混肥、钾肥就已经存在于中国市场，但市场影响力有限。

② 由于合资公司生产的原"JJ"DAP 为第一品牌，因此国内一些地区（特别是山东）的与之相关的假冒伪劣现象较为严重。为此，公司自 2005 年开始在产品包装上设计防伪标签，并每年投入约 200 万元的资金，利用经销商渠道，通过门店横幅、招贴画、宣传册等方式向零售商和消费者宣传如何使用防伪标签、识别假货。

③ 合资公司的 DAP 在天津销量相对小，因此归属河北区域经理管理。

头叙述问卷内容，被试理解后进行选择，调查者再记录。最终获得了有效的 300 份零售商问卷和 1200 份消费者问卷。样本特征如表 1 所示：

表 1　调研样本特征

人口统计学变量	农民消费者		终端零售商	
	类别	百分比（%）	类别	百分比（%）
性别	男	83	男	85
	女	17	女	15
年龄	18~30 岁	6.9	18~30 岁	3.3
	31~40 岁	26.3	31~40 岁	30.0
	41~50 岁	45.8	41~50 岁	52.0
	51~60 岁	18.3	51~60 岁	12.0
	60 岁以上	2.7	60 岁以上	2.7
文化水平	小学及以下	24.9	小学及以下	5.0
	初中	59.9	初中	49.7
	高中或中专	14.1	高中或中专	37.3
	高职或大专	0.9	高职或大专	5.3
	大学本科及以上	0.2	大学本科及以上	2.7
家庭年收入	1 万元及以下	22.7		
	1.1 万~2 万元	35.8		
	2.1 万~3 万元	18.3		
	3.1 万~4 万元	9.5		
	4.1 万~5 万元	4.7		
	5 万元以上	9.0		

由于农村市场主要是男性消费者购肥，因此，男性比例远高于女性。总体上，消费者年龄均值为 44.5 岁；文化程度方面，初中及以下占 84.8%，消费者的文化水平较低；家庭年收入均值为 3.12 万元，其中新疆家庭年收入均值为 7.61 万元，山东为 4.68 万元，宁夏为 3.5 万元，河北为 2.39 万元，河南为 1.93 万元，甘肃为 1.62 万元。

（3）数据分析及结果。第一，消费者和零售商对品牌名称更换的认知与忧虑。根据表 2，针对品牌名称更换，消费者和零售商认为第一原因是"厂家内部管理变化的需要"，能做出相对准确的判断；同时，还有较大比例的人认为是其他原因，如防治假冒伪劣产品、进一步完善质量与服务以及提升品牌形象等。消费者和零售商的这一认知，一定程度上有利于品牌资产在新旧品牌间的转移，因为有较大部分的消费者和零售商认为是合资公司为了应对市场假冒伪劣、提升质量与服务等问题而做出的主动反应。

另外针对品牌名称更换，消费者和零售商的主要忧虑是产品质量下降、价格提升和假货增多，其中零售商相对更关注价格的提升。对假冒伪劣增多的忧虑，实质上也是对质量的关注，这意味着消费者和零售商对合资公司品牌更换的主要忧虑是质量下

表2　消费者和零售商对品牌更换的认知与主要忧虑

	消费者	零售商
认为品牌名称更换的原因	①厂家内部管理变化的需要（535①） ②规范产品，有利于识别假冒伪劣化肥（312） ③为了进一步完善产品质量与服务（306） ④更加注重国际化品牌和形象（244）	①厂家内部管理变化的需要（162） ②为了进一步完善产品质量与服务（75） ③规范产品，有利于识别假冒伪劣化肥（62） ④更加注重国际化品牌和形象（55）
品牌名称更换引致的主要忧虑	①质量下降（41.5%②） ②价格大幅提高（34.7%） ③假冒伪劣产品增多（21.3%）	①产品进价提高（35.9%） ②假冒伪劣产品增多（27.0%） ③质量下降（26.8%）

注：①括号内数值为选择此项的人数，此题为多选项，因此总数会大于样本数量（消费者样本量为1200，零售商为300）；

②百分比为认同此选项的人数百分比，本表其他百分比含义相同。

降，然后才是价格的提升。这一调查结果的实践启示是，只要合资公司的产品质量有持续保障，另外维持原先的产品价位，品牌更换就不会引发消费者和零售商的消极结果，如消费者更换品牌、零售商改销其他品牌。

第二，原"JJ"DAP用户对"MS"品牌的认知水平。表3显示，原"JJ"用户中，只有12.6%的消费者用过"MS"的产品，36.7%的零售商销售过该品牌其他产品。总体上，他们对"MS"品牌的相关知识的了解程度很低。

表3　原"JJ"用户对"MS"品牌的认知水平

		消费者	零售商
是否用过或销售过"MS"产品		用过（12.6%） 没用过（87.4%）	卖过（36.7%） 没卖过（63.3%）
用过或卖过"MS"的用户对该品牌的了解情况	MS是美国品牌	23.5%①	21.6%
	MS是世界500强公司	14.3%	2.6%
	MS是全球最大的磷肥生产商	9.6%	5.8%
	没听说过以上信息	52.6%	70.0%

注：①为了解该信息的人数百分比。

第三，针对品牌名称更换，消费者和零售商最希望获得该信息的渠道。根据表4，消费者希望了解品牌更换信息的渠道主要为零售商宣传、电视台、公司宣传册及品牌更换通知书；零售商则希望通过正式的品牌更换通知书、电视台、公司宣传册以及大经销商宣传了解品牌更换信息。这些信息对合资公司确定宣传方式具有重要参考价值。

表4　消费者和零售商最希望了解品牌更换信息的渠道

信息渠道	消费者	零售商
零售商宣传	第一（729）	—
地方电视台	第二（699）	第二（196）
公司宣传册	第三（585）	第三（162）
品牌更换通知书	第四（569）	第一（225）

续表

信息渠道	消费者	零售商
大经销商宣传	第五（456）	第四（132）
地方报纸	第六（262）	第六（40）
公司网站宣传	第七（172）	第七（22）
公司发布会及资料	—	第五（74）

注：括号内数值为选择此项的人数，此题为多选项，因此总数会大于样本数量（消费者样本量为1200，零售商为300）；"—"代表相应样本问卷无此选项。

消费者和零售商渴望了解品牌更换信息的主要渠道中，都提及了电视台。实际上，在此前与大经销商的访谈及座谈活动中，他们也都建议合资公司就品牌更换事件做电视广告。为此，本次调研也就消费者和零售商看电视的习惯进行了调查。结果发现，2/3 的消费者晚上看电视，其他 1/3 基本不看，看电视的时间一般是 19：00 开始，22：00 前结束，具体的频道、节目选择如表 5 所示。

表 5   消费者的电视频道与节目选择

省份	消费者晚上看的电视台（排序）	电视节目（排序）
山东	齐鲁、山东农科、山东卫视、中央一	天气预报、新闻联播、本地新闻、农科
河南	河南卫视、河南都市、中央一	电视剧电影、天气预报、新闻联播
甘肃	中央一、甘肃电视台	电视剧电影、新闻联播、天气预报、本地新闻
河北	中央一、地方台	电视剧电影、新闻联播、天气预报
宁夏	中央一、宁夏卫视、中央七	电视剧电影、新闻联播、天气预报、本地新闻、农科
新疆	新疆台、中央七、中央一	电视剧电影、新闻联播、天气预报

零售商的电视观看偏好和习惯基本与消费者类似，71% 的零售商一般在晚上 19：00~22：00 间看电视，剩余 29% 一般不看；收看的节目一般是中央一台和省级卫视，节目的选择跟消费者类似，即电视剧电影、新闻联播、天气预报等。

针对上述消费者和零售商看电视的习惯和特点，要想针对品牌更换进行有效的电视广告宣传，至少需要在省级卫视以上电视台的黄金时段进行宣传。经估算，为此需要花费的费用远远超出了合资公司的承受能力。为此，合资公司最后放弃在电视台做广告宣传的想法。

第四，针对品牌资产转换，首先是让消费者和零售商认知新旧品牌之间的本质联系，然后是提升品牌形象的一些营销活动，如：①为消费者开展测土配方活动；②爱心助贫活动；③开展农业知识讲座；④发放化肥样品；⑤资助农户开展种植大赛等。对此，本次调研也就此进行了测试，结果发现，认为合资公司开展上述活动能够给其产生积极印象的百分比分别为：79.1%、78.7%、76.3%、80.6% 和 65.6%，除第 5 项外，消费者对上述活动都持非常认同的态度。这可能是因为上述活动不需要消费者有任何投入，但企业则需要花费相当的经费开展上述活动。

根据营销实践经验，提升品牌形象的活动通常还包括向消费者发放赠品。合资公司以往的做法是根据销售人员的主观判断，确定一些赠品并进行发放，如向消费者发放扑克牌等。本次调研也对此进行了调查，发现消费者的赠品偏好次序是：化肥样本（23%）、充电手电筒（17%）、T恤（15%）、雨伞（13%）、施肥用小桶（6%）、洗脸盆（5%）、毛巾（4%）、农用手套（4%）、帽子（3%）、其他（9%，如口罩、量杯、打火机等）。

第五，营销活动实施方案的制订。在以上调研结果分析的基础上，结合合资公司的经济承受能力，最终确定的主要营销宣传活动为：对消费者派发包括品牌更换信息的宣传册、品牌更换通知书以及赠品；向零售商派发门店横幅、招贴画、品牌更换通知书和宣传册。宣传推广内容确定后，接下来的一个主要问题是依靠哪种途径去开展这些活动，以保障活动执行的力度和效果。对此，合资公司认为其同大经销商合作密切，对大经销商有较强的影响力，另外大经销商渠道分布广、人员众多，因此应该依托经销商渠道开展以上活动。

为了检验传统管理方式下，经销商的执行能力，我们分析了合资公司通过经销商渠道实施的"防伪标签"宣传活动的执行效果。合资公司于2005年开始，每年花费约200万元向消费者和零售商推广如何使用其产品包装袋上的"防伪标签"。具体是利用横幅、宣传册、招贴画等形式，通过经销商渠道一级级向下派发，最后依托零售商向消费者派发或讲解。本次调研检验了消费者和零售商对合资公司防伪标签的认知水平，结果如表6所示。

表6显示，零售商对合资公司防伪标签的认知水平相对高一些，有53.7%的人熟悉，有46.3%的人只了解一点或根本不清楚。消费者对防伪标签的认知程度则非常低，只有12.6%的人熟悉并经常用，87.4%的人只了解一点或根本不清楚。可见，合资公司依托经销商渠道，花费6年时间，总计花费1200多万元进行的防伪标签识别推广活动的效果非常差。经销商渠道的执行力明显很低。

表6　消费者和零售商对合资公司防伪标签的认知水平

	消费者		零售商	
	频数	百分比（%）	频数	百分比（%）
熟悉，经常用	151	12.6	161	53.7
了解一点，并不熟悉	367	30.6	79	26.3
不太清楚	682	56.8	60	20.0
总计	1200	100.0	300	100.0

虽然经销商的执行力差，但其拥有庞大的销售渠道，能针对合资公司所有用户展开深度宣传推广，这是合资公司本身和第三方机构所不具备的条件。为了既利用经销商庞大的销售渠道的优势，也规避经销商执行力差的问题，营销活动执行方案中制定

了委托第三方咨询机构负责实施"跟踪、评估与反馈"环节，即由第三方对经销商渠道下，宣传推广活动的执行情况进行抽样检查，及时将抽检的结果反馈给合资公司，合资公司对执行不力的经销商或渠道节点进行及时督促。在跟踪与评估的过程中，第三方机构还辅助实施向消费者的赠品发放与信息传播。

（4）营销活动方案的形成。综合以上分析结果，针对此次品牌更换，根据"5W-2H-1E"的方案制定原则，[①]制定此次品牌更换的初期营销推广方案。实施的主要内容、关键要点（What）如表7所示，实施的区域为新疆、甘肃、宁夏、青海、陕西、河北、河南、山东、安徽、江苏，即公司产品的主要市场；实施的缘由（Why）主要根据第一次市场调研的分析结果；实施的时间（When）定于2011年秋播前一个月，每项具体活动的具体时间点见表7的"关键要点"；针对每项活动的负责人（Who），公司结合宣传的内容和市场的地理分布（Where），成立了10个工作小组，每组一个组长总负责特定区域的执行情况；实施的具体流程（How）和相关预算（How much）涉及与合资公司签订的保密协议，在此隐去；预计效果（Effect），如果合资公司的经销商渠道保质保量地执行表7述及的宣传活动，第三方咨询机构有效地执行了跟踪、评估与反馈环节，理论上能够保障消费者和零售商知晓新旧品牌的联系，从而有助于品牌资产在新旧品牌间的转移。

其中，各种宣传推广活动在零售店层次上的执行，是本次营销活动方案的核心。因为"零售商的宣传"是消费者希望了解品牌更换的第一信息渠道。因此，在零售商挂横幅、粘贴招贴画，依托一级经销商渠道在主要集市派发品牌更换通知书，并管控零售商派发宣传册和赠品，是本次活动的主要内容。本次营销推广活动的另一关键环节是第三方机构的跟踪、评估与反馈，这是保障各种宣传推广内容执行到位的重要一环。

此外，为了保障品牌更换宣传推广活动的有效执行，还成立以合资公司总经理、营销总监及销售部、市场部部门经理组成的检查组，在全国主要市场，就品牌更换的市场宣传执行情况进行检查。

表7　品牌更换初期宣传推广内容

主要内容	关键要点
对消费者派发"品牌更换通知书"和"宣传册"	开始时间："MS"牌产品到达零售商店铺时同步开展 派送方式：销售部通过一级经销商渠道向下派送；要求县级批发商在当地镇一级的集市直接派送给消费者，不能放置在零售店，镇覆盖率100% 派送信息记录：要求一级经销商记录并反馈派送地点（镇）、时间、数量

---

① 即开展任何一项营销活动，为了保障执行效果，需要在实施前明确实施内容（What）、实施缘由（Why）、时间（When）、地点（Where）、负责人（Who）、实施过程与方法（How）、需要的预算（How much）以及预计的效果（Effect）。

续表

主要内容	关键要点
对零售商派发"门店横幅"、"招贴画"、"品牌更换通知书"、"宣传册"	派送方式:各项目小组向一级经销商派发,在 MS 牌产品到达一级经销商前到位,一级经销商随着 MS 产品的铺货,一起把宣传材料铺到零售店,需要遍及 100%的镇 派送要求:要求渠道商逐级反馈派送地点(镇)、零售商姓名、手机号码、时间、数量
赠品发放及向消费者的直接宣传	一级经销商负责部分:在市场检查中直接派发到零售店,具体由零售店负责派发,要求零售店主提供消费者信息(多于礼品数量的 30%以上) 第三方咨询机构负责部分:市场跟踪与评估过程中:①向消费者宣传品牌更换;②向消费者宣传防伪知识;③向消费者宣传新品牌知识;④向消费者直接发放赠品;⑤回收消费者个人信息(姓名、地区镇、手机电话、性别、年龄)
推广活动的市场跟踪、评估与反馈	负责机构:第三方咨询机构 跟踪与评估的对象:根据销售部宣传计划和市场部要求,随机跟踪评估 300 家目标零售店、200 个集市及其每个零售店和集市周围的 20 位消费者(共计 10000 名消费者、300 个零售店) 跟踪与评估的目的:①检查大经销商、县级批发商,在零售店、集市中对于宣传品的执行情况,发现偏差时及时向公司领导小组反馈,以便纠正;②评估消费者和零售商对品牌更换、防伪以及 MS 品牌知识的了解,认知程度相对第一次调研是否有显著提升,即评估此次推广方案是否有效 开始时间点:各种宣传品到达零售店 2 周后 评估地区:与 MS 产品的发货到达区域同步,按 3%~5%抽样,重点抽查核心市场 跟踪评估内容: • 零售店店铺门店横幅是否按要求挂上 • 零售店内招贴画是否贴上 • 宣传册、品牌更换通知书数量是否和计划一致 • 当地集市的消费者派发是否属实 • 零售商的产品品牌更换、产品防伪及品牌知识 • 零售商和消费者对品牌更换的认知程度

(四) 方案实施效果检验

根据第三方的跟踪评估结果,以及 2011 年秋季的实际销售情况看,此次品牌更换在短期内实现了顺利的过渡销售。但由于地区和季节的差异,即中东部地区有秋播而西部地区没有,结果造成中东部市场 80%以上消费者已经知晓品牌更换,而西部地区消费者的知晓程度相对较低。西部地区的消费者和零售商跟踪数据分析结果如表 8 和表 9 所示。

表 8 推广方案执行后消费者对 "MS" 的认知

单位:%

地区	新疆	甘肃	青海	宁夏
对于新旧品牌关系的知晓率	79	77	75	81
对新品牌认同的比率	85	87	88	85
下次考虑购买的比例	71	74	72	75
针对农户最喜欢的 DAP 品牌,选 "MS" 的比率	67	67	66	69

表 9 推广方案执行后零售商对"MS"的认知

单位：%

地区	新疆	甘肃	青海	宁夏
零售店宣传品到位率	98	99	98	100
零售商对新品牌的认同比率	94	99	95	94
下次进货考虑 MS 的比例	80	81	78	81

另外，不同地区的经销商配合程度不同，有些地区经销商进行了 100%的终端自查，大经销商自己派人挂横幅发放宣传品；有些地区经销商自己做了很多宣传品（如宣传车、大幅广告牌），高度配合公司的品牌更换宣传工作；然而，一些经销商的集市派发执行不好，没有按照比例铺开。

（五）下一步推广方案的改进策略

结合第一阶段的推广方案的实施情况，做出了 2012 年春季的宣传改进策略：

（1）重点强化消费者第一次购买"MS"牌产品地区的宣传推广工作（西部、北部）。

（2）推广时机方面，需要在春播开始前 2 个月进行宣传。

（3）2012 年春季，对终端店铺进行评估并差别对待，对于经销商的重点零售店铺进行重点宣传；对于经销商直属或重要零售店铺，制作硬质门头，提升合资公司品牌宣传力度、强化公司形象；对于重点的零售店铺，发放销售许可书；农闲时期，组织培训重点店铺。

（4）在 2012 年春季推广期之前，对重点销售地区的消费者集市进行分类和整理，做到主动宣传，在集市积极派发宣传单和赠品广告；做到精耕细作式的传播；提高产品附加值，形成客户档案终身制度，提供手机短信信息，指导消费者科学施肥、零售商合理销售。

（5）在中东部地区，前一阶段的宣传已产生较好的效果：消费者接触到了 MS 产品，已形成一定知晓度，"MS"是"JJ"的升级产品的概念已得到一定的宣传；零售店主已全部知晓品牌更换事件，并对"MS"品牌持乐观态度；在西部地区"MS"牌产品投放没有赶上销售期，零售店主一定程度上担心消费者的认可度，但调查结果显示（见表 8 和表 9），消费者对"MS"认知度相对较好。因此 2012 年春季的宣传推广应强化中东部，重点做好西北部地区的宣传和推广工作。

（六）2012 年春播后品牌资产转移的效果评估

2012 年春播前，合资公司又展开了新一轮的宣传推广活动。为此，在推广活动后，又在山东、甘肃、宁夏、陕西、河北、河南组织了一次市场调查，每个省随机抽取 40 位零售商，每位零售商周边随机抽取 5 位消费者，总共调查 240 位零售商和 1200 位消费者。消费者样本中男性占 77.5%，女性 22.5%，年龄均值为 43.9 岁，初中及以下样本占 80.7%，高中 17.9%，专科及以上 1.4%；零售商样本中男性占 90.8%，女性 9.2%，年龄平均值为 45.4 岁，初中及以下占 44%，高中 44.9%，专科及以上 10.9%。

本次调查的一个核心目的是想了解经过 2011 年秋季和 2012 年春季的推广活动，消费者和零售商对 "MS" 品牌的认知以及 "MS" 和 "JJ" 关系的认知水平的变化。表 10 揭示了消费者和零售商对 "MS" 品牌的认知水平。相比推广活动开展前的认知水平（见表 3），消费者和零售商对 "MS" 的认知水平得到显著的提升。

表 10　消费者和零售商对 "MS" 品牌的认知水平

单位：%

		消费者	零售商
是否用过或销售过 "MS" 产品		用过（77.5） 没用过（22.5）	卖过（36.7） 没卖过（63.3）
用过或卖过 "MS" 的用户对该品牌的了解情况	MS 是美国品牌	64.0①	87.8
	MS 是世界 500 强公司	52.1	86.4
	MS 是全球最大的磷肥生产商	49.2	85.2

注：①为了解该信息的人数百分比。

表 11 显示了消费者和零售商对 "MS" 和 "JJ" 关系的认知。89.4% 的零售商对二者的关系有较好的理解，但消费者的理解程度相对差一些，仍有 39.1% 的消费者不了解二者的关系。

表 11　消费者和零售商对 "MS" 和 "JJ" 关系的认知

单位：%

	消费者	零售商
"MS" 就是原来的 "JJ"	54.5	89.4
是两个有合作关系的品牌	4.8	7.9
两个相互竞争的品牌	1.5	0.7
不了解什么关系	39.1	2.0

四、品牌资产转移操作流程总结

图 2 总结了案例企业为促进品牌名称更换过程中的品牌资产转移，而遵循的操作流程模型。第一个环节需要就品牌名称更换的相关背景资料进行收集与分析，掌握问题产生的背景、原因，然后结合公司相关人员的访谈，明确公司领导、部门负责人的核心关切，实现 "背景掌握与核心问题识别"。

识别核心问题后，第二个环节就是设计营销方案以解决问题，而方案的具体内容设计，则需要建立在 "市场调查与分析" 的基础上。例如，本案例中公司领导关注的核心问题是如何实现品牌资产从旧品牌向新品牌的转移。对此，公司必须开展一系列的营销宣传、推广活动。而具体宣传什么、采用什么方式、依托什么渠道进行宣传和推广，必须在考虑本企业顾客（即消费者和零售商）的特征、态度、决策方式等的基础上做出。而对这些信息的了解必须通过市场调查获得。另外，基于市场调查与分析

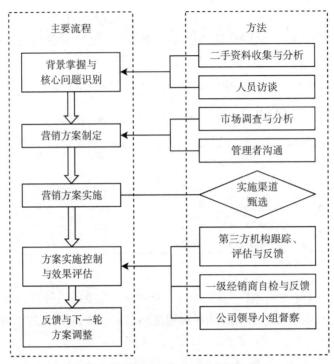

图2　促进品牌资产转移的操作流程

基础上确定的方案内容，没有从企业的角度考虑方案内容的可操作性、需要花费的成本等。因此还必须同公司管理层进行充分的沟通，选择公司能够承担的、实际可行的活动内容。

方案内容确定后，第三个环节是公司组织团队或小组将方案付诸实施，本环节中需要重点考虑的问题是依托经销商的渠道执行方案，还是依托第三方机构（如咨询公司），抑或二者的结合来实施方案，具体的决策需要结合实际情况进行选择。此外，需要说明的是，为了保障负责人执行的积极性，公司需要对负责团队或小组建立激励机制，提高其执行力度。如果公司选择利用经销商渠道实施全部或部分方案内容，可利用对其经济利益的控制能力，促使其积极配合执行。

方案实施后，必须有第四个环节——"方案实施控制与效果评估"。最好在方案实施的全过程，引入第三方机构进行跟踪与评估，及时跟踪、评估与反馈，发现问题，及时纠正，保障方案实施的效果。之所以要委托第三方机构，因为如果让公司团队或小组全权负责方案实施，他们有可能执行不力，并且为了掩盖自己的能力不足或责任心的欠缺而不上报，或者同一级经销商合谋一起欺骗公司领导。实际上，本案例在进行跟踪、评估过程中发现，合资公司此前开展的旨在促进消费者对产品防伪标签认知的宣传活动中，合资公司各区域负责人和经销商的执行力度非常低；合资公司宣传识别防伪的大量横幅、宣传册等，还原封不动地放在经销商的仓库里。如果让第三方机构进行跟踪、评估与反馈，然后由公司领导小组根据反馈结果，对各负责团队或小组，以及各一级经销商的执行情况进行考核，这会对各负责人和经销商造成执行压力。再加上公司领导小组的亲自监督检查，能够保障执行效果。第三方机构跟踪与评估，可以避免经销商为应付合资公司领导检查而进行的"迎合行为"。

最后一个步骤是根据上一个环节的方案实施过程及结果，总结有待改进之处，为下一轮推广方案的制定打基础。

五、讨论与结论

针对品牌名称更换过程中的品牌资产转移，Delassus 和 Descotes（2012）基于法国饼干行业的品牌更换案例，提出了基于品牌更换知识、更换态度、对旧品牌的依恋、新旧品牌的相似性以及企业名称认可的品牌资产转移五要素模型。在中国情境下，特别是在中国农村市场，该模型具有明显的局限性。中国农村市场化肥购买者年龄偏大（两次调查的年龄均值都在 44 岁左右）、文化程度低（初中及以下占 80%以上），他们的知识水平极其有限，购买决策非常简单（在第一次调查中 34%的农户认为决定其购买 DAP 的因素为"零售商推荐"、31%的人认为依靠"自己的判断"、11%认为是"种植大户的示范"、6%认为是广告和厂家促销活动），这决定了 Delassus 等（2012）的"品牌更换知识"、"对旧品牌的情感依恋"等维度在中国农村市场品牌资产转移中的局限性。

另外，Delassus 等（2012）和 Keller（2008）认为品牌资产包括功能（Functional）和象征性（Symbolic）两方面，前者主要涉及产品的实用功效，后者针对的是产品品牌的无形方面，如形象联想等。而针对中国消费者，品牌资产主要针对的是产品的实际功效。第一次调研中 61%的消费者喜欢特定品牌的原因是"产品质量"、16%是由于"品牌口碑"、15%是"品牌知名度"、7%是"价格"。

中国消费者在年龄、知识水平、决策方式，以及对化肥产品的核心需求等方面的特征，决定了品牌名称更换过程中，为了实现成功的品牌资产转移，应该重点关注两个维度：①新旧品牌的联系；②新品牌的知识。针对前者，案例企业传播的核心内容为"现在的'MS'就是原先的'JJ'"，通过横幅、宣传册以及招贴画上图形的处理，隐性地暗示"MS"是对"JJ"的升级，将消费者对旧品牌的认可转移到新品牌上来。另外，针对新品牌的知识传播，主要宣传三项内容：MS 是美国品牌、MS 是世界 500强公司、MS 是世界最大的磷肥生产商，借此进一步提升新品牌在消费者心中的形象。

针对宣传推广活动所采用的具体方式，根据调研结果，本案例选择了横幅、招贴画、宣传册、带合资公司印章和总经理签名的品牌更换通知书以及赠品（具体包括充电手电筒、T 恤和雨伞）五项内容。前四项的传播内容是新旧品牌的联系，赠品的发放是希望传播合资公司实力、强化新品牌形象。

在具体的宣传推广方案实施方面，合资公司成立多个工作小组，每个小组负责特定区域的所有宣称推广活动实施，主要依靠经销商的庞大销售网络在全国的产品销售区域铺开，合资公司利用其与各一级经销商的经济利益关系，要求其展开对下面各网点的监督检查。同时为了保障经销商的配合与执行，委托第三方机构进行各种宣传活动的跟踪与抽样评估，对经销商的执行情况进行及时监督，并向合资公司及时反馈，确保执行的力度和效果。赠品的发放方面，主要依靠一级经销商在检查其下属网点的执行情况过程中进行派发，并要求其按赠品发放数量的一定比例反馈消费者的基本信息；赠品的另一部分发放工作，依靠第三方机构在跟踪与评估过程中向消费者进行发放，同时也需要记录、反馈消费者基本信息。

最后，需要说明的是，品牌名称更换引起的品牌资产转移问题，并不能在短期内解决，需要公司结合自身产品特点和市场环境，做出一个较长期（如 5 年甚至更长）的宣传、推广计划。通过反复的宣传、推广，强化用户对新旧品牌联系的认知，提升用户对新品牌的认知，最终实现品牌资产的成功转移。

参考文献

［1］Aaker D. A. Managing Brand Equity：Capitalizing on the Value of a Brand Name ［M］. New York：The Free Press，1991.

［2］Aaker D. A. Building Strong Brands ［M］. New York：Free Press，1995.

［3］Aaker D. A. Measuring Brand Equity Across Products and Markets ［J］. California Management Review，1996，38（Spring）：102-120.

［4］Armstrong G.，Kotler P. Marketing：An Introduction ［M］. Prentice Hall，2009.

［5］Collange V. The Impact of Substitution on Brand Evaluation and Purchase Intention of the Product ［J］. Research and Application in Marketing，2008，23（2）：1-17.

［6］Delassus V. P.，Descotes R. M. Brand Name Substitution and Brand Equity Transfer ［J］. Journal of Product & Brand Management，2012，21（2）：117-125.

［7］Delgado-Ballester E.，Munuera-Aleman J. L. Does Brand Trust Matter to Brand Equity? ［J］. Journal of Product & Brand Management，2005，14（3）：187-196.

［8］Hem L. E.，Iversen N. M. Transfer of Brand Equity in Brand Extension：The Importance of Brand Loyalty ［J］. Advances in Consumer Research，2003，30（1）：72-79.

［9］Keller K. L. Strategic Brand Management：Building，Measuring，and Managing Brand Equity ［M］. Prentice Hall，2008.

［10］Keller K. L. Conceptualizing，Measuring and Managing Customer-based Brand Equity ［J］. Journal of Marketing，1993，57（1）：1-22.

［11］Muzellec L.，Lambkin M. C. Corporate Rebranding：The Art of Destroying，Transferring and Recreating Brand Equity? ［J］. European Journal of Marketing，2006，40（7/8）：803-824.

［12］Martin I. M.，Stewart D. W. The Differential Impact of Goal Congruency on Attitudes，Intention，and the Transfer of Brand Equity ［J］. Journal of Marketing Research，2001，38（4）：471-484.

［13］Pappu R.，Quester P.，Cooksey R. W. Consumer-based Brand Equity：Improving the

Measurement—Empirical Evidence [J]. Journal of Product & Brand Management, 2005, 14 (3): 143-154.

[14] Varadarajan R., DeFanti M. P., Busch P. Brand Portfolio, Corporate Image, and Reputation: Managing Brand Deletions [J]. Journal of Academy of Marketing Science, 2006, 34 (2): 195-205.

[15] Yoo B., Donthu N. Developing and Validating a Multidimensional Consumer-based Brand Equity Scale [J]. Journal of Business Research, 2001, 52 (1): 1-14.

[16] Yoo B., Donthu N., Lee S. An Examination of Selected Marketing Mix Elements and Brand Equity [J]. Journal of the Academy of Marketing Science, 2000, 2 (2): 195-211.

Brand Equity Transfer in the Process of Brand Name Substitution
—A Case Study on Brand Substitution of MS Joint Venture Corporation

Abstract: Brand equity transfer induced by brand name substitution is an important practical issue for some Chinese corporations. However, extant researches documented little on this issue. This article explored it through case study and proposed a practical procedure model for successful brand equity transfer. The main procedures of this model are: ①distinguishing the core problems through interviews with corporate management team; ②formulating marketing campaign program on the basis of survey and communications with management team; ③establishing third-party-based tracking, assessment and feedback mechanism; ④ sustainable improving and implementing marketing campaign based on feedbacks. Furthermore, this research also discerned two core factors for successful brand equity transfer: connections between the old and new brand, and knowledge about the new brand.

Key Words: Brand Name Substitution; Brand Equity; Brand Equity Transfer

● 案例三

新能源汽车创新生态系统与比亚迪的案例研究①

摘　要： 创新是事物发展的根本，而持续的创新则需要创新内置于其中的创新生态系统的构建与完善。创新生态系统是 20 世纪 90 年代起基于现实经济发展的形势与趋势而提出来的。今天在创新生态系统方面最为迫切地提到议事日程上的典型领域，就是新能源汽车产业及其企业的发展。目前不仅有关创新生态系统理论及其在汽车领域的应用方面有了较大的突破，而且在新能源汽车的系统发展实践方面积累了宝贵的经验，这方面日本和美国汇聚整个国家和社会的力量，已经走在了世界的前列。我国在新能源汽车领域从国家战略的高度，于 2009 年就已提出比较国际开发模式创建中国自己的新能源汽车创新发展的战略构想。紧随其后，我国典型的新能源汽车企业比亚迪就在原有汽车新能源技术开发的基础上，尝试进行适合本土新能源汽车产业的创新生态系统建设，并在国家及相关产业进行新能源汽车系统开发的标准及技术创新模式的探索、应用开发上取得了一定的宝贵经验。为我们探索新能源汽车产业及核心企业的创新生态系统发展路径和政策导向提供了许多借鉴之处。

关键词： 新能源汽车；创新生态；比亚迪

一、引言

在经济全球化和市场协同化的当今世界，持续的技术创新是众多国家、众多产业、众多企业获取竞争优势的关键，而技术创新的主要来源就是以主导企业为核心的创新生态系统。因此在企业竞争环境越来越动态化的条件下，关注企业技术能力演化的创

① 本案例由辽宁大学商学院的郭燕青撰写，作者拥有著作权中的署名权、修改权、改编权。
基金项目：国家教育部人文社科项目（10YJA630050）；辽宁省社科联项目（2015lslkziglx-03）。

新生态系统及其生成机理，是提升我国企业竞争力和保持竞争优势的首要任务，也是中国企业自强于世界的必然选择。特别是在我国汽车产业领域中新能源汽车开发过程中，体现了一条很重要的内在发展规律，即从技术创新到创新生态系统的核心技术能力演化发展规律，这一发展机理已被美国、日本等发达国家的新能源汽车开发模式所一再证实。虽然技术能力演化发展在企业和理论界中被不断研究或应用，但从创新生态系统的角度进行研究并不多见，也不够深入，尤其是基于中国情境的研究还比较缺乏。因此，从产业生态学和创新生态学的视角，基于中国情境主要是基于比亚迪企业的资料作为案例分析，旨在研究创新生态系统中创新生态位竞争对技术能力演化发展的作用。

二、创新生态系统理论的提出及研究进展

（一）生态系统理论

1. 生态学视角与生态系统

"生态学"这个名词出现在19世纪下半叶，Ernst Haeckel 在1866年首先对生态学作了如下定义：生态学是研究动物对有机和无机环境的全部关系的科学。1963年，美国近代生态学的奠基人 Odum 认为，生态学是研究包括人类在内的自然结构及其功能的科学，它适合于研究所有的生命形式。Ecology 一词来源于希腊文，其中"Eco"表示住所或栖息地，"Logos"表示学问。因此，从词意上讲，生态学就是研究生物栖息地的科学。

生态学不同时期的定义反映了生态学的不同发展阶段，即从动物的自然历史转向种群生态学，到20世纪60年代至70年代，生态系统的有关研究逐步受到重视，生态学的研究重心也转向生态系统的结构与功能方面。生态学以种群、群落与生态系统，以及全球最大的生态系统——生物圈作为其研究对象。种群是栖息在同一地域中同种个体组成的集合体，研究种群的结构、分布和迁移，种群调整和稳定性，以及群落中的生物多样性。生态系统是同一地域中生物群落和非生物环境的集合体，研究生态系统的结构与功能，生态系统中能量与物质的交换，以及生态系统的发展和演化。总之，生态学研究的重点在于生态系统中个组分之间，尤其是生物与环境、生物与生物之间的相互关系和相互作用。

生态系统的概念最早是由英国植物生态学家 A.G.Tansley 于1935年提出来的，他指出所谓生态系统是指在一定的空间内生物成分和非生物成分通过物质循环和能量流动相互作用、相互依存而构成的一个生态学功能单位，他把生物及其非生物环境看成是互相影响、彼此依存的统一整体。生态系统不论是自然的还是人工的，都具有下列共同特性：①生态系统是生态学上的一个主要结构和功能单位，属于生态学研究的最高层次；②生态系统内部具有自我调节能力，其结构越复杂，物种数越多，自我调节能力越强；③能量流动、物质循环是生态系统的两大功能；④生态系统营养级的数目因生产者固定能值所限及能量流动过程中能量的损失，一般不超过5~6个；⑤生态系统

是一个动态系统，要经历一个从简单到复杂、从不成熟到成熟的发育过程。

生态系统概念的提出为生态学的研究和发展奠定了新的基础，极大地推动了生态学的发展。生态系统生态学是当代生态学研究的前沿。生态系统有四个主要的组成成分，即非生物环境、生产者、消费者和分解者：①非生物环境包括气候因子，如光、温度、湿度、风、雨雪等；无机物质，如 C、H、O、N、CO_2 及各种无机盐等；有机物质，如蛋白质、碳水化合物、脂类和腐殖质等。②生产者（Producers）主要是指绿色植物，也包括蓝绿藻和一些光合细菌，是能利用简单的无机物质制造食物的自养生物，在生态系统中起主导作用。③消费者（Consumers）主要指以其他生物为食的各种动物，包括植食动物、肉食动物、杂食动物和寄生动物等。④分解者（Decomposers）主要是细菌和真菌，也包括某些原生动物和蚯蚓、白蚁、秃鹫等大型腐食性动物。它们分解动植物的残体、粪便和各种复杂的有机化合物，吸收某些分解产物，最终能将有机物分解为简单的无机物，而这些无机物参与物质循环后可被自养生物重新利用。

生态系统的结构包括物种结构、营养结构和空间结构。生态系统中的物种结构主要指的是群落中的优势种类，将生态功能上的主要种类或类群作为研究对象。生态系统的营养结构指的是系统中的物质循环和能量流动，生态系统中的"捕食"关系构成了层级营养结构，也形成了生物间的相互平衡与制约。生态系统的空间结构实际上就是群落的空间格局状况，包括群落的垂直结构和水平结构。

生态系统的组成包括非生物部分和生物部分。非生物部分就是无生命的自然环境。生物部分是指生产者、消费者、分解者（还原者）。通过生态学的研究，分解者在生态系统的物质循环、能量流动中的地位对维持生态系统的生态平衡非常重要。

生态系统的发展和演变就是各种生物在一定的环境条件下所表示出的综合作用的过程。而一个健康的自然生态系统需具备以下条件：

第一，由在环境中占据一定的实际生态位，并对环境具有一定适应度的多种生物组成。

第二，具备完整的营养链和食物链循环体系，并能够顺利地实现各个环节的物种与能量交换。

第三，具备有效的调节机制以维持上述循环体系的动态平衡和应对环境的各种变化。

2. 生态位与生态共生理论

生态位（Niche）是指在生物群落中，一个生物单位（包括个体、种群或物种）对资源的利用和对环境适应性的总和，包括其在时间、空间上所处的位置以及与其他相关生物单位间的功能关系。生态位是生态学中一个极重要的概念，在自然生态学中，生态位用来表示一个种群在一个群落中的角色，即一个种群的生存方式，简单来说，生态位是指在生态系统和群落中，一个物种与其他物种相关联的特定时间位置、空间位置和功能地位。

　　而对于企业而言，每个企业在一定时期内只能占据企业生态位空间的某个部分，在一个集群域内处于不同生态位的企业能够获得不同利益。目前，对企业生态位的含义存在两种观点。一种是以 Hannan 和 Freeman 为代表的研究者认为生态位是企业在战略环境中占据的多维资源空间，企业种群形成一个基础生态位，它占据特定资源空间；另一种以 Baum 和 Singh 为代表，认为生态位是企业在资源需求和生产能力方面的特性，是企业与环境互动匹配后所处的状态，单个企业对应各自的生态位，企业种群是拥有类似生态位的企业的集合。这两种观点也可以解释为宏观生态位和微观生态位，本文所用的企业生态位定义是两种生态位观点的综合，反映了企业的实际能力和对资源独特的需求，是对企业环境资源空间特性和内部性质与能力的客观定位。企业生态系统应由不同的生态位和功能机制构成，企业的生存和发展是对不同生态位的适应与能动影响过程。

　　共生一词来源于希腊语，是由德国生物学家德贝里（1879）提出，生物学中的共生是指不同种属按某种物质联系而生活在一起。从一般意义上说，共生是指共生单元之间在一定的共生环境中按某种共生模式形成的关系。根据共生的概念，共生单元（U）、共生模式（M）和共生环境（E），这三者构成了共生的三要素，任何共生关系都是共生单元、共生模式和共生环境相互作用的结果。

　　共生单元是形成共生体的基本物质条件。不同的共生体中，共生单元的性质和特征是不同的，在不同的层次的共生分析中共生单元的性质和特征也是不同的，质参量和象参量是反映共生单元特征的两个参数。质参量反映共生单元的内在性质，对任何共生关系中的共生单元而言，存在一组质参量，它们共同决定共生单元的内部性质，在这一组质参量中，各个质参量的地位是不同的，而且也是变化着的。一般在特定时空条件下往往有一个质参量起主导作用，称之为主质参量，主质参量在共生关系的形成中具有关键作用。象参量反映共生单元的外部特征，一个共生单元往往存在一组象参量，这组象参量从不同角度分别反映共生单元的外部特征。同一共生单元的质参量和象参量的关系随时空条件和共生关系的变化而变化，在共生关系中，不同共生单元的相互作用通过质参量和象参量之间两两相互作用体现出来。

　　共生模式，也称为共生关系，是指共生单元之间相互作用或结合的形式，它既反映共生单元之间作用的方式、强度，也反映它们之间的物质、能量互换关系和信息交流关系。

　　共生环境，是指共生单元以外的所有影响因素的总和。环境与共生体之间的作用是相互的，环境对共生体的影响是通过物质、信息和能量的交流来实现的。

　　共生单元、共生模式和共生环境作为共生的三要素其相互关系是非常重要的，这种关系不仅反映共生的条件、性质和特征，而且反映共生的动态变化方向和规律，任何共生关系都是单元、模式和环境相互作用的结果。在共生关系的三要素中，共生模式是关键，共生单元是基础，共生环境是重要外部条件。共生模式之所以是关键是因为它不仅反映和确定共生单元之间的生产和交换关系，而且反映和决定共生单元对环境可能产生的影响或贡献，同时它反映共生关系对共生单元和共生环境的作用。三者之间的关系如图1所示。

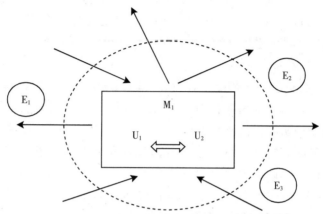

图1 共生单元、共生环境和共生模式之间的关系图

在图1中，U_1、U_2 是两个共生单元，M_1 表现 U_1、U_1 之间的某种共生模式，这种模式的具体取向随 U_1、U_1 的性质、变化和环境的性质及变化的不同而不同。M_1 取向是由一定的时空条件下的共生单元和共生环境所决定的，一般而言，共生单元的性质起决定作用。E_1、E_2、E_3 分别表示三类不同的共生环境，E_1 表示正向环境，E_2 表示中性关系，E_3 表示反向环境，正向环境对共生关系起激励和积极作用，反向环境对共生环境起抑制和消极作用，中性环境则对共生环境既无积极作用，也无消极作用。这种积极或消极作用是通过对共生过程中物质、信息及能量的流向发挥着作用。

（二）创新生态系统的有关理论

1. 理论的发展动态

创新生态系统理论在美国得到了高度重视，美国总统科技顾问委员会（PCAST，2004）发布的关于美国国家创新生态系统的两个报告中首次提出了"创新生态系统"的概念。美国竞争力委员会（2004，2005）在《创新美国》的报告中提出了"创新生态模型"。2008年美国总统科技顾问委员会再次阐述了创新生态系统的行为主体以及不同主体间的相互作用。罗恩·阿德纳（Ron Adner）于2006年首次将创新的生态系统定义为"一种协同整合，即各个公司把各自的产品整合起来形成一套协调一致的、面向客户的解决方案"。他认为，企业创新不应依靠单个企业的资源和力量，而是要通过打造自己的合作网络，通过互补性协作为顾客创造出有价值的产品。依据生态系统的创新给企业带来收益的同时，也带来了风险。企业在制定创新生态系统战略时需要正确评估创新生态系统的项目风险、依赖风险和整合风险。2012年阿德纳再次提出了"创新生态战略"。企业不再是独立的创新者，而是更广泛的创新生态系统的参与者之一。他用米其林轮胎、好莱坞数字电影、Amazon、索尼、苹果等诸多例子告诉我们如何才能正确认识整个生态系统。企业不仅仅要管理好自己创新，更好管理好整个创新生态系统。为正确认识创新所依赖的生态系统并避开可能的陷阱，阿德纳提出了广角镜工具箱（The Wide-Lens Toolbox），企业从产品原型到上市的整个过程中要保持最小可存活足迹（Minimum Viable Footprint，MVF），使企业始终保持一个完整的生态系统，然后再将这个有限的生态系统逐步分阶段地扩张。

国外学者应用创新生态的理念进行了有益的探索。Lundvall（1992）和 Nelson（1993）开发了国家创新系统模型。Griffiths 等（2009）通过检验 34 个国家的政府因素、经济因素和技术因素对国家创新生态系统的影响，得出结论，尽管政府和经济环境对创新生态有积极影响，但研发水平、人力资本和早期种子资金是创新的关键指标。研发水平越高、劳动力技术水平越高、风险资本越多，国家创新生态系统就越强。Ron Dvir 和 Edna Pasher（2004）介绍了"城市创新引擎"的概念，并基于这一概念，应用创新生态要素创新一个知识城市的具体操作步骤。Wendy Cukier 等（2012）认为企业家能力是加速国家数字经济和创新策略的重要人力基础，以瑞尔森大学数字媒体区为例，探讨了作为创新生态系统的重要组成部分的大学孵化器的作用。通过构建一个生态模型说明大学孵化器不仅能够提供短期成功，更能提供培养创新文化的模型。Gundry 等（2011）认为社会创新不仅取决于企业家能够整合资源解决问题的程度，还取决于一整套制度和结构——创新生态的支持。通过对 113 个企业家的调查，实证检验了创新生态与创新系统变化的驱动因素有关，而且受企业家的资源整合能力的调节。Birol Mercan 和 Deniz Göktaş（2011）从集群发展的状态、大学产业合作和创新文化三个部分分析创新生态系统，集群能形成累积知识，对创新活动有积极作用，大学和产业间的研发合作将会增加创新产出，熟练的和受过良好教育的劳动力以及高技能迁移可看作是创新文化的标志，创新文化有利于培育创新活动。这三个方面在创新过程中发挥着重要作用。Satish Nambisan 和 Robert A. Baron（2012）研究了在创新生态系统中企业家的自我调节过程，探讨了企业家在满足生态系统领导者的需求和达成本公司的目标之间取得平衡时企业家自我调节过程的潜在作用。

国内关于创新生态系统的研究主要集中在以下几个方面。在高科技企业创新生态系统研究方面，张云生等（2008，2010，2011）针对高科技企业构建了创新生态系统风险评价指标体系，论证了高科技企业创新生态系统治理机制包括的具体内容，提出了一套高科技企业创新生态系统技术标准许可价格结构及非平衡性理论一般性分析框架，以科学定价机制为基础，提出高科技企业创新生态系统的主要治理模式；覃荔荔（2012）对高科技企业创新生态系统的可持续发展机理进行了分析和评价；栾永玉（2007）论述了高科技企业跨国创新生态系统的结构、形成和特征；Lasser（2006）、石新泓（2006）以 IBM 为例论证了高科技企业融入创新生态系统的必然性与紧迫性；在创新生态系统风险研究方面，张云生（2009）、郑航（2009）、李小群（2009）分别构建了创新生态系统的指标体系。在区域创新生态系统研究方面，黄鲁成等（2003，2004，2006）分析了区域创新生态系统的特征、生存机制、制约因子和健康评价方法；徐占忱等（2007）运用生态复杂性方法，构建了创新生态系统集群主体间的创新优效性模型；刘志峰（2010）研究了区域创新生态系统的功能机制和结构模式；卢明纯（2010）设计了以联盟合作为导向的区域创新生态系统支撑平台及重构模型；陈畴镛等（2011）分析了区域技术创新生态系统的集聚系数和特征路径长度等小世界网络特征。此外，孙冰（2011）提出了基于核心企业视角的企业技术创新生态系统结构模型；靳洪（2011）提出了企业战略创新生态系统的理念；吕玉辉（2011）以生态学观点研究了技术创新系统的要素模型与演化规律；陈劲等（2011）阐述了国家技术创新体系中生存、演化和优化的三阶段创新发展机理，并构建了国家技术创新能力评价的演化能力和优化能力双层指标体系。

2. 后进国及其企业的创新生态系统分析

分析后发企业的生态化竞争与中国特色的开放式创新机理。

开放式创新是美国加州柏克莱大学哈斯商学院教授亨利·切萨布鲁夫（Henry Chesbrough）率先提出的，Henry Chesbrough 在 2003 年出版的《开放式创新——进行技术创新并从中赢利的新规则》一书中正式提出开放式创新（Open Innovation）的概念。他认为企业或组织在进行创新的过程中，可以利用内部和外部两条市场通道将企业内、外有价值的创新资源集中起来创造价值，同时建立相应的内部机制分享所创造价值的一部分。企业内部的创意可以通过外部渠道实现市场化，同样，外部的技术也可以被企业接受、采用。在开放式创新模式下，企业的技术创新是一个开放的、非线性的活动过程，创新可以跨越企业的传统边界，不再完全依靠自身的力量。开放的本质是外部创新资源的获取和利用，强调企业对内外创新资源的有效整合（见图 2）。

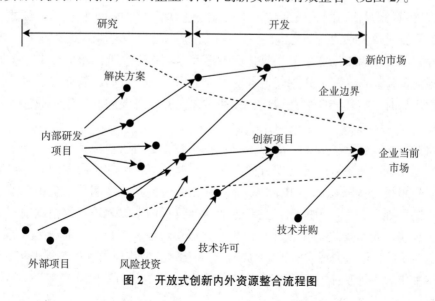

图 2 开放式创新内外资源整合流程图

引起创新模式由封闭式创新转变为开放式创新的主要影响因素包括在信息化和全球化背景下知识性员工数量的骤增和高度的流动性、风险投资的蓬勃发展、产品生命周期的迅速缩短、知识在产品价值网络中的广泛分布、外部创新资源的可用性、学术机构研究能力和研究质量的提高以及不断增强的外部供应商的能力等。这些因素促使企业为了提升竞争力采取有效整合企业内外创新资源的开放式创新方式。开放式创新方式加快了企业创新的速度，提高了创新市场化的成功概率，它已成为世界上许多著名高科技企业，如施乐、英特尔、IBM、朗讯、宝洁公司进行创新范式变革的重要选择。开放式创新与封闭式创新相比的最大优势是有利于产品创新生命周期的缩短，加快创新的进程，在一定程度上有利于打破企业边界的限制，使企业的技术模仿与学习能力成为关键，因为这种创新机制突破了传统创新垄断的时间条件，使创新的霸主地位极易受到挑战，而这种挑战的力量有时往往来自意料之外的地方（见表1）。

表1 封闭式创新与开放式创新的比较

创新模式	封闭式创新	开放式创新
创新来源	企业内部研发	内部研发，外部创新资源
外部技术环境	知识缺乏	知识丰富
组织边界	完全封闭	边界可渗透，动态开放
创新组织方式	纵向一体化，内部严格控制	垂直一体化，动态合作

随着全球化和市场化进程的加快，进入21世纪以来的企业发展环境尽管呈现扁平化和规范化的趋势，但是因国家和地区的明显社会差异所带来的社会市场环境却有着较大的不同，同时随着各地区经济发展阶段上的不一致，使得 Chesbrough 所讲的"开放式创新"面对不同的环境及发展阶段有其特定的含义和特殊性，这其中的主导思想"开放式"仍是普遍适用的，只是其开放的重点脱离了"常规"，它也是开放式创新在不同发展层级间发生时的一个特定现象，我们这里称之为"模仿跟进式创新"，其创新的"开放式"表现为市场竞争上的直接面对面和在创新信息上的单向流动，但它能够规避违规的风险。这种开放式创新也可称之为发挥后发优势的赶超型"开放式创新"，其产生的市场时机有其特定的规律性，往往在市场开始普及同时领先企业进入功能完善的特定阶段（见图3）。

企业的开放式创新实践，一般源于对自身核心竞争力的明确界定，充分了解自己的企业发展愿景，清楚未来的发展方向，进而能够针对自己的发展方向制定出自己的中长期创新路线图（Innovation Road Map）。在实施该创新路线图的过程中，首先要采取开放式的思维方式和行为模式，在对企业内外技术创新能力进行评估的前提下，凡是有利于加快创新路线图实现的资源和知识，不管它是来自企业内部还是外部，都应积极地创造条件并组织力量去吸纳，通过创意和技术优势或模仿中的改进来实现创新。

现实中作为模仿改进式赶超型"开放式创新"，其实践的主要方式有：①组建足够

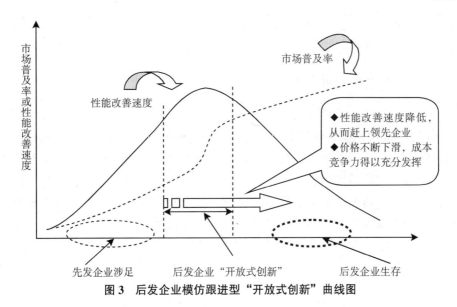

图3　后发企业模仿跟进型"开放式创新"曲线图

规模的研发团队，通过人才流动吸引所需的关键技术人才。对于关键技术通过逆向工程进行学习模仿，对受制于专利保护的技术加以适当改进，对于非专利保护的技术和设计采用拿来主义，直接使用。有必要的情况下，邀请相应的技术专家作为创新团队在此项技术应用上的顾问。②寻找符合自身发展方向和切合自身核心能力的研究项目，与有关研究机构进行投资合作。对那些目前还处在基础性研究阶段的项目，只要有利于实现本企业的创新路线图，就要以投资者的身份进行参与，对于研究计划和预算执行可派专家进行审定和监控。这样，一旦研究成果出来，企业会拥有优先使用权。在有些项目中，还可以考虑派出自己的研究人员参与研究，提前掌握关键技术。③成立研究联盟，打造产业价值链上自己的核心优势。根据本企业在产业价值链上的核心竞争力把握其中的战略性核心项目，采用研究联盟的方式进行开发，这样能平衡各方利益，汲取各方优势，发展出一套符合各方利益和产生最大自身价值的创新方案。④成立合资公司。当创新项目需要一个重要的技术，而技术的拥有者无意出售该技术时，最佳方法就是与对方公司成立合资子公司，共同开发该创新项目，并对新项目拥有共同的产权。这里需要特别提及的是在创新项目的组织过程中，企业须注重知识产权保护。没有知识产权的保护，就失去了长期创新的动力。

在我国当前社会经济发展阶段，开放式创新理论已在实践上为我国各级各类企业、产业乃至国家的创新发展提供了有力的理论指导，正是我们的企业实践进一步丰富了开放式创新理论。在过去的赶超经济体创新实践中，开放资源（Open Source）、开放平台（Open Platform）已经成为后进企业 R&D 常用的模式，他们以开放的态度致力于产品的市场化开发，同时利用本国的各种有利政策及市场环境机遇，均取得了显著的效果。他山之石，可以攻玉，对我国来说，目前全国上下、从国家到企业都以不断提升自主创新为发展目标，但是我们应该从开放式创新理论中得到启示：自主创新不等于封闭创新，自主创新需要开放式创新，需要合作创新。

三、新能源汽车企业创新生态系统现状及日美模式

（一）新能源汽车创新生态系统及其特点

在新能源汽车的生态系统中，国家政策、市场需求、社会环境等因素作为外界环境时刻影响着内部因素的发展，彼此间信息、能量相互传递。而对于新能源汽车业上下游的企业间通过供需要求相互协作，新能源汽车生态系统中与传统汽车生态系统不同的是上游增加了重要的电动零部件供应商，其电动产品在新能源汽车中占有核心位置，还有在消费者使用的环节增加了相应基础设施提供，这是保证新能源汽车持续成长的基础条件。而企业间依然会存在着相应的竞争与合作，两者相互竞争，相互博弈，相互成长（见图4）。

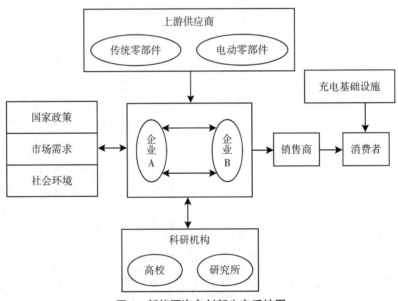

图 4　新能源汽车创新生态系统图

（二）能源汽车创新生态系统的演进

新能源汽车系指采用非常规的车用燃料作为动力来源（或使用常规的车用燃料、采用新型车载动力装置），综合车辆的动力控制和驱动方面的先进技术，形成的技术原理先进，具有新技术、新结构的汽车，但不包括采购新能源汽车完整车辆、二类及三类底盘改装形成的汽车。其中非常规的车用燃料指除汽油、柴油、天然气（NG）、液化石油气（LPG）、乙醇汽油（EG）、甲醇、二甲醚之外的燃料。

从新能源汽车开发方向的角度，最初对新能源汽车关注的是日本汽车业，由于其

本国资源相对匮乏，大量资源都依靠进口。为了国家未来的发展，减少对外资源的依存度和石油的消耗量，日本企业开始研制有关节能的汽车装置，通过不断的尝试和试验，最终将注意力集中在混合动力方面。混合动力汽车是通过发动机和电动马达相结合的方式，两者分担动力，继而创新出一种新的动力模式。

新能源汽车创新生态系统是动态的，不断发生着变化（见图5），随着技术的不断更新，原有因素将被新的因素所代替。有了电动马达被应用到汽车领域的前提后，彻底改变汽车依靠汽油、柴油作为动力来源的想法将不是幻想。纯电动汽车便是由自身携带的电池提供电力驱动，省去传统汽车内部离合器、变速箱等机械装置，系统结构相对简单。在运行过程中无任何污染和排放问题，其排放和污染只间接来自于电力生产的过程，整体而言排放水平低于内燃机。随着电力生产的绿化程度越来越高，纯电动汽车的环保性将更加突出。

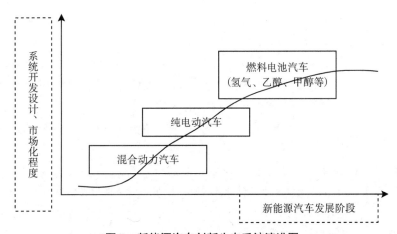

图5　新能源汽车创新生态系统演进图

纯电动汽车虽然比混合动力汽车有优势，但其尾气排放物仍会对环境产生影响，而且对能源利用效率还有待提高，真正实现汽车尾气零排放同时又环保的方式则只有以自然界中的可再生能源为原料。燃料电池汽车就是顺应未来发展，通过水能、风能、太阳能等可再生能源为原料制成氢气，燃料电池汽车以氢气作为燃料，汽车运行中的排放物为水，这完全符合清洁环保的要求。同时，氢气可以从水中获取，从理论上来说，是取之不尽，用之不竭的，不存在资源量限制。因此，这也是新能源汽车发展的终极方向。

（三）日美新能源汽车企业的创新生态系统现状及其比较

1. 日本的新能源汽车企业创新生态系统特点

日本地域狭小，相应资源匮乏，自身一系列特点迫使日本不得不提前思考未来面对的问题，在新能源汽车研发和发展方面也不例外。在日本新能源汽车生态系统中，政府、汽车企业、电池生产商及研究机构等之间通过指导、合作等方式进行着信息传递。其中不同于美国的新能源汽车生态系统，在日本起到关键推动作用的是新能源汽车企业，而研究机构和政府等因素则是相对辅助作用。丰田汽车、本田汽车、日产汽车等几大日本厂商不仅在传统汽车上达到先进水平，在生产新能源汽车技术上也占有优势，尤其是在混合动力汽车方面。它们凭借自身技术上的绝对优势，通过官产学的紧密合作，面向全球实施自己的新能源汽车发展计划。丰田混合动力车普锐斯从 1997 年问世之后，经过技术不断改进和创新，该车畅销欧美，全球销量现已突破了 200 万辆。在 2009~2010 年的丰田汽车发展规划中，新能源汽车已成为战略发展的重点之一，混合动力车型的数量逐步增加，预计到 2020 年时，将实现所有的销售车型都将提供混合动力版。

日本锂离子电池技术在新能源汽车生态系统中起到了较好的推动作用，促使系统的发展能顺利进行。根据中投顾问产业研究中心发布的《2009~2012 年中国锂电池行业投资分析及前景预测报告》的研究报告显示，全球主要的汽车锂电池的生产企业有 20 多家，包括美国的 A123 和江森自控、中国的比亚迪、韩国的 LG 化学，而日本则有日本电气、东芝、日立制作所、GSYuasa、丰田汽车等十多家相关企业。目前，日本主要的汽车和电池企业纷纷投资建设车载锂离子动力电池生产线，集中在 2010~2011 年投产。据日本汽车研究所预计，按照日本现在混合动力车的普及程度推算，到 2020 年混合动力车在日本国内将有约 360 万辆。如果高性能锂电池在近几年得到更多推广，到 2020 年，混合动力车有可能进一步达到 720 万辆。

在新能源汽车开发路线上，日本依靠新能源汽车厂商在领域内的优势，采用以企业为主导、自下而上的方式推进新能源标准化（见图 6）。丰田、日产、本田、铃木、三菱等 9 家汽车企业与多家电池生产商、汽车研究所以及国家政府部门将共同参与实施试验，制定统一的锂电池规格和安全标准，同时，充电方式也将标准化。

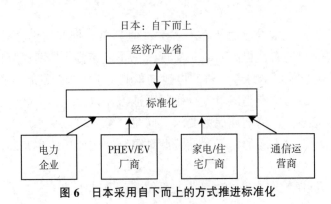

图 6　日本采用自下而上的方式推进标准化

日本政府通过出台相关政策支持新能源汽车的发展，2006 年，日本经济产业省和资源能源厅制定了"新国家能源战略"，提出到 2030 年，能源效率要比现在提高 30%，将石油依赖度从目前的近 50%降至 40%，其中运输部门的石油依赖度降低 20%，使日本成为世界最节约能源的国家。2009 年，日本政府开始实施"绿色税制"政策，购买纯电动汽车、混合动力车和清洁柴油车可享受免除多种税负优惠。政府也建立了多座充电站、加氢站等基础设施，以方便新能源汽车的推广使用。2009 年东京电力率先建立了 200 个充电站，计划 2011 年底达到 1000 个。同时，政府投入 3700 亿日元加大对购买环保汽车的补贴力度。2010 年，日本通过第二次补充预算案，继续为本国消费者购买新能源汽车提供补贴。

2. 美国新能源汽车企业的创新生态系统特点

美国就是新能源汽车创新实践的先行者，时间可以追溯到 1908 年福特汽车公司在全球范围内推出最早生物燃料 T 型汽车，但由于生物燃料汽车在动力性和制作成本上不如汽油，之前一直处于被忽略的状态。

在美国的新能源汽车生态系统中，美国政府、各大汽车企业及各大电力企业等各因素相互通力配合，互相合作。其中，美国政府在推进新能源汽车开发、发展中起到了关键的作用，通过立法和制定相应的政策目标，强制推行新能源汽车产业化发展，并且积极与研究机构、企业和社会团体合作，在关键技术、产业化配套设施的建设等各个方面都投入了巨大的资金支持，针对新能源汽车产业特点采取相应的政策。

政府把生物燃料汽车作为美国未来新能源汽车发展的重点：原因一，生物燃料汽车以氢气为燃料，排放物为水，完全符合清洁环保的要求；原因二，燃料电池直接将化学能转化为电能，能源利用总效率可达 70%以上，比其他类型新能源汽车效率高；原因三，美国是世界粮食生产大国，每年的生物燃料产量约为 120 亿加仑，这为生物燃料汽车提供了充足的乙醇燃料。2007 年，美国众议院通过的能源法要求美国汽车行业在 2020 年前，把汽车燃油效率提高 40%，并大幅增加乙醇等生物燃料的添加比例。政府对其他新能源也给予相应的支持和鼓励，如太阳能和风能等可再生能源的企业减税期限延长至 2013 年。

在新能源汽车的开发重点上，政府着重关注新能源汽车用电信息管理和智能电网建设方面，力图掌控充电基础设施，同时以政府新政为主体积极推行新能源汽车发展计划。2009 年 8 月，美国总统宣布美国能源部将设立 20 亿美元的政府资助项目，用以扶持新一代电动汽车所需的电池组及其部件的研发，到 2015 年美国要有 100 万辆充电式混合动力车上路，同时政府还投入 4 亿美元支持充电站等基础设施建设。在新能源汽车开发路线上，政府以美国能源部为主体，商务部国家标准技术研究所为辅助方式进行新能源汽车标准化，形成了自上而下的形式，如图 7 所示。

美国政府推行的新能源汽车发展计划中，由于新能源汽车技术研发、市场推广等方面存在很多未来不确定因素，单个企业不愿承担巨大成本和风险，此时政府不仅积极与汽车企业、研究机构合作，也提供了大量资金支持和相应税收减免政策。2008 年 6 月，美国能源部宣布将拨款 3000 万美元，资助通用汽车公司、福特汽车公司、通用

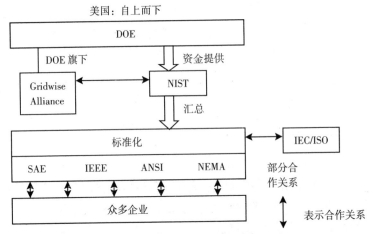

图7　美国实行自上而下的方式推进标准化

电气公司于 2008~2011 年进行的 Plug-in 混合动力电动汽车研究项目。

3. 美日两国新能源汽车创新生态系统的比较

新能源汽车取代传统汽车是一个长期的过程，在这个取代过程中，不同国家的发展路径也不尽相同。在新能源汽车开发路线上，美国推崇以政府政策为主要方式，通过合理开发布局，从汽车企业研发、汽车充电设施建立到新能源汽车标准化的建立，多角度共同进行。而日本则是以新能源汽车企业发展为基础，紧密联系研究机构和相关电池产业，通过自身发展程度来逐级制定新能源汽车业的标准。在新能源汽车开发方向上，两者也存在区别。美国将氢燃料电池汽车作为其中长期的发展重点，日本是以混合动力汽车为研发重点，同时兼顾燃料电池和生物燃料的发展。虽然两者选择形成了鲜明的对比，但是美国和日本都是从本国自身的环境出发，结合国内新能源汽车企业和相关配套设施等因素，选择出最适合本国新能源汽车发展的生态系统。

四、比亚迪新能源汽车创新生态系统的案例分析

这里我们通过对我国近十年来在汽车产业领域以其显著的市场业绩和增长速度引起国内外广泛关注的比亚迪汽车的创新现状进行分析，得到主要资料收集和整理的方法包括：咨询企业相关成员（包括技术人员、管理人员、部门经理、营销人员以及业内顾问专家），查阅收集公开调研分析文献、年报、行业分析报告、咨询文件、政策法规文件等，统计、对比、分析和总结比亚迪新能源汽车开放式创新的生态化竞争及其开发的各项资料等。

（一）背景分析

1. 比亚迪股份有限公司及其里程碑事记

比亚迪股份有限公司（以下简称比亚迪）创立于 1995 年，是一家在中国香港上市的高新技术民营企业。目前，比亚迪在全国范围内，已在广东、北京、陕西、上海等

地共建有九大生产基地，总面积将近700万平方米，并在美国、欧洲、日本、韩国、印度、中国台湾、中国香港等地设有分公司或办事处，现员工总数已超过13万人。2002年7月31日，比亚迪在香港主板发行上市（股票代码：1211HK）。2007年，比亚迪电子（国际）有限公司在中国香港主板上市。2008年9月27日，美国著名投资者巴菲特向比亚迪投资2.3亿美元，拥有其10%的股份，扩大了比亚迪品牌的世界影响力。

比亚迪现拥有IT和汽车两大产业群。公司IT产业主要包括二次充电电池、充电器、电声产品、连接器、液晶显示屏模组、塑胶机构件、金属零部件、五金电子产品、手机按键、键盘、柔性电路板、微电子产品、LED产品、光电子产品等以及手机装饰、手机设计、手机组装业务等。目前，比亚迪作为全球领先的二次充电电池制造商，IT及电子零部件产业已覆盖手机所有核心零部件及组装业务，镍电池、手机用锂电池、手机按键在全球的市场份额均已达到第一位。2003年，比亚迪正式收购西安秦川汽车有限责任公司，成立了比亚迪汽车有限公司，开始涉足汽车制造与销售领域。至今比亚迪已建成西安、北京、深圳、上海四大汽车产业基地，在整车制造、模具研发、车型开发等方面都达到了国际领先水平，产业格局日渐完善并已迅速成长为中国最具创新力的品牌之一。汽车产品包括各种高、中、低端系列燃油轿车，以及汽车模具、汽车零部件、双模电动汽车及纯电动汽车等。

比亚迪自1995年成立至今的短短15年时间里，其汽车业的发展仅用7年时间就确立了自己的行业主体地位，在这短暂的历程中其标志性的里程碑事件足以说明其业绩的突出和创新的独特性与有效性（见表2）。

表2　比亚迪的里程碑事件——创新发展的历程

时间	里程碑事件
1995年2月	比亚迪公司成立，注册资本250万元人民币，员工20人左右
1996年7月	通过ISO9002认证
1997年	通过大量研究，优化负极添加剂，可以阻滞镉金属颗粒长大，改善了电池小电流通过充电性能及循环寿命；赢得了VTECH、CCT客户的信任；公司自主研发，开始生产锂离子电池，并且很快投入量产
1998年12月	通过ISO9001认证；同年，比亚迪公司以国际化的视野开始向海外发展，欧洲分公司成立
1999年	开发出当时行业内领先的SC2100P大电流放电池，当年镍镉电池产量达到1.5亿节 中国香港分公司成立；初步建立深圳工业园（葵涌）并开始投入使用；葵涌工业园是一座设计先进的现代化工业园，是比亚迪总部所在地；美国分公司成立
2000年12月	成为Motorola第一个中国锂离子电池供应商
2001年	成为Nokia的供应商；韩国办事处成立；自主研发的发泡镍锟焊、正极端面焊工艺，大大改善了电极的集流性能，提高了SC系列大电流放电性能，得到了BOSCH客户的认可，当年镍镉电池产量达到2.5亿节
2002年	比亚迪获得QS9000认证；在中国香港主板上市；与北京吉驰汽车模具有限公司资产重组，成立全新的北京比亚迪模具有限公司，建立北京比亚迪工业园；开始建立上海比亚迪工业园，上海分公司成立

续表

时间	里程碑事件
2003 年	比亚迪公司跨行业收购西安秦川汽车有限责任公司，成立了比亚迪汽车有限公司，又在西安市高新技术产业开发区征地 100 万平方米，修建新厂房，营建西安生产基地；比亚迪收购北京吉驰汽车模具有限公司（占地 20 万平方米），同年，比亚迪在上海创建上海比亚迪工业园（占地 56 万平方米），同时又把汽车销售总部迁到了深圳，从而形成辐射全国：东——上海、南——深圳、西——西安、北——北京全方位布局
2004 年	深圳比亚迪微电子有限公司成立，Li-ion 电池位居世界第二；比亚迪上海汽车检测中心竣工，并成功完成比亚迪汽车检测中心的重点项目——碰撞实验室建成后的首次整车碰撞实验；索尼、三洋诉比亚迪专利案，比亚迪胜诉
2005 年	比亚迪汽车在西安宣布，首款新车 F3 正式下线，同时 20 万辆产能的新生产基地也正式落成；日本分公司成立
2006 年	比亚迪 F3 在 10 个月内获得各类奖项 68 个；比亚迪纯电动轿车 F3e 研发成功，成功搭载 ET-POWER 技术的铁动力电池，实现零污染、零排放、零噪音的三无目标，续航里程达 350 千米，标志着比亚迪纯电动汽车技术处于世界领先地位；出口乌克兰；比亚迪汽车累计完成销量 63153 辆，同比增长 472%，成为增长最快的自主汽车企业
2007 年	印度分厂建立；比亚迪汽车与欧洲、非洲等国家和地区汽车贸易商正式签署汽车出口合作协议，标志着比亚迪的海外战略开始全面推进；比亚迪 F3R 五省先期上市；比亚迪 F6 荣获最佳（中国）首发新车、最具上海风尚奖、最佳设计轿车奖；比亚迪汽车的第 10 万辆 F3 轿车在西安下线；比亚迪汽车在深圳举行比亚迪汽车深圳现代化生产基地落成暨中高级轿车 F6 下线仪式，这标志着比亚迪汽车进军中高级轿车市场战略进入实施阶段，同时集团总裁王传福宣布了比亚迪的两大目标：2015 年中国第一，2025 年世界第一，振动了汽车界和舆论界
2008 年	F6 获中国消费者最喜爱的汽车、年度最佳自主品牌轿车、最佳外观设计、西安车市总评榜年度最佳中高级汽车；2008 中国最具创新力公司；F0 获最佳自主首发新车大奖、2008 中国（成都）车市总评榜最值得期待新车、2008 超级汽车年度微型轿车；F3 获中国（成都）车市总评榜最畅销车型、华鼎奖 2007 中国经济型轿车满意度调查第一名；F8 获中国汽车自主品牌英雄榜车型大奖最佳微型车；双模电动车 F3DM 上市
2009 年	F3DM 获年度节能环保车型先锋奖、年度汽车技术创新奖；F0 和 F6 分获最佳微型汽车和最佳中高级汽车年度奖；比亚迪成为最佳可持续发展年度企业、年度自主品牌；纯电动汽车 e6 上市
2010 年	e6 作为深圳出租车运行 60 公里经受住考验，宣布品质过硬、全面上市；比亚迪收购日本著名模具企业获原工厂；戴姆勒与比亚迪签署电动车合作项目；美国《商业周刊》评选出 2010 年全球 IT 业 100 强，比亚迪超越苹果成为全球最具创新力的企业，排名第一

2. 市场趋势与政策环境

电动汽车技术在各国政府和各大汽车公司的推动下得到飞速的发展。尽管目前在价格、技术成熟度方面还不能与传统内燃机汽车比拟，但电动汽车具有深厚的发展潜力，将最终在今后逐步取代传统汽车。当前，全球电动汽车发展将快速形成美中日三方主导的格局。美国由于及时出台了支持电动汽车发展的一揽子政策，主流汽车厂家行动较快，美国在电动汽车研发和产业化方面会走在世界前列。日本的混合动力技术在 2009 年显示出了强大市场竞争力，在此技术领域日本遥遥领先，其电动汽车的企业研发实力很强。中国在 2009 年开展了全球规模最大的电动汽车检验性运行（十城千辆计划），电动汽车产业链已初步形成。

2009 年我国《汽车产业调整和振兴规划》中提出启动节能和新能源汽车示范工程，并规划到 2011 年形成 50 万辆电动汽车生产能力。但是，电动汽车的发展需具备两方面条件，一是靠技术突破和降低成本，特别是锂电池的成本；二是靠政府强有力的政策支持。为了使我国自 2009 年跃居全球汽车销售第一大国后能上升为汽车强国，科技部的电动汽车"十二五"专项规划草案已拟定，规划包括明确电动车产业化研发方向和加大对示范产品的开发、优化和应用的财政补贴力度等七方面。发改委会同有关部门修订《产业结构调整和指导目录》，在鼓励类产品中，新增了新能源汽车关键零部件。工信部会同有关部门开展 2004 年版的《汽车产业发展政策》的修订工作，拟推出《节能与新能源汽车发展规划》。2010 年国家已推出并实施纯电动车、插电式混合动力车及1.6 升及以下节能车型的补贴试点工作。

（二）比亚迪基于开放式创新的新能源汽车创新生态系统开发

比亚迪的开放式创新包含一般性和特殊性两个方面的内容：作为一般性内容是开放式创新的内在规定性，具体指三层含义，一是作为创新主体应该拥有自己的优势，它是开放式创新的决定因素，没有这种创新上的自我优势，也谈不上开放性创新。比亚迪所具有的这种优势就是集电池技术、规模化研发团队和人机共线的半自动化生产于一身的三位一体的竞争能力。二是创新者与创新环境间的交流日益顺畅。全球化与信息化发展所形成的冲破各种产品信息障碍的力量越来越强，合作与竞争的角色因创新信息的自由流动而经常换位，使市场上的领先者优势面临挑战，促使各级各类企业因企业边界模糊而强化创新上的互动，寻求自己的核心创新能力。三是凭借自身的优势寻求创新上的合作进而整合更多的创新资源，使创新价值最大化，这方面中国近年来所形成的产业聚集在不同区域的布局为其创造了条件。作为特殊性内容是比亚迪在特定发展阶段和自身面临的竞争环境所决定的，其中也有创业者自身的特质成分，具体也包含三层的含义：一是以开放的态度面对自己的竞争对手，表现为模仿跟进式创新，这种创新一般是小的创新，更准确地说是小的改革，对于有专利保护的部分加以改变，而对于不受专利保护的部分直接拿来，体现为竞争上的"明争暗斗"。二是研发上的人海战术，使开放式创新无处不在，不求最强但求最全，使广泛的创新借助低成本的人才资源渗透到产品的方方面面。三是遵循创新上的实用主义，不求最好，但求进入市场速度要快、成本要低，一切从实用出发。正是上述所界定的比亚迪开放式创新的内涵，使得比亚迪大有后来居上的势头。

首先，这种开放式创新可以从其组织结构的事业部制得到说明，因为事业部制既适合中国企业的发展现状，更适合开展这种开放式创新活动。

其次，这种开放式创新还表现在其市场上的产品流程创新速度。比亚迪利用模仿跟进式创新、核心部件流通化以及产业聚集这三大武器，成功地实现了商品开发流程的高速化。尽管比亚迪近年来在其主导汽车产品开发上令发达国家的企业满腹牢骚，指其仿造而非创新，但即便如此，比亚迪还是实现了对商品开发流程的真正创新。其原因在于，当今世界那种在单个商品上的创新效力正大幅丧失。首次提出"核心竞争力"（Core Competence）的经济学家哈默尔（Gary Hamel）在 2007 年出版的著作中强调：

"具有代表性的产品确实能够将企业从默默无闻推向顶礼膜拜的地位。不过，如果没有专利这一强制保护机制，大部分的产品都会立即受到模仿。此外，技术进步的速度也越来越快，为新企业提供了一步跨越往日先驱的机会。为此，一个划时代的产品使得企业长期处于业界领头羊地位的情况已经很少见了。"

再次，利用规模化研发团队，实施"垂直整合战略"。比亚迪现有员工约 14 万人，其中有 1.2 万名工程师做基础项目的研发，约占员工总数的 9%，2008 年，比亚迪的研发投入为 11.6 亿元，比 2007 年增加了 66%。与跨国公司相比，比亚迪拥有大量低成本的研发人员，正是靠这种研发优势，比亚迪内部号称"301 效应"，即以 300% 的工程师人数要换取 1% 的领先。靠研发的规模效应从设计入手全面整合产业价值链（见图 8），并通过自制零部件上的降低成本创造自己的利润空间，这方面成熟表现于其手机 EMS 业务上，现已成功应用于汽车业（见图 9）。

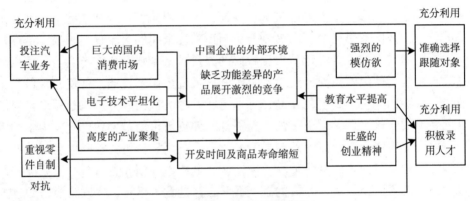

图 8　比亚迪开放式创新的策略

最后，跟随中巧妙规避专利风险，实现低成本利用。比如比亚迪锁定的产品是一直由日本企业垄断的锂离子充电电池。不过，并非"完全模仿"。在制造上，并未购置自动化设备，而是采用中国特色的手工加工以及内部制造的设备，降低了设备投资费用。有的设备的开发费用甚至不到购置费用的 1/10。另外，在设计上也下了功夫，如将昂贵的金属构件改为在廉价金属上电镀贵金属的产品。比亚迪的努力获得了产品的低价格，并以此为武器，在 2002 年之前连续获得了诺基亚和摩托罗拉这两大锂离子充电电池客户。对此，无法容忍的三洋电机和索尼对比亚迪展开了专利战。但是比亚迪最终胜诉。

正是比亚迪自己摸索出的开放式创新产品开发方式，使其刚涉足汽车业不久即陆续开发出中国领先的新能源汽车，以此奠定了自己的品牌地位（见表 3）。

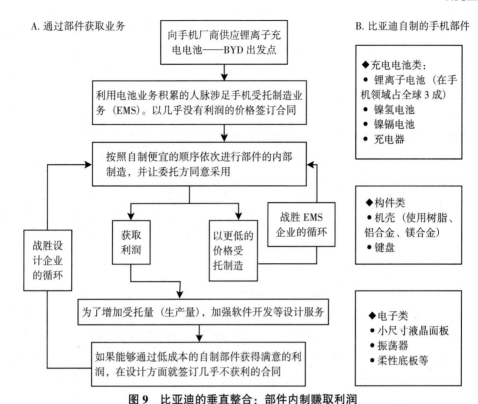

A. 通过部件获取业务

B. 比亚迪自制的手机部件

图9　比亚迪的垂直整合：部件内制赚取利润

表3　比亚迪新能源汽车——电动汽车开发一览表

名称	F3e	F3DM	F6DM	e6
上市时间	2006年11月	2008年12月	2008年12月	2010年8月
车型	紧凑型	紧凑型	中型	中型
电池	铁电池ET-POWER	高铁电池	高铁电池	Fe类高铁电池
市场化程度	试验	完全市场化	部分市场化	即将市场化
续航里程	300千米（理论最大）	100千米（最大）	430千米（理论最大）	300千米以上
最高时速	150千米/时	150千米/时	160千米/时	160千米/时
价格	30万元	12万~15万元	15万~18万元	27万~30万元

（三）新能源汽车开发方式上比亚迪面临的生态化竞争挑战

在新能源汽车开发上，中美日之间有着微妙而激烈的竞争与合作关系，根据以往新能源汽车产业的发展实践，目前中国的新能源汽车开发尚处于政府重视、政策酝酿、厂商积极实施"概念化"的阶段，以比亚迪为代表的本土厂商也处于力争在国内占有一席之地，以此提升自有品牌，在国外为强化研发制造能力而寻求合作的起步时期。而美国则举国家之力以政府新政为主体积极在国内外推行新能源汽车发展计划，重点在智能电网建设和新能源汽车用电信息管理方面。日本则以国内几大主要汽车厂商及相关实力企业为主体，凭借自身在新能源汽车技术上的绝对优势，通过官产学的紧密合作，面向国内外实施自己的新能源汽车发展计划。如果说以比亚迪为代表的中国本土汽车厂商在为新能源汽车的产业化和市场化而力争从概念化向市场化迈进，那么美日新能源汽车厂商则在为建立新能源汽车的各种标准而紧锣密鼓地向前推进。当然，比亚迪所面临的发展挑战显然是日益严峻的。

1. 新能源汽车中国化中比亚迪的开发方式

一方面，比亚迪积极配合国家新能源汽车发展规划，提出了自己的充电基础设施规格提案，争取在国内获取电动汽车市场上的优先地位；另一方面，利用自身的电池技术优势和成本控制能力，积极开展国际技术合作并谋求进入美国电动车市场，试图采取"先难后易"战略，确立自己的汽车品牌形象。实际上，仍属于内向型市场开发战略。因为目前中国的汽车产业发展势头迅猛。在全球经济危机导致各国汽车销售量锐减的 2009 年，只有中国比上年增加了 46%，达到 1360 万辆（中国汽车工业协会公布的数据），这就意味着中国的汽车市场超越了美国，跃居全球第 1 位。预计中国的汽车销量今后仍将继续，到 2020 年将超过 2000 万辆，其中约 10% 为电动汽车。

在影响国家新能源汽车产业的社会基础设施开发上，比亚迪的提案存在着不尽完善之处，表现为与日本提案相比在可行性上存在着一些差距（见图 10），即最大电流达到 1000 安，为日本提案的 8 倍，快速充电站的技术人员指出，从中国的电力基础设施目前还不能说太高的质量角度来看，这一性能指标给电网造成的影响会过大。

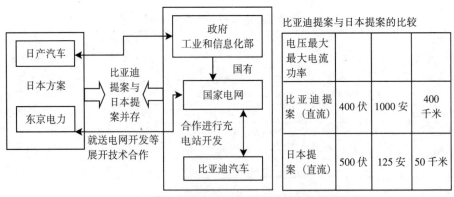

图 10　中国充电规格暂定案中比亚迪提案与日本提案

2009 年以来，比亚迪积极在国内外进行新能源汽车产业的布局，其中短期目标显然仍是国内市场。在中国本土，其依仗电池技术优势虽然涉足汽车业时间很短却能够在新能源汽车领域做到高起点，进而很快形成南北东西全方位的产业布局。2007 年以来，比亚迪先后建成深圳现代化生产基地、营销中心和第二研发中心、上海研发基地、北京模具中心、西安生产基地，并将其全部纳入事业部制，共拥有 17 个事业部。比亚迪自最初组建汽车生产时就延续了 IT 零部件的模式，希望通过全面铺开的研发和最大限度利用人工生产来降低成本。与此同时，在深圳总部比亚迪构建的新能源汽车生活梦想开始对外展示：利用"太阳能技术"无污染地获取能量，储能电站能将这一能量储存好，电动车可以从储能电站充电、驱动汽车。这一梦想一旦实现，比亚迪实现铁电池的生产规模可以迅速扩大，成本也可能会大幅降低——比亚迪可能会在新能源方面继续实现低成本的核心竞争力。从国外看，提出 2010 年力推 e6 进入美国市场的目标，并加紧通过收购日本知名车体模具企业获原的一个工厂，同时与德国大众和戴姆勒签订电动车合作协议，建立了深圳比亚迪技术中心进行 EV 的开发、车辆设计及测评，加之巴菲特的加盟影响，高姿态、高起点实施国际化战略，这在一定程度上也提升了国内市场开发中的品牌建设水平，目的是不断扩大国内的品牌渗透能力。

美日新能源汽车开发商所推动的产品开发路线与我们有着很大的不同，他们已经开始了对新能源有关标准的竞争。在这个技术标准的市场争夺战中，日本与美国所采取的新能源汽车开发方式截然不同，日本是自下而上的开发方式，美国是自上而下的开发方式。在日本主要是以企业为主导推进标准化。而美国推进标准化的则是美国能源部（DOE），具体事务则由美国商务部国家标准技术研究所（NIST）负责。美日的这两种标准化开发方式在我国新能源汽车体系标准的建设上形成了激烈的竞争（见图 11）。

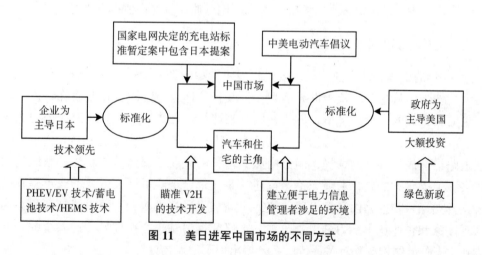

图 11 美日进军中国市场的不同方式

在新能源汽车开发上，美国力图通过掌控充电基础设施，用电力控制汽车与家电；日本则以企业集团的技术优势通过官产学合作，通过控制终端标准控制新能源汽车社会体系。美国侧重于电力企业，日本侧重于新能源汽车厂商。其核心是全球新能源汽车的有关标准之争。

2. 比亚迪面临的挑战

（1）在发达国家新能源汽车厂商携各方力量瞄准技术标准之争时，我们还停留在从概念化向市场化过渡中的产品本身，最终将无法实现赶超目标。如何举全国之力，从企业到政府形成整体竞争力，利用我们的市场优势，力争在开发新能源汽车标准上占有主动，这是比亚迪也是我国汽车厂商必须应对的课题。

（2）打造比亚迪未来品牌形象的 F3DM 和 e6 能否在国内外成功打开目标市场，是比亚迪一项艰巨任务。F3DM 在国内的私人消费者市场受制约的因素很多，冲破这些掣肘尚需很多努力，而且有些问题并非比亚迪本身能解决的。e6 的美国市场之旅一再被推迟，现在又推至 2011 年，而且通过比较日本、美国、韩国、德国等主要竞争者的相关电动汽车发现，比亚迪的 F3DM 和 e6 还存在着较大差距。

（3）开放式创新上的比亚迪特色是在特定发展阶段和特定的国内市场环境下产生的，它的模仿理念及其行为需要逐步改变，真正由比亚迪制造转向比亚迪创造，这无疑是对其技术创新能力的巨大挑战。

（4）比亚迪能否还保持 100% 的增长，能否像美国《商业周刊》和《Fast Company》所评选的那样保持旺盛的成长能力？离开巴菲特的营销效应，国内汽车消费市场一旦增长放缓，能否仍找到自己的核心能力和创新活力？很显然，比亚迪已处于需要冷静思考自己的开放式创新阶段了，需要明确自己的创新目标，只有这样才能防止大起大落。

（5）规模化的研发团队建设需要克服不稳定性的难题，如何有效而稳定地运用我国丰富的研发人才，是决定未来的关键。这方面比亚迪还有许多值得反思之处。

五、结论与建议

近 30 年的中国经济高速增长主要是投资主导型的经济增长，尽管经济整体规模和实力大大增强，从总量上位于世界前列，但其经济体自身的质量日益面临着挑战，表现为量的扩张即外延型经济增长方式开始带来诸多负面影响，尤其在跨国公司大举进入并开展阶段性发展战略的背景下，我国本土大企业的竞争压力越来越大，走内涵式发展道路已然成为唯一的选择，但是内涵式增长的主要依据乃是创新生态系统的建立与扩展。值得欣慰的是，目前无论国家还是企业都已把经济增长方式的改革提到关键议程，开始探索和推动内涵型发展路线，不断加大科技投入，力争以科技竞争力为动力实现国家和企业竞争能力的根本改观。本研究探讨基于企业创新生态系统的企业技术创新生态位的结构及其有关评价体系，得出以下四点结论：

（1）技术生态位的结构层级指标的确定及其分析结论给我们实施技术发展战略提供了一个整体依据。我们在思考大企业的技术竞争能力问题时，关键是如何厘清当前指标（显性指标）与潜在指标（潜性指标）的各自含义及其内在关系，即从企业技术因素考量的投入结构和产出结构这一当前指标，从创新角度考量的技术性投入产出体系这一潜在指标，二者之间皆以投入产出作为衡量基准，借助因子分析、模糊分析和层级分析能够避免资料信息的杂音及其干扰，进而从创新生态系统的角度有效地提供决策参考。

（2）在影响当前技术生态系统的结构因素中，选择累积贡献最大的 9 个因子来测定企业技术生态位的优劣，为我们展示了技术结构中的主导构面，其中的技术开发经费收支结构、人力资源质量结构、技术环境优劣以及技术开发与改造之间的投入比例尤为重要。这些精选的量化因子在实证分析中较好地体现了实体经济发展的情况及其存在的主要问题，说明我国工业大企业各产业技术创新度仍有很大扩展空间，相应的新产品尤其是高技术产品的开发及其市场化还比较少，我们应该看到其中包含的机遇与挑战，在提高企业技术结构过程中需要抓住关键的核心因素。

（3）评价企业技术生态位优化升级的潜在能力是我国当前一个十分关键的课题。在我们的企业技术竞争能力还很薄弱，企业核心竞争能力仍未得以长期确立的情况下，确认一个企业的技术发展潜力无疑具有重要意义。但是怎样来准确衡量其技术结构的发展能力，需要首先明确技术生态位及其评价指标体系。这方面，企业的技术创新能力可以作为我们的衡量指标，问题是怎样界定能够衡量企业技术生态位优劣的技术创新潜力。本文所确立的企业技术创新生态位能力的综合指标体系，以其层级分析所认定的16个指标，比较准确地反映了大企业技术结构发展潜力。其实证检验的结果也准确地说明了考察对象的问题所在。这为有关的决策提供了一套科学适用的评价工具。

（4）评价企业技术生态系统构造的目的，就是首先要弄清我国大企业发展自身的技术能力，并且由此做到知己知彼。这里虽然只是提出了衡量企业本身技术生态位的技术层级评价体系，但却是置身于国际化的大竞争环境中。所选取的衡量指标体系首先是在考虑全球化竞争背景下的指标设定，比如在考虑技术开发与技术改造二者关系时，我们更强调技术开发的功能与次序。所以，提升大企业技术结构需要在国际竞争格局中考量有关指标体系，并以此作为决策的前提。

作为中国特色开放式创新典型的比亚迪，其成长的生态化竞争经验是我国企业创业和发展的样板，其把握企业发展的一般规律和适应特定市场环境的能力，是新兴企业实现创新发展的内在要求。第一，创新发展是我国企业起步时期的唯一选择，否则就没有出路。但是怎样具体把握创新发展，需要分阶段加以具体分析。一般在初期都会走模仿的道路，这一点发达国家曾经也不例外。正因为如此，现在日本企业开始重新调整对华战略，以适应中国市场的游戏规则，容忍模仿现象的同时加快进入主流市场。所以，这个阶段的模仿及其适应性改进就成为创新的前提。但是，当企业进入快速增长并居行业主导地位时，就要加大创新力度，实施规范化的开放式创新。比亚迪基本遵循了这样一种创新路径。第二，作为发展中国家的后进企业在实施开放式创新增长时，需要充分利用各种后发优势，不断提高成本竞争力，在日益严峻的利润空间中寻求自己的市场立锥之地，以此打开自己的目标市场。这方面比亚迪的典型做法就是"垂直整合产业链"，充分发挥低成本研发团队的作用。第三，找到自己的技术优势，通过国际合作进入世界领先位置，以此提升较弱的品牌地位。这在比亚迪那里十分突出。第四，适当地利用一些"山寨规则"，实用为王，发展就是一切，在创新方面不受局限。比亚迪无论跟竞争对手争市场还是跟合作方挖资源，都是以实用为原则，成果显著。上述四个方面的竞争特色充分体现了生态化竞争的规律，即确立自己的优势地位进而找到产业生态系统中的生态位，在与外部互动的开放式创新过程中实现市场资源的动态平衡，进而在与各方面的竞争与合作中实施符合生态化演进方向的可持续发展战略。

参考文献

［1］Anne Marit Hansen. Hydrogen Safety and Hydrogen Highway Technology, Innovation Forum on Clean Vehicle Technology IFCV［C］. Beijing, 2007-10-26.

［2］Baum Joel A.C., Jitendra V. Singh. Organizational Niche and the Dynamics of Organizational Founding［J］. Organization Science, 1999, 5（4）: 11-26.

［3］David C. Mowery. The U.S. National Innovations System: Recent Developments in Structure and Knowledge Flows［J］.New York: Cambrideg University Press, 1991.

［4］European Fuel Celland Hydrogen Projects, 1999-2002［R］. European Commission Community Research, 2003.

［5］Haeckel S.H., Nolan R.L. Managing by Wine Using IT to Transform a Business［J］. Harvard Review, 1993, 71（5）: 122.

［6］Linde Gas. Hydrogen Production: Conventional & Renewable, EU-Sustainable Energy Week［C］. Brussels, 2008-01-30.

［7］Lopolito A., Morone P., Sisto R. Innovation Niches and Socio-technical Transition: A Case Study of Bio-refinery Production［J］. Futures, 2011, 43（1）: 27-38.

［8］Mckelvey B. Organizational Systematic［M］. Berkeley: University of Caledonia Press, 1982.

［9］Michac T. Hannan. The Organizational Niche［J］. Sociological Theory, 2003, 21（4）: 309-332.

［10］Michael. Freeman Organizational Ecology［M］. Cambridge: Harvard University Press, 1989.

［11］Michael. The Population Ecology of Organization［M］. American Journal of Sociology, 1997（83）: 929-984.

［12］Odum H.T., Odum E.C. Ecology and Economy; Energy Analysis and Public in Texas［C］// Policy Research Project Report. I.R. Johnson School of Public Affairs. The University of Texas at Austin, 1987.

［13］卜华白，沈星元.共生理论视角下的企业战略联盟问题研究［J］.商场现代化，2007（8）: 76.

［14］陈芳，眭纪刚.新兴产业协同创新与演化研究：新能源汽车为例［J］.科研管理，2015（1）: 26-33.

［15］陈柳钦.日本新能源汽车发展及其政策支持［J］.汽车与配件，2011（35）: 27-29.

［16］丁圣彦.生态学面向人类生存环境的科学价值观［M］.北京：科学出版社，2004.

［17］房照增.欧洲新能源政策梗概［J］.中国煤炭，2007，33（4）: 76-77.

［18］贺团涛，曾德明.高科技企业创新生态系统形成机理研究［J］.科技管理研究，2008（11）.

［19］洪进，王浩宇，余文涛.基于战略小生境管理的中国绿色技术创新研究［J］.西北工业大学学报（社会科学版），2014（1）: 67-72.

［20］黄鲁成.区域技术创新生态系统的特征［J］.中国科技论坛，2003（1）: 23-26.

［21］黎慧.汽车制造企业创新平台的研究［D］.武汉：武汉理工大学，2007.

[22] 李洪远. 生态学基础 [M]. 北京：化学工业出版社，2006.

[23] 李湘桔，詹勇飞. 创新生态系统——创新管理的新思路 [J]. 电子科技大学学报（社科版），2008，10（1）：45-48.

[24] 李玉琼，朱秀英. 丰田汽车生态系统创新共生战略实证研究 [J]. 管理评论，2007（6）.

[25] 林晓. 基于生态位理论的企业竞争战略分析 [J]. 南京林业大学学报（人文社会科学院），2003，3（3）：59-61.

[26] 刘林森. 锂电池混动车市场前景广阔 [N]. 经济日报，2009-08-11.

[27] 刘寿吉，戴伟辉，沈丽冰. 汽车产业自主创新的生态群落模式与对策研究 [J]. 上海管理科学，2008（2）：58-59.

[28] 刘小丽. 日本新国家能源战略及对我国的启示 [J]. 中国能源，2008，28（11）：18-22.

[29] 刘志伟. 日本美国欧盟新能源汽车产业政府扶持措施研究 [D]. 石家庄：河北大学，2010.

[30] 罗少文. 我国新能源汽车产业发展战略研究 [D]. 上海：复旦大学，2008.

[31] 庞德良，刘兆国. 基于专利分析的日本新能源汽车技术发展趋势研究 [J]. 情报杂志，2014（5）：60-65.

[32] 邱屹峰. 汽车制造自主创新生态系统建模与仿真研究 [D]. 青岛：中国海洋大学，2009.

[33] 阮娴静. 新能源汽车技术经济综合评价及其发展策略研究 [D]. 武汉：武汉理工大学，2010.

[34] 孙冰，袭希，余浩. 网络关系视角下技术生态位态势研究——基于东北三省新能源汽车产业的实证分析 [J]. 科学学研究，2013（4）：518-528.

[35] 万伦来. 企业生态位及其评价方法研究 [J]. 中国软科学，2004（1）：26-29.

[36] 汪传雷，熊月霞，潘珊珊. 协同创新研究综述 [J]. 科技管理研究，2013（18）：27-34.

[37] 汪涛. 战略的重新认识 [J]. 中国软科学，2000（8）：121-124.

[38] 吴孙华，周世祥. 技术进化中的选择机制 [J]. 科技进步与对策，2004（7）：11-12.

[39] 新名词 [N]. 新华每日电讯，2006-12-15.

[40] 张光明，谢寿昌. 生态位概念演变与展望 [J]. 生态学杂志，1997（6）：46-51.

[41] 赵斌. 比亚迪新能源汽车消费的影响因素研究 [D]. 长沙：中南大学，2010.

[42] 郑雪青. 我国新能源汽车企业战略成本管理应用研究 [D]. 重庆：重庆理工大学，2009.

New Energy Automotive Innovation Ecosystem and BYD Case Research

Abstract： Innovation is the basis for development of all things and continuous innovation requires the innovation of both construction and improvement of its built-in innovation ecosystem. Innovation ecosystem was put forward in the 1990s based on the situation and tendency of economic development in reality. Today the typical field that needs most the innovation ecosystem is new energy automotive industry and the development of enterprises in this field. Currently people have made great breakthroughs in the aspect of innovation ecosystem theory and its application in automotive field. Besides, people have accumulated precious practical experience in the aspect of the systematic development of new energy automotives. Japan and USA rank the first places by gathering social and national forces in this field. By regarding it as a national strategy, China put forward its strategic thinking of creating its own new energy automotive innovation development by comparing itself with international development pattern in 2009. As the typical example in new energy automotive industry, BYD makes attempts to construct innovation ecosystem suitable for local new energy automotive industry based on its original development on new automotive energy technology. Besides, it also promotes the standard for new energy automotive system development, exploration in technological innovation pattern and its application developmen. BYD has obtained some precious experience in this aspect and it has become the referential figure for us to explore the development path of innovation ecosystem for both new energy automotive industry and its core enterprises, and policy orientation.

Key Words: New Energy Automotive; Innovation Ecology; BYD

● 案例四

企业社会责任边界问题的跨案例研究[①]

摘　要： 关于企业承担社会责任的问题，经济学和管理学领域一度出现对立的观点。作为国内外研究的热点问题之一，现有文献大多侧重于探讨企业是否应承担社会责任，以及分析承担社会责任与企业绩效之间的关系，很少有人将历史分析和企业可持续发展战略的视角结合在一起来探讨企业社会责任问题。本文对民国时期两个代表性企业的社会责任行为进行跨案例研究，希望能够从可持续发展战略的角度为企业承担社会责任边界问题的研究提供一种新的思考视角。

关键词： 企业社会责任；边界；跨案例研究；可持续发展战略

一、引言

过去几十年，中国企业在追求利润的发展过程中导致了一系列社会问题，引发了社会各界对企业社会责任的思考和讨论。芮明杰（2004）指出企业在追求长盛不衰的过程中，既要考虑近期的利润增加和市场扩大，又要考虑持续的盈利增长，并且要建立和维持良好的公共关系。赵德志（2013）认为企业应当承担社会责任，促进企业和社会的可持续发展，尽管企业有积极的愿望和正确的道德判断，并且也有足够的资源和能力，但企业的社会责任行为也不能不受限制。我们认为企业的社会责任行为需要有限度，否则企业就会无所适从，滥用社会影响力，使公众失去评价企业社会责任的标尺。选择民族资本企业作为研究对象是因为在国局动荡的民国时期，一批爱国实业

① 本案例由辽宁大学商学院霍春辉、赵俊青、刘建基共同撰写，作者拥有著作权中的署名权、修改权、改编权。
　　基金项目：国家社科基金青年项目（13CGL045）；辽宁省普通高等学校本科专业综合评价指标体系研制项目（UPRPE201405）。

家主张实业救国并主动承担社会责任，救济民众，造福社会，然而结局大相径庭。本文选择民国时期两个代表性企业作为研究对象，对其社会责任行为进行分析，旨在揭示其承担社会责任的程度及其利弊得失，以期为现代企业发展和企业社会责任承担问题提供借鉴。

二、企业社会责任的研究理论

（一）企业社会责任的内涵

鲍恩（Bowen，1953）《商人的社会责任》的出版，标志着企业社会责任（Corporate Social Responsibility）研究的开始。企业社会责任的内涵有广义和狭义两种观点。广义企业社会责任观即"企业社会责任综合说"，这种观点认为企业社会责任就是企业责任，不仅包括基本的经济、法律责任，还包括伦理、慈善等责任。狭义企业社会责任观认为企业社会责任是指伦理、慈善责任而不包括经济、法律责任。

（二）企业社会责任的理论流派

1. 利益相关者理论

（1）相关概念。利益相关者的概念最早是由美国学者伊戈尔·安索夫（Higor Ansoff，1965）在《公司战略》一书中提出来的。安索夫认为，要制定一个理想的企业目标，就必须综合考虑企业诸多利益相关者（股东、管理者、员工、供应商等）之间的利益和冲突。弗里曼（Freeman，1984）在《战略管理—利益相关者方式》一书中定义：利益相关者是指那些能够影响企业战略目标的实现，或能够被企业实施战略目标的过程所影响的个人或团体。

（2）相关分类。查克汉姆（Charkham，1992）按照相关者群体与企业合同关系的性质，将利益相关者分为契约型利益相关者（股东、雇员、顾客、分销商、供应商、贷款人等）和公众型利益相关者（全体消费者、监管者、政府部门、压力集团、媒体、当地社区等）。威勒（Wheeler，1998）引入社会性维度，并结合克拉克森（Clarkson，1995）提出的利益相关者与企业紧密程度差异，将利益相关者分为以下四类，如表1所示：

表1　利益相关者分类

类　别	定　义	包含的参与者
一级社会性利益相关者	与企业有直接关系，并且有人参与	顾客、投资者、雇员、供应商、其他商业合伙人等
二级社会性利益相关者	通过社会性活动与企业形成间接的联系	居民、相关企业、其他利益集团等
一级非社会性利益相关者	对企业有直接的影响，但是不与具体的人发生联系	自然环境、人类后代
二级非社会性利益相关者	对企业有间接影响，也不包括与人的联系	动物等

陈宏辉和贾生华借鉴国外学者的"多维细分法"和"米切尔评分法"的分析思路，从利益相关者的主动性、重要性、紧急性三个维度对所界定的 10 种利益相关者的进行分类，以评分的方法将国内企业利益相关者分为核心利益相关者、蛰伏利益相关者、边缘利益相关者，如表 2 所示。

表 2　国内企业利益相关者分类

类　别	定　义	包含的参与者
核心利益相关者	企业不可或缺的群体，与企业有紧密的利害关系，甚至可以直接地左右企业的生存和发展	股东、管理人员、员工等
蛰伏利益相关者	与企业有较为密切的联系，付出的专用性投资使得他们承担企业一定的经营风险，在企业正常经营的状态下，有可能只表现为企业的显性契约人，但是当他们的利益没有很好地满足或受到损害时，他们从蛰伏状态表现很活跃，反应强烈，直接影响企业的生存和发展	消费者、债权人、政府、供应商、分销商等
边缘利益相关者	被动地受企业的影响，从企业角度而言，其中重要程度较低	特殊利益集团、社区等

（3）利益相关者理论在企业社会责任研究中的作用。虽然企业社会责任理论和利益相关者理论是两个不同的理论，企业社会责任是从整个社会出发，来研究企业行为对社会的影响，研究企业作为公民对社会的影响。利益相关者理论是从企业角度来考察企业与利益相关者之间的关系问题。20 世纪 90 年代以来，社会责任理论与利益相关者理论在理论研究和实证检验方面出现了互相渗透的趋势。国内外很多学者认为将利益相关者理论引入社会责任的研究中，可以为社会责任的研究指明方向。针对每一个利益相关者可以规定出对其承担的社会主义责任。克拉克森提出利益相关者理论可以为社会责任的研究提供理论框架，在这个理论框架中，企业的社会责任被界定为"企业与利益相关者之间的关系"。

2. 企业公民理论

20 世纪 50 年代末，企业公民（Corporate Citizenship）概念诞生。2004 年，世界经济论坛认为企业公民理念包括：第一，公司治理和道德价值；第二，对人的责任（员工、消费者等）；第三，对环境的责任；第四，对社会发展的贡献（社会和经济福利等方面）。马特恩（Matten，2003）提出了延伸的企业公民观，将企业的公民身份从自愿参与转变成重新审视与社会之间的关系，即企业必须对合作者、环境和社区承担一定的责任，将企业的经济行为与广泛的社会信任相联系，服务于双方的利益。企业公民理论是对社会责任相关理论的发展，可以为解决当代企业社会责任问题提供借鉴。

3. 可持续发展理论

1987 年，联合国世界环境与发展委员会主席首次阐述了可持续发展的概念，并将其定义为：既满足当代人的需要，又不对后代人满足其需要的能力构成危害的发展。人们后来将可持续发展概念加入到企业研究中，并提出了企业可持续发展的问题。我国学者刘力钢认为所为企业的可持续发展指企业在追求自我生存和永续发展的过程中，既要考虑经营目标的实现和市场地位的提高，又要保持在已领先的竞争领域和未来的扩展经营环境中，始终维持持续的盈利增长和能力的提高，保证企业在相当长的时间内长盛不衰。

4. 有限社会责任

罗宾斯（Robbins，2004）和波斯特（Poster，2005）明确提出了企业社会责任的限制问题。罗宾斯认为企业社会责任行为受管理者社会责任意识和自由决定权两方面的限制。管理者对社会责任的履行取决于他认为应对哪些人负责，同时还与他们自由决定权的大小程度有关，只有其自由决定权沿着连续图谱向右端移动，才能有承担更大社会责任的行为。波斯特提出，公司履行社会责任会受到合法性、成本、效率、范围及复杂性的约束。首先，企业社会责任行为必须是合法的；其次，企业承担社会责任必然要付出成本和代价，这些成本决定了企业不可能无限制地承担社会责任；最后，企业在履行社会责任时，遇到诸如自然生态、公共健康、民族关系、宗教冲突等问题，这些问题的解决需要政府、企业、社会团体和个人的共同参与。这两位学者从不同的视角阐述了企业在承担社会责任时所面临的约束，使企业社会责任限制开始成为一个重要的理论问题而受到关注。企业承担社会责任的程度不能一概而论，企业所处的时期不同，承担社会责任的数量、种类、涉及面等也应有所差别。

（三）企业社会责任的研究进展

当前，国内外对社会责任的研究主要有以下几个角度：企业承担社会责任对企业绩效及管理的影响（Xin Deng 等，2013；Jan Kemper 等，2013；Sayedeh 等，2014；Wenbin Sun 等，2014；Inga Lapiņa 等，2014；晁罡等，2012；王文成等，2014）。此外，国内外学者还探究了不同行业（如国际航运业，电信行业、IT 产业等）的社会责任情况，或者从高管政治管理、家族企业、消费者、中小企业、企业生命周期、评价指标分析等视角研究企业社会责任问题。作为国内外研究的热点问题之一，现有文献尚未发现有人将历史分析和企业可持续发展战略的视角结合在一起来探讨企业社会责任问题。

三、研究方法及其依据

（一）研究方法的选择

本文采取跨案例研究方法主要基于以下原因：①案例研究方法适应于特定情形下的问题研究（Eisenhardt，1989），而且国内很少有人对特定时期的企业社会责任进行分析。本文选取民国时期的两个企业非常具有代表性，选取历史上同一时期的两家企业有助于我们从更长的时间范围内来研究企业社会责任与可持续发展战略之间的关系。②多案例研究方法适合于过程和机理类问题的研究（Eisenhardt，1989；吴晓波等，2010），有助于揭示组织的整体性、动态性、辩证性（Li 和 Kozhikode，2008；Li，

2007）。通过对比特定时期两个企业的经营资料，采用定性的研究方法进行案例分析有助于对问题的分析和理解。

为了保证资料的准确性，本文采取以下两种策略对使用的历史典籍、人物传记描述等公开资料进行整理：第一，信息来源的选择。①具有学术价值，参考资料应是核心权威期刊等。②权威性的信息，包括企业发展历程、企业社会责任行为等历史资料。第二，资料来源交叉验证。对于多个来源的信息进行对比确认，以确保资料的真实性。

（二）案例研究对象的选择

本文选择大生集团和荣氏集团作为案例研究对象。选取这两个企业的原因如下：

第一，大生集团由张謇筹资创办并全权管理。集团以纺织业为主要业务，后涉及重工、交通、房产等诸多行业和领域。企业在发展中承担了各方面的社会责任，实现了多元化发展，但是在短暂的鼎盛后，因融资等多方面原因而失败，可供当今企业引以为鉴。

第二，荣氏集团是荣氏兄弟白手起家创办的企业，荣氏集团的经营之道在民国时期可以被称为是企业界经营成功的典范。时至今日，荣氏集团历经荣氏三代人的经营管理，依然欣欣向荣。选其作为案例研究对象，不仅可为当代企业社会责任提供参照，还有助于对家族企业社会责任问题的研究和思考。

第三，选择具有对比性的企业，从不同案例中得出结论并相互印证，使二者互相补充，从而提高研究设计的周延性和外在效度，提高结论的说服力。选取这两个企业具有对比意义。大生集团在当时虽然经营非常成功，但企业承担了过多的社会责任，最终以失败告终。而荣氏集团历经时代变迁逐渐发展成为中信泰富集团。两个企业都承担了社会责任，但承担社会责任的边界却不尽相同。通过两个企业的对比能为解决社会责任边界问题提供借鉴。

四、案例描述

（一）大生集团

1. 集团概况

大生纱厂 1899 年投产并于 1901 年开始投资社会多个部门，先后涉及农垦、食品、航运、印刷、教育、卫生、社会福利等，形成了以大生纱厂为核心的民族资本集团——大生集团。它是最早的股份制公司，到 1913 年大生集团形成了 20 多个企业组成的庞大体系（见表3）。这些企业在创造利润的同时也带动了地区经济和社会的发展。1920 年，大生集团由于金融资本不足和投资扩张等原因走向衰落，并于 1925 年破产。

表3　大生集团的企业体系

行业	企业名称	行业	企业名称
印刷	翰墨林印书局（1902年）	农垦	通海垦牧公司（1901年）
		交通	苏省铁路公司（1907年）
	大达内河小轮公司（1903年）	瓷器业	江西瓷业公司（1907年）
	大达外江轮步公司（1904年）	化工业	徐州耀徐玻璃厂（1907年）
交通	大中通运公司（1906年）	食品	海州赣丰饼油厂（1906年）
	泽生船闸公司（1905年）	渔业	吴淞江浙渔业公司（1904年）
	达通航业转运公司（1906年）	电力	镇江大照明电灯厂（1904年）
		交通	上海大达轮步公司（1905年）
	颐生酿造公司（1905年）		大生纱厂（1899年投产）
食品	广生榨油厂（1902年）	纺织	阜生桑蚕染织公司（1903年）
	阜新面粉厂（1902年）		大生崇明分厂（1907年）
重工	资生冶厂（1905年）	房产	大生房地产公司（1905年）
	资生铁厂（1906年）	盐业	同仁泰盐业公司（1903年）

2. 大生集团的社会责任行为

大生集团发展过程中承担了诸多社会责任，注重回报社会和推动社会事业的发展。

（1）投资教育文化卫生等事业。大生集团创办学校不是单纯出于企业人才培养的需要，而是旨在提高当地居民的知识水平和素养，其兴办的教育机构为近代教育事业的发展奠定了深厚的基础（见表4）。

表4　大生集团对教育文化卫生事业的贡献

	高等	南通纺织专科学校（1912年）
	中专	通州师范（1902年）
		通州女师（1906年）
		通州师范农科（1911年改为农校）
		南通医学专科学校（1912年）
教育	小学	南通敬儒高等学校（后改为中学）
		南通师范附小（1906年）
		通州女师附小（1907年）
	其他	狼山盲哑学校师范科（1915年）
		通州博物苑（1905年）
		南通图书馆（1912年）
文化		南通伶工学社（1919年创办；中国第一所戏剧学校）
		女工传习所（1914年成立的刺绣学校），后创办了南通刺绣局
		南通刺绣局（1921年）
卫生		南通医院（1912年）
其他		军山气象台（1915年）

资料来源：笔者根据相关文献整理。

（2）发展慈善事业。大生集团在南通致力于发展慈善事业，建立了一系列的慈善机构。这些慈善机构的创立标志着近代南通慈善事业的开始。

表 5　大生集团建立的慈善机构

类别	名称	作用
第一类慈善机构	新育婴堂（1906 年）	收养弃婴和家境贫困无力抚养的婴儿
	义园（1914 年）	捐资购买地皮并规划整治，供贫困人员使用
	栖流所（1916 年）	修建住宿、食堂、浴室等设施供乞讨人员使用并对其教育，传授技艺。也收留精神病人员
	旅殡所（1920 年）	建殡室并安置殡床等
第二类慈善机构	第一（1912 年）、第三养院（1922 年）	设置食堂、洗衣室、病室等相关配套设施，并制定收容规则
	贫民工厂（1912 年）	为穷困民众提供工作场所，解决贫民生活问题
	南通济良所（1915 年）	收容不良妇女、娼妓，改良社会风气，保障妇女身心健康
	残废院（1916 年）	不分年龄、居住地收养残疾人并供给衣食

资料来源：笔者根据相关文献整理。

（3）关注自然灾害。集团重视对各种自然灾害的标本兼治。南通一带多发水灾，大生集团聘请荷兰、比利时等国的水利专家，共同商讨南通治水策略，修建筑堤并利用科技治理水患灾害。

（4）发展交通事业。1901 年创立大生轮船公司，不断扩大规模，开辟了 10 条航道，沟通南北水网；1904 年建设天生港，开通通申线接轨上海。大生集团投资开辟南通全县公路计划，1905 年出资修筑了港闸路，到 1921 年全县修建公路 250 多公里。

（二）荣氏集团

1. 荣氏集团概况

荣氏集团以荣家资本为中心，包括茂新、福新面粉公司和申新纺织公司三大企业系统以及附带的企业。它是中国规模最大、发展速度最快的民族资本企业，近代中国民族工业的先驱者和开拓者。其发展历程如表 6 所示：

表 6　荣氏集团发展历程

初始发展期（1912~1921 年）	建立庞大的茂新、福新企业，初步形成茂新、福新和申新三大系统，成为中国第一大民营实业
成熟期（1921~1931 年）	在夹缝中艰难生存，企业没有扩大规模，面粉厂只新进了设备。纺织厂由原来的 4 家工厂新增至 7 家
艰难动荡期（1934~1935 年）	企业发展遇到困难，积极投身抗战，成立抗敌后援会，发起募捐支援抗战，将申新五厂用作国民党部队的驻扎地
二次发展期（1949 年之后）	1949 年新中国成立前夕，荣氏集团拒绝外迁。新中国成立初期，国家经济形势困难，集团坚持生产，为恢复国民经济做出重要贡献

资料来源：笔者根据相关文献整理。

2. 荣氏集团的社会责任行为

荣氏集团在不影响企业再发展的前提下，支出部分资金用于兴办社会事业。

（1）兴办教育。1906 年集团将荣氏家塾改为公益小学，之后又兴办了多所公益小学，如竞化女子小学、申新职工子弟小学。在抗战时期，企业也未曾停止兴办教育。1938 年筹办中国纺织染工程补习学校，1940 年创办中国纺织染工业专科学校，荣氏集团教育投资巨大，公益工商中学创建 8 年间耗资 25 万元（相当于申新三厂总投资的 1/6），江南大学创办投资超过了同时期开源机器厂总投资的 22%。

（2）修建图书馆。1913 年起集团大量购书，1915 年建造馆舍，1919 年正式开馆名为"大公图书馆"，到 1921 年该馆已收录了元、明、清三代古籍以及民国初年出版的各类书刊 3 万多册，11.71 万多卷，编制了《大公图书馆藏书目录》。抗战前夕，已馆藏 18 万卷，藏本数量多、品位高，该馆还出资编写了《人道须知》，普及了中华民族传统美德和道德修养规范。

（3）收藏古文物及维护古迹。战争时期，大量古文物字画丢失流散，荣氏集团为了保护国宝，不惜重金收购大量如瓷器、字画、古玩、碑帖等国宝。分别于 1926 年、1947 年出资修缮妙光塔和无锡城内东林书院。集团出资购买的历史文物在新中国成立后全部捐献给了国家。

（4）造桥铺路。1914 年出资修筑开原路，沟通了开原西乡与无锡城之间的联系，方便城乡民众的出行；1947 年，成立利民汽车公司，开通开原公共交通，创建无锡最早的城郊公共汽车；20 世纪 20 年代末，集团先后在无锡修筑道路 80 余公里。1929 年成立百桥公司，截止到 1936 年已经在无锡及周边地区修建大小桥梁 88 座。与此同时，荣氏还资助疏通了梁溪河、沟通太湖和运河黄金水道。

（5）修建园林。积极开发地方旅游资源，繁荣经济。1912 年购买太湖旁东山小桃园旧址，种植梅树；1930 年无锡梅园基本建成，成为著名的赏梅胜地。1929 年又购置 250 万亩田地，规划成锦园。1955 年，荣毅仁将梅园及横山等园林献给国家。

（6）打造员工社区。在申新三厂创办劳工自治区，建造职工宿舍、合作社及事业部。合作社代办储蓄、经营百货等业务，支持工人饲养牲畜；事业部包括医院、劳工补习学校、女工养成所及托儿所等，职工子女享受免费教育，并且配备了相应的娱乐设施。此外，集团在自治区内设立了自治法庭、尊贤堂、功德祠等，在解决劳资纠纷、增进工人积极性、改良社会风气等方面发挥了积极作用。

五、案例讨论

通过对大生集团和荣氏集团承担社会责任的行为进行比较可以发现，两家企业都承担了社会责任，但结局迥异。大生集团曾经繁盛一时，但最终破产，而荣氏集团却打造了百年基业。

从社会责任角度分析，大生集团以"企业办社会"的理念，承担了过多的社会责任，资金不断投入，严重阻碍了大生集团的可持续发展。大生集团账簿中，对慈善事业的资助种类和资金数额众多。1899 年大生纱厂《厂约》明文规定，每年盈利留一成作为投资慈善事业的资金。大生集团对育婴堂的资金资助表（见表 7）从侧面反映了集团对慈善的投资情况。

表 7　1910~1922 年大生一厂资助育婴堂资金表

单位：银元

年份	金额	年份	金额	年份	金额	年份	金额	年份	金额
1910	950.00	1913	1003.75	1916	900.00	1919	1172.80	1922	1099.50
1911	900.00	1914	1008.00	1917	1872.00	1920	1032.48		
1912	951.60	1915	982.80	1918	1010.80	1921	1017.80		

大生集团将慈善公益事业的地位与作用提到相当的高度，将慈善事业纳入社会改良的系统工程中，救济民众，维护社会稳定，为南通建设做出了巨大贡献，对地方社会的建设和改造具有深远影响，对当今企业社会责任问题的探究也有一定的启迪。

从荣氏集团所承担的社会责任中可以看出，他们并不想包办家乡的社会事业，而是在满足企业可持续发展需要的前提下，致力于文化教育、修路建桥等广大民众最需要、最受惠的公益事业上。荣氏这种量力而行的社会责任行为在造福社会的同时也提高了企业的口碑，有利于企业的可持续发展。

六、结论与启示

（一）研究结论

第一，企业承担社会责任应该有边界尺度。这个尺度需要根据企业与各利益相关者的密切程度和利害关系来决定。我们认为企业对核心利益相关者、蛰伏利益相关者以及边缘利益相关者承担的社会责任应该有所差异。企业与各利益相关者是建立在契约理论之上的，企业有责任为股东创造利润，而对于利益相关者承担的责任需要在隐形契约中明确，企业不能超过这个契约。

第二，根据"责任铁律"的原则，企业作为有人格的"公民"，应该承担"经济人"（经济责任）、"社会人"（法律责任、社会公益）、"道德人"（道德责任、慈善责任）的责任。责任铁律的原则要求企业承担社会责任时要保证权利与义务的统一，也需根据具体问题具体分析。"企业公民"假设在一定程度上说明了企业社会责任的边界问题，企业社会责任不能无限扩大，不能超过正常经营的度。这个度在每个企业中是不一致的，需要根据企业自身的经营状况来决定。

第三，从企业方面讲，社会责任行为不能影响企业作为经济组织的基本职能，不能突破公司治理结构下的管理者权限；从社会方面讲，企业的社会责任行为不能危及人们生存状况和生活环境，不能触犯社会的基本规范，企业社会责任的承担应该有益于社会和经济的发展。

第四，企业的社会责任行为不能涉入社会所有的领域，不能以企业来办社会。大生集团本着企业办社会的理念进行慈善投资，虽然推动了社会的发展，但非相关多元化投资分散，造成了企业资源的不足，进而影响了企业的可持续发展。

第五，冗余资源为企业提供了战略选择所需的资源。拥有丰富冗余资源的企业，可以快速调动资源并将其用于社会责任活动，利用这些机会来建立核心竞争力并同时改善社会福利。

（二）启示

企业必须承担为股东谋取利益以外的社会责任，这已经成为广泛共识。大生集团和荣氏集团案例研究表明企业承担社会责任是企业可持续发展战略的重要决策之一，企业在追求股东财富最大化时应避免或尽量降低其对社会造成的消极影响，并且积极利用自身资源为社会带来福利。但是企业不能无限制地承担社会责任，应根据自身实际情况量力而行，主动维护除股东以外的其他利益相关者的权益，努力成为良好的"企业公民"，推动实现企业和社会的可持续发展。

参考文献

［1］Bowen H. R. Social Responsibility of the Businessman ［M］. NewYork：Harper&Row，1953.

［2］Charkham J.Corporate Governance：Lessons from Abroad ［J］. European Business Journal，19902，4（2）：8-16.

［3］Clarkson M. A Stakeholder Framework for Analyzing and Evaluating Corporate Social Performance ［J］. Academy of Management Review，1995，20（1）：92-117.

［4］Eisenhardt K. M. Building Theories form Case Study Research ［J］. Academy of Management Review，1989：532-550.

［5］Freeman. Strategic Management：A Stakeholder approach ［M］. Boston：Pitman Press，1984.

［6］Inga Lapiņa，Gunta Maurānea，Olga Stariņeca. Human Resource Management Models：Aspects of Knowledge Management and Corporate Social Responsibility ［J］. Proscenia –Social and Behavioral Sciences，2014（110）：577-586.

［7］Jan Kemper，Oliver Schilke，Martin Reimann，Xuyi Wang. Malte Brettel. Competition-motivated Corporate Social Responsibility ［J］. Journal of Business Research，2013：1954-1963.

［8］Li J.，Kozhikode R. K. Knowledge Management and Innovation Strategy：The Challenge for Latecomers in Emerging Economies ［J］. Asia Pacific Journal of Management，2008，25（3）：429-450.

［9］Li P. P. Toward an Integrated Theory of Multinational Evolution：The Evidence of Chinese Multinational Enterprises as Latecomers ［J］. Journal of International Management，2007，13（3）：296-318.

［10］Matten D.，Crane A.，Chapple W. Behind the Mask：Revealing the True Face of Corporate Citizenship ［J］. Journal of Business Ethics，2003，2（2）：109-120.

［11］Sayedeh Parastoo Saeidi，Saudah Sofian，Parvaneh Saeidi，Sayyedeh Parisa Saeidi，Seyyed Alireza Saaeidi. How Corporate Social Responsibility does Contribute to Firm Financial Performance？The

Mediating Role of Competitive Advantage, Reputation, and Customer Satisfaction [J]. Journal of Business Research, 2014.

[12] Sheldon Oliver. The Philosophy of Management [M]. London, England: Sir Isaac. Pitman and Sond Ltd., 1924.

[13] Wenbin Sun, Kexiu Cui. Linking Corporate Social Responsibility to Firm Default Risk [J]. European Management Journal, 2014 (32): 275-287.

[14] Wheeler D., Maria S. Including the Stakeholders: The Business Case [J]. Long Range Planning, 1998, 31 (2): 201-210.

[15] Xin Deng, Jun-koo Kang, Buen Sin Low. Corporate Social Responsibility and Stakeholder Value Maximization: Evidence from Mergers [J]. Journal of Financial Economic, 2013: 87-109.

[16] 《大生系统企业史》编写组. 大生系统企业史 [M]. 南京：江苏古籍出版社，1990.

[17] 曹从坡，杨桐. 张謇全集 [M]. 扬州：江苏古籍出版社，1994.

[18] 晁罡，程鹏，张水英. 基于员工视角的企业社会责任对工作投入影响的实证研究 [J]. 管理学报，2012 (6): 831-836.

[19] 陈宏辉，贾生华. 企业利益相关者三维分类的实证分析 [J]. 经济研究，2004 (4): 32-36.

[20] 丁毅. 荣氏企业社会责任初探 [J]. 四川经济管理学院学报，2007 (2): 18-19.

[21] 贾生华，陈宏辉. 利益相关者的界定方法述评 [J]. 外国经济与管理，2002 (5): 13-18.

[22] 江苏省政协文史编辑部. 江苏文史资料选辑 [M]. 南京：江苏人民出版社，1982.

[23] 金其桢，黄胜平. 大生集团与荣氏集团兴衰成败之道探究 [J]. 江南大学学报（人文社会科学版），2008, 6 (2): 54-60.

[24] 李淑英. 社会契约论视野中的企业社会责任 [J]. 中国人民大学学报，2007 (2).

[25] 李彦龙. 企业社会责任的基本内涵、理论基础和责任边界 [J]. 学术交流，2011 (2): 64-69.

[26] 刘力钢. 企业可持续发展模式研究 [J]. 辽宁大学学报（哲学社会科学版），2000 (3).

[27] 芮明杰. 现代企业可持续发展理论与策略 [M]. 北京：清华大学出版社，2004.

[28] 上海大学、江南大学《乐农史料》整理研究小组. 荣德生与社会公益事业 [M]. 上海：上海古籍出版社，2004.

[29] 上海社会科学院经济研究所. 荣家企业史料（上册）[M]. 上海：上海人民出版社，1980.

[30] 沈艺峰，沈洪涛. 论公司社会责任与利益相关者理论的全面结合趋势 [J]. 中国经济问题，2003 (2): 61.

[31] 斯蒂芬·P.罗宾斯等. 管理学 [M]. 北京：中国人民大学出版社，2004.

[32] 眭文娟，谭劲松，张慧玉. 企业社会责任中的战略管理视角理论综述 [J]. 管理学报，2012, 9 (3): 345-355.

[33] 王文成，王诗舟. 中国国有企业社会责任与企业绩效相关性研究 [J]. 中国软科学，2014 (8): 131-137.

[34] 吴良镛. 张謇与南通"中国近代第一城" [J]. 城市规划，2003, 27 (7): 6-11.

[35] 吴晓波，丁婉玲，高钰. 企业能力、竞争强度与对外直接投资动机——基于重庆摩托车企业的多案例研究 [J]. 南开管理评论，2010 (6): 68-76.

[36] 许晖，许守任，王睿智. 网络嵌入、组织学习与资源承诺的协同演进——基于3家外贸企业

转型的案例研究 [J]. 管理世界，2013（10）：142–168.

　　[37] 袁正，夏波.荣氏兄弟救国路、公益心 [J]. 宏观经济管理，2012（3）：71–73.

　　[38] 詹姆斯·E.波斯特等. 企业与社会 [M]. 北京：机械工业出版社，2005.

　　[39] 张孝若. 南通张季直先生传记 [M]. 北京：中华书局，1930.

　　[40] 张学君. 实业之梦 [M]. 成都：四川人民出版社，1995.

　　[41] 赵德志. 论企业社会责任的限制 [J]. 辽宁大学学报（哲学社会科学版），2013（6）：94–98.

Cross–Case Study on the Border of Corporate Social Responsibility
—Base on the Sustainable Development Strategy Perspective

Abstract: Researchers in Economics and Management field once had opposite views on the corporate social responsibility （CSR） issues. As one of the hot research topics, most of the existing literature focused on whether companies should undertake CSR, as well as analysis on the relationship between CSR and corporate performance, very few people has done historical analysis with corporate sustainable development strategy perspectives to discuss the issue of CSR. This paper do cross –case study on CSR behavior of two representative enterprises in history, hoping to provide a new perspective on thinking the border of CSR from the perspective of sustainable development strategy.

Key Words: Corporate Social Responsibility; Border; Cross–Case Study; Sustainable Development Strategy

● 案例五

SY 机床（集团）有限责任公司
产业链协同创新模式案例研究①

摘　要：随着产业内分工的日益深化和产品技术复杂性的不断增强，协同创新已经成为国内外企业促进产品技术进步和保持企业竞争力的必要手段，也是我国建立创新型国家的关键。本文从产业链视角出发，以探索性案例研究的方法，通过对 SY 机床（集团）有限责任公司的协同创新办法的分析，探究和构建了产业链协同创新模式，以期对我国企业进行协同创新提供理论和实践的借鉴。

关键词：SY 机床；产业链；协同创新；案例研究

一、引言

随着产业内分工的日益深化，产品涉及的知识基础和技术领域的不断增多，单一产品的技术水平越来越受到该产品所处产业链内各个参与者的研发、技术水平的影响，因此产品的技术创新也更加依赖于产业链内相关参与者的协同创新。2014 年国务院总理李克强在十二届全国人大二次会议上的政府工作报告中说，"要把创新摆在国家发展全局的核心位置，促进科技与经济社会发展紧密结合，推动我国产业向全球价值链高端跃升，加快科技体制改革，强化企业在技术创新中的主体地位，鼓励企业设立研发机构，牵头构建产学研协同创新联盟"，鼓励协同创新已经成为我国促进企业技术进步的一项基本国策。据统计，美国企业研发投资回报率平均为 26%，大企业协同创新的投资回报率约为 30%，小企业协同创新的投资回报率约为 44%，而没有协同创新的企

① 本案例由辽宁大学商学院的王季、杨欣、李倩共同撰写，作者拥有著作权中的署名权、修改权、改编权。
基金项目：教育部人文社会科学研究青年基金项目（11YJC630206）；沈阳市科技计划项目（F16-233-5-28）。

业研发投资回报率只有 14%。由此可见，协同创新已经成为国内外企业发展不可或缺的必经途径。尽管协同创新对于企业的技术进步和发展至关重要，但目前我国企业协同创新效果仍不理想，那么探讨企业应采取何种协同创新模式才能达到理想的协同创新效果，则是一个非常有意义的问题。

二、理论背景

（一）相关研究回顾

目前，我国学者对协同创新模式的探讨和研究主要分为两大类：第一类是针对企业内部协同创新。陈劲、王方瑞结合海尔案例分析构建出技术创新和市场创新协同框架；郑刚等基于全面创新管理（TIM）的理论视角探讨了企业在技术创新过程中技术、战略、组织、文化、制度、市场等各要素的协同问题，并提出了包括沟通、竞争、合作、整合、协同五个阶段的 C3IS 五阶段全面协同过程模型，并以海尔集团几个产品创新项目为案例对该模型进行了验证；张钢等结合我国典型技术密集型企业的案例分析，对技术、组织与文化的协同创新进行了初步探讨，并提出了三者相互匹配的分析框架与一般模式；饶扬德阐释了市场、技术及管理三维创新协同的内涵，探讨分析了三维创新协同的效能、结构及其内容，并提出了企业在构建三维创新协同机制中应注意的几个问题。第二类是针对企业外部协同创新。郑季良等通过分析制造产业链在循环经济发展中面临的协同创新问题，提出了相应对策，并以宝钢集团为例进行了协同创新分析；吕璞、林莉基于开放式管理理论构建供应链上下游企业间的合作博弈模型，并研发了三种模式：制造商独立研发、上下游企业非协同合作研发和协同合作研发；张旭梅等提出了供应链上的所有成员在产品设计、产品制造、产品运输、市场营销等整个产品生命周期上协同创新的内涵及其运作流程，并分析了协同创新存在的问题，提出了供应链企业间协同创新的实施策略。

通过对我国学者关于协同创新研究的梳理发现，目前关于企业协同创新的研究都是将企业内部协同创新和企业外部协同创新割裂开来进行研究，还没有一个将企业内外部协同创新进行综合研究的协同创新模型。而企业内部协同创新和外部协同创新是协同创新系统的两个方面，二者相辅相成，在当前产业分工逐渐加剧的背景下，企业的协同创新既不能缺少外部协同也不能忽略内部协同。企业想要加快产品创新、增强企业竞争力就必须同外部企业进行资源、技术的共享，进而通过协同创新生产出具有竞争力的产品；而企业内部协同创新是企业保持竞争优势，获得长期发展的基础和保障，只有企业内部的各个部门、人员协同一致才能保证企业有条不紊地运行并实现企业技术创新的目标。由此可见我们有必要建立一个兼顾企业内部和外部的协同创新模型，来为我国企业的协同创新提供一些有意义的借鉴。由于无论是企业内部协同创新还是外部协同创新，其实都是整合整个产业链的资源进行协同创新，形成一个统筹企业内外的协同创新模式，因此本文将从产业链的视角出发，以 SY 机床为例，从该企业管理实践中归纳和提炼出兼顾企业内外部协同创新的产业链协同创新模式。

（二）理论基础

产业链一词最早由我国学者傅国华于 1990~1993 年立项研究海南热带农业发展课题中提出，后来被许多学者广泛采用。而目前关于产业链概念的研究学术界尚未形成一致的观念。刘贵富认为，产业链是在一定地域范围内，同一产业部门或不同产业部门某一行业中具有竞争力的企业及其相关企业，以产品为纽带按照一定的逻辑关系和时空关系，联结成的具有价值增值功能的链网式企业战略联盟。杨公朴、夏大慰认为产业链的实质就是产业关联，产业关联的实质就是产业相互之间的供给与需求、投入与产出的关系。芮明杰、刘明宇认为，产业链是厂商内部和厂商之间为生产最终交易的产品或服务所经历的从原材料到最终消费品的所有阶段的增加价值的活动过程。郁义鸿认为，产业链是指在一种最终产品的生产加工过程中从最初的自然资源到最终产品到达消费者手中所包含的各个环节所构成的整个的生产链条。由上述观点可知，产业链囊括了企业为提供终端产品的整个生产链条，并且企业的生产链条不仅包括外部链条而且包括企业内部链条。因此，本文认为产业链分为两个层面：一个层面是企业内部产业链，即企业内部从研发、制造到营销的整个过程中，各个部门相互之间形成的链式关系；另一个层面是企业外部产业链，即各个市场参与者以产品为纽带，实现自然资源从投入到生产再至最终用户的链式过程。

协同创新是指企业以提升创新能力为目标，协同供应商、用户、科研机构、大学等，通过知识、技术和资源的共享产生"1+1>2"的效果。根据产业链的定义可将产业链协同创新分为企业内部产业链协同创新和企业外部产业链协同创新。其中企业内部产业链协同创新是指企业内部各个部门之间通过资源、知识的共享实现组织协同；企业外部产业链协同创新是指在中游企业的带领下，产业链内上下游参与者以及其他平行企业，在中游企业搭建的平台上共享一定的资源、知识和技术，进行协同创新、研发并掌握核心技术以生产出具有核心竞争力的产品。

三、研究方法及研究对象背景

（一）研究方法

案例研究是解释怎么样和为什么进行这类问题研究的首选研究策略。由于现有关于产业链协同创新的理论体系仍不完备，诸多问题尚需进一步探索。因此，我们需要通过典型案例详细描述现实现象是什么、分析其为什么会发生并从中发现或探求现象的一般规律和特殊性，提出研究结论或新的研究命题。本研究采用了有助于提炼规律的对单案例进行深度分析的研究方法。

本案例研究对象为 SY 机床（集团）有限责任公司（以下简称 SY 机床）。装备制造业是一个国家的基础产业，是衡量一国竞争力的重要指标，而机床作为万机之母，是衡量一国装备制造业技术水平的关键。SY 机床作为国内机床行业的领军企业，走过了从技术模仿、引进到自主创新的道路，符合 Pettigrew 提出的案例选取具有典型性的要求。

本文数据来源主要为一手数据，通过对 SY 机床董事长、总经理、总经理助理、事业部经理、研发总监、生产总监、人力资源部部长、高级工程师和技术工人等人的访谈，进行信息的汇总，挖掘有用信息。

（二）案例背景

SY 机床是在 1995 年通过对原 SY 第一机床厂、ZJ 友谊厂和 SY 第三机床厂资产重组后成立的大型企业集团。2004 年以来，通过并购德国希斯公司、重组云南机床厂、控股昆明机床厂，目前已形成跨地区、跨国经营的全新结构布局。集团下辖三大业务群——沈阳业务群、昆明业务群、德国业务群。公司主导产品为金属切削机床，集车削、钻削、铣削和镗削加工于一身，市场覆盖全国，并出口 80 多个国家和地区。

自 2002 年关锡友任公司董事长兼总经理以来，带领企业走自主创新道路，并积极尝试协同创新。经过不断的探索发现，SY 机床建立了能够充分调动和控制内外部创新资源的"协同创新"战略实现模式。由此 SY 机床实现了从传统生产制造型企业向抢占高端市场的创新型企业的提升，而且实现了从"分散型技术创新"向建立"系统技术创新体系"的提升，从被动模仿向主动创新、主动进行"核心技术突破"的提升，从重视单个产品创新向重视创新能力和创新人才队伍建设的提升，从生产机床、卖机床的产品导向向联合开发，为客户提供全过程、一揽子服务的提升，以及从松散的"产、学、研"合作，向建立紧密、稳定和长期"产、学、研、用"合作的提升。

四、案例分析

由于机床产品技术复杂性的特征，使得协同创新的重要性对于机床企业的技术提升变得更加突出。SY 机床在对德国和中国的技术创新体系分析下发现，德国数控机床行业的先进之处在于它们拥有一套分工明确又紧密合作的体系。德国机床业的研发体系分为三层：基础研究、应用研究和企业技术体系，这三个层面分别由大学、政府和企业进行主导，三者通过知识和资源的共享，促进企业科研成果的研发和转换，达到协同创新的目的。而我国企业与大学的协同创新不足，导致大学的很多基础研究成果被束之高阁，很难应用到企业的技术提升中去。面对这种情况，SY 机床迈出了市场化技术合作的步伐，并牢记"合作"背后的两个关键字——"共赢"，积极采取措施加强与高校的合作。因此 SY 机床开始注重教育发展，通过人才培养为企业提供专业知识。2012 年 SY 机床与 10 所高等院校、高职院校建立智能化装备培训基地，开展长期的、战略性校企合作，SY 机床为 10 所高校提供 20 台价值近 600 万元配置飞阳数控系统的智能化装备（数控车床），同时赠送 100 台教学机、1000 套标准教材，并邀请最权威的技术骨干帮助培训教师，全面促进教育发展和机床智能化装备普及推广。未来，SY 机床与高等院校和职校不断拓展合作领域和合作方式，打出"智能装备"、"飞阳品牌"

的大旗，积极推动成立校企的联盟，定期召开智能化创意峰会，设立奖励基金。同时，加强校企双向互动，邀请相关专业教师和学生到集团公司所属企业现场，进行参观培训实习，组织邀请联盟学校到区域内的示范基地参观学习，企业人员及学校专家互访，进行技术交流等。通过这种方式一方面 SY 机床可以为自己的发展培养出具有专业知识背景的优质人才，进而为未来发展服务；另一方面高等院校通过与企业的沟通交流更加清楚地了解企业的技术研发水平，进而有计划地为其提供适用的专业技术，成为其上游技术支撑组织。例如，在国外 SY 机床与德国的柏林工业大学、鲁尔大学合作，并与柏林工业大学建立研发分中心，通过该研发中心 SY 机床可以获取机床技术的最前沿的知识，为产品创新奠定理论基础；在国内与同济大学、吉林大学、北京航空航天大学等高校合作，公司与同济大学共建"数控装备研发中心"，在数字化设计、可靠性验证、多轴联动工艺、标准技术规范等共性关键技术方面长期合作，使之成为高档数控机床基础技术研发和应用基地。SY 机床和大学合作，参与了"十一五"的 14 个重大专项共性技术研发，通过这些合作使行业的共性技术有很大提升。通过以上分析可以如下命题：

命题一：企业协同创新需要加强与企业外部产业链内上游组织的知识协同。

2002 年 SY 机床开始规划企业内部研发体系，逐步建立了"面向未来，面向客户，面向内部"的三层研发体系。在面向未来这个层面，在集团内部成立了研究院。该研究院的职能主要是两方面，一是面向未来的新产品开发，二是基础共性技术研究。中央研究院承担着未来三年以上产品储备的开发和设计。围绕中央研究院，建立产学研合作网络，成立了三个分中心，分别是德国分中心、北京分中心和上海分中心。在面向客户这个层面，在各事业部成立了企业技术分部。企业技术分部的职能主要涉及三个方面：一是产品商业化开发；二是产品客户化设计；三是产品持续改进。在面向内部这个层面，成立了企业内部制造技术部门，主要负责生产流程持续改进、制造技术进步、提升产品品质和降低制造成本四个方面。由于构建了三层研发体系，各个层面研发部门之间的协同成为研发项目成功的关键。SY 机床实施跨部门、项目小组以及研发人员全程参与的方式，构建起研发部门之间的协同创新机制。第一种，双向参与的方式。该研究院承担面向未来的产品设计和开发，最终是为了制造并商业化该产品。因此，就组建了包括研发人员、事业部技术人员、车间工艺人员，以及具有技术基础营销人员在内的跨部门项目小组，全程参与，相互协同。第二种，团队转移方式。对于自上而下的产品设计开发，在产品设计开发相对成熟时，研发团队将随着新产品开发过程向下转移，并在事业部层面进一步完善产品的设计和开发，最终实现产品的规模化、稳定生产。另外，SY 机床还成立了技术委员会，企业的研发和技术决策完全交给了技术委员会，这个技术委员会的研发方向完全脱离了原有的行政管理体系，或者说厂长经理负责制。通过以上分析得出以下命题：

命题二：企业协同创新需要加强企业内部产业链内各部门之间的组织协同。

2006 年，我国制造类企业正处于转型期，新产品、新技术、新工艺层出不穷，对机床性能和精度也提出了新的需求。SY 机床利用有利时机，推出"B 计划"，将同客户的联系从单一售后服务扩展到研发、制造、培训和售后服务全过程。更重要的是，将用户企业囊括到 SY 机床创新网络当中。用户企业不仅提供最直接的需求信息，还直接参与到新机床的研发当中。SY 机床通过同高端客户的适时互动，深入了解了客户对制造工艺的要求，从而为机床产品研发指明方向。例如，SY 机床为上海磁悬浮提供的轨道梁专用加工生产线，以及为奇瑞汽车提供的汽车发动机缸体缸盖加工生产线等产品就是采取了和机床用户企业共同攻关的产品开发模式。同时，SY 机床给富士康提供了大量的机床，富士康最大的客户苹果公司的 iPhone 和 iPod 的零件就是用 SY 机床的机床产品直接加工。而 iPhone 和 iPod 有特殊的要求，它们追求的是表面质量和微孔的高速加工，通过这样实现快速的产品更新换代。原来 SY 机床提供的机床，一个钻头只能加工 4 个孔就报废了，而日本机床企业为富士康提供的机床，一个钻头能加工 36 个孔才报废，即便如此，钻头成本依旧非常昂贵。后来，SY 机床通过与富士康共同进行研发，通过对加工技术和软件的改进，生产出可以加工 460 个孔的钻头，为富士康大幅度降低了生产成本。SY 机床一直关注用户的需求，从用户需求出发研发实用性的产品。2012 年 SY 机床销售人员了解到，一客户为应对南方地区"用工荒"问题，想要提高加工效率，想引进自动上下料系统来代替人工上下料。技术人员针对客户需求成立了专项小组，深入客户加工现场，了解客户加工工艺方案。返回公司后，小组成员根据需求，为客户提供了"机器人一对三自动上下料方案"，该机器人方案具有高柔性的特点，换产时间最短仅为 10 分钟，一套系统可节省 3 个人的人力成本，并提高产量20% 左右。该产品不仅有效地满足了客户的需求，获得了客户的认可，同时也极大地提高了客户的市场反应速度。通过以上分析可以得出以下命题：

命题三：企业协同创新需要实现与企业外部产业链内下游用户的需求协同。

数控机床是机电一体化产品，数控机床技术集成了机械、液压、自动化、计算机、网络等技术，涉及跨学科、跨专业的综合知识。这些技术知识不仅具有专有性、缄默性强的特点，而且更是体现出了复杂性和系统性。面对这种情形，SY 机床很难独自研发出所有的技术，需要寻求外部合作者进行技术的交流与共享。SY 机床先后与意大利 FIDIA 公司共同研制飞阳数控系统，与世界机床的另外两大巨头——德国德马吉和日本森精机合资建厂共同研制高档数控机床，生产面向行业新需求的机床新产品。2011 年，SY 机床与世界 500 强企业德国舍弗勒集团正式签署战略合作协议，双方将在各自需求的设备、配套产品上优先选择对方，在产品研发、工艺升级等方面，双方也将密切配合、共同协作，"量身"开发研制对方适用的产品和服务。两个集团的战略合作还将共同打造虚拟平台、实物研发平台两大技术平台，携手进入世界高端机床、风电设备、高端装备制造等市场。

近几年，我国数控机床行业已得到了长足的发展，但是依然面临着基础共性技术、关键功能部件产业薄弱两个关键问题。2008 年在政府政策引导下，SY 机床联合重庆机床（集团）有限责任公司、杭州机床集团有限公司、南通科技集团股份有限公司等13家企业建立以企业为主体、产学研结合、市场化、多元化投融资和促进成果转化的有效机制，打造产、学、研多赢的科技创新平台——数控机床高速精密化技术创新战略联盟。创新战略联盟以满足国家重点行业对高端数控机床需求为重点，开展高速精密数控机床共性关键技术的研究，攻克和自主掌握开发新一代数控机床的核心关键技术，提升我国机床产业的国际市场竞争力，推动我国高速精密数控机床产业相关共性技术和重大前沿技术的自主发展。联盟充分利用国家重点实验室、国家工程技术中心及企业技术中心等现有研究开发机构的科研条件，建立协作机制，形成数控机床高速精密化共性技术的研究平台和持续开发能力，促进资源共享。在国家的统一指导下，促使机床行业集中多方力量，为实现中国数控机床赶超世界的梦想而努力。通过以上分析可以得出以下命题：

命题四：企业协同创新需要加强与企业外部产业链内平行企业的技术协同。

五、案例讨论

随着经济全球化的发展，市场变化迅速、技术研发周期逐渐缩短、产品更新换代加快，使得企业竞争日趋激烈。企业想要维持生存、获取竞争优势就必须不断创新，建立协同创新战略。本文以产业链协同创新为主线，以实际典型案例为根本，并结合实践经验总结出产业链协同创新模式，如图1所示。

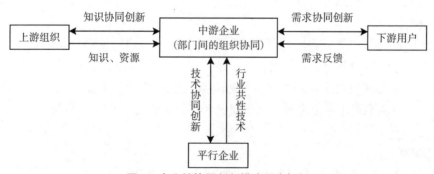

图1 产业链协同创新模式研究框架

企业通过与上游组织、下游用户、平行企业和企业内部的协同创新不仅可以实现资源和知识的共享，还可以实现风险和成本的分散，最终实现技术创新，保持自身的竞争优势。协同创新是合作各方优势互补、共谋利益的过程。在这个过程中企业要根据内外部环境状况以及自身的经营状况判断协同创新的必要性。确立了协同创新目标后，企业需要根据自身资源和知识结构，选择与其知识、资源互补的合作伙伴。首先，企业要与企业外部产业链内的上游组织进行知识协同创新，这需要双方进行良好的沟通实现创新目标的一致性，进而进行资源、知识的共享。企业通过与科研院所、大学等进行长期合作，可以攻克基础知识薄弱的弊端，为技术研发提供理论支撑，科研院所、大学通过与企业合作可以将知识真正运用到实践应用当中。其次，企业内部产业链内要进行各部门之间的协同创新，从而实现组织协同。想要保持内部组织的一致性和认同感，提高资源的分配效率和知识的共享程度，企业内部可以建立企业内部研发体系，根据企业自身情况设置研发体系的层次和职能设置，通过各个部门的组织协同，共同谋求企业的整体发展。再次，企业需要与企业外部产业链内下游用户进行需求协同创新。在产品的开发生产过程中企业不能闭门造车，要根据下游用户的需求研发具有市场适应性的产品。在此过程中双方不仅需要思想上的沟通，而且需要在技术上进行交流与共享，共同研发出低成本、高性能的产品，从而达到成功开发出产品的目标。最后，企业还需要与企业外部产业链内的平行企业进行技术协同创新，这样可以最大限度地降低成本和研发风险，共同研发出新型产品实现共赢，并且可以实现一些共性技术的突破，提升整个行业的技术水平。

六、结论

本文以 SY 机床为例，结合其协同创新的实践经验，总结出产业链协同创新模式。研究发现：①企业需要与上游组织进行知识协同创新，这样可以提高研发效率、降低研发风险；②企业内部需要加强各部门之间的组织协同，提升组织的认同感进而提高资源的分配效率；③企业需要与下游用户进行需求协同创新，通过沟通和交流，从用户需求出发共同开发新型产品；④企业还需要加强与平行企业进行技术协同创新，进行共性技术的研究。

本研究探讨的产业链协同创新模式对我国企业进行协同创新提供了理论依据，同时也对探讨企业协同创新的新模式具有借鉴意义。但是本文是以 SY 机床的单案例为研究对象，难免存在着从个体到整体、从特殊到普遍的推广问题。本文结论的普遍性还有待进一步检验，未来可以通过多案例研究和统计分析等方法进一步验证。

参考文献

［1］Elmquist M., Fredberg T., Ollila S. Exploring the Field of Open Innovation［J］. Europe an Journal of Innovation Management，2009（3）：326-345.

［2］Pettigrew M. Longitudinal Field Research on Change：Theory and Practice［J］. Organization Science，1990（3）：267-292.

［3］陈劲，王方瑞. 再论企业技术和市场的协同创新——基于协同学序参量概念的创新管理理论研究［J］. 大连理工大学学报，2005（2）：1-5.

［4］傅国华. 运转农产品产业链—提高农业系统效益［J］. 中国农业经济，1996（11）：24-25.

［5］刘贵富，赵英才. 产业链：内涵、特征及其表现形式［J］. 财经理论与实践，2006（141）：114-117.

［6］吕璞，林莉. 基于开放式创新的供应链企业间协同创新模型研究［J］. 科技管理研究，2014

（1）：197–200.

[7] 马文甲，高良谋. 基于不同动机的开放式创新模式研究——以沈阳机床为例 [J]. 管理学报，2014（11）：163–170.

[8] 欧阳桃花. 试论工商管理学科的案例研究方法 [J]. 南开管理评论，2004（2）：100–105.

[9] 饶扬德. 市场、技术及管理三维创新协同机制研究 [J]. 科学管理研究，2008（4）：46–49.

[10] 芮明杰，刘明宇. 产业链理论整合述评 [J]. 产业经济研究，2006（3）：60–66.

[11] 谭鸿鑫. 协同创新是国际企业发展的主流 [J]. 中国高新区，2009（4）：17–18.

[12] 熊励，孙友霞，蒋定福，刘文. 协同创新研究综述——基于实现途径视角 [J]. 科技管理研究，2011（14）：15–18.

[13] 杨公朴，夏大慰. 现代产业经济学 [M]. 上海：上海财经大学出版社，2002.

[14] 郁义鸿. 产业链类型与产业链效率基准 [J]. 中国工业经济，2005（11）：35–42.

[15] 张钢，陈劲，许庆瑞. 技术、组织与文化的协同创新模式研究 [J]. 科学学研究，1997（2）：56–62.

[16] 张旭梅，张巍，钟和平，但斌. 供应链企业间的协同创新及其实施策略研究 [J]. 现代管理科学，2008（5）：9–11.

[17] 郑刚，朱凌. 全面协同创新：一个五阶段全面协同过程模型——基于海尔集团的案例研究 [J]. 管理工程学报，2008（2）：24–30.

[18] 郑季良，周菲，董洁. 制造产业链循环经济发展中的协同创新问题研究 [J]. 科技进步与对策，2012（22）：90–94.

The Research on the Industrial Chain Collaborative Innovation Pattern
—A Case Study on SMTCL

Abstract：With the increasingly deepening of the intra–industry specialization and the reinforcement of the products' technology complexity, the collaborative innovation has already become the necessary method for promoting the technology and maintaining the competitiveness of the companies worldwide, and has also become the key point to build an innovative country in China. From the perspective of industrial chain and with the research method of explorative case study, the paper explores and constructs the industrial chain collaborative innovation pattern through the analysis of the SMTCL's collaborative innovation methods, and hopes to give some theoretical and practical suggestions to the collaborative innovation of Chinese companies.

Key Words：SMTCL；Industrial Chain；Collaborative Innovation；Case Study